KB045380

모든 논쟁에서
승리하는 법

Win every argument

: the art of debating, persuading, and public speaking

by Mehdi Hasan

설득과 타협이 통하지 않는 싸움의 시대

모든 논쟁에서 승리하는 법

메흐디 하산 지음 • 김인수 옮김

WIN EVERY ARGUMENT

시공사

일러두기

- 인물명은 국립국어원 외래어표기법을 따르되 대중적으로 많이 사용되는 표기법이 있는 경우 그를 따랐습니다.
- 말하기에 대해서도 다루는 책의 내용상 저자의 의도를 오롯이 전달하기 위해 구어체나 비표준어로 표기한 부분이 있습니다.

내가 유일하게

말로 이길 수 없을

나의 사랑, 나의 아내에게

들어가는 글

논쟁이라는 예술

말다툼을 하자는 게 아니라
왜 내 말이 맞는지 알려주는 겁니다.

_익명의 누군가

만약 논쟁의 승패에 수만 명의 목숨이 달려있다면 당신은 어떻게 할 것인가?

기원전 428년, 고대 그리스는 시끄러운 상황이었다. 강대국이던 도시국가 아테네와 스파르타가 패권을 차지하기 위해 벌인 펠레폰네소스 전쟁 때문이었다. 두 국가가 전면전을 펼치느라 정신이 팔린 사이, 레스보스섬의 소도시 미틸레네의 과두제 집권층은 이 참에 아테네의 영향력을 몰아내고 섬을 완전히 장악하고자 기회를 엿보았다. 스파르타 동맹도 이를 부추겼고, 결국 과두제 집권층은 이른바 '미틸레네 반란Mytilenean Revolt'을 준비하게 된다.

이 반란은 미틸레네인들에게 재앙을 불러왔다. 아테네는 과두제 집권층이 기대했던 것만큼 허술하지 않았다. 아테네군은 미처 전투 준비를 마치지도 못한 미틸레네를 사방에서 포위해 초기에 반란을 진압했다. 미틸레네의 지도자들은 아테네 장군 파케스에게 항복할 수밖에 없었다. 아테네는 민주주의 체제를 따르는 나라였기 때문에 파케스 장군은 반란군을 어떻게 처벌할지 자기 생각대로 결정하지 않았다. 파케스는 패전한 미틸레네가 1,000명의 사절단을 아테네로 파견해 자비를 구할 수 있도록 해주었다.

고대 그리스 역사가 투키디데스의 저서 《펠로폰네소스 전쟁사 History of the Peloponnesian War》에 따르면, 미틸레네에 어떤 처분을 내릴지 투표하기 위해 아테네 민회가 소집됐다. 결정을 내리기까지 오래 걸리지 않았다. 아테네 사람들은 미틸레네의 반란에 격분했다. 그리고 두려웠다. 만약 다른 도시들도 미틸레네처럼 아테네에 반기를 든다면 이는 곧 아테네 제국의 종말을 뜻했다.

민회는 서둘러 사안을 표결에 부쳤다. 미틸레네의 모든 남자들을 처형하고 여자들과 아이들은 노예로 삼는 엄벌을 내린다는 내용이 만장일치로 가결되었다. 투표 직후, 파케스는 당시 가장 빠른 배였던 트리에레스(삼단노선) 군용선을 레스보스섬으로 보내 아테네의 결정을 집행하도록 명령했다.

그런데 다음날 아침이 되자 많은 이들이 민회가 지나치게 가혹한 결정을 내렸다고 비판하기 시작했다. 이들은 형벌이 좀 더 가벼워야 한다고 생각했다. 역시나 아테네답게, 민회에서 다시 이 문제를 토론하기 위해 두 명의 연설자가 선택되었다.

첫 번째 연설자는 투키디데스가 "아테네에서 가장 폭력적인 사람"이라고 묘사한 클레온 장군이었다. 그는 긴 연설을 통해 아테네가 미틸레네의 선처 요구를 거부해야 한다고 주장했다. 성인 남자를 모두 죽이고 여자와 아이는 노예로 삼는다는 원래의 결정을 고수해야 한다는 것이었다. 클레온은 아테네의 민주주의가 전쟁을 충실히 수행하는 데 방해물로 작용하고 있다며 민주주의 자체에 반감을 표했다. 그는 "저는 종종 민주주의에 의거한 정치로는 제국을 다스릴 수 없다고 생각했는데 여러분이 미틸레네 문제를 두고 마음을 바꾸는 것을 보니 더더욱 그런 생각이 듭니다"라고 말했다. 이어서 여기 모인 사람들이 "듣는 즐거움에 빠진 노예" 그리고 "국가 문제를 논의하는 사람이기보다 수사법 전문가를 구경하는 사람"이 되어가고 있다고 경고했다. 클레온은 다시금 주장했다. "그들에게 마땅한 벌을 내려야 합니다. 그리고 확실한 사례를 남겨 반란을 일으키면 죽음이라는 형벌을 맞이한다는 사실을 동맹국들이 깨닫게 해야 합니다."

다음은 어려운 상황을 반전시켜야 하는 디오도토스 차례였다. 아테네의 온건적 정치 세력을 이끌던 디오도토스는 미틸레네에 대한 관대한 처분을 주장해야 했다. 그것도 엄벌을 강력하게 요구한 클레온에 이어서 말이다. 그의 말에 수천 명의 목숨이 달린 상황인데 시간마저 디오도토스의 편이 아니었다. 아테네에서 가장 빠른 군용선이 이미 레스보스섬으로 가는 중이었다. 디오도토스는 관대함을 보여주자는 의견에 대해 복수심에 불타 분노하는 반대파

앞에서 아테네 민주주의 정신을 수호하고자 했다. 그를 짓누르는 압박감이 얼마나 컸을지 상상이 가는가?

압박감 속에서 디오도토스는 천천히 입을 열었다. 흥분한 클레온의 연설과는 대조적으로 침착했다. "저는 미틸레네 처분에 관해 재논의를 요청한 사람들을 비난하지 않습니다." 그가 이어서 말했다. "중대한 사항을 자꾸 심의한다고 재논의에 반대하는 사람들을 칭찬하지도 않습니다." 반대편을 모두 없애버려야 한다는 클레온의 장황한 연설을 비꼬는 발언이었다. 디오도토스는 자유롭고 열린 토론의 중요성을 중심으로 주장을 펴나갔다. 그러면서 민회에 모인 아테네인들에게 "좋은 판단"을 방해하는 두 가지 큰 요인이 "조급함과 충동"이라고 경고했다.

디오도토스는 대량 학살에 반대하는 이유로 미틸레네인들의 유죄 여부를 들먹이려 하지 않았다. 그는 미틸레네인들이 실제로 아테네에 대항해 반란을 일으킨 건 인정하지만 처벌은 과두제의 주동자들만 받아야 한다고 주장했다. 실익을 위시하는 현실정치(Realpolitik, 레알폴리티크) 관점에 입각한 주장이었다. 그는 미틸레네의 남자를 모두 죽이는 것은 아테네의 "이익"에 부합하지 않을 것이라고 했다. 반란을 꿈꾸는 다른 도시의 반란 세력에게서 "자신의 잘못을 뉘우치고 속죄하면 더 나은 결과가 있으리라는 희망"을 박탈하는 것은 "실수"가 될 것이라고 말했다. 또한 대량 학살이 미래의 반란을 억제한다는 증거는 없다고 덧붙였다.

냉철한 디오도토스는 청중의 마음을 이해했고 그들에게 어떤 말을 들려줘야 할지 잘 알았다. 또한 합리적인 논쟁의 중요성을 이해했고 그에 맞게 분위기를 조성해 가면서 설득력을 발휘해, 복수를 부르짖는 클레온의 요구를 무력화했다. 디오도토스는 "좋은 시민은 상대를 겁주는 방식이 아니라 논쟁에서 공정하게 물리치는 방식으로 승리해야 한다"고 주장했다. 그리고 결국 그 일을 해냈다.

민회는 다시 투표를 했고 이번에는 근소한 차이로 디오도토스의 손을 들어주었다. 새로운 명령을 받은 두 번째 군용선이 레스보스섬으로 급히 파견되었다. 투키디데스에 따르면 노잡이들은 와인과 보리빵은 물론 "제때 섬에 도착하면 큰 보상을 내리겠다"는 약조를 받았다고 한다. 다행히 두 번째 군용선은 첫 번째 군용선을 타고 온 파케스가 처벌 명령서를 읽고 있던 중 항구에 도착했다. 미틸레네인들은 간발의 차이로 대량 학살을 면할 수 있었다.

아테네에서 벌어진 단 한 번의 논쟁 덕분에 수천 명의 무고한 사람이 목숨을 건졌다. 디오도토스는 토론 능력과 더불어 대중에게 연설하고 대중을 설득함에 있어 뛰어난 능력을 선보였다. 그는 압박감 속에서도 중심을 잃지 않았고 합리적인 주장을 구축하는 법에 대해서 잘 알았다. 청중의 마음과 정신에 다가가 동질감을 이끌어내는 방법을 알았으며, 상대방이 날리는 주먹을 적당히 피하면서 확실한 반격의 순간을 포착할 줄 알았다. 반격의 순간 어떻게 하면 클레온의 약점을 자신의 강점으로 뒤바꿀 수 있는지도 정확히 알았다. 그는 불리한 상황을 딛고 일어서 승리자가 되는 방법을 알았다.

그리고 나는 이 책에서 디오도토스는 물론 세계의 위대한 연설가와 토론가들이 논쟁에서 사용하는 모든 도구와 활용법을 소개하려 한다. 비록 수천 명의 목숨이 달려있는 상황은 아닐지라도 이 책을 읽는 당신이 어떤 논쟁에서든 이길 수 있도록 말이다.

……

남녀노소를 불문하고 지구상에 사는 사람이라면 누구나 한 번쯤 논쟁에서 이겨보려 애쓴 적이 있을 것이다. 페이스북 댓글로 싸웠든, 의회의 대리석 복도 위나 추수감사절 저녁 식사 자리에서 싸웠든 장소는 상관없다. 고개를 숙이고 물러난 뒤 '그때 이렇게 말했어야 했는데', '저렇게 대응할 수 있었는데'라고 마음속으로 뒤늦게 온갖 상상도 해봤을 것이다. 우리 모두 이런 경험이 있다. 그 자리에서 상대방을 꼼짝 못하게 만들었다고 이런 아쉬움이 아예 남지 않는 건 아니다. 우리는 논쟁에서 멋들어지게 승리하고픈 욕구와 욕망에서 절대로 벗어날 수 없다.

그럼에도 논쟁 자체를 나쁘게 보는 시각도 있다. 이들은 정치적 양극화에서 결혼 파탄에 이르기까지 세상의 모든 나쁜 일들의 원인이 논쟁이라고 지적한다. 데일 카네기는 1936년에 출간한 고전《인간관계론How to Win Friends&Influence People》에서 이렇게 말했다.

"나는 논쟁에서 이길 수 있는 방법이 하늘 아래 딱 하나밖에 없다는 결론에 도달했다. 바로 논쟁을 피하는 것이다. 방울뱀과 지진을 피하듯이 논쟁을 피하라."

나는 감히 데일 카네기의 결론에 이의를 제기한다. 그가 아직 살아 있다면 이 문제로 함께 토론을 벌여도 좋다.

나는 논쟁을 피하지 않는 쪽을 더 좋아한다. 나는 외려 애써 논쟁거리를 찾아낸다. 논쟁을 향해 돌진한다. 논쟁을 즐기고 음미한다. 실제로 나는 평생을 논쟁과 함께했다. 심지어 사회생활도 영국에서 신문의 외부 칼럼니스트와 TV 평론가로 활동하며 첫발을 디뎠다. 방송사 알자지라잉글리시Al Jazeera English의 정치 부문 인터뷰 기자로 활동했으며, 지금은 미국 MSNBC의 케이블 방송 앵커로 활동하고 있다(2024년 2월 기준 앵커직에서 하차-옮긴이). 나는 여러 나라의 대통령과 총리 그리고 안보 기관 책임자들과 논쟁을 벌였다. 백악관과 영국 총리 관저에서도 논쟁을 벌였다. 심지어 사우디아라비아대사관에서도!

나는 철학적인 관점으로 볼 때 논쟁과 토론이 민주주의의 생명소일 뿐만 아니라 진실을 밝히는 단 하나의 확실한 방법이라고 생각한다. 논쟁은 결코 생각하지 못했을 아이디어를 발견하고, 상호 간의 의견 차이를 빠르게 이해하고, 문제를 해결하도록 도와준다. 동의할지 모르겠는데 그것이 논쟁의 역할이다. 때문에 사람들 앞에서 논쟁하고 연설하는 법을 알면 실생활에서 유용하게 써먹을 수 있다. 또한 사회 발전과 개인적 삶의 질의 향상에 필수인 대인관계 기술을 습득할 수 있다. 사람들의 마음을 바꿀 수 있는 이 같은 기술과 능력으로 거의 모든 일을 성취할 수 있다. 윈스턴 처칠의 말을 인용하자면 "인간에게 주어진 모든 재능 중 웅변만큼 소중한 재능은 없다. 연설의 재능을 갖춘 사람은 위대한 왕보다 더 강한 힘을 행사한다."

다 떠나서 기본적으로 좋은 의도가 담긴 좋은 논쟁은 그 자체로 **재미**있다. 고백건대 나는 다른 사람들의 의견에 이의를 제기하고 상대방 주장에서 실수를 찾아 논리적 결함을 밝히는 걸 즐긴다. 어쩌면 그 때문에 다른 사람들이 나를 특이한 사람으로 보기도 하지만, 나는 의견 충돌에 의미 있는 본질적인 가치가 내포되어 있다고 생각한다. 그래서 19세기 프랑스 수필가 조제프 주베르의 말에 공감한다. "문제에 대해 토론하지 않고 합의를 보는 것보다 합의를 보지 못해도 토론하는 것이 낫다."

나는 어릴 때부터 이런 가르침을 받으며 자랐다. 나는 따지길 좋아하는 가정에서 자랐다. 간단히 말하자면 우리 하산 집안은 논쟁을 즐긴다! 나와 여동생이 저녁을 먹으며 여행에 대한 이야기를 나누면 아버지가 장거리 자동차 여행, 해외로 떠나는 휴가 등에 관해 다른 의견을 내놓으면서 우리를 자극하곤 했다. 아버지는 특정 사안마다 늘 장단점을 따졌다. 아버지는 나에게 모든 것에 의문을 제기하라고 가르쳤다. 호기심과 동시에 의심을 가져야 한다고. 무슨 일이든 맹목적으로 믿어서는 안 된다고. 사안에 대해 설명을 요구하고 반대하는 것을 즐겨야 한다고 내게 가르쳐 주었다.

1980년대 후반, 살만 루슈디의 악명 높은 이슬람 혐오 소설 《악마의 시Satanic Verses》가 출간되었다. 영국의 무슬림들은 비난을 퍼부었고 북부에 거주하는 일부 무슬림들은 거리에서 책을 불태우기도 했다. 당시 아버지는 그 책을 사서 처음부터 끝까지 다 읽고서

책장 위 눈에 잘 띄는 곳에 놓아두었다. 아버지의 무슬림 친구분들이 우리 집을 방문했다가 그 책을 발견하고는 눈이 휘둥그레졌다. "왜, 왜 저딴 책을 사 들고 온 거야?" 식식거리는 소리가 들렸다. 아버지는 침착하게 대답했다. "뭔지 읽어보지도 않고 무턱대고 무시할 순 없잖아." 아버지는 그야말로 존 스튜어트 밀의 고전 철학서 《자유론On Liberty》의 핵심을 몸소 실천하는 살아있는 교본이었다.

> 자신의 입장에서만 상황을 파악하는 사람은 사실상 실정을 거의 모르는 사람이다. 그가 내세우는 근거는 타당할 수도 있고, 그래서 아무도 반박하지 못할 수도 있다. 하지만 마찬가지로 반대편이 내세우는 근거를 반박할 수 없다면, 논거가 무엇인지 알지 못한다면, 그에게는 어느 편의 의견도 택할 근거가 없다.

나는 "반대편이 내세우는 근거를 반박"하는 능력의 중요성을 깨달으며 자랐다. 따라서 양측의 주장을 모두 이해하는 법을 배웠다. 대학에서도 이 기술을 활용해 영국 사회의 주요 인물들과 옥스퍼드대학 출신들이 모인 옥스퍼드유니언Oxford Union에서 토론을 벌였다. 그리고 영국과 미국의 언론계에서 사회생활을 하면서, 최근에는 가장 끈질긴 TV 인터뷰 진행자라는 명예도 얻게 되었다.

……

논쟁에서 이기고 싶은가? 토론 기술이 향상되길 간절히 바라는가? 사람들 앞에서 말을 잘하는 기술을 터득하고 싶은데 자신을 끌어줄 무언가가 필요한가? 이런 사람들은 미국을 포함해 전 세계에 수백만 명은 될 것이다.

당신도 그중 한 사람일 수 있다. 그런데 끌어줄 무언가를 찾기 위해 왜 굳이 이 책을 읽어야 할까? 학자, 작가, 코치라고 하는 사람들이 논쟁이나 토론 또는 연설에 관해 쓴 책들이 이미 차고 넘치는데 말이다. 사실 이 책에도 다른 책에서 인용한 부분이 많이 있다. 그럼에도 이 책이 특별한 건 나만의 경험을 담았기 때문이다. 영국 총리가 된 보리스 존슨, 파키스탄 총리가 된 베나지르 부토 같은 사람들과 토론을 벌이던 대학 시절부터 정치, 금융 그리고 할리우드의 거물들을 인터뷰하는 경력의 절정기에 이르기까지 내가 직접 겪었던 경험 말이다.

맞다. 이게 첫 번째 이유이다. 나는 카메라 앞에서 전 세계 지도자들에게 의문을 제기할 수 있는 능력을 갖추기 위해 이 책에서 설명한 모든 토론 기술을 배워야 했다.

하지만 그보다 훨씬 더 큰 이유가 있다. 설득, 협상, 타협의 기술에 초점을 맞춘 책들이 이미 많다는 사실은 인정하지만, 이 책은 그런 부류의 책이 아니다. 간단히 말하자면 이 책의 목적은 당신에게 **이기는 방법**을 가르치는 것이다.

나는 이 책이 당신에게 실용적인 안내서가 되기를 바란다. 재판정에서 승리하기를 원하는 법정 변호사를 위해. 이사회에서 주도권을 쥐고 싶은 기업 임원을 위해. 공직 출마를 준비하고 TV 토론에서 승리하기를 원하는 정치 후보자를 위해. 요점을 목적한 대로 명확하게 전달하고 싶은 교사와 강사를 위해. 연설이나 토론 대회 또는 모의 유엔Model UN에서 뛰어난 활약을 펼치고 싶은 학생을 위해. 그리고 남편이나 아내를 위해… 글쎄, 부부 사이에 논쟁에서 이기는 기술이 왜 필요한지는 당신도 잘 알겠지만….

내 목표는 이 책을 읽는 당신이 어떤 배경이나 능력을 갖추었든 당신을 토론 챔피언, 수사학의 대가, 변론술의 달인으로 업그레이드시키는 것이다.

1부 '이기는 논쟁의 기본 원칙'에서는 어떻게 청중의 마음을 사로잡는지, 어떻게 '파토스Pathos'와 '로고스Logos'를 구분하는지, 그리고 어떻게 하면 더 잘 말하고 잘 들을 수 있는지 알려주려 한다. 토론에서 유머가 중요한 이유도 설명할 것이다. 그리고 잘못된 논법이라고 많은 비난을 받는 '대인 논증'에 대해 변론하려고 한다.

2부에서는 '3의 법칙'에서 '징어의 예술Art of the Zinger'과 '기쉬 갤럽Gish Gallop 대응법'까지 오랜 시간에 걸쳐 검증된 논쟁 기법들을 소개하고 실제로 무기로 활용하는 방법을 알려줄 것이다. 2부를 읽고 나면 '싱코리시스Synchoresis'의 힘뿐만 아니라 '세벌 구조'의 중요성을 깨닫고 영화 주인공 람보가 논쟁과 토론의 발전에 어떤 기여를 했는지도 알게 될 것이다.

3부는 승리의 순간을 맞이하기 위해 물밑에서 해야 하는 훈련들을 살펴본다. 자신감을 쌓고, 전달력을 키우며, 논쟁에 필요한 자료를 준비하는 방법을 알려줄 것이다. 개인적으로 논쟁에서 훈련과 준비보다 중요한 것은 아무것도, 그 무엇도 없다고 생각한다.

마지막으로 4부는 '마무리'에 대해 다룬다. 이 논쟁을 어떻게 끝낼 것인가? 어떻게 하면 청중이 나의 주장에 더 동조하도록 만들 수 있을까? 청중을 당신 편으로 끌어들이면서 연설의 대미를 장식하는 방법들을 보여주겠다.

이 책에는 영국의 옥스퍼드유니언에서 우크라이나의 키이우에 이르기까지 내가 직접 참여했던 토론에서 알려지지 않았던 얘기와 사례들이 가득하다. 내가 블랙워터 설립자 에릭 프린스, 국가안보보좌관을 역임했던 존 볼턴, 마이클 플린, 더글러스 머레이, 철학자 슬라보예 지젝, 하버드대 심리학자이자 베스트셀러 작가 스티븐 핑커, 비탈리 클리츠코 등과 TV 방송에서 맞붙었을 때 사용했던 비법들을 공유하겠다. 또한 고대 그리스 철학자 아리스토텔레스부터 영국 코미디언 존 클리즈, 바베이도스 출신의 팝스타 리한나에 이르기까지 유명 인사들이 수사학의 예술에 대해 어떻게 이야기하는지도 살펴볼 것이다.

사람들은 종종 내게 이렇게 묻는다. "배우면 당신처럼 할 수 있나요?" 간단하게 대답하자면, 그렇다. 좀 더 길게 대답하자면 당신에게 적절한 스승이 있고, 기꺼이 시간을 들여 듣고 배울 의향이 있다면, 그렇다.

누구나 논쟁에서 이길 수 있다.

이제 그 방법을 알려주겠다.

‖ 차 례 ‖

승리의 피날레

WIN EVERY ARGUMENT

1부

이기는 논쟁의 기본 원칙

청중을 염두에 두지 않고
발표를 준비하는 것은
'아무나 받아주세요'라면서
연애편지를 쓰는 것과 다름없다.

_켄 해머Ken Haemer, 디자인 전문가

1장

청중을 비추는 거울이 되어라

2012년 2월, 영국 남서부 교외의 저녁 날씨는 겨울답게 쌀쌀했다. 나는 BBC라디오4BBC Radio 4에서 간판으로 내세우는 정치 토론 프로그램 '질문 있으세요?Any Questions?' 출연을 앞두고 있었다. 주로 정치인이나 비평가들이 패널로 참석하는 프로그램인데, 현장의 청중이 질문을 던지면 그 자리에서 토론을 벌이는 식으로 진행되었다.

촬영은 인구 7,000명의 소도시 크루컨에 있는 공립워덤학교의 강당에서 진행되었다. 그날 밤 나는 무대 위로 올라가며 청중을 슬쩍 둘러보았다. 강당을 가득 메울 만큼 사람이 많았지만, 내 머릿속에 떠오르는 단어는 딱 3가지였다. **노년층, 백인, 보수.**

나는 패널 중 한 명이었던 노동당 소속의 흑인 데이비드 래미에게 고개를 돌리며 넌지시 말했다. "이 많은 사람 중 유색인종에다가 40대 아래인 사람은 우리 둘밖에 없는 것 같네요."

방송이 시작되자 정치적 이슈를 두고 갑론을박이 벌어졌다. 당시 한 주를 뜨겁게 달궜던 뉴스거리 중 하나는 아부 카타다Abu Qatada의 운명이었다. 요르단 출신의 영국 망명 신청자 아부 카타다는 "오사마 빈 라덴의 종교적 유럽 대사"라는 별명을 지닌 급진주의자였는데 재판을 받지 않은 상태에서 10년 동안 영국에 구금된 상태였다. 보수 진영이 이끌던 영국 정부는 그가 요르단의 수도 암만으로 송환되면 고문당할 수 있다는 신뢰할 만한 정보가 있음에도, 그를 본국으로 추방하고 싶어 했다. 그런데 두 번째 질문자로 나선 청중이 마침 그 문제에 관해 직설적으로 물어본 것이다. "영국 정부가 유럽인권재판소European Court of Human Rights의 판결에도 불구하고 아부 카타다를 그냥 요르단으로 추방해야 할까요?"

그 순간 나는 바삐 머리를 굴렸다. 이제 내가 나서야 하는 중요한 순간이 왔다. 틀림없이 수백만 명의 청취자가 지금 방송을 듣고 있고, 그중에는 나의 진보적 관점에 동의하는 사람도 많을 것이다. 즉, 아부 카타다는 요르단에서 고문을 받을 게 아니라 영국에서 재판을 받아야 한다는 것이 내 주장이었다. 하지만 우파 성향의 일간지 〈데일리메일Daily Mail〉을 구독하는 사람들, 눈을 부릅뜨고 나를 바라보는 보수적인 청중을 어떻게 설득할 수 있단 말인가? 어떻게 이들을 내 주장에 동조하도록 만들 수 있을까?

질문이 끝나자 우레와 같은 박수가 쏟아졌다. 이 사람들은 지금 아부 카타다가 사라지기를 원한다! 내가 국제앰네스티Amnesty International 인권 보고서에 이런저런 내용이 있다고 아무리 읊어본들 이들의 마음을 절대 사로잡지 못한다. 그렇다면 내가 평소에 내세우던 진보적 논리에서 방향을 틀어야 한다. 내가 알기로 지금 이 사람들이 아끼고 소중히 여기는 것, 다시 말해 영국의 **전통**, 영국의 **역사**에 호소하며 주장해야 했다.

사회자 조너선 딤블비가 청중이 던진 도발적인 질문을 어떻게 생각하느냐고 내게 물었을 때 나는 이렇게 대답했다. 아부 카타다를 영국에서 기소할 수 없다는 주장은 "터무니없습니다." 왜?

> 저는 **원칙**을 더 중요하게 생각합니다. 여러분들도 마찬가지겠지만 학교에 다니면서 저는 **마그나카르타**(Magna Carta, 자유와 권리를 상징하며 민주주의의 초석이라 평가받는 영국에서 탄생한 대헌장-옮긴이)에 대해 배웠습니다. 배심 재판에 대해서도 배웠습니다. 불법 구금에 대한 인신보호청원이 있다는 것도 배워서 알고 있고요. 언론의 자유에 대해서도 배웠습니다. 우리 영국에는 "**찬란한 자유의 역사**"가 있습니다. 그런데 "테러와의 전쟁The War on Terror"이 얼마나 끔찍한 영향을 미쳤는지 20년이 지난 지금 제가 이런 프로그램에 출연해 일부 언론인과 논쟁을 벌이면서 "잠깐만요, 그 모든 자유는 다 어디로 간 겁니까? 영국을 **위대한 국가**로 만들었던 자유를 우리는 왜 갑자기 포기해 버린 겁니까?"라고 말할 수밖에 없는 상황이 놀라울 따름입니다.

청중 속에서 박수가 나왔다. 영국에서 국민의 기본권을 최초로 보장했던 마그나카르타를 불러옴으로써 나는 청중과 소통하기 시작했다. 이제 사람들은 내 주장에 활짝 귀를 열고 열렬한 지지를 보내주었다. 나는 틈을 놓치지 않고 말을 이었다.

> 아부 카타다가 정말 흉악하고 위험한 사람일 수도 있습니다. 하지만 그런 사람일수록 인권을 가장 필요로 하고 법의 보호를 가장 필요로 한다는 것이 제가 말하는 인권의 핵심입니다. 우리가 그런 사람들까지 인권을 보장하지 않는다면 인권은 있으나 마나 **아무 소용이 없으니까요**.

의심을 품은 청중 앞에서는 이런 식으로 주장을 펼쳐야 한다. 상황에 적응하고 재빠르게 생각해야 하며, 그러려면 자신의 청중이 누구인지를 알고 그들이 필요로 하고 원하는 것을 제공해야 한다.

그날 저녁 크루컨에서, 나는 얼핏 불리해 보이는 상황 속에서도 청중 대부분의 마음을 사로잡을 수 있었다. 그건 청중이 나를 좋아해서가 아니고 나와 정치적 견해가 같기 때문도 아니었다. 그 사람들이 누구인지, 어떤 계층의 사람인지, 무엇을 원하는지, 무엇을 **필요로 하는지** 그리고 설득하기 위해 어떤 말을 들려주어야 하는지 내가 이해하고 있었기에 가능했다.

이게 늘 쉽지만은 않지만 그렇다고 고도의 지능이 필요한 일도 아니다.

……

이번 장에서는 내 앞에 있는 청중의 마음을 사로잡을 수 있는 3가지 주요한 방법에 대해 설명할 것이다. 여기서 말하는 청중은 거실에 함께 있는 당신의 가족일 수도 있고, 강당에 모인 수백 명의 사람일 수도 있으며, 집에서 TV를 통해 당신을 지켜보고 있는 수백만 명의 시청자일 수도 있다.

기억하라. 언제든 청중이 있을 때에는 청중을 무시해서는 안 된다. 대수롭지 않게 여기면 **절대로 안 된다**. 청중이 가장 중요하다. 설사 일대일로 상대방과 논쟁을 벌이는 상황일지라도 청중은 판사와 배심원 역할을 한다. 청중은 당신이 이해시키고 설득해야 할 대상이자, 당신의 주장에 동참하도록 만들어야 하는 대상이다.

그래서 어쩌자는 말일까? 대체 어떻게 하면 청중을 내 편으로 끌어들일 수 있을까?

‖ 네 청중을 알라 ‖

무엇보다 청중에 대한 정보를 알아내야 한다. 예를 들어 당신이 토론 대회에서처럼 경쟁적 토론competitive debate을 벌이는 상황이라 하자. 당신에게 손을 들어줄 심판이나 청중이 어떤 생각과 관점을 가졌는지 알아야 하지 않겠는가. 이는 곧 성공적으로 '청중을 파악하기' 위해서는 청중 앞에서 입을 열기 전에, 심지어 토론장에 들어서기 전에 어느 정도 발품과 손품을 팔아야 한다는 뜻이다.

먼저 어떤 청중이 올 것인지를 알아내야 한다. 나는 토론 참석 요청을 받을 때마다 주최 측에 이렇게 묻는다.

- 청중의 규모는 어느 정도인가?
- 청중은 어떤 유형의 사람들로 구성되는가?
- 청중의 인구통계학적 특성은 대강 어떤가?
- 청중의 연령대가 낮은가, 높은가?
- 학생인가, 전문가인가? 정치적인가, 비정치적인가?
- 남성인가, 여성인가? 흑인, 백인 아니면 아시아계인가?

이 모든 사항이 중요하다. 당신의 주장을 듣게 될 청중을 세세하게 분류하고 나면 그들을 향해 어떤 **언어**를 사용해야 하고 어떤 식으로 주장을 펼쳐야 할지 중심을 잡을 수 있다.

예를 들어 고등학생이나 대학생들에게 이야기하는 상황이라면 나는 어렸을 적 겪었던 일은 되도록 언급하지 않을 것이다. 왜냐하면 상대가 태어나기도 전에 있었던 일이 대부분이기 때문이다. 그리고 윗사람 행세를 하며 가르치려 들거나 얕보는 듯한 말투도 피한다. 반면에 성인 혹은 중장년을 상대로 심각한 문제에 대해 이야기하는 상황이라면 이해하기 힘든 최신 밈meme이나 영화에 대해선 언급을 삼가는 것이 좋다.

청중을 알아야 의견을 개진하기 위해 적절하게 **언어**를 바꾸는 능력을 갖출 수 있다.

마치 제품을 팔 듯 나의 주장을 판다고 했을 때, 앞에 있는 사람이 누구인지에 따라 말을 전달하는 방식도 달라져야 한다. 비즈니스 전문가 이안 올트먼도 말했듯이 "한 가지 방식One-Size-Fits-All"으로 접근해서는 안 된다. 청중에 따라 기민하게 대처하며 주장하는 방식을 바꿀 수 있어야 한다.

목소리 크기와 톤, 주장하려는 사실과 강조하는 부분에 이르기까지 상황에 따라 모든 것을 바꿔야 한다. 이렇게 생각해 보자. 업무와 관련된 아이디어를 제안하는데 배우자와 상의하던 때처럼 사장에게 말을 할 것인가? 당연히 사장에게 말할 때는 **톤**을 조절할 것이다. 강하거나 부드럽게, 심각하게 아니면 대화하듯이, 열정적으로 혹은 차분하게 말할 것이다. 톤 못지않게 **목소리 크기**도 중요하다. 청중이 작은 회의실에 옹기종기 앉아있는 5명인지, 대학 강당에 모인 500명인지, 아니면 집에서 TV로 당신을 지켜보고 있는 500만 명인지에 따라 목소리 크기도 달라진다.

이렇게 상황에 따라 변화를 줘야 한다. 설사 같은 주장을 펼치더라도 청중에 따라 디테일을 조절해야 한다. 사실 공개 연설을 위한 전략 세우기에서 가장 힘든 부분이 상황에 따른 조절이다. 스포트라이트를 받을 때마다, 그게 실제 조명이든 사람들의 주목이든, 유연해져야 한다. 당신이 마음을 얻으려는 대상에 맞춰 기꺼이 발표 방식을 조정하겠다는 마음을 지녀라.

사람들은 대개 배우자나 자녀를 납득시킬 수 있는 방법을 잘 알고 있다. 당신도 그렇지 않은가? 그건 상대적으로 누구보다 당신이 배우자와 자녀에 대해 잘 알고 있기 때문이다. 당신이 말하고 이해시키고 설득하고 싶은 청중에 대해 많이 알면 알수록 목적지로 나아가기가 훨씬 더 쉬워진다.

분명히 말하는데 주장을 완전히 바꾸거나 사람들이 듣고 싶은 말만 해주라는 뜻이 **아니다**. 사람들이 자연스럽게 당신의 의견에 동의하게 만드는 방법으로 주장을 펼치라는 말이다. 청중의 관심사 혹은 특성에 맞게 조정하라는 뜻이다. 이안 올트먼 역시 장소도 다르고 사람들의 유형도 다른데 언제나 똑같은 방식으로 연설이나 발표를 하려 한다면 큰 실수가 될 것이라 한 바 있다.

이민 정책을 예로 들어보자. 청중의 특성에 맞춰 언어를 조정한다고 해서 진보적인 사람들 앞에서는 이민 찬성을, 보수적인 사람들 앞에서는 이민 반대를 주장하라는 게 아니다. 만약 당신이 우파 내지 보수적인 사람들을 상대로 이민 정책을 확대하자고 주장한다고 할 때, 버락 오바마 전 미국 대통령 또는 이민자를 대표한다는 알렉산드리아 오카시오-코르테즈Alexandria Ocasio-Cortez 민주당 하원의원의 말을 인용해 봐야 소용이 없다는 말이다. 그 대신 보수주의를 상징하는 인물, 예를 들어 로널드 레이건 전 미국 대통령의 말을 인용하는 게 낫다. 레이건 대통령은 1980년 뉴저지주 리버티 주립공원에서 그 유명한 이민 찬성 연설을 한 바 있다.

당신은 이런 식으로 의견을 펼칠 수 있다. "여러분이 직접 확인해 보세요. 자유의 여신상 앞에서 로널드 레이건 대통령은 이민자들이 '용기, 가족의 가치와 포부, 이웃 간의 정, 생산성, 평화와 자유를 가져오고 미국을 다시 위대하게 만드는 데 도움을 준다'며 칭송했습니다."

접근 방식을 바꾸고 공통의 언어를 찾아냄으로써 사람들이 당신의 주장에 혹할 만한 내용으로 만들 수 있다.

기억하라. 당신이 내세우는 주장을 강화해 줄 뿐만 아니라 앞에 있는 특정 청중에게 호소력을 발휘할 수 있는 사실, 수치, 인용문을 예로 들어야 한다. 이는 미국의 공화당과 민주당 지지자 사이의 토론, 또는 영국의 토리당과 노동당 사이의 논쟁 같은 정치적인 이슈에 국한되지 않는다. 만약 당신이 유대인이나 기독교인 혹은 무슬림과 신앙이나 종교에 관해 토론을 벌인다면 성경이나 코란을 인용해도 좋다. 하지만 무신론자와 토론을 벌인다면 성경 말씀을 인용해 봐야 소용없지 않을까?

2014년 여름, 나는 텍사스주 휴스턴의 월드어페어스카운실World Affairs Council of Greater Houston로부터 유럽과 미국의 무슬림 통합을 주제로 강연을 부탁받았다. 나는 사전 준비를 하면서 진보주의자들을 비롯해 내 메시지에 회의적일 수 있는 보수주의자들도 청중에 포함된다는 사실을 알았다. 그래서 내 이야기에 우파 언론인과 뉴스가 언급한 내용을 가미했다. 무슬림이 서방국가에 통합되는 건 불가능하다는 믿음이 근거가 없다는 내 주장을 뒷받침하기 위해서였다.

"이건 제가 한 말이 아닙니다." 나는 이렇게 말했는데 발표자에게 회의적인 청중 앞에서 언제나 유용하게 사용할 수 있는 구절이다. "바로 2주 전, 영국의 대표적 보수 우파 언론인이자 칼럼니스트이며 우파 주간지 〈스펙테이터Spectator〉의 편집장인 프레이저 넬슨은 일간지 〈데일리텔레그래프Daily Telegraph〉에 이런 제목의 글을 썼습니다. '영국의 무슬림은 진정으로 우리와 하나이며 그것이 자랑스럽다.' 넬슨 씨의 글을 그대로 옮겨보겠습니다. '무슬림 통합은 현대 영국의 성공적인 사례라 볼 수 있다.'"

보수주의자가 〈데일리텔레그래프〉와 〈스펙테이터〉 같은 보수 언론에 쓴 글을 인용하자 청중은 듣는 순간 귀를 쫑긋 세웠다. 청중이 예상치 못했던 상황이 벌어졌고, 이제 모든 관심은 내게 쏠렸다. 강연 전에 유대인들도 상당히 많이 올 것이라는 말을 들었기에 나는 영국에서 '실제로' 있었던 이 이야기를 해야겠다고 마음먹고 있었다.

> 작년에 무슨 일이 있었는지 보세요. 영국 북부의 브래드퍼드에는 유대교 회당이 하나 있습니다. 1880년에 세워진 이 회당은 그곳에 거주하는 소규모 유대인 공동체에게 역사적 의미를 지닌 곳이었죠. 그런데 그 유대교 회당이 문을 닫을 위기에 처한 겁니다. 지붕에서 빗물이 새는데도 남아있는 수십 명의 교인들만으로는 수리비를 감당할 수 없었기 때문이죠. 유대인 공동체의 지도자였던 루디 레아보르는 건물을 매각하기로 결정했습니다. 건물이 팔리고 나면 그 자리에 고급 아파트가 들어설 예정이었지요. 그런데 매각이 임박한 순간에 갑자기 구세주가 등장했

습니다. 지역의 이슬람 모스크가 기금 모금을 통해 유대교 회당 구하기에 나선 겁니다. 이 활동을 배후에서 지원했던 브래드퍼드의 모스크 평의회 소속 줄피 카림은, 제2차 세계대전 당시 나치 독일을 떠나 영국으로 피신했던 레아보르를 이제 "새롭게 찾은 형제"라 부릅니다.

단상 뒤에 선 나는 사람들이 눈을 동그랗게 뜨면서 예상치 못한 미소를 짓는 모습을 보았다. 사람들은 수긍한다는 듯 옆 사람을 바라보며 고개를 끄덕였다.

당신의 청중을 파악하는 일은 무엇보다 중요하다. 이미 무대에 오르기 전에, 혹은 촬영이 시작되기 전에, 단상에 서기 전에 청중에 대해 알아내야 한다. 하지만 이는 첫 단계일 뿐이다. 그 이후에는 다음과 같은 작전을 펼쳐야 한다.

‖ 금붕어보다 못한 인간의 집중력 ‖

우리에게 안 좋은 사실을 하나 전하겠다. 금붕어가 지속적으로 집중할 수 있는 시간은 9초에 불과하단 사실을 들어봤을 것이다. 그런데 마이크로소프트의 연구에 따르면 보통 사람이 집중을 유지하는 시간은 8초면 끝난다. 청중의 주의력을 사로잡을 시간이 매우, 매우 부족하다는 것이다. 당신이 청중의 주의를 붙들지 못하면 사람들은 이내 저녁 메뉴를 고민하거나 고개를 숙여 인스타그램을 뒤적일 가능성이 크다.

우리는 온라인 시대에 산다. 하루 종일 스마트폰을 손에 쥐고 산다고 해도 과언이 아니다. 당신이 말하는 시간은 20분, 30분, 40분이 될 수도 있지만, 사람들이 처음부터 당신의 말에 집중하지 못하거나 심지어 **따분함**을 느낀다면 그 이후의 모든 시간은 낭비일 뿐이다. 당신에게도 그리고 청중에게도 말이다.

그래서 나는 당신이 회의실에서 프레젠테이션을 발표하든 친구와 논쟁을 벌이든, 명확하고 직접적이며 독특한 방식으로 이야기를 시작하길 권한다. 커뮤니케이션 전문가들 또한 기계적이고 형식적인 인사말, 알맹이 없는 진부한 발언, 식상한 상투적 문구는 피하라고 주문한다.

- "초대해 주셔서 감사합니다."
- "여러분과 함께할 수 있어서 매우 기쁩니다."
- "다들 잘 지내고 계십니까?"

아, 이건 진짜, 진짜, 진짜 아니다.

시작하는 순간, 가능하다면 10초에서 20초 이내에 청중의 주의를 사로잡아야 한다.

어떻게?

1. 예상치 못한 강력한 도입부

예상치 못해 호기심 내지 흥미를 유발하는, 심지어 상식과 반대되는 내용을 말한다. 전설적 인물 데일 카네기는 이렇게 말했다. "처음에 뭔가 흥미로운 문장으로 시작하라. 두 번째가 아니다. 세 번째도 아니다. 첫 번째! 처. 음. 에! 맨 먼저!"

영국의 유명 요리사이자 먹거리 캠페인을 벌이고 있는 제이미 올리버가 '2010 TED 토크TED Talk'를 어떻게 시작했는지 보자.

> 슬픈 일이지만, 제가 이야기를 시작하고 앞으로 18분 동안 4명의 미국인이 자신이 먹는 음식 때문에 목숨을 잃게 될 겁니다. 제 이름은 제이미 올리버입니다. 서른네 살이고요. 영국 에식스 출신입니다. 그리고 지난 7년 동안 저만의 방식으로 생명을 구하는 일에 꾸준히 노력을 기울였습니다. 저는 의사가 아닙니다. 요리사입니다. 저는 비싼 장비나 약품도 없습니다. 저는 정보와 교육을 활용해 생명을 구합니다.

자, 제대로 자리잡고 앉아서 무슨 이야기를 하는지 더 듣고 싶은 마음이 생기지 않는가?

2. 도발적인 질문

커뮤니케이션 전문가들은 가장 좋은 방법은 도발적인 질문을 던지는 것이라고 강조한다. "질문으로 시작하면 '지식 격차Knowledge

Gap'가 발생한다. 청자가 알고 있는 것과 알지 못하는 것 사이의 간극 말이다." 아카시 카리아는 자신의 저서 《TED처럼 말하라How to Deliver a Great TED Talk》에서 이렇게 말한다. "인간은 본능적으로 지식 격차를 메우려 하기 때문에 이 격차는 사람들의 호기심을 불러일으킨다."

나사 연구원이었던 제임스 한센은 자신이 뛰어난 연설가가 아니라는 사실을 알고 있다. 하지만 오히려 그 점을 잘 활용하면서, 기후 변화를 주제로 한 '2012 TED 토크' 강연에서 청중의 관심을 사로잡았다.

> 말수도 적은 중서부 출신의 과학자인 제가 무엇을 알고 있었기에 백악관에서 시위를 벌이다 체포를 당했을까요? 제가 알고 있는 것을 여러분도 알게 된다면, 여러분은 어떻게 행동할까요?

이렇게 솔직하고 적나라한 질문에 대한 답을 듣고 싶은 마음이 생기지 않는가? 적어도 스마트폰을 집어 들고 무슨 일이 있었는지 검색해 보고 싶지 않을까?

3. 재미있는 스토리

개인적인 일화가 가장 좋다. 사람들을 편안하게 만드는 재미있고 웃긴 이야기로 사람들을 집중시키며 시작하면 가산점을 받을 수 있다. 누구나 재밌는 이야기를 사랑하기 때문에 스토리텔링은 즉각적으로 사람들의 참여를 이끌어낼 수 있는 전략이다. 실제로 인간의 두뇌는 상상력을 자극하고 공감을 일으키는 이야기와 사랑에 빠질 수밖에 없도록 만들어져 있다. 기업가 릭 엘리아스는 비행기에서 겪었던 무시무시했던 경험을 이야기하며 '2011 TED 토크'를 멋지게 시작했다.

> 900미터가 넘는 상공에서 큰 폭발음이 들리는 걸 상상해 보세요. 비행기 안은 연기로 가득합니다. 덜컥, 덜컥, 덜컥, 덜커덕대는 엔진을 상상해 보세요. 소리만 들어도 공포가 몰려옵니다. 하필 그날따라 제가 앉은 자리도 난감했습니다. 좌석 번호가 맨 앞줄 1D였으니까요.

마치 자신이 그 자리에 앉아있는 것처럼 바로 등골이 오싹해지지 않은가?

다른 사람들이 당신의 말에 집중하기를 원한다면 첫 문장에 신경 써라. 짧지만 위트 넘치는 농담이나 청중이 빨려들 수밖에 없는 질문 또는 이성보다 감정에 호소하는 이야기로 관중을 놀라게 하라. 사람들의 시선이 휴대폰이 아니라 당신에게 향하는 것을 보게 될 것이다. 그러고 나면 그 공간이 당신의 차지가 될 것이다.

물론 사람들의 관심을 끈다고 해서 끝나는 게 아니다. 이제는 사람들의 관심을 **붙잡아 두어야** 한다. 어떻게 하면 될까?

‖ 청중과 교감하기 ‖

논쟁에 뛰어든 당신의 목표는 청중을 당신 편으로 끌어들이는 것이다. 착각하면 안 된다. 논쟁을 벌이는 상대방이 아니라 논쟁을 보고 있고 듣고 있는 청중의 마음을 바꾸는 것이 핵심이다. 청중이 승패를 결정하는 경쟁적 토론에서는 더욱 그렇다. 꼭 경쟁적 토론이 아니라 TV 토크쇼나 추수감사절 저녁 식사 자리에서도 이 핵심은 변하지 않는다.

청중의 관심을 붙잡아 두고 당신 편에 머무르게 하는 방법의 핵심은 **교감**이다. 청중의 가치관에 부합하는 내용 그리고 앞에서 보았듯이 청중에 대해 미리 파악해 둔 정확한 정보를 바탕으로 꾸린 적합한 방법으로 주장을 전달해 청중과 교감해야 한다. 그런데 사실을 정확히 확인하고 출처를 찾아내 반론을 준비하는 일처럼 사전에 마칠 수 있는 숙제가 아닌 것도 있다. 청중과 교감하기 위해 그때그때 실시간으로 반응해야 하는 중요한 전략 몇 가지를 알려주겠다.

1. 시선을 맞춰라

말할 때 청중의 눈을 똑바로 바라봐라. 개개인과 눈을 맞추고, 실내 공간 곳곳에 당신의 눈길이 미치도록 하라. 자기는 관심을 받지 못한다고 생각해 소외감을 느끼는 청중이 없어야 한다.

스피치 코치 피아 패스바인더는 **아이 콘택트**가 "청중이 당신의 말에 공감하고 몰두하게 한다"라고 하면서 이렇게 말했다. "눈을 바라본다는 것은 말을 하지 않아도 그 사람의 이름을 큰 소리로 불러주는 것과 같다."

"프레젠테이션에 의한 죽음Death by Presentation"을 맞이하지 않도록 최대한 노력하라. 미리 준비한 노트나 슬라이드를 보면서 줄줄 읽기만 하지 말라는 뜻이다. 청중도 마음만 있다면 당신의 노트와 슬라이드는 읽을 수 있다. 그럴거면 요점을 정리한 유인물을 청중에게 나눠주고 당신은 집에 가서 낮잠이나 자는 것과 다를 게 뭔가? 청중은 당신을 "보기 위해" 왔다는 걸 기억하라. 스피치 코치 크레이그 발렌타인의 말을 인용하자면 사람들은 자신이 "보여지기를" 원한다. 그러니 가능한 많이 사람들과 눈을 맞춰라.

그런데 여기서 꼭 짚고 넘어가야만 할 게 있다. 청중을 바라보면서 제발 그들의 벌거벗은 모습을 상상하지 좀 말라. 영국의 수상이었던 윈스턴 처칠이 많은 사람 앞에서 이야기할 때 자신감을 갖기 위해 사용했다는 방법인데 많은 이들이 이 말을 마구 인용한다. 사람들 앞에서 자신감을 북돋고 긴장을 푸는 좋은 방법이며 연사에게 힘을 실어주고 무대 공포증을 극복하도록 해준다고 말한다. 피아 패스바인더가 분명히 말했지만 틀린 생각이다.

나는 이 방법으로 실제 효과를 보았다는 사람을 단 한 명도 만나본 적이 없다. 게다가 나 같은 경우에는 친구나 가족이 청중으로 오기도 한다. 아마 당신도 그런 경험을 할지도 모른다. 내 부모님은 오시면 종종 청중석 맨 앞자리에 앉는다. 내가 부모님의 벌거벗은 모습을 상상해야 할 이유가 있을까? 그게 내 의견이나 주장을 전달하는 데 도대체 어떻게 도움이 된다는 말인가?

그럴 바에 차라리 슬라이드를 쳐다보지 않아도 될 만큼 충분히 준비하는 데 집중하라. 그러면 이유 없는 두려움이나 공포 때문에 불안에 휩싸이지 않고 편안하게 청중을 바라볼 수 있을 것이다. 평소 일대일 대화 자리에서 상대방의 눈을 바라보듯이 청중의 눈을 마주칠 수 있을 정도가 되어야 한다. 여느 대화에서도 마찬가지겠지만 상대방의 벌거벗은 모습을 상상하며 이야기를 시작한다면 대화가 올바른 방향으로 갈 수가 없다.

2. 뻔한 칭찬이라도 퍼부어라

당신은 누군가의 마음을 사로잡거나 설득하고자 할 때 어떻게 행동하는가? 상대방에게 '폭풍 칭찬'을 한다. 친절하게 대한다. 상대방이 사랑과 인정을 받고 있다고 느끼게 해준다….

청중을 대할 때도 다를 게 없다. 칭찬은 청중뿐 아니라 어떤 무리의 사람들이든 마음을 사로잡을 수 있는 가장 간단하면서도 강력한 무기다.

나는 수도 없이 많은 미국의 도시에 초대되어 강연을 하고 토론을 벌였다. 그때마다 그곳이 내가 미국에서 가장 좋아하는 도시라는 말을 빼먹지 않는다.

약 10년 전에 영국에 살던 내가 미국 미시간주 디트로이트에 갈 일이 있었다. 나는 사람들에게 액설 폴리 형사 덕분에 디트로이트가 얼마나 위대한 '자동차의 도시'인지 알게 되었다고 말했다. '**웃긴 억양을 쓰는 영국 사내**가 〈베벌리힐스 캅Beverly Hills Cop〉(전설적인 흑인 배우 에디 머피가 출연한 디트로이트를 배경으로 하는 영화-옮긴이)이라는 코미디 영화를 아는데다 그걸 **디트로이트라는 도시를 칭찬하는 유머**로 사용한다고?' 사람들은 아마 속으로 저렇게 생각했을 것이다. 그들은 자리를 잡고 앉아 잘 알지도 못하는 정치적 사안에 대해 내가 이야기하는 걸 들었다.

2017년과 2018년에 캐나다에 방문했을 때는 행사에 참석한 진보적 성향의 토론토 시민들에게 이렇게 말했다. "내가 이곳에 오기 직전에 머물렀던 트럼프의 미국이라는 나라에 비해, 대마초를 합법화하고 시리아 난민을 수용하고 쥐스탱 트뤼도 총리 같은 지도자를 둔 국가에서 사는 여러분은 얼마나 운이 좋은 사람인지 아시나요." 우리는 즉각 마음이 통했다.

물론 칭찬의 말을 던지는 당신의 의중을 눈치채는 사람이 있을 수도 있다. 하지만 당신이 제대로 하기만 한다면 그건 아무 문제도 아니다. 중요한 점은 그 장소 또는 청중에 대해 그리고 그들이 생각하는 자신의 모습에 대해 당신이 실제로 깊이, 잘 알고 있다는 태도를 보여줄 수 있도록 칭찬을 다듬는 것이다.

3. 사적인 이야기로 공감대를 형성하라

단언컨대 청중과 강력하고 기억에 남는 관계를 맺는 데 개인적인 이야기나 일화를 공개하는 것보다 좋은 방법은 없다.

분명히 해두자. 사적인 이야기라고 해서 가족 휴가에 대해 시시콜콜 이야기하거나 자녀들의 어릴 적 모습이 담긴 사진을 꺼내들라는 말이 아니다. 살면서 겪었던 의미 있는 일 또는 사람들을 대하고 있는 그 순간에 느끼는 감정, 혹은 스스로를 낮추는 자조적인 농담을 나누라는 얘기다. 이는 처음 대면하는 청중과 유대감을 형성하고 이후 그들을 **설득할 수 있는 토대**를 마련하는 검증된 방법이다.

사람들은 자신의 생각과 동떨어진 **주장**에는 결코 유대감을 느끼지 못한다. 냉정하지만 그게 현실이다. 그런데 그 주장을 펼치는 사람, 즉 **당신**과는 유대감을 형성할 수도 있다고 스피치 코치 바스 반 덴 벨드는 말한다. 비밀스럽거나 흥미로운 이야기 또는 개인의 결점을 공유하는 이야기는 청중의 공감을 이끌어낸다. 당신이 자신들과 별반 다르지 않은 평범한 사람이란 걸 보여주기 때문이다.

나는 2013년 옥스퍼드유니언에서 열린 찬반 토론에 참가해서 이긴 적이 있다. 당시 연설이 입소문이 나면서, 이 책을 쓰는 시점을 기준으로 유튜브 영상 조회 수가 1,000만 회에 이른다. "영국은 이슬람이 평화의 종교라고 믿는다"가 그날 토론의 주제였는데 나는 찬성하는 주장을 펼쳤다. 나는 주장을 마무리하는 부분에 이르자 우리 가족 이야기로 토론장을 가득 메운 학생 청중의 공감을 이끌어내려 했다.

여러분께 이렇게 말씀드리죠. 제 주장과 반대의 상황을 생각해 보십시오. 만약 여러분이 오늘 '아니다'에 한 표를 던질 거라면, 제 주장이 틀렸다는 여러분의 결정이 무엇을 의미하는지 생각해 보셨으면 해요. 이슬람은 평화의 종교가 아니다. 이슬람은 전쟁의 종교다. 폭력, 테러, 침략의 종교다. 그렇다면 저와 제 아내, 은퇴하신 저의 부모님, 여섯 살짜리 제 아이 그리고 영국에 거주하는 180만 명에 달하는 사람들, 전 세계에 살고 있는 16억 명의 사람들, 여러분의 평범한 이웃들은 폭력의 종교를 추종하고 조장하고 믿는 사람들입니다. 정말 그렇게 생각하십니까? 진정으로 그게 사실이라고 생각하십니까?

내 자신, 내 가족, 내 아이를 언급하면서 개인적인 내용을 살짝 끼워 넣었다. **의외로** 이런 말은 하는 즉시 사람들의 결정에 영향을 미치기 시작한다. 그리고 이때쯤이면 사람들이 내 이야기를 듣기 시작한 지 10분이 지났고, 영상을 보지 못한 사람들에게 내용을 살짝 스포하자면 무대에서는 아무런 폭력이나 공격 또는 테러도 발생하지 않은 상태였다. 나는 이슬람이 평화의 종교라는 점을 일반적인 사람들뿐만 아니라 나 자신 그리고 같은 나라에 함께 살고 있는 수백만 명의 무슬림에게도 적용시켜 주장을 펼쳤다(2021년 기준, 영국은 이슬람 인구만 380만 명을 넘을 정도로 일상생활에서 흔히 이슬람교도를 만날 수 있으며, 2024년 2월 기준 현직 총리가 힌두교인 만큼 주변에서 쉽게 여러 종교의 신자들을 만날 수 있는 환경이다-옮긴이).

물론 사적인 이야기를 좀 더 가볍게 활용할 수도 있다. 2018년,

NBC의 코미디 프로그램 '세스 마이어스와 함께 하는 야심한 밤Late Night with Seth Meyers(SNL 작가 출신인 세스 마이어스가 호스트인 NBC의 대표 토크쇼-옮긴이)'에 출연했을 때였다. 대통령의 중요한 역할을 지적하기 위해 내 딸을 언급하면서 나를 알지도 못하는 청중과 세스 마이어스의 웃음을 이끌어냈다.

나 트럼프 대통령 덕분에 부시가 나아보이죠. 트럼프는 모든 사람들을 돋보이게 합니다! 저는 우리가 '아, 트럼프가 장례식장에 갔었는데 거기서는 트위터에 글을 올리거나 누구를 모욕하는 말이나 허튼소리를 하지 않았으니까 대통령 구실을 제대로 하고 있잖아'와 같은 식으로 대통령의 역할에 관한 기준치를 낮추면 안 된다고 생각합니다. 이 정도만 만족해도 대통령이 될 수 있다면 여섯 살짜리 우리 딸도 바로 백악관 집무실에 들어가도 되겠어요.

세스 마이어스 허허, 그래요. 따님을 만나보고 싶군요. 훌륭한 따님을 두셨네요.

청중과 교감하려면 청중이 당신에게서 자신의 모습을 보도록 거울이 되어야 한다. 청중이 당신에게서 자신을 봐야 한단 말이다. 당신의 주장이 아니라!

……

자, 지금까지 충분히 설명했으니 나머지는 당신 몫이다. 청중이 누구인지를 알아내라. 시작부터 청중의 관심을 끌어라. 그리고 끝까지 청중과 교감을 이어가라. 이 3가지 간단한 과정을 통해 청중의 마음을 얻을 수 있다. 논쟁에서 이기고 싶다면 당연히 청중의 마음부터 얻어야 한다. 당신 편으로 청중을 끌어들여 설득해야 한다. 청중이 당신 편에 서도록 만드는 것, 청중이 당신 말에 동의하고 있다는 사실을 알고 있는 것, 청중이 당신 말에 고개를 끄덕이는 모습을 보는 것이 얼마나 강력한 힘과 영향력을 발휘하는지는 아무리 강조해도 지나치지 않다. 청중을 통해 당신은 상대보다 우위를 차지할 수 있다.

나는 청중이 군사 용어로 빗대면 '전력 승수Force Multiplier'라고 생각한다. 전력 승수는 적군의 전투력을 약화시키는 동시에 아군의 전투력을 효과적으로 증대시키는 추가적인 요소를 말한다.

종종 우리는 토론이나 논쟁에서 모든 시간과 에너지를 상대방을 무찌르는 데에만 투여한다. 그 과정에서 승패를 결정하는 진정한 심판인 청중을 무시하고 만다. 저명한 저널리스트 제이 하인리히는 우리가 알지 못하는 청중의 귀에도 쏙쏙 박히는 말을 해야 함에도 사람들이 모든 시간과 에너지를 자신에게 듣기 좋은 연설문이나 발표문을 만드는 데 투자하는 실수를 저지른다고 지적한다.

청중은 얼마나 중요한 걸까? 영화감독 빌리 와일더의 말로 정리하겠다. "관객은 절대 틀리지 않는다. 관객 개개인은 멍청할 수 있지만, 멍청한 개인 1,000명이 함께 극장에 모이면 엄청난 천재가 된다."

사람을 다룰 때는 논리의 동물을
상대하는 게 아니라는 걸 기억하라.
우리는 감정의 동물을 상대하고 있다.

_데일 카네기Dale Carnegie, 저술가

2장

'팩트폭력'보다 '감성팔이'가 먼저다

미국의 전설적인 정치 칼럼니스트 로저 사이먼은 그날의 질문을 "대통령 선거를 단숨에 끝내버린 질문"이라고 정의했다. 그만큼 "대통령 후보 텔레비전 토론에서 나왔던 질문들 가운데 가장 논란의 여지가 많은 질문"이었다.

사이먼이 언급한 질문은 1988년 10월, 조지 H. W. 부시 부통령과 마이클 두카키스 매사추세츠주 주지사 간의 대통령 후보 토론에서 CNN 앵커 버나드 쇼가 던졌던 질문을 말한다. 두 후보는 LA에 있었다. 당시 쇼는 직설적이고 거침없는 인터뷰 진행자로 이미 널리 알려진 상태였는데 전날 새벽 2시에 홀리데이인호텔 방에서 준비했던 '그 질문'을 통해 토론 역사에 한 획을 긋게 된다.

그날 밤 LA에서 이 노련한 방송 진행자는 이렇게 토론회를 시작한다.

자, 이제 90분 동안 양측 대표자들이 만들고 합의한 틀 안에서 두 후보에게 질문을 던질 것입니다. 미리 말하지만 오늘 밤 저와 저희 측에서 던지는 질문에는 아무런 제한이 없으며, 두 후보도 우리가 어떤 질문을 던질지 모릅니다. 두 후보들 간에 합의한 대로 첫 번째 질문은 두카키스 주지사에게 하겠습니다. 주지사님, 답변 시간은 2분입니다. 만약 부인이 성폭행을 당하고 살해되었다면, 주지사님은 그 범죄자에게 가차 없이 사형 선고를 내려야 한다고 생각하십니까?"

프레스룸에 있던 사람들은 충격을 받았다. 생방송을 지켜보던 청중도 놀라 입을 다물지 못할 지경이었다. 그야말로 아주 사적이고 도발적이면서, 선을 넘는 질문이었다. TV 토론을 보다가 충격을 받은 시청자들은 바로 그 순간 두카키스 아내의 표정이 어떨지 보고 싶어 했다. 하지만 2007년에 간행된 〈폴리티코Politico〉에서 칼럼니스트 로저 사이먼이 언급한 바 있듯이 "그 당시 후보자 가족들의 반응은 대선 토론 합의에 따라 엄격히 공개가 금지되어 있었기에 방송에선 보여줄 수가 없었다."

그 순간, 두카키스는 쇼의 돌발 질문에 정신을 가다듬고 이렇게 응답했다.

아뇨, 그렇지 않습니다. 사회자도 제가 지금껏 사형 제도를 반대해 왔다는 사실을 잘 알겁니다. 저는 사형 제도가 그런 범죄들을 막을 수 있다는 증거를 본 적이 없고, 폭력 범죄를 막을 수 있는 보다 효과적이고 더 나은 방법이 있다고 생각합니다. 우리 주에서는 이미 그렇게 하고 있고요. 그래서 공장과 사무실이 밀집한 지역 중에서는 우리 주의 범죄율이 가장 많이 떨어진 것입니다. 나라 전체적으로도 마찬가지입니다. 마약에 대해서도 진짜 전쟁을 치를 각오가 되어 있어야 합니다. 그게 제가 할 일이고, 지난 세월 동안 저기 부시 부통령께서 자신의 책무라고 하면서도 수행하지 못한 일이라고 봅니다. 본격적으로 전쟁을 치르려면 많은 준비가 필요합니다. 마약 전담 요원들의 수를 두 배로 늘려야 하고, 국내뿐 아니라 국외에서도 전쟁을 치러야 하며, 이웃 국가들과도 공조해야 합니다. 그리고 마약과의 전쟁을 치르기 위해 1월 20일 후에는 가급적 빨리 북중미 지도자들과 정상회담도 갖고자 합니다. 마약 예방 교육에 대해서도 조치를 취해야 합니다. 이는 미국의 대통령이 되면 제가 몸소 나서서 해야 할 일들 가운데 하나입니다. 우리 주에서는 이미 대단한 성과를 이루었습니다. 교육 범위를 아동과 가족 단위까지 확대하여, 초등학교 때부터 마약 예방 교육을 받게 하고 있습니다. 우리 모두가 이 전쟁에 나서서 이겨야만 합니다. 공권력을 정비하여 주와 지방 시행 공무원들에게 지금까지와는 다르게 확실하게 지원하면서 불법행위를 줄여가는 방식으로 청소년들로 하여금 마약을 멀리하도록 하고 미국으로 들어오는 마약을 차단하여 우리의 아이들과 가족이 안전하고 건강한 이웃을 이루며 살아갈 수 있도록 해야 합니다.

2분 동안 360개의 단어를 쏟아낸 장황한 답변이었다. 하지만 뭔가 허전하지 않은가? 그렇다. 그의 답변에서는 어떠한 감정도 찾을 수가 없다!

두카키스의 답변은 **최악 중의 최악**이었다. 처음에는 두카키스가 자신의 주관을 드러내며 꽤 인상적인 모습을 보였다. 하지만 이야기가 완전히 옆길로 새면서 아주 모호한 모습을 보여주고 말았다. 유권자인 청중은 사형 제도에 대한 그의 입장을 다시 듣길 원하지 않았다. 매사추세츠주의 범죄 발생률이 하락했고 마약 문제 해결을 위한 북반부 국가 지도자 정상회담을 하겠다는 무미건조한 답변을 듣고 싶은 것도 아니었다.

그 순간 청중이 정말 보고 싶고 듣고 싶었던 것은 정책이 아니라 자신들의 미래 지도자로서 두카키스의 인간적인 반응이었다. 사랑하는 아내가 성폭행을 당하고 살해되었을 때 어떤 감정일까? 대놓고 시비를 걸듯이 아무렇지도 않게 지극히 사적인 질문을 던지는 쇼에게 뭐라고 말할 것인가?

그러나 그의 답변에는 격정적인 감정도 분노도 없었다. 마음이란 게 보이는가? 그 긴 답변 속에 인간으로서의 두카키스를 어디에서 느낄 수 있단 말인가?

1988년 대선에서 두카키스의 지성과 정책 수행 능력에 의심을 갖는 사람은 아무도 없었다. 하지만 이 토론이 있고 며칠 뒤 〈워싱턴포스트Washington Post〉 칼럼니스트 리처드 코헨에 따르면, 대중은 두카키스가 "인간애와 인간성뿐만 아니라 인간적인 모습을 드러내고자 하는 마음"이 있는지 의구심을 갖게 되었다. 그도 가족이 있고 주변 사람들과 관계를 맺으며 살아가는 보통의 사람이다. 때문에 강도와 폭행을 당했던 연로하신 아버지나 뺑소니 운전 차량에 치여 사망한 자신의 형 스텔리안을 언급하며 답변할 수도 있었다. 근데 그는 그러지 않았다.

"나는 사형 문제에 대해 두카키스가 어떻게 느끼고 있는지 묻고자 했다." 쇼가 훗날 인터뷰에서 밝혔다. "부시는 두카키스가 범죄에 단호하게 대처하지 못한다고 질책하면서 그를 완전히 제압했다. 많은 유권자들이 두카키스의 말과 행동을 보고 들었지만 그 안에서 어떠한 감정도 느끼지 못했다. 내가 그 질문을 한 건 그가 어떤 감정을 느끼는지 보고 싶어서였는데."

아무 감정도 실리지 않은 답변을 내놓으면서 토론 후 두카키스의 지지율은 단숨에 7%나 폭락했다. 그의 선거 참모였던 수잔 에스트리치는 "그 질문은 두카키스의 가치관과 더불어 감정을 묻는 것이었다"라고 말하면서 그날의 실패를 인정했다. "선거 캠페인을 벌이면서 그 순간까지도 그 질문에 대해 이미 수도 없이 논의했었다. 하지만 그 질문에 대해 정책적으로 답변하는 순간, 나는 우리가 이번 선거에서 졌다는 걸 직감했다."

몇 년이 지난 후 그 당시 답변을 되돌아보면서도 두카키스는 여전히 상황을 제대로 이해하지 못하고 있었다. "말씀드려야 할 게 있는데, 제가 아직도 이해를 못 하는 건지 모르겠지만… 그게 그렇게 문제가 될 답변은 아니었다고 생각합니다."

이번 장에서는 두카키스의 답변이 왜 치명적 실책이었는가를 설명하려고 한다.

……

우리는 "사실fact은 당신의 감정feeling을 개의치 않는다"라는 말을 자주 듣는다. **사실은 사실일 뿐**이며 우리가 그 사실을 믿고 싶어 하든 믿지 않고 싶든, 사실은 거짓이 될 수 없다는 것이다. 물론 토론에서는 그게 그리 간단치 않다. 친구의 마음을 바꿔보려다가 실패를 맛본 사람이라면 너무도 잘 알 것이다. 당신은 모든 '팩트'를 손에 쥐고서 반박의 여지가 없는 명백한 논거를 제시해 흠잡을 데 없는 주장을 펼칠 수 있다. 하지만 사람마다 반응은 제각각일 것이다. 고집을 부리거나, 경계하거나, 반발하거나, 지루해 할 수 있다. 자신을 과신하거나 변화를 두려워할 수도 있고, 이 모든 것을 한 번에 다 드러내는 사람도 있다.

사실이 감정에 따라 변할 리 없는 것처럼 그 **반대**도 마찬가지이다. 사실이 감정을 개의치 않는다면, 인간의 감정 역시 사실은 안중에도 없다. 때문에 당신이 논쟁에서 이기고, 청중에게 확신을 심어주고, 혹은 누군가를 설득하는 설명이나 발표를 하려 한다면… 사실만으로는 부족하다. 사람들을 당신 편으로 만들려면 그들로 하여금 당신에게 관심을 갖게 해야 하기에 응당 사실과 수치, 논거를 제시하며 말하고자 하는 바를 분명하게 밝혀야 한다. 하지만 거기에 더해, 수천 년 전으로 거슬러 올라가서 찾을 수 있는 지혜 역시 필요하다. 사람들의 머리뿐만 아니라 마음까지 파고들어야 한다는 사실 말이다.

‖ 처음부터 끝까지 파토스 ‖

고대 그리스의 철학자 아리스토텔레스는 이런 면에 있어 시대를 앞서간 사람이었다. 아리스토텔레스는 2,000여 년 전 출간한 기념비적인 저서 《수사학Rhetoric》을 통해 화자가 청중을 설득하기 위해선 3가지 방법으로 호소해야 한다고 갈파하였다. 그리고 설득의 3가지 기술을 **에토스Ethos, 파토스Pathos, 로고스Logos**라고 명명했다.

에토스는 화자의 성품과 신뢰성에 기반해 호소한다는 의미이다. 스피치 코치 지니 베쿼리가 언급했듯 '윤리Ethics'도 에토스에서 나온 말이다. 아리스토텔레스는 에토스에 대해 "화자가 자신의 말을 믿어달라는 말을 할 때, 화자의 개인적 성품에 의해 설득이 이루어진다"고 기술했다. 가령 의사와 같은 전문직이라면 "자, 이제 예방주사를 맞아야 합니다. 수년 동안 이 분야에서 공부를 한 저의 소견으로는 그래야 안전합니다"라고 말하면서 자신의 실력을 믿어달라고 호소한다. 바로 이런 것이 에토스에 기반한 주장이다.

파토스는 두려움, 분노, 즐거움, 평안과 같은 인간의 감정과 느낌에 의지해 호소하는 것이다. '감정 이입empathy'과 '연민sympathy'이 바로 이 파토스에서 나온 말이다. 아리스토텔레스는 파토스에 기반하는 논쟁에서는 "화자가 말을 통해 상대방의 감정을 휘저을 때 설득이 이루어진다. 즐겁고 우호적인 감정으로 내리는 판단과 괴롭고 적대적인 감정으로 내리는 판단은 같을 수가 없다"라고 말한다. 예컨대 앞에서 언급했던 의사가 감정을 자극하는 말로 두려움이나 연민을 일으켜 환자의 마음을 움직이려 한다면 파토스를 이용해 이렇게 말할 것이다. "자, 이제 예방주사를 맞아야 합니다. 그렇지 않으면 예방주사를 맞지 않아서 2주간 격리 치료를 받다가 결국 네 자녀를 고아로 만들고 사망한 버지니아주의 그 부부처럼 될 수도 있습니다(코로나19 백신 미접종으로 사망한 미국의 미첨 부부-옮긴이)"

로고스는 논리와 이성, 정확하고 자세한 정보에 기반을 두고 호소하는 것이다. 실제로 '논리logic'라는 말은 '이성reason'을 뜻하는 그리스어 로고스에서 유래했다. 아리스토텔레스에 따르면 로고스의 관점에서 볼 때 "어떤 문제를 두고 그에 적합한 논거를 통해 진실을 입증하는 경우 그 말 자체를 통해서 설득이 이루어진다"고 한다. 다시 의사의 예를 들자면 의사는 많은 연구 결과와 통계 수치를 동원하면서 로고스를 기반으로 다음과 같은 주장을 펼칠 수 있다. "예방주사를 맞아야 합니다. 수많은 연구에 따르면 코로나19 백신을 맞으면 중환자가 되거나 사망할 확률이 90%나 감소하는 것으로 나타났습니다."

우리는 말하고 발표하고 토론하고 논쟁할 때 우선적으로 로고스에 의지하려고 한다. 이성과 논리, 통계와 자료를 최고의 도구로 여기는 것이다. 당연하다. 그렇게 진실을 탄탄하게 깔아두고 논쟁을 해야만 이길 수 있기 때문이다. 하지만 사람들의 의식을 바꾸려 한다면 그것만으론 부족하다. 인간의 마음은 단순히 저런 지점들로 움직이지 않기 때문이다.

사실은 여기서 그 위대한 아리스토텔레스와 나의 생각이 갈린다. 그는 설득에 필요한 3가지 요소의 중요도를 동등하게 보았다. 하지만 나는 항상, 그리고 실제로 **파토스가 로고스보다 위에 있다**고 본다.

분명히 해두지만 사실, 즉 팩트가 중요하지 않다거나 팩트가 논쟁의 기본적 토대가 될 수 없다는 말을 하려는 게 아니다. 사실은 그 자체로 매우 중요하다. 실제 나는 이 책의 다음 장에서 사실을 어떻게 전개해야 치명적인 논쟁으로 발전시킬 수 있는지에 대해 말할 예정이다.

그러나 사실을 다루는 법을 소개하기 전에 말하건데 설령 당신이 사실을 완벽하게 장악하고 있다 해도 거기에 감정을 더하지 못하면 사람들을 설득할 수 없다. 그리고 파토스는 청중에게 영향력을 발휘할 수 있다는 점에서뿐만 아니라 청중에게 **로고스를 확실하게 전달하는 최선의 방법**이라는 점에서도 로고스보다 우위에 있다. 파토스야말로 정말 중요한 도구다. 실제 여러 연구들을 통해 청중의 감정에 다가서야만 청중의 마음을 얻을 수 있다는 주장이 힘을 얻고 있다.

‖ 설득의 과학 ‖

〈스타 트랙Star Trek〉 시리즈를 기억하는가? 속편과 유사한 작품들이 나오기 전의 오리지널 시리즈 말이다. 여기에는 두 주인공이 등장한다. 외계 종족 벌컨인 스폭 중령은 초이성적이고 논리적이다. 인간인 커크 함장은 용감하지만 성미가 급하다. 우리는 말을 하거나 발표를 할 때 대개 스폭처럼 행동한다. 커크 함장이 되어서 인간적인 대화를 하고 청중에게 감정적으로 호소해야 하는 경우에도 사실과 통계와 자료에만 집중한다.

왜 우리는 인간이면서 벌컨이 되려고 할까? 우리는 감정, 느낌, 본능에 반응하는 종족이다. SF 영화에 나오는 이야기가 아니다. **사실**이 그렇다.

최근에는 신경과학과 인지심리학 분야에서도 인간의 행동이나 믿음이 벌컨이 보여주는 이성보다 커크에게서 볼 수 있는 감정에 더 많이 지배받는다는 증거들이 속속 나오고 있다. 감정은 의사 결정에 다양한 방식으로 영향을 끼친다. 결정을 내리는 속도는 물론 특정한 사실이나 수치를 상기하는 능력에도 영향을 미친다. 그리고 이 모두가 무의식적 차원에서 이루어진다. 브랜드 전략 전문가인 더글라스 밴 프랫은 우리가 종종 자신도 모르는 사이에 생각이 아니라 느끼는 과정을 통해서 특정한 입장이나 관점을 만든다고 주장한다.

서던캘리포니아대 뇌-창의력연구소Brain and Creativity Institute 소장이자 저명한 포르투갈계 미국인 신경과학자 안토니오 다마지오는 고난도의 연구를 통해 사실보다 감정이 우위에 있다는 점을 보여준다. 다마지오는 "인간이란 생각하는 기계이거나 느끼는 기계라기보다는 생각하면서 느끼는 기계다"라고 말한다.

갈채를 받은 저서 《데카르트의 오류: 감정, 이성과 인간의 뇌Descarte's Error: Emotion, Reason, and the Human Brain》에서 다마지오는 전두엽 외피 손상을 입어 분열적 감정 처리를 보였던 자신의 환자들에 대해서 조사한 바를 설명한다. 그는 환자들이 감정의 결핍으로 인해 사소한 선택과 쉬운 결정도 내리지 못한다는 사실을 알았다. 그는 전두엽 양성종양 제거 수술을 받았던 가정적인 남자이자 회사원이었던 '엘리엇'이란 환자에 대해 이야기한다.

수술은 외관상 잘 끝난 것처럼 보였다. 엘리엇의 말이나 기억, 산술 능력은 모두 멀쩡했다. IQ도 높게 측정됐다. 하지만 이후 몇 년이 흐르며 엘리엇의 삶과 경력은 완전히 무너졌다. 다마지오가 엘리엇을 상담하기 시작했을 무렵엔 엘리엇은 일도 하지 못하고 이혼 후 형제의 보호를 받는 상태였다. 다마지오는 엘리엇이 다른 사람의 곤경에 공감하는 능력을 상실했다는 걸 발견했다. 엘리엇은 수동적이고 "무심한 방관자"의 삶을 살고 있었다. 그는 일상적인 일에서부터 전문적인 일에 이르기까지 선택이 필요한 상황에서 아무것도 결정하지 못했다.

다마지오는 엘리엇이 현실 세계에 존재하는 스폭 중령이 되었다고 밝혔다. 다마지오의 표현을 빌리자면 엘리엇은 "일말의 감정"

도 없으면서 아이러니하게도 **이성적** 결정을 내리는 능력이 없었다. "엘리엇의 이성이 갖고 있는 냉혈성이 서로 다른 선택에 대해 서로 다른 가치를 부여하는 기능을 마비시킴으로써 그가 결단력을 아예 발휘할 수 없도록 만든 것이다. 우리는 엘리엇이 머리로는 알지만 마음으로는 **느끼지 못하는** 곤란한 상태라고 이해할 뿐이다."

결국 다마지오는 "이성이란 것은 사실 우리가 생각하는 것과 다를 수 있다"라고 결론짓는다. 우리의 감정이나 느낌이 "이성이라는 방어기제로 잠입하는 침입자"라기보다는 "이성과 불가분 관계에 있는 것"이라 본다. 감정이나 느낌은 우리의 결정을 인도하고 영향을 미치는 데 매우 중요한 역할을 한다는 것이다.

……

사실과 자료는 얼마든지 준비할 수 있다. 그러나 논리와 이성만으로 결정을 내리는 사람은 아무도 없다. 다마지오와 그의 동료 신경과학자들은, 인간이 결정을 가로막는 장애 요소를 넘어 선택을 하려면 이성 외에 약간의 감정이라도 있어야 한다고 말한다.

이런 사실이 설득과 토론에 의미하는 바는 무엇일까? 논쟁에서 이기고 싶다면 청중이 결정을 내릴 수 있도록 이끌어야 한다. 청중으로 하여금 상대방이 아니라 나를 선택하게 해야 한다. 즉 느낌과 감정에 호소해야 한다는 것이다. 머리를 움직이게 하는 건 가슴이다. 논쟁을 가슴과 머리의 대결이라고 본다면, 논리만 내세울 경우 장담하건대 십중팔구 질 것이다.

문제는 청중의 마음에 다가서는 방법이다. 어떻게 청중과 감정적으로 교감할 것인가? 어떻게 감정에 호소할 것인가? 지난 수년 동안 나는 이 두 가지 요소에 균형적으로 접근하려 했다. 이제 파토스를 완벽하게 숙달할 수 있는 3가지 방법을 소개하겠다.

1. 스토리를 텔링하라

아리스토텔레스의 스승인 플라톤은 말했다. "스토리를 말하는 사람이 사회를 지배한다."

서론과 본론, 결론을 갖춘 훌륭한 스토리나 내실 있는 스토리는 인류에게 감동을 선사해 왔다. 앞서 언급한 바와 같이 인간의 뇌는 차갑고 딱딱한 사실만을 받아들이는 생물로 진화하지 않았다. 스토리텔링을 할 수 있는 존재로 진화했다.

실제로 프린스턴대의 신경과학자 우리 하산은 '2016 TED 토크'에서 우리가 어떤 이야기를 들을 때 우리의 뇌 안에서는 일종의 "제휴align" 현상이 일어난다고 밝힌 바 있다. 하산은 이런 현상을 "뇌결합Brain-to-Brain Coupling"이라 부른다. 에미상 수상 앵커 출신인 유명 작가 카민 갤로의 《어떻게 말할 것인가Talk Like Ted》에서도 소개되어 있는데 하산은 두뇌 각 부위의 활성화 정도를 측정하는 기술인 fMRIfunctional Magnetic Resonance Imaging(기능적자기공명영상)를 사용해서, 사람들이 말을 할 때나 들을 때 그들의 뇌가 어떻게 '제휴'되고 있는지를 시각적으로 보여주었다. 하산의 연구를 살펴본 뇌 전문가 조슈아 고윈은 이렇게 설명한다.

그녀가 영어로 말을 하면 자원봉사자들은 그녀가 말하는 스토리를 이해하는 것에 그치지 않았어요. 자원봉사자들의 뇌도 그녀의 뇌와 같은 모습으로 동기화Synchronized되었습니다. 즉 말을 하는 그녀의 뇌에서 감정을 담당하는 섬엽insula이 가동되면, 듣는 사람들의 뇌에서도 똑같은 현상이 일어났어요. 그녀의 전면 대뇌피질이 켜지면 듣는 이들의 전면 대뇌피질도 켜졌습니다. 그녀는 단순히 스토리를 말할 뿐이지만 이 과정을 통해 그녀의 관념이나 생각, 감정까지 듣는 이들의 뇌 속에 심을 수 있다는 말이죠.

스토리의 힘이 이 정도로 대단하다니 믿어지는가?

단지 종종 그런 사실을 잊을 뿐, 지난 수천 년간 인류는 매일같이 하루에도 수많은 스토리를 말하고 다른 사람들과 스토리를 공유하며 살아왔다.

저널리스트 코디 델리스트라티는 〈디애틀랜틱The Atlantic〉의 기사를 통해 일상적인 대화의 65%가 가십거리로 이뤄졌다는 진화론적 심리학자 로빈 던바의 연구를 소개한 바 있다.

스토리텔링이 강력한 설득의 도구라는 사실은 놀랄 일이 아니다. 와튼경영대학원 심리학 및 마케팅 교수 데보라 스몰이 두 명의 공저자와 함께 2007년 발표한 연구 결과를 살펴보면 숫자로 제시된 추상적인 "통계적 피해자statistical victims" 여러 명보다 "인식 가능한 피해자identifiable victim" 한 명이 더 많은 기부를 이끌어낼 확률이 훨씬 높았다. 감정 이입의 차원에서 보자면, 이름과 얼굴을 모르는 **수백만 명**에 대한 스토리보다 이름과 얼굴이 알려지고 도움의 손길을 기다리는 **한 소년**에 대한 스토리가 훨씬 더 강력하고 직접적인 영향력을 발휘한다는 말이다. 이 연구 결과는 파토스가 로고스보다 우위에 있다는 사실을 명확히 보여준다.

왜 이런 현상이 나타날까? 추상적인 정보보다 구체적이고 개인적인 형태로 구성된 스토리가 더 많은 **감정**을 불러일으키기 때문이다. 데보라 스몰 교수는 내게 이렇게 설명했다. "한 사람의 곤경을 집중적으로 보여주면 그와 관련된 슬픔, 안타까움, 고통 등 모든 면을 보여줄 수 있기 때문입니다." 한 개인이 겪고 있는 고통은 이해하고 공감하기 쉽지만, 통계적인 수치로 제시되는 불특정 다수의 고통은 개인적인 차원에서 실감나게 다가오지 않는다. NPR 뉴스에서도 보도된 신경과학자 우리 하산 교수의 말처럼 스토리다운 스토리는 우리 뇌에서 감정에 관여하는 부분을 건드리면서 말을 하는 사람과 같은 감정을 공유하게 만든다. 화자가 자신이 살아가면서 느꼈던 두려움이나 희망에 대해 말을 하면, 우리는 이를 마음의 거울 속에서 비추어보고 똑같은 감정을 느끼는 것이다.

그러니까 당신이 청중을 설득해야 하는 상황에 닥친다면 '특정 개인'에 대한 감정이 충만하게 담긴 스토리를 들려줘야 한다. 왜 관심을 가져야 하는지를 말해라! 일례로 2019년, 나는 비영리단체 인텔리전스스퀘어드Intelligence Squared 주관으로 런던에서 열린 토론에 참석해 이슬람 국가인 사우디아라비아의 인권 학대를 주제로 주장을 펼친 적이 있다. 나는 인권 단체들이 제시한 복잡하고 상세한 보고서들을 인용하거나 국제 인권법상의 여러 규정들을 언급할 수 있었고, 아니면 사우디아라비아에서 얼마나 많은 사형이 집행되었는지 지적하거나 사우디아라비아와 단교한 서방국가의 사례를 언급하면서 연설을 시작할 수도 있었다. 모두 부정할 수 없는 사실이었고, 사우디아라비아를 공격할 수 있는 중요한 논거이기도 했다(사우디아라비아는 정부에 비판적인 논조의 글을 SNS에 올렸다는 이유로 사형 선고가 내려지는 등 인권 탄압 문제가 대외적으로 지속해서 논란이 되고 있다-옮긴이).

하지만 그렇게 이야기를 시작했다면 너무 무미건조하고 지루하게 들렸을 뿐 아니라 호응도 얻지 못했을 것이다. 나는 시작부터 청중의 심금을 울리는 말을 해야 한다는 사실을 잘 알았다. 그래서 국민이 선출하지도 않은 정부 치하에서 고난을 당하고 있는 사우디아라비아인들의 실상을 언급하면서 말을 시작했다.

> 신사숙녀 여러분, 안녕하십니까. 좋은 밤입니다. 저는 오늘 안건에 대한 지지 발언을 하기 위해 이 자리에 섰습니다. 지금 많은 분들의 이름과 얼굴이 머리에 떠오릅니다. 오늘밤 저와 여러분이 자신들의 입장을 대변해 줄 것이고, 이 토론에서 여러분이 투표를 통해 자신들의 마음을 표현해 주리라 믿고 있는 분들입니다. 그분들 가운데 한 분이 젊은 여성인권 운동가로서 사우디아라비아에서 자기 차를 운전한 죄로 2014년에 투옥된 루자인

알-하수룰Loujain al-Hathloul입니다. 석방된 후에는 아랍에미리트로 가서 살았는데 지난 3월 고가도로변에서 납치되어 수갑을 찬 채로 전용 비행기에 실려 사우디아라비아로 강제 귀국을 당했습니다. 지금 이 순간, 스물아홉 살밖에 안 된 그녀는 여성에게도 운전을 허용하라고 주장하다가 다시 투옥된 상황입니다. 그녀 언니의 말에 따르면 독방에 감금된 채로 모진 매를 맞고 물 고문과 전기 고문을 받고 성적 학대를 받으면서 강간과 살해 위협을 받고 있다고 합니다.

이스라 알-곰함Isra al-Ghomghom 역시 스물아홉 살의 여성입니다. 그녀는 젊은 시아파 인권 운동가로서 평화적 시위를 하다가 2015년에 남편과 함께 체포되었습니다. 지금 사우디아라비아의 검사들은 그녀를 참수형에 처하려고 합니다. 만약에 정말로 그렇게 된다면, 그녀는 사우디아라비아가 사형에 처한 최초의 여성 인권 운동가가 됩니다. 국제인권감시기구 휴먼라이츠워치Human Rights Watch에 따르면 그녀는 "범죄로 볼 수 있는" 폭력 등을 행사하여 기소된 적이 전혀 없다고 합니다.

블로거인 라이프 바다위Raif Badawi는 지난 달 옥중에서 서른다섯 번째의 생일을 맞이하였습니다. 그는 7년 동안 자녀들을 보지 못했습니다. 배교라는 "범죄 아닌 범죄"로 10년 형과 1,000회의 태형을 받게 되었는데 지금까지 50회의 태형을 받았습니다. 투옥 중에 그의 건강은 극도로 악화되었고 아내는 남편이 더 이상의 태형을 견디지 못할 것이라고 합니다.

아말 후세인Amal Hussein은 일곱 살입니다. 제 딸과 동갑으로 누구에게도 위협을 가해본 적이 없는 예멘 출신의 소녀입니다. 지난 11월에는 그녀의 쇠약한 몸과 깡마른 팔을 담은 처참한 사진이 〈뉴욕타임스〉에 실린 바 있습니다. 그 기사가 나가고 일주일 뒤 그녀는 죽었습니다. 말 그대로 굶어서 죽었습니다. 우리 서방국가 사람들은 그런 그녀의 사진을 보았고, 잊을 수 없는 그녀의 눈을 보았습니다. 하지만 우리는 그녀에게 아무런 도움도 주지 못했습니다. 사우디아라비아가 주도한 봉쇄로 예멘에서 기근으로 심각한 영양 부족을 겪고 있는 180만 명의 아동들을 전혀 도와주지 못하고 있습니다.

그리고 자말 카슈끄지Jamal Khashoggi도 있습니다. 지난 3월에 알자지라잉글리시 방송 휴게실에서 저와 자리를 함께하며 사우디아라비아의 왕자가 워싱턴D.C.를 방문하면 거기 살고 있는 자기가 안전할 수 있겠냐며 농담도 던졌던 분입니다. 그런데 7개월도 지나지 않아서 그는 이스탄불에 있는 사우디아라비아영사관에서 처참하게 살해되었습니다. 들리는 말로는 몸이 톱으로 조각조각 잘려 살해되었다고 합니다. CIA(미국중앙정보국)에서 수집한 정보에 따르면, 그게 다 무함마드 빈 살만 왕자의 직접적인 지시에 따른 것입니다.

신사숙녀 여러분, 오늘 밤 우리는 이분들을 절대 잊으면 안 됩니다. 지금 이 순간까지 우리의 우방국인 사우디아라비아 왕국의 손에 죽음을 당했거나, 몸이 잘리었거나, 모진 고문을 받았거나,

매질이나 채찍질을 당했거나, 투옥되었거나, 성적 학대를 받았던 루자인, 이스라, 라이프, 아말, 자말 같은 분들을 반드시 기억해야 합니다.

이름. 얼굴. 그간의 행적. 이런 스토리에 귀를 닫고 외면할 수는 없다. 참, 혹시 당신이 궁금해 할지 몰라서 밝히자면 그날 토론의 승자는 내가 속한 팀이었다.

단순히 청중과 스토리를 공유하는 것의 힘을 과장하려는 게 아니다. 영어 교수 조너선 갓셜은 2012년에 펴낸 《스토리텔링 애니멀The Storytelling Animal》에서 "인간은 스토리에 중독된 종이다"라고 말한다. 물고기에게 물이 반드시 필요하듯 인간에겐 스토리가 필요하다고 한다. 스탠퍼드대 마케팅 교수 제니퍼 에이커도 "인간은 단순한 사실보다 스토리를 22배나 더 잘 기억한다"면서, 인간이 얼마나 스토리를 좋아하는지 수치로 보여주기도 했다.

토론의 주제가 아무리 심각하고 아무리 전문적이라도, 말하고자 하는 바를 잘 전달하려면 일화를 소개하거나 청중을 끌어들일 매력적인 **스토리를 만들어 텔링을** 해야 한다. 스토리를 만들어내기 힘들면 법, 종교, 물리 등 당신이 논하려는 토론의 **주제가 무엇이든** 그것이 현실의 삶에 어떤 영향을 주는지 생각해 보라. 나이를 먹는 이름을 가진 개인, 친구와 가족이 있는 개인, 꿈과 희망을 지닌 개인, 그런 사람들에 대해 이야기하라. 그런 사람들의 스토리를 들려줘야 한다.

어떤 스토리를 꺼내야 하는지 너무 고민되면, 살면서 겪었던 사건이나 경험 가운데서 주제와 관련되며 다른 사람들과 공유하고 싶은 이야기를 하면 된다. 너무 사적인 이야기가 아닌가 걱정할 필요 없다.

실례로 영국으로 건너온 인도인의 후손이자 무슬림인 나는 종종 사회적 통합이나 동화 문제 또는 다문화주의에 대한 토론에 불려나간다. 그런 자리에 나가 논쟁을 하면서 나는 나의 배경이나 살아온 경험들을 숨기려고 한 적이 한 번도 없다. 내 의도를 전달하기 위해서 너무 사적인 얘기를 하는 게 아닌지 생각해 본 적도 없다. 2011년, BBC 프로그램 '질문시간Question Time'에 출연해 영국 다문화주의의 미래에 대해 논하다가 격론을 벌인 적이 있다. 다문화주의 성공 사례에 관해 이런저런 학술적 연구들을 인용하거나 영국에 정착해서 자손 대대로 새로운 삶을 펼쳐나가는 이주민들에 대해 말할 수도 있었지만 나는 그러지 않았다. 대신 스튜디오에 있었던 청중에게 내가 말하고자 하는 바를 실감나게 전달하기 위해 내 개인적인 이야기를 들려주었다.

> 저는 제 자신이 다문화주의가 만든 생산품이라고 생각합니다. 제 아버지는 1966년에 영국으로 이주했습니다. 아버지는 논설이나 칼럼을 읽고는 당신의 견해를 담아 여러 신문사에 편지를 자주 보냈습니다. 신문사에서 답례품으로 보내준 건 강아지를 위한 화장실 모래뿐이었지만요. 그리고 45년이 지나, 아들인 제

가 '질문시간'에서 사회자 데비이드 딤블비 그리고 보수당 각료분과 함께 앉아 제 자신이 자랑스러운 영국인이고, 자랑스러운 아시아인이며, 자랑스러운 무슬림이라고 말을 하고 있으니, 이것이야말로 영국 다문화주의의 성공 사례가 아닐 수 없습니다.

사람들이 당신이 겪었던 일들을 이해할 수 있겠다고 생각하게 만든다면, 당신이 처했던 입장에서 생각하도록 만들 수 있다면, 당신은 사람들과 깊은 수준의 감정적 차원에서 교감할 수 있을 것이다. 이건 그냥 듣기 좋으라고 하는 말이 아니라 엄연히 과학에 근거를 둔 말이다. 노스캐롤라이나대 도덕적이해와과학센터Center for the Science of Moral Understanding 소장이자 심리학자 커트 그레이가 이끄는 연구진은 15회에 걸친 여러 실험을 통해 "사실이 아니라 개인적 경험을 말할 때 반대편 토론자들도 상대방이 지닌 도덕적 믿음을 더욱 존중했다"는 결과를 얻었다. 그레이와 공동 연구자들은 이를 두고 "존중을 이끌어내는 개인적 경험의 힘"이라 일컬었다.

자, 감정적 차원에서 다른 사람들과 교감하는 데 가장 필요한 게 뭐라고? 사람들을 끌어들일 수 있는 스토리로 말하는 것이다. 당신 자신의 이야기로 말이다. 스토리는 간결하게, 당신의 경험 그리고 당신이 느꼈던 점에 집중하면 된다. 그러면 듣는 사람들도 마찬가지로 **느낄** 테니까.

2. 어휘를 신중히 선택하라

"감정과 개성을 표현할 수 있는 언어를 사용해야 한다." 아리스토텔레스가 《수사학》에서 한 말이다. "감정을 표현하려면 불법 행위에 대해 말할 때는 분노의 언어를, 불경하거나 부정한 것을 다룰 때는 혐오와 분별이 담긴 반항의 언어를 써야 한다. 영광스러운 일에 대해서는 기쁨의 언어를, 당치도 않는 일에 대해서는 모욕의 언어를 써야 한다. 상황에 따라 언어도 달라져야 한다."

청중의 감정을 사로잡는 **언어**를 사용해야 그들의 감정을 사로잡을 수 있다. 청중의 감정을 고조시키며 설득해야만 그들의 마음을 사로잡을 수 있다. 오직 말로서만 청중의 감정을 바꿔야 하기 때문에 당신이 선택하는 단어 하나하나가 매우 중요하다.

자, 이제 당신이 2022년 2월경 우크라이나에 대한 러시아의 불법 침공에 대해 말하게 되었다고 가정해 보자. 그리고 청중을 설득하여 우크라이나 국민들을 지지하도록 설득해야 한다고 가정하자. 당신은 이렇게 말할 수 있다.

- "우크라이나가 러시아의 침공을 받았습니다."

또는 이렇게 말할 수도 있다.

- "무고한 우크라이나 국민이 무방비 상태에서 러시아 침략군의 폭격과 공격을 받았습니다."

양쪽 다 사실을 말하고 있지만 한쪽엔 파토스가 듬뿍 담겨있고, 다른 한쪽은 그렇지 않다. 첫 번째 말은 요원하고 막연한 정점을 향하고 있지만, 두 번째 말은 우크라이나 국민들과 그들의 처지를 생각해 보게끔 한다. 물론 러시아에선 첫 번째 말조차 할 수 없다. 푸틴은 단어 선택이 지닌 힘을 충분히 인식하고 있기에 러시아 내에서는 전쟁을 "특별 군사작전Special Military Operation"으로만 부르도록 법으로 묶어놓았다.

사람들이 말할 때마다 단어 하나하나 세심하게 고민해서 선택하는 건 아니지만 논쟁에서 이기고 싶다면 단어 하나하나에 엄청난 힘이 담겨있단 걸 알아야 한다. 그렇기에 논거를 보강하고 주장을 구축하는 과정에서 파토스와 감정을 불러일으키는 어휘들을 찾아야 한다. 유사 이래 전 세계 수많은 지도자들이 생명과 자유와 평등과 진리와 정의를 지지하는 나라들과 동맹을 맺는 과정에서 이 방법을 활용했다.

작은 무대에서도 얼마든지 이 기술을 활용할 수 있다. 토론에서 상대방이 청중을 현혹시키는 말을 한다는 생각이 들면 상대의 말이 잘못되었다거나 **틀렸다**고만 설명하지 말고 **거짓말**이라고 분명하게 말해라. 또 당신의 입장이 합당하다거나 정확하다고 설명하지 말고 당신 말이 **진실**이라고 분명히 말하라! 의미가 분명한 명사, 생생한 형용사, 강렬한 동사를 사용하면 좋다. 듣는 사람들의 마음을 움직이려면 확고한 언어를 사용해야 한다.

다시 1988년 대선 토론으로 돌아가 보자. 조지 H. W. 부시는 마이클 두카키스와는 달리 단어의 힘을 이해하고 있었다. 두카키스는 신념도 분노도 없는 장황한 대답을 늘어놓았다. 반면에 부시는 사형 제도에 대해 똑같은 질문을 받고 이렇게 대답했다.

> 글쎄요, 제 생각에는 이번 대선 유세에서 중요한 부분은 가치관의 문제라고 봅니다. 저는 이 질문과 관련해서 상대 후보와 아주 다르게 생각합니다. 일부 범죄는 그야말로 **극악**하고 **야만적**이고 **잔인무도**하기 짝이 없습니다. 특히 경찰까지 목숨을 잃는 정말 잔인한 범죄 말입니다. 이런 범죄에 대해서는 사형이 내려져야 한다고 생각합니다. 그게 그런 범죄를 막는 억제책이라고 봅니다. 저는 사형 제도가 필요하다고 믿습니다. 저는 국회가 마약 퇴치 법안에 동의하고 마약 집단과 관련된 자료들을 요구했다는 사실에 대해 매우 기쁘게 생각합니다. 이 점에서 저는 상대방 후보와 분명히 다릅니다. 저는 사형 제도를 지지하고, 상대방 후보는 지지하지 않습니다.

부시는 잠시 뜸을 들이다가 처음부터 "가치관value"이란 말을 끄집어냈다. 그리고 '**극악한, 야만적인, 잔인무도한**' 같이 감정적인 언어를 사용했다. 두카키스와 달리 부시의 답변은 아주 간결하다. 그리고 부시는 마지막에 단호하게 말한다. "나는 사형 제도를 지지하고, 상대방 후보는 지지하지 않는다."

부시는 파토스를 사용하여 듣는 사람들에게 자신의 입장을,

그 문제에 대한 자신의 **감정**을 분명히 나타냈다. 그 토론에서의 승자도 부시, 대선에서의 승자도 부시였다는 사실은 너무도 당연한 결과가 아니었을까?

3. 말로만 하지 말고 보여줘라

윈스턴 처칠은 1897년 젊은 시절 쓴 에세이 《수사학의 발판The Scaffolding of Rhetoric》에서 웅변가는 "대중이 열망하는 것을 구체적으로 보여줄 수 있어야 한다"라고 썼다. "듣는 사람에게 어떤 감정을 불어넣으려면 웅변가 자신이 먼저 그 감정에 빠져야만 한다. 대중에게서 분노를 일으키려면 자신이 먼저 분노로 충만해야 하며, 대중이 눈물을 흘리게 하려면 자신이 먼저 눈물을 흘려야 한다. 청중을 납득시키려면 먼저 스스로 납득되어야 한다."

사실만으로 청중에게 확신을 심어주기 어렵듯 말만으로 확신을 주기는 어렵다. 말과 사실만으로는 충분하지 않다. 그래서 감정을 **보여줘야** 하고, 그 감정을 청중과 **공유**해야만 한다.

흔히 좋은 웅변가가 되려면 냉정하고 침착해야 하며 흥분하지 않고 차분해야 한다고 생각한다. 뒷장에서도 설명하겠지만 일반적으로는 맞는 말이다. 논쟁을 하면서 얼굴이 붉어지거나 감정을 조절하지 못하면 안 된다.

하지만 그렇다고 해서 감정을 완전히 억제해야 한다는 것은 아니다. 신뢰할 수 있고 인간적인 사람이라는 인상을 심어주어야 한다. 감정을 숨기기보다는 보여줘야 한다는 뜻이다. 청중은 당신이 보여주는 감정을 통해서 당신과 하나가 된다. 따라서 격정적인 논쟁에서라면 목소리를 높이거나 손을 쓰거나 한바탕 웃음을 터뜨리면서 격앙된 감정을 보여주어도 된다. 무거운 분위기의 논쟁에서는 슬프고 조용한 어조로 말을 하거나 중간 중간 말을 끊거나 깊게 숨을 내쉬면서 유감과 슬픔의 감정을 보여주어도 문제 없다.

조그만 분노의 표정이라도 드러날까 봐 전전긍긍하지 말라. 진실한 사람은 진실한 감정을 지니고 있다. 부조리에 대한 도덕적 분노, 불의에 대한 의로운 분노보다 진실한 것이 어디 있겠는가?

1장에서 2013년에 '이슬람과 평화'를 주제로 열린 토론회에 대해 말한 바 있다. 당일 아침 일찍, 나는 런던에서 옥스퍼드까지 기차를 타고가면서 전날 준비했던 원고를 몇 번이고 읽었고 토론장에 도착했을 때는 연설 준비를 마친 상태였다. 그런데 토론장에서 맞은편에 앉아있던 3명의 반대편 토론자가 수백 명의 사람들 앞에서 이슬람과 무슬림에 대해 사실과 다른 역겨운 소리를 늘어놓자 화가 치솟았다. 결국 나는 준비했던 원고에서 많은 부분을 생략하고, 그 대신 분노를 표출하는 쪽으로 전략을 바꿨다. 내가 얼마나 격분했는지 처음부터 확실히 보여주기로 했다.

> 오늘 밤에는 정말 놀랄 만한 주장들이 난무하고 있습니다. 입맛에 맞는 인용문, 사실, 통계만 선별해서 자신에게 유리한 쪽으로만 활용하고 있네요. 왜곡과 허위, 오해와 부적절한 인용들이 뒤범벅된 채로 말입니다.

내가 어떻게 말하면서 연설을 마쳤는지 기억하는가? 모욕을 참지 않고 분노를 표출하며 이렇게 말했다.

정말 그렇게 생각하십니까? 진정 그게 사실이라고 생각하세요?

나는 지금도 그날 내가 치미는 모욕감을 그대로 드러내며 감정을 표현했기에 거기 모인 청중의 마음을 얻을 수 있었다고 믿는다. 그날 상대방의 주장은 터무니없고 모욕적이었다. 내가 아무런 감정도 담지 않고 냉철하게 반박했다면 그토록 모욕적이고 불쾌한 공격에 제대로 대응할 수 없었을 것이다. 때로는 "어떻게 감히 그런 말을!"이 느껴질 정도로 강하게 표현할 필요가 있다.

그런데 여기서 문제는 **어떤 때에 분노를 표출해야 하고 어떤 때에 분노를 조절해야 하는가**이다. 고성이 난무하는 대결에서는 누구도 승자가 될 수 없다. 그러니 최적의 순간을 포착해, 그 순간 주장의 핵심을 내세우고 이를 뒷받침하기 위해 감정을 보여줄 준비가 되어 있어야 한다. 대체 언제? 개인적으로 나는 감정적 호소가 진심으로 전달될 수 있는 순간이라면 언제라도 괜찮다고 본다. 하지만 아리스토텔레스는 서론과 결론 부분이 연설에서 가장 중요하고 청중의 기억에 남는 순간이며 감정적 호소가 잘 먹히는 시점이라고 주장했다. 나는 아리스토텔레스의 생각에도 동의한다. 감정으로 시작해서 감정으로 마무리하다니!

뒤집어 말하면 토론 내내 무미건조하고 무덤덤하게 행동하면

싸움에서 질 각오를 해야 한다는 것이다. 두카키스의 답변이 그 위험성을 잘 보여준다. 놀랍게도 논쟁의 장인 정치계에서조차 부지불식간에 두카키스와 같은 대답이 종종 튀어나오곤 한다.

나의 연설과 토론 방식에 영향을 많이 준 책 가운데 드루 웨스턴의 《감성의 정치학The Political Brain》이 있다. 웨스턴은 에모리대 심리 및 정신의학 교수이자 민주당 지도부 고문이다. 프린스턴대의 우리 하산처럼 웨스턴도 fMRI로 뇌를 스캔해 사람들이 논쟁에 어떻게 반응하는지를 연구했다. 그의 핵심적 이론은 **정치적 토론의 승부가 정책 대결이 아니라 감정 대결에서 결정된다**는 것이다. 그는 "정치적 두뇌란 감정적 두뇌"라고 말한다. 그는 거듭된 연구를 통해 유권자들이 **자신과 생각이 같은 후보보다는 자신이 좋아하는 후보를 찍는다**는 사실을 입증한다.

흥미로운 사실은 많은 정치인들이 이러한 사실을 제대로 깨닫지 못하고 있다는 점이다. 웨스턴은 이렇게 말한다. 공화당원들은 "감정이라는 시장을 거의 독점함으로써" 토론에서 종종 승리하는 반면에 민주당원들은 단순하게 "아이디어라는 시장만 밀고 나간다." 민주당 입장에서는 아무리 수치나 정책을 대중에게 제시해도 유권자에게 영감을 주지 못하니 미칠 노릇인 것이다. 내가 보기에 서구 사회의 보수주의자들은 어떻게 자신의 지지층에게 감정을 일으키고 활력을 줄 수 있는지 분명히 알고 있는 것 같다.

상대를 이기기 위해 항상 정직한 방법만 사용되는 건 아니다. 여론 조사 전문가이자 공화당의 노련한 정략가 프랭크 룬츠Frank

Luntz는 2002년에 보수주의자들을 위한 언어 지침서를 내놓았는데 지구 온난화 논란을 회피하기 위해 지구 온난화 대신에 기후 변화라는 단어를 사용하라고 안내했다. "건조한 사실 표현보다는, 일부 부정확한 부분이 있어도 사람들의 마음을 끌어낼 수 있는 스토리가 더욱 강력한 감정적 설득력을 가진다"는 것이다. 애석하게도 룬츠의 생각은 너무나도 옳다. 그보다 더 애석한 점은, 만약 룬츠의 반대편 사람들이 자기들에게도 파토스가 필요하다는 사실을 깨닫지 못한다면 룬츠가 말한 "정확한 사실이 아니어도 사람들의 마음을 끌어낼 수 있는 스토리"에 승리를 넘겨주고 말 것이라는 사실이다. 파토스는 설득의 방정식에서 매우 중요한 미지수이다. 더욱이 논쟁에서 이기려면 파토스는 반드시 필요하다. 명심할 건 어쨌든 파토스도 상대방을 이기기 위한 전략의 일부분일 뿐이란 점이다. 사실이 뒷받침된 감동적인 스토리가 눈물샘을 자극하는 진부한 스토리보다 훨씬 더 강력하다.

요컨대 감정은 청중이 당신이 말한 사실을 제대로 이해하는데 도움을 준다. 당신이 말한 사실을 기억하도록 도와준다. 스토리를 말하고 적절한 언어를 사용하고 적절한 타이밍에 감정을 표현함으로써 청중에게 감정적으로 확실하게 다가설 수 있다. 굳이 사실과 감정 중에 더 중요한 하나를 선택해야 한다면, 감정이 사실을 이길 때가 종종 있다는 점을 기억하기 바란다.

불리한 싸움은 해선 안 된다. 청중의 머리뿐만 아니라 마음까지 파고들 수 있는 증거를 지니고 싸움에 임하라.

지출 내역이 기록된 반투명한
종이 쪼가리 얘기가 아니다.
입증, 증거, 확증에 대한 얘기다.

_〈슬레이트Slate〉

3장

상대에게 영수증을 제시하라

2002년 ABC 방송국의 앵커 다이앤 소여는 이제는 고인이 된 가수 휘트니 휴스턴을 어렵사리 스튜디오로 초대했다. 소여는 화려한 수상 경력을 자랑하는 휴스턴에게 약물 사용 의혹에 대한 다소 불편한 질문을 던졌고 이후 이 인터뷰는 전 세계 언론의 헤드라인을 장식했다. 휴스턴은 소여의 질문에 대해 이후 계속해서 사람들 입에 오르내릴 대답으로 맞받아쳤다.

다이앤 소여 여기 보면 마약 복용으로 73만 달러를 썼다고 적혀 있군요. 기사 제목에요.

휘트니 휴스턴 이봐요! 73만 달러? 그럴 돈이나 있었으면… 아니, 말도 안 돼요. 영수증을 내놔 봐요. 마약상한테 73만 달러어치 약을 샀다는 영수증이요. 정말로 영수증을 보고 싶네요.

휴스턴의 대답은 인터넷에서 유행하기 시작했을 뿐만 아니라 내 개인적으로도 토론 시 따르는 원칙이 되었다. 청중을 설득하고 상대방을 옴짝달싹 못 하게 하고 싶은가? 당신이 옳고 상대방이 틀렸다는 것을 입증하고 싶다면 준비를 해야 한다. 증거를, 근거를, **영수증**을 제시해야 한다.

‖ 절대로 흔들리지 않는 사실 ‖

나도 인정한다. 요즘은 합리적이고 논리적인 증거를 바탕으로 토론을 하더라도 누군가 설득하기가 무척 어렵다. 사실을 그리 중요치 않은 것으로 치부하는 사람들이 늘고 있기 때문이다. 증거는 툭하면 무시받는다. 영수증을 제시한들 아무 소용이 없다. 트럼프 행정부 시절 백악관 선임고문이었던 켈리앤 콘웨이는 여전히 악명을 떨치고 있을 만큼 놀라운 발언인 "대안적 사실alternative facts"이라는 말을 남겼고 트럼프 대통령의 변호사였던 루돌프 줄리아니는 "진실은 진실이 아니다Truth isn't truth"라는 어처구니없는 주장을 하기도 했다.

최근 몇 년 사이 진실과 이성, 현실 그 자체에 대한 전면적이고도 광범위한 도전이 우리 눈앞에서 자행되고 있다. 2018년 랜드연구소RAND Corporation는 "미국의 공론장에서 사실과 분석의 역할이

축소되는 현상"을 가리켜 "진실의 쇠퇴Truth Decay"라고 명명했다. 그보다 2년 전에 옥스퍼드사전은 "공공의 의견 형성 과정에서 객관적인 사실보다 개인적인 신념과 감정에 대한 호소가 더 큰 영향력을 발휘하는 상황과 관련이 있거나 그러한 조짐을 보이는 현상"을 "탈진실Post-truth"이라 정의하며 올해의 단어로 선정한 바 있다.

문학평론가 미치코 가쿠타니는 2018년 저술한 베스트셀러 《진실 따위는 중요하지 않다The Death of Truth》에서 "러시아 댓글 공작 부대가 엄청난 규모로 쏟아내고, 미합중국 대통령의 트위터 피드와 입을 통해 끝없이 흘러나오는 가짜 뉴스와 거짓말이 SNS를 통해 순식간에 전 세계로 퍼져나가는 세상 속에 우리는 살고 있다"고 썼다.

이런 상황으로 인해 증거가 무슨 소용이냐며 탄탄한 근거로 사람들의 마음을 움직이는 주장을 펼치기란 불가능하다고 여기는 분위기가 조성된 것도 사실이다. 하지만 나는 사실의 중요성, 다시 말해서 '팩트 체크'를 그만둘 생각은 전혀 없다. 아직은 말이다.

2017년 학술 저널인 〈폴리티컬비해비어Political Behavior〉에 실린 연구에 따르면 "사람들은 대체로 사실에 입각한 정보에 관심을 가진다. 심지어 그 정보가 자신의 이념적 지향에 어긋날지라도 동일한 경향을 보인다." 만 명이 넘는 참가자를 대상으로 연구를 수행한 저자들은 올바른 방식으로 제시되기만 한다면 사실은 "커다란 영향력을 발휘한다"고 결론을 내렸다. 또 2018년 퓨리서치센터Pew Research Center는 광범위한 조사 데이터를 활용하여 사람들은 아직

"무엇이 사실이고 무엇이 사실이 아닌지에 대해 완전히 무관심해지지는 않았다"라고 보고했다.

후우, 다행이지 않은가. 여전히 사실이 중요하게 받아들여지다니! 미국 건국의 아버지 존 애덤스는 "사실은 흔들리지 않는다. 우리가 무엇을 바라건, 우리의 의중이 어떠하건, 그리고 열정이 우리를 어디로 이끌건 간에, 이 때문에 사실 여부와 증거가 바뀌는 일은 없다"는 유명한 웅변을 남겼다. 애덤스는 1770년 보스턴 학살 사건(영국군과 식민지 보스턴시 주민 간 유혈 사태-옮긴이)에 연루된 영국 병사들을 변호하면서 판사와 배심원을 앞에 두고 법정에서 이처럼 말했다. 애덤스는 애국자였고 머지않아 미국독립혁명을 이끌게 될 터였지만, 비록 자신의 정치적 신념과 배치되더라도 증거에 충실했다.

주장하건데 판사와 배심원은 **여전히** 사실에 관심을 쏟는다. 당신이 만나게 될 대부분의 청중과 관객도 마찬가지이다. 그리고 당신도 그래야 한다.

자신감, 카리스마, 호소력, 스토리텔링 같은 무기들만으로 확실한 승리를 장담하기는 힘들다. 앞서 살펴봤듯 파토스가 로고스를 압도하곤 하지만 감정이란 통제하기 힘든 종잡을 수 없는 요소이기 때문이다. 때문에 주장을 뒷받침할 '굳건한' 사실적 근거가 필요하다. 근거가 취약하면 상대방이 감정과 증거를 결합하여 반박할 경우 쉽게 논파당할 수밖에 없다. 다시 말하지만 논쟁에서 이기기 위해서는 감정과 사실이 **모두** 필요하다.

많은 연구를 통해 감정과 의사 결정 간의 상관관계를 대중에게 널리 알리는 데 기여한 신경과학자 안토니오 다마지오는 "감정에 대해 잘 알게 되더라도 경험에 입각한 증거를 등한시하지는 않는다"라고 말했다. 그는 자신의 저서 《데카르트의 오류》에서 다음과 같이 설명했다.

> 감정이 이성의 작동 과정에 개입한다는 사실이 이성이 감정보다 중요치 않다는, 다시 말해 감정이 이성보다 앞선다거나 아직 이성이 충분히 발달하지 않았다는 의미는 아니다. 오히려 감정이 배후에서 어떤 역할을 하는지 주의 깊게 살펴봄으로써 감정이 가진 긍정적 효과를 증진시키고 잠재적인 손해를 줄일 수 있다.

다시 아리스토텔레스로 돌아와 보자. 파토스만으로는 부족하다. 기업 커뮤니케이션 컨설턴트 폴 존스는 "파토스, 로고스, 에토스를 삼륜을 이루는 세 바퀴로 생각하라"고 조언한다. 결국 사람들의 마음을 움직이고 영향력을 발휘하려면, 이 3가지 모두가 필요하다. 존스는 "파토스는 당신에게 문을 열어준다. 하지만 일단 안으로 들어온 후에 상대방을 설득하지 못한다면 당신은 다시 나가야만 한다"라고 말한다.

사람들을 어떻게 설득할 것인가? 로고스를 발휘해야 한다. 논리, 이성, 그리고 무엇보다 **증거**를 통해 설득해야 한다.

인류 역사를 통틀어 모든 문화와 문명권에서 이성에 기초한 토론과 증거에 토대를 둔 논쟁이 필수 불가결하다는 사실은 널리 알려져 있었다. 아리스토텔레스 시대는 물론이고 그 전 시대에도 그랬다! 신실한 신자로서 종종 비이성적이라 폄하되는 우리 무슬림도 이슬람교의 가르침에 따라 생각하는 바에 대한 근거를 대는 것이 중요하다고 배운다. 코란은 "진실하다면 그 증거를 가져오라"고 가르친다. 또한 성경도 "모든 것을 분별하여 선한 것을 간직하라(데살로니가전서 5장 21절)"고 가르친다.

증거를 바탕으로 논리적으로 주장을 개진하는 게 중요하단 사실은 만국의 진리이다. 따라서 승리하려면 로고스를 적극 수용하여 활용하는 법을 당장 배워야 한다. 증거를 모으고, 출처를 인용하며, 주장을 뒷받침하는 방법을 알아야 한다.

단순히 증거를 수집하는 수준을 넘어서야 한다. 어떤 주장을 전개하든 사전에 상황을 파악하고 조사한 자료를 면밀히 살펴보는 과정은 반드시 거쳐야 하는 중요한 단계인데 이에 대해서는 뒷장에서 보다 자세히 살펴볼 것이다.

우선 증거를 **수집하는 일**과 실제로 한창 논쟁이 벌어지고 있는 와중에 준비한 모든 사실과 수치를 **제시하는 일**은 완전히 다르다는 점부터 말하고 싶다. 논쟁에서 승리하고 싶다면 상대방이 범하는 오류를 밝혀낼 사실적 증거를 손에 쥐고 있어야 할 뿐만 아니라 그 증거를 적재적소에 상대방 앞에 **즉시** 선보일 수 있어야 한다.

그래야 사실과 감정을 서로 **결합**할 수 있다. 그래야 청중을 납득시킬 수 있다. 청중은 결국 영수증을 보고 싶어 한다. 청중은 당신이 주장과 견해를 뒷받침할 수 있는지 보고 싶어 한다. 명확하지 않은 "대안적 사실"이 아니라 진짜 사실로 말이다!

그렇다면 어떻게 분명하고도 간결하며 설득력 있는 방법으로 영수증을 제시할 수 있을까? 자, 증거를 들이밀어 상대방을 이길 수 있는 3가지 방법에 대해 살펴보자.

1. 영수증을 찾아라

당연한 얘기부터 하자면 영수증부터 찾아야 한다. 가지고 있지도 않은데 보여줄 수는 없는 노릇이다. 가장 먼저 영수증을 손에 넣어야 한다. 샅샅이 뒤져 상대방의 주장을 약화시키는 동시에 당신의 의견을 강화하는데 활용할 수 있는 사실, 수치, 인용구를 찾아야 한다. 너무 뻔한 반박은 상대방이 이미 대응법을 준비했을 거라는 사실 또한 명심해야 한다. 좀 더 깊이 파고들어 상대가 대응하기 힘든 확실한 증거를 찾는 게 중요하다.

2020년 10월, 도널드 트럼프 대통령 시절 백악관을 다룬 회고록 《그 일이 일어난 방The Room Where It Happened》을 출간한 후 홍보 중이던 전 국가안보보좌관 존 볼턴은 NBC 방송국의 스트리밍 채널 피콕Peacock에서 내가 진행하는 쇼에 출연해 달라는 요청을 수락했다. 솔직히 말해 처음에는 볼턴이 인터뷰에 응했다는 말을 듣고 어리둥절했다. 그도 그럴 것이, 콧수염을 기른 강경 외교론자인 공화당원 볼턴은 화려한 언변으로 말싸움을 즐기는 것으로 유명한 자신만만한 보수주의자이기 때문이다. 예일대 로스쿨 졸업생이자 그 대학의 토론 클럽인 예일폴리티컬유니언Yale Political Union의 멤버였던 볼턴은 로널드 레이건, 조지 부시, 도널드 트럼프 행정부를 두루 거쳤다. 그는 논쟁을 즐겼으며 좀처럼 패하는 일이 없었다. 특히 제대로 토론을 준비하지 않았거나 핵심을 짚지 못하는 인터뷰 진행자를 상대할 때면 더더욱 그랬다.

그래서 나는 볼턴과의 격전을 예상하고 며칠에 걸쳐 대비했다. 나는 볼턴이 지지했던 이라크 전쟁과 볼턴이 반대했던 이란 핵 협상, 그리고 내가 봤을 때 뒤늦은 감이 있는 그와 트럼프 대통령과의 결별에 대한 질문으로 초안을 마련했다. 볼턴이 전에도 이 주제들과 관련해 많은 공격을 받았기에, 이와 관련한 질문에 대해서는 이미 대비책과 방어 논리를 갖추고 있을 거라고 예상했다.

하지만 내가 볼턴이 과거 MEKMujahedin-e-Khalq와 연루되었단 사실을 겨냥해 질문을 던지리라고는 그로서도 예상하지 못할 터였다. 누구? ME…K라고? MEK, 즉 인민무자헤딘은 한때 미국 정부가 테러 단체로 지정한 바 있는 이란의 망명 반정부 단체이다. MEK는 신정국가인 이란의 최고 종교 지도자 아야톨라Ayatollah를 권좌에서 끌어내리기 위해 혈안이 되어 있으며 이러한 정권 교체를 지지하는 서방 정치인들을 포섭하고 로비하는 데 수백만 달러를 썼다.

영수증을 찾던 중, 나는 볼턴이 민간인이었던 2010년 여름 파리에서 열린 MEK 활동가 회합에서 행한 연설을 촬영한 영상을 발견해서 시청한 뒤 기록해 두었다. 그때 MEK는 여전히 미국의 국무부가 공식적으로 발표한 "국외 테러 단체" 리스트에 올라있는 상태였다. MEK에 대해서 볼턴이 조금이라도 언급한 내용이 있는지 찾아보려고 그가 쓴 백악관 회고록을 샅샅이 살펴보았다. 전혀 없었다. MEK와의 연계에 대하여 혹시 무슨 말을 한 게 없을까 찾아보려고 볼턴의 과거 TV, 라디오, 지면 인터뷰에 남아있는 녹취록과 녹음 등을 조사했다. 아무 것도 찾을 수 없었다.

전혀. 아무 것도. 제로.

그래서 볼턴이 스튜디오에 모습을 드러냈을 때, 나는 볼턴이 곤란해 할 이 문제에 대해 만반의 준비를 갖추었다고 확신했다. 나는 볼턴에게 이 문제에 대해 설명해 줄 수 있는지 질문했다.

나 이란에 대해 당신이 품고 있는 반감이 그 지역에 대한 외교정책에 어떤 영향을 미쳤는지요? 국무부에서 근무하던 동안 시행한 일들이 당신이 한때 국무부가 테러 집단으로 규정하고 금지했던 MEK라는 이름의 단체와 오랫동안 연락을 주고받았다는 사실과 관련이 있는 것인가요? 책에서는 그런 사실을 언급하지 않으셨더군요. 제가 그 책을 읽어봤는데 MEK에 대한 내용은 전혀 없었습니다. 여러 번 연설을 한 대가로 수만 달러는 받았을 것 같은데요. 그게 당신의 대이란 정책에 얼마나 많은 영향을 끼쳤을지 궁금하군요.

존 볼턴 제가 미국의 진보적인 대학에서 강연료로 수만 달러를 받았다는 걸 아실 텐데요. 그건 최저 수준이나 다름없죠. 당신은 아마도 힐러리 클린턴 지지자일 텐데, MEK를 미국 테러 단체 목록에서 제외한 사람이 바로 힐러리 클린턴입니다. 그건 어떻게 생각하십니까?

나 힐러리가 MEK를 그 목록에서 제외한 건 2012년입니다. 당신이 연설을 했던 2010년에 MEK는 여전히 금지 단체였습니다.

존 볼턴 아뇨, 그렇지 않아요… 그게… 사실을 완전히 잘못 알고 있는 겁니다.

나 아니요, 당신은 국무부가 아직 MEK를 테러 단체로 규정하고 있을 때인 2010년에 파리에서 열린 MEK 집회에서 연설을 했습니다.

존 볼턴 어차피 아무도 내 말을 안 믿으니까 당신 역시 내 말을 무시해도 됩니다…. 그러고 보니 15분이면 된다던 인터뷰가 벌써 20분이나 지났군요.

"당신이 사실을 완전히 잘못 알고 있는 겁니다"라고 자신만만하게 선언하는 사람을 상대로 내가 확보한 실질적인 증거를 냉철하게 제시하며 대응할 수 있을 때, 이보다 기분 좋은 일이 있을까?

볼턴은 많은 잘못과 결점을 영리함과 자신감으로 막아내던 수완가였지만, 내가 영수증을 꺼내들어 한 방 먹이자 그도 어쩔 도리가 없었다. 의심의 여지가 없고, 부인할 수 없으며, 반론을 불허하는 영수증이었으니까. 영수증을 받아든 볼턴은 자신의 트레이드마크인 콧대를 낮추고 머뭇거리며 방어적인 자세를 취해야만 했다. 그리고 정해진 시간보다 서둘러 인터뷰를 끝마치자고 요구했다. 나는 PD에게 이어폰을 통해 시간을 알려달라고 했었는데, 분명히 말하지만 인터뷰가 시작된 지 아직 20분이 지나지 않았었다!

심지어 영수증은 인터뷰뿐만 아니라 한 사람의 커리어도 끝내버릴 수 있다. 2020년 2월 상원의원 엘리자베스 워런은 제9차 민주당 대통령 후보 경선 토론회 장소인 네바다주에 도착했다. 그녀는 라스베이거스 패리스극장 토론 무대에서 자신의 오른편 자리에 배정된 라이벌의 경력을 끝내버릴 만반의 준비를 했다.

> 이제 저는 우리가 누구와 맞서 경선을 치르고 있는지 말씀드리고자 합니다. 여성을 "뚱뚱한 계집", "말상을 한 레즈비언"이라고 부르는 억만장자입니다. 저는 도널드 트럼프를 말하는 게 아닙니다. 바로 마이클 블룸버그 시장(뉴욕시장을 역임한 정치인이자 블룸버그그룹을 설립한 기업인-옮긴이)에 대한 얘기입니다.
>
> 우리가 세금 환급 기록을 숨기고, 여성을 희롱하고, 금융 서비스 차별과 불심 검문 같은 인종차별적 정책을 지원한 이력이 있는 후보자를 내세운다면 민주당은 선거에서 지고 말 것입니다.
>
> 누가 민주당 후보가 되든 저는 지원을 아끼지 않을 것입니다. 하지만 이 점을 아셔야 합니다. 거만한 억만장자(트럼프를 지칭-옮긴이) 한 명을 그저 다른 억만장자로 바꾸는 것에 그친다면, 우리 민주당은 커다란 위험에 직면할 것입니다.
>
> 이 나라는 오랫동안 부자들을 위한 정책을 펼쳐왔고 다른 사람들은 흙먼지 속에 방치되어 왔습니다. 이제 일하는 가족들의 편에 서서 그들을 먼지 구덩이에서 끌어내고 그들을 위해 기꺼이

나가 싸울 대통령이 필요한 때입니다. 이것이 바로 제가 경선에 참가한 이유이고, 이것이 바로 제가 도널드 트럼프에 맞서 승리할 전략입니다.

워런은 준비되어 있었다. 영수증을 가지고 있었다. 인용을 적절히 구사했다. 그녀는 블룸버그를 **박살** 냈다.

워런의 보좌관들은 그녀가 무대 위에서 영수증을 꺼내들었을 때 대기실에서 서로 손을 마주치며 환성을 질렀다. 심지어 의자를 껴안기까지 했다! 토론이 끝나고 워런이 대기실로 들어오자, 보좌관 한 명이 노트북을 펼쳐 위키피디아의 마이클 블룸버그 항목 중 이제 막 수정된 내용을 보여주었다. "사망: 2020년 2월 19일. 사인: 엘리자베스 워런 상원의원."

워런이 이 모든 대답을 하는 데 걸린 시간은 겨우 59초에 불과했지만, 전 뉴욕시장이었던 블룸버그를 트럼프처럼 돈으로 대선 후보 지명을 받으려는 추악한 인물로 바꾸어 놓기에는 충분한 시간이었다. 토론이 끝나고 며칠이 지난 뒤 〈가디언Guardian〉은 "블룸버그는 플로리다주와 테네시주 같은 곳에서 행해진 여론조사에서 반짝 반등을 보이기는 했으나 상승세를 회복할 수 없을 것으로 보인다"라고 보도했다. 라스베이거스 토론회에서 워런이 영수증을 제시하고 나서 2주 만에 블룸버그는 경선을 포기했다(그전까지 마이클 블룸버그는 대선 광고로 역대 최고 수준인 6,600억 원을 사용하며 지지율을 끌어올리고 있었다-옮긴이).

분명히 말하지만 그날 밤 워런의 승리는 우연이 아니었다. 이 매사추세츠주 상원의원은 오클라호마주 고교 토론대회에서 챔피언에 올랐으며, 토론 장학금을 받고 조지워싱턴대에 진학한 이였다. 나중에는 하버드대 로스쿨에서 학생들을 가르쳤다. 그리고 라스베이거스 경선 토론을 앞두고는 생방송으로 진행될 TV 토론회에서 블룸버그에게 맞서기 위해 선거팀과 함께 한 주 내내 집중적으로 준비했다.

워런의 보좌관 중 한 사람이 나중에 내게 귀띔해 줬는데 "철저하게 준비하고 연습한 대답을 완벽하게 선보였다"고 소회를 밝혔다. "워런은 어떻게 해야 할지 너무나 잘 알고 있었죠."

2. 스스로 영수증을 만들어라

토론을 준비하는 동안 많은 증거를 모아두어야 한다. 하지만 토론이 시작되었다고 해서 더 이상 영수증을 모을 수 없는 것은 아니다. 토론이 진행되고 있는 와중에도 당신은 영수증을 '만들어' 낼 수 있다.

이게 무슨 말이냐고? 상대방이 자기 입으로 말했던 내용을 당신 영수증에 끼워 넣고 논쟁 도중 상대방 주장을 약화시킬 수 있는 순간이 다가오는지 잘 살펴보아라. 상대방의 주장에서 앞뒤가 맞지 않는 부분이 있는지 주의 깊게 듣다가 모순점과 논리적 허점을 찾아내면 집중 공격하라. 실시간으로 만들어 낸 영수증으로 상대방을 수세에 몰아넣을 수 있다.

미리 충분히 영수증을 챙겨야 하겠지만, 때로는 당신 스스로 영수증을 만들어서 토론의 전환점을 가져와야 한다. 2014년 나는 옥스퍼드유니언에서 진행된 알자지라잉글리시 방송의 프로그램 '헤드 투 헤드Head to Head'를 녹화하면서, 로널드 레이건 행정부 시절 관료였던 오토 리치를 인터뷰했다. 리치는 1980년대에 니카라과의 잔학한 콘트라 반군을 강력히 지지했던 인물이었다. 그는 인터뷰 초반에 "콘트라 반군이 사람들을 살해했다는 건 '분명I'm sure'하다"며 마지못한 듯이 인정했지만, 이내 "전쟁에서는 그런 일들이 일어나기 마련"이라고 덧붙였다. 그리고 인터뷰 후반에 내가 반군과의 관련성을 캐묻자 점점 말을 흐리기 시작했다.

나 당신이 지지했던 몇몇 단체가 살인을 저질렀다는 사실을 당신도 인정한 바 있습니다. 그런 사실이 양심에 거리끼지 않는다는 말인가요? 괴롭지 않습니까? 정말로 아무렇지도 않나요?
오토 리치 아닙니다. 그런데 말했다시피 당신은 이 문제에서 '도덕적 동등성Moral equivalence'이라는 개념을 잘못 끌어다 쓰고 있어요.
나 아주 간단한 질문입니다. 그렇습니까, 아닙니까? 콘트라 반군이 한 행동 때문에 괴로워한 적이 있나요, 없나요?
오토 리치 이미 말했잖습니까. 만약 반군이 살인을 저질렀다면 그렇다고….

혹시 "만약"이라는 단어를 알아챘는가? 영수증을 제시할 때가 왔다. 수백 명의 청중이 들어찬 홀에서 불과 몇 분 전 내가 그를 압박해 직접 받아낸 영수증을.

나 "만약"이 아니라, 리치 씨. 당신은 콘트라 반군이 살인을 저질렀다고 말했습니다. "만약" 같은 건 없습니다. 당신이 직접 한 말입니다. 인터뷰는 녹화되고 있어요.
오토 리치 그렇습니다. "만약" 그들이 살인을 저질렀다면 양심상 괴로운 일입니다.
나 네, 좋습니다. 당신한테 대답을 듣기가 참으로 어렵군요.

상대방이 했던 말을 자신의 영수증으로 만들어내는 작전의 백미는 청중도 이미 그 말을 들었다는 것에 있다. 상대방이 그 말을 했는지, 전체적인 맥락과 상관없는 말인지에 대해 왈가왈부할 필요가 없다. 당신이 내미는 영수증을 보고, 그 자리에 증인으로 앉아 있는 청중은 고개를 끄덕인다. 빠져나갈 구멍이 없는 상대방은 대개 말을 더듬고 얼버무리게 마련이다.

2016년 3월 알자지라잉글리시 방송의 프로그램 '업프런프UpFront' 촬영을 위해 나는 UN에 있는 주유엔사우디아라비아대표부를 방문해, 주유엔 사우디아라비아 대사 압둘라 알-무알라이Abdullah Al-Mouallimi를 인터뷰했다. 우리는 시리아에서 벌어지고 있는 끔찍한 내전과 사우디아라비아의 반 아사드 반군에 대한 지원을 주제로 이야기를 나눴다. 사우디아라비아는 시리아에서 바샤르 알-아사드Bashar al-Assad 대통령이 권좌에서 물러나면 차기 정부가 선거에 의해 구성되기를 바라는지 묻자 "네, 그렇지요. 우리는 시리아에서 그렇게 일이 진행되길 바랍니다"라고 대사가 대답했다.

그러고 나서 나는 알-무알라이에게 왜 "시리아에서는 정부를 선출해도 괜찮고 사우디아라비아에서는 안 되는지" 물어보았다. 내 질문을 달가워하지 않았던 대사는 사우디아라비아의 국민들은 정부 시스템에 "만족"하고 있으며 "행복"해 한다고 주장하며 이렇게 말했다.

압둘라 알-무알라이 내 말은 당신이 거리에서 만나는 보통 사람들에게 익명으로, 사적으로 물어볼 수 있는 방법이 있다면 말입니다….

나 있습니다. 우리는 그걸 선거라고 부르지요.

압둘라 알-무알라이 글쎄요. (침묵) 서구 민주주의 방식에 따른 투표가 반드시 필요하다고는….

나 아니요, 사우디가 시리아에서 진행하고 싶어 하는 방식을 따르면 되죠.

압둘라 알-무알라이 그래요, 좋습니다. (침묵) 그렇다 한들, 그게 해결책이 될 리는, (침묵) 정부 시스템에 있어서 말입니다.

어떤가? 나는 영수증을 '직접' 만들었다. 대사를 수세로 몰아넣었다. 그렇게 나는 시청자들이 관심을 가지고 볼 만한 어디에서도 보기 힘든 화젯거리가 될 인터뷰를 했다.

참, 게다가 사우디아라비아대사관을 살아서 빠져나왔다.

3. 최적의 순간 들이밀어라

일단 영수증을 모으고 나면 이런 궁금증이 커진다. 이걸로 어떻게 해야 하지? 그저 냅다 상대방 앞에 뿌려댈 수는 없다. 그래서는 효과를 발휘하기 어렵다. 상대방을 궁지에 몰아넣을 수 있는, 영수증을 들이밀 빈틈을 찾는 것이 가장 이상적이다. 나중에 뒷장에서 자세히 설명할텐데 '징어zingers'와 '부비트랩booby traps'을 다룰 때에도 똑같은 규칙이 적용된다는 걸 알게 될 것이다.

2016년에 나는 슬로베니아 출신의 철학자이자 마르크스주의자임을 당당히 내세우는 슬라보예 지젝을 인터뷰한 적이 있다. 지젝은 자신의 저서 《새로운 계급투쟁: 난민과 테러의 진정한 원인Refugees, Terror and Other Troubles with the Neighbors》에 대한 이야기를 하기 위해 내가 진행하는 '업프런트' 방송에 출연했다. 지젝은 보통 좌파 쪽 인물로 간주되나, 나는 그 책에서 지젝이 극우 세력이 서구권에 살고 있는 무슬림 이민자에 대해 논란거리로 삼는 부분을 반복적으로 언급한 점이 혼란스러웠다.

나는 이 점에 대해 이의를 제기하기로 마음먹었다. 나는 인터뷰에 영수증을 챙겨갔고 적당한 때가 오기를 기다렸다.

나 당신은 "난민들은 서구 유럽의 인권 개념과 양립할 수 없는 문화권에서 왔다"고 말했습니다.

슬라보예 지젝 제가 정확히 그렇게 말했는지 모르겠군요….

나 정확하게 당신의 책 107 페이지에서 그렇게 언급했습니다.

슬라보예 지젝 내가 뭐라고 했던가요?

나 "난민들은 서구 유럽의 인권 개념과 양립할 수 없는 문화권에서 왔다"고 했습니다.

내가 영수증을 어떻게 제시했는지 보았는가. 일단 처음에는 정확한 출처를 밝히지 않고 단순히 지젝이 한 말을 인용하기만 했다. 지젝이 인용에 대해 의문을 제기하자 그가 정확히 했던 말과 그 말이 실린 페이지를 쉬지 않고 다시 들이밀었다! 이것이 바로 이상적인 패턴이다. 상대방의 의문이나 궁금증을 유발한 다음에 부인할 수 없는 증거를 들이밀어라. 그때가 바로 절호의 순간이다.

지젝은 철학자이자 대중에게 널리 알려진 지식인이다. 기본적으로 책도 많이 읽었고 엄청나게 똑똑한 사람이다. 그는 나보다 영리한 사람이다. 하지만 나는 그를 궁지에 몰아넣을 수 있었다! 나는 만반의 준비를 했고, 영수증을 가지고 있었으며, 제때 영수증을 제시했기 때문이다.

때때로 영수증을 늦게 제시하여 승리의 희열을 맛보는 순간을 뒤로 미룰 때 더 짜릿한 승리를 만끽할 수 있다. 손에 쥔 모든 증거를 초반부터 보여주고 싶겠지만 참아라. 영수증의 효과를 극대화해 상대방의 주장을 약화시킬 수 있는 시점, 즉 절호의 순간이 올 때까지 기다리는 편이 대부분의 경우 더 좋은 결과를 불러온다.

2021년 3월 나는 세간의 화제를 모으고 있던 공화당 하원의원 댄 크렌쇼와 이민 문제 및 미국 남부 국경 지대의 상황에 대해 트위터에서 설전을 벌였다. 크렌쇼는 국경 지역의 "위기"는 바이든 행정부가 트럼프 행정부의 엄격한 이민 정책을 손바닥 뒤집듯 파기했기 때문에 초래됐다고 주장했다.

SNS상에서 벌어진 논쟁은 크렌쇼가 내가 진행하는 일요일 저녁 프로그램에 출연하기로 동의하면서 TV 생중계 방송으로 무대를 옮겨 계속됐다. 프로그램 시작에 앞서 나는 여러 이민 전문 변호사와 활동가, 정책 분석가들과 함께 내가 준비한 사실들이 정확한지 점검하며 서로 의견을 나누었다. 또한 나는 MSNBC 방송팀과 협의해 인터뷰 도중에 그래프와 차트를 화면에 띄울 수 있게끔 준비했다. 명심해라. 뭔가 집어낼 수 있는 것, 눈으로 직접 볼 수 있는 것이 최고의 영수증이다. 우리가 일상생활에서 사용하는 영수증도 결국 보고 만질 수 있는 종이로 만든 물체 아닌가.

인터뷰가 시작되고 얼마 지나지 않아 나는 크렌쇼에게 수치와 통계를 보여줘야 할 때가 왔다고 생각했다. 나는 2020년 초 팬데믹이 시작된 이후 국경 지역에서의 불법 이민자 구금 건수가 달이 갈수록 악화되고 있다고 지적하면서 "화면을 통해 몇 가지 숫자들을 확인해 보겠다"고 말했다. "사실 이 숫자들은 감소세에 있다가 바이든 행정부 이후에 증가하고 있는 게 아닙니다. 바이든 대통령 취임

아홉 달 전부터 계속해서 이 숫자들은 증가하고 있었습니다. 바로 저기, 화면에 나와있는 대로요."

크렌쇼가 응답했다. "네. 그런데 당신이 어디서 이런 데이터를 얻었는지 모르겠군요." 이어 그는 트럼프 정권 시절 시행되던 국경 정책이 폐지된 점을 개탄하면서 동시에 중앙아메리카를 떠나 미국으로 이주하도록 바이든이 이민자들을 부추기고 있다고 60초 동안이나 엉뚱한 비난을 퍼부으며 반박했다.

나는 자료에 나온 숫자들이 정확하다는 걸 알고 있었다. 미국 세관국경보호국CBP, Customs and Border Protection에서 나온 자료였으니까. 그래서 나는 1분 동안이나 그의 말을 가만히 듣고 있다 그가 말을 마치자마자 영수증을 꺼내들었다.

"어디서 이런 데이터를 얻었는지 모르겠다고 말씀하셨죠. 다시 한 번 그래프를 보겠습니다"라고 말하며 덧붙였다. "CBP가 발표한 숫자입니다."

크렌쇼는 이에 대해 이렇다 할 반응을 보이지 않았다. 그는 더 이상 숫자의 신뢰성에 이의를 제기하지 않았으나, 내가 국경 지역에서 이민자의 "대량 증가", 즉 "위기"가 없다는 식으로 말꼬리를 돌린다며 나를 공격하려 했다. 또한 "전직 CBP 국장 중 한 사람"과 전화통화를 했다며 진위를 알 수 없는 이야기도 했다. 아마도 개인적인 이야기는 아무리 많아도 실질적인 데이터가 되지 못한다는 격언을 잊어버렸지 않나 싶다.

〈컬럼비아저널리즘리뷰Columbia Journalism Review〉는 크렌쇼와 가진 이 인터뷰를 가리켜 "밝혀진 거짓말"이라고 평했다. 엔터테인먼트 뉴스 웹사이트 〈더랩The Wrap〉은 내가 이 공화당 의원을 "참교육schooled"했다고 헤드라인을 뽑았다. 인터뷰 영상은 트위터에서 100만 조회 수 이상을 기록했다. 나는 이 인터뷰가 돋보였던 이유가 확실하고 명백한 영수증, 단 한 문장 때문이라고 믿는다. "**CBP가 발표한 숫자입니다.**"

민간 보안업체 블랙워터Blackwater 설립자 에릭 프린스와 가졌던 인터뷰 역시, 내 손에 쥐고 있던 실제 영수증을 직접 제시했을 뿐만 아니라 절호의 순간에 들이민 경우에 해당한다(블랙워터는 세계적인 사설 용병 업체인데 민간인 사살과 트럼프와의 유착 관계 등으로 구설수에 올랐다-옮긴이). 2019년 옥스퍼드유니언에서 진행된 알자지라잉글리시 방송 인터뷰에서, 나는 프린스가 로버트 뮬러 특별검사팀과 하원 정보위원회에 출석한 사실과 관련해 그를 강하게 압박했다. 프린스는 당시 대통령이었던 도널드 트럼프의 정치적 협력자이자 교육부 장관이었던 벳시 디보스의 남동생이기도 하다. 프린스는 정보위원회에 출석해 "트럼프 대통령의 선거 운동에서 공식적으로든 비공식적으로든 역할을 맡은 게 없다"고 증언한 바 있다. 그래서 청중을 모아놓고 생중계로 진행된 그날 인터뷰에서 나는 그에게 왜 2016년 8월 트럼프타워에서 도널드 트럼프 주니어를 비롯해 여러 사람과 모임을 가졌던 사실을 하원 정보위원회에서 진술하지 않았는지 물었다.

나 무슨 이유로 의회에서 그 모임에 대해 말하지 않았습니까? 그 모임은 위원회의 조사 내용과 밀접한 관련이 있는 사항이었는데요.

에릭 프린스 조사 중에, 그러니까 조사를 받을 때 말했습니다. 얼마 되지도 않지만 제가 참석했던 모임들도 모두 분명히 밝혔습니다.

나 하원에서 증언을 할 때는 그런 말을 하지 않았습니다. 증언을 살펴보니 2016년 8월 트럼프타워에서 있었던 모임에 대해서는 전혀 언급하지 않았던데요. 위원들이 구체적으로 어떤 접촉이 있었는지 물었지만 당신은 그에 대해 대답하지 않았습니다.

에릭 프린스 그런 질문을 받은 기억이 없는데요.

나 "선거운동과 관련해 공식적으로 연락을 주고받거나 접촉한 적이 있었습니까?"라는 질문에 대해, 당신은 "서류를 작성하거나 앞마당에 지지 후보 간판을 설치하는 걸 말하는 게 아니라면, 없습니다"라고 답했습니다. 바로 당신이 그렇게 말했지요. 여기 의회에서 했던 증언의 녹취록이 있습니다.

그 순간 계속 자신만만한 태도를 보여주던 프린스는 말을 더듬고 머뭇거리기 시작했다. 그는 자신이 한 말 때문에 궁지에 몰렸다. 나는 그가 의회에서 증언했던 녹취록을 실제로 출력해 가져와 인터뷰 도중 그를 향해 내밀었다. 그것이 나의 영수증이자 증거였다. 그리고 나는 이 마법 같은 영수증에 잘 어울리는 마법의 주문을 외웠다. "여기 그 증언의 녹취록이 있습니다." 황급히 무대를 떠나는 것 말고 그가 이 상황을 모면할 길이 달리 있었겠는가?

……

영수증을 제시하면 상대방의 자신감은 꺾이고 당신의 자신감은 커진다. 당신의 주장을 뒷받침할 근거를 가지고 상대방에게 확실한 사실을 제시할 때는 흥분하거나 화를 낼 필요가 없다. 목소리를 높이거나 과장된 어조로 말할 필요도 없다. 사실은 사실만의 계획이 다 있는 법이다. 그리고 영수증이 그 중심 역할을 해준다.

내가 하버드대의 저명한 실험 심리학자이자 대중적인 지식인이며 베스트셀러 작가 스티븐 핑커와 알자지라잉글리시 방송에서 진행했던 인터뷰 내용을 살펴보자. 2018년 핑커는 자신의 신간 《지금 다시 계몽Enlightment Now》 홍보차 내가 진행하는 '업프런트'에 출연했다. 이 책에서 그는 이성, 과학, 그리고 증거에 토대를 둔 사고 덕택에 "인류는 그 어느 때보다 부유해졌다"는 낙관적인 주장을 강하게 펼쳤다. 핑커는 수많은 사회과학 데이터와 무수한 각주를 동원해 자신의 주장을 뒷받침했다. 하지만 나도 이러한 주장에 대응할 수 있는 나만의 영수증을 준비했다.

나 국제적 빈곤의 경우를 살펴보겠습니다. 당신은 책의 한 장을 할애해서 번영에 대해 기술했는데요. 여기서 세계가 그 어느 때보다 번창하고 있으며 가난한 사람들의 수도 줄고 있다는 주장의 근거를 제시하고 있습니다. 현재 세계은행은 극빈곤선Extreme

Poverty Line의 기준을 하루 생활비 1.9달러로 정의하고 있는데, 이 선 아래 위치한 사람들의 수가 1990년 20억 명에서 2015년 7억 명으로 감소했다는 데이터도 실려 있습니다. 당신 주장에 따르면 세계적으로 중산층의 수가 늘어나고 있습니다. 하지만 당신도 분명히 아실 테지만, 똑똑하고 자격이 충분한 분이니까 알고 계시리라 믿습니다만, 많은 학자들이 수많은 연구를 통해 빈곤척도 Poverty Measure가 임의적이며 현실을 반영하지 못한다며 반박하고 있습니다. 런던정치경제대의 한 인류학자가 최근 발표한 학술 논문을 실제로 인용해 보겠습니다. "오늘날 대략 40억 명의 인구가 여전히 빈곤한 상태에 머물러 있다. 20억 명 가량은 기아에 시달리고 있으며 이는 역사상 그 어느 때보다도 많은 수이다."

스티븐 핑커 숫자의 크기가 어떻게 움직이는지와는 아무런 관련이 없습니다. 물론 극빈층을 가르는 기준이 임의적일 수는 있습니다. 기준을 높게 잡으면 가난한 사람들의 수가 더 늘어날 것이고, 기준을 낮춘다면 더 줄어들 것입니다. 하지만 기준을 어떻게 잡든 숫자는 아래 방향을 향해 움직입니다.

나 그건 사실과 다릅니다.

스티븐 핑커 아닙니다. 맞습니다.

나 사실 런던정치경제대 제이슨 히켈의 연구를 보면, 빈곤선을 5달러로 잡을 때 1981년 이후 그 빈곤 척도 아래 위치한 사람들의 수는 위로 향해 10억 명 더 늘어났습니다. 빈곤 척도를 하루 5달러로 잡으면 정확히 반대 방향으로 움직인다는 것입니다.

이것이 학술적 출처를 인용한 나의 첫 번째 영수증이었다.

스티븐 핑커 방금 말한 기준을 따랐을 때 절대적인 빈곤층의 수가… 인구 중 차지하는 비율이라는 측면에서 늘었다는 얘기인가요?
나 아니요. 절대적인 수치가 그렇다는 얘기입니다. 앞선 기준을 따르면 1981년 이래 빈곤층으로 분류된 사람들이 10억 명이 늘었습니다.
스티븐 핑커 그래요. 하지만 전 세계 인구도 수십억 명이 늘었습니다. 그러니 비율을 따져봐야지요.
나 그런데 당신은 책에서 절대적인 수치를 사용해 설명했네요. "20억 명에서 7억 명으로 감소했다"고요.

이것이 그가 직접 쓴 책에서 인용한 두 번째 영수증이었다.

스티븐 핑커 저는 적어도 가장 널리 받아들여지고 있는 빈곤에 대한 정의를 활용해 언급했습니다만. 절대적인 숫자가 감소했다는 것은 흥미로운 지점입니다. 하지만 중요한 점은 비율입니다. 인구 수가 늘어났기 때문에 뭐가 됐건 증가할 테니까요.
나 "널리 받아들여지고 있는"이라고 말씀하셨습니다만, 제가 지적하고 싶은 것도 바로 그 점입니다. 당신이 기준으로 삼은 정의에 대해 책에서 따로 언급하지도 않았고 미리 주의를 주지도 않았습니다. 예를 들어 당신의 하버드대 동료 교수이자 이 주제를 연구한 개발 경제학자 랜트 프리챗은 빈곤선을 1.9달러로 잡아서는 안 되며 하루 12달러나 15달러는 되어야 한다고 주장했습니다. 이런 상황에서 통계에 사소한 변화만 가해도 빈곤에 대한 전체적인 그림이 바뀌고, 당신이 책에서 말하는 주장의 근거가 완전히 사라져 버립니다. 그렇지 않습니까?

이것이 세 번째 영수증이었다. 세계 빈곤 문제와 관련해 실제 전문가인 다른 하버드대 교수의 말을 이 영역의 전문가가 아닌 이 하버드대 교수에게 인용했다.

핑커는 3가지 주장을 펼쳤고 나는 거기에 대해 3가지 반론을 펼쳤다. 각 반론마다 영수증을 제시했음은 물론이다. 이 영수증들을 차례로 꺼내면서 다른 전문가들을 이 대화의 지원군으로 삼았다. 영수증이 스스로 사실을 말하게끔 한다면, 영수증은 당신이 내세우는 주장의 근거가 되어 당신 편에 서서 함께 입을 모아 상대방에게 맞설 것이다. 또한 상대방이 주의 깊게 논쟁에 임하지 않는다면, 자신이 한 말에 자승자박당하는 꼴이 될 것이다.

스티븐 핑커, 슬라보예 지젝, 존 볼턴. 모두 영민한 사람들일 뿐만 아니라 토론에 도가 튼 사람들이다. 그러나 영수증을 가지고 있다면 상대방의 지적 능력, 자격, 자신만만한 태도에 겁먹지 않아도 된다. 당신 손에 쥔 영수증이 난공불락인 성을 무너트리는 무기가 될 수 있다. 그리고 심지어는 당신만의 전매 특허인 무기도 될 수 있다.

2019년 가을 워싱턴DC의 청중 앞에서 당시 내가 진행하던 팟캐스트 '디컨스트럭티드Deconstructed'의 라이브 방송을 녹음하던 때였다. 나는 하원의원 일한 오마를 초대해 왜 민주당 경선에서 엘리자베스 워런이 아닌 버니 샌더스를 지지하는지 물으면서 대화를 시작했다.

물론 그런 질문을 던진 데에는 그럴 만한 이유가 있었다. 불과 1년 전 나와 가진 인터뷰에서 오마는 샌더스를 반대하는 입장이었다. 나는 그때도 이유를 물었었다. 그녀는 샌더스가 대통령 후보가 될 기회는 "물 건너갔다"라는 정도까지 말하지는 않았지만 자신이 언제나 "민주당 내 친워런 일원"이라 생각한다고 답했었다.

오마 의원은 질문을 받자 청중을 향해 몸을 돌렸다. 그러면서 "메흐디는 언제나 **영수증**을 가지고 다니죠"라고 말했고 청중 사이에서 큰 웃음이 터졌다.

정말로 나는 그렇게 한다. 그리고 모든 논쟁에서 이기려면 당신도 나처럼 해야 한다.

멍청한 사람만이
'대인 논증'을 무시한다.

_톰 와이만 Tom Whyman, 철학자

4장

축구공만 차지 말고 선수도 걷어차라

TV 리얼리티 프로그램의 스타이자 실패한 부동산 개발업자, 눈곱만큼의 자격도 없는 도널드 트럼프는 어떻게 2016년 공화당 대선 후보 경선에서 16명의 경쟁자를 물리쳤던 것일까? 나머지 후보들이 어중이떠중이는 아니었다. 아, 물론 엉성한 후보도 있긴 했지만 이들도 공화당의 쟁쟁한 인물들이었다. 상원의원, 주지사, 비즈니스 리더도 있었고, 심지어 아버지와 형이 미국의 대통령을 지낸 후보도 있었다.

트럼프가 다른 후보보다 토론 실력이 한 수 위였을까? 더 나은 정책을 앞세웠을까? 더 많은 선거 자금을 조성했을까?

아니면 혹시 다른 후보들에게 유치한 별명을 붙여 조롱하고 깎아내리는 방법으로 승리했을지도?

트럼프는 대선 후보 경쟁자들을 꼬맹이 마르코Liddle Marco, 거짓말쟁이 테드Lyin' Ted, 무기력 젭Low-Energy Jeb, 별종 랜드Weird Rand 등으로 불러댔다.

정치권과 언론계에서는 너 나 할 것 없이 이런 트럼프의 전술을 비웃었다. 당시 한 전문가는 트럼프가 "독설과 인신공격을 사용한다"고 비난하며 그를 "유치 찬란 말싸움 대장"이라 불렀다. 또 다른 전문가는 트럼프가 "인신공격 기술을 연마했다"면서 "공화당의 정상에 오르는 길을 모욕했다"고 말했다. 당시 대통령 후보로 나선 트럼프는 입이 거친 아웃라이어, 수단과 방법을 가리지 않는 논쟁가로 비쳤다.

자, 나는 사람들이 트럼프를 어떻게 생각하는지에 대해 왈가왈부할 마음은 없다. 다만 이렇게 비난받는 **트럼프의 전술이 인류 역사상 가장 권위 있고 성공적인 연설가가 구사했던 전술과 별반 다르지 않다**는 점을 지적한다면 어떨까?

고대 로마의 정치가이자 변호사, 웅변가였던 마르쿠스 툴리우스 키케로는 상대방에게 독설을 퍼붓는 것으로 유명했다. 특히 인신공격에 뛰어났다. 작가 샘 리스는 그를 "비난하는 재능"이 탁월한 암살가라 표현했다. 역사학자 발렌티나 아레나에 따르면, 키케로는 논쟁을 벌이면서 라이벌이었던 율리우스 카이사르의 장인 루키우스 칼푸르니우스 피소 카이소니누스를 잔악무도한 인간, 화장용 장작더미, 백정, 악당, 거세당한 돼지, 가장 사악하고 무시무시한 괴물이라 불렀다고 한다. 그리고 키케로는 상대방의 "털북숭이 뺨"과 "누런 치아"와 같은 외모를 조롱하기도 했다고 한다. 참으로 트럼프스럽지 않은가!

대인 논증을 뜻하는 '애드 호미넴ad hominem'은 라틴어로 '그 사람에게'라는 뜻이다. 즉 대인 논증은 사람과 관계되는 주장 또는 그 사람을 헐뜯는 주장이다. 또 다른 고전 역사학자에 따르면 고대 로마에서는 이렇게 비방과 폭언이 담긴 논쟁이 로마인들의 삶에선 일상이었다고 한다. 고대 로마는 정치적 연설과 논쟁에서 인신공격성 발언을 하는 것이 관습적으로 용인되던 곳이었다.

하지만 오늘날에는 일상적인 논쟁이나 공식적인 토론에서 키케로식 독설은 도를 넘는 언행이자 위험한 발언으로 간주된다. 인신공격성 주장에 대한 시선은 어디에서나 비슷하다. 안 좋고, 부적절하며, **나쁜 것**으로 취급한다.

축구나 농구 같은 스포츠에서는 선수들에게 공을 소유한 상대 선수가 아니라 공을 쫓으라고 가르친다. 공을 향해 달려드는 건 정상적인 플레이다. 하지만 사람을 향해 태클을 거는 순간 반칙으로 간주되고 선수에게 벌칙이 주어진다. 전 세계 모든 고등학교 토론 클럽이나 대학 수업에서도 학생들에게 사람 자체를 공격하지 말라고 가르친다. 학생들은 상대하는 사람과 상대하는 사람의 주장을 구분해야 한다고 배운다.

그렇게 하는 이유는 당연하다. 이론적으로 어떤 **사람**의 잘잘못은 그 사람이 내세우는 **주장**의 논리적 타당성과 관계가 없다. 논쟁에서는 결론이 올바른 전제를 따랐느냐 아니냐를 따질 뿐이다. 말하자면 발화자는 전달자일 뿐이다. 학자 마이클 오스틴은 자신의 베스트셀러 교재 《리딩 더 월드Reading the World》에서 이 점에 대해 간단명료하게 정리해 놓았다. "아돌프 히틀러가 지구는 둥글다고 말한다고 해서 지구가 더 평평해지는 것은 아니다."

따라서 거의 모든 철학, 논리학, 수사학 관련 교재에서는 대인 논쟁을 논리적 오류로 분류한다. 즉, 대인 논쟁은 말 그대로 **잘못된 추론**이란 뜻이다. 어떤 사람의 주장이 아니라 그 사람을 공격하는 것에 대한 일반적인 생각은 이렇다.

하나, 잘못된 전제를 활용해 결론에 도달하는 소위 '비형식적 오류Informal Fallacy'의 예이다.

둘, 자신의 주장이 설득력이 부족해 발화자인 상대방을 공격한다는 사실에 대한 암묵적 동의이다.

셋, 상대방을 향한 부적절한 무례와 오만의 표현이다.

나는 기본적으로 이 3가지 의견에 이의를 제기하지 않는다. 모두 나름대로 타당한 사실이다. 단, 철학자 톰 와이만이 했던 질문을 그대로 해보려 한다.

"만약 대인 논증이 비논리적이고 불합리한 것이라면, 어떻게 그토록 **효과적**이란 말인가?"

그래, 그러니까 이론적으로는 주장 자체의 옳고 그름을 따져야지 주장을 펼치는 사람을 공격하면 안 되는 게 맞다. 하지만 현실에서는 공도 막고 사람도 잡아채는 전략이 때로는 더 효과적이다.

상대하는 사람과 상대방의 주장을 동시에 약화시킬 수 있기 때문이다. 그렇게 해야 의심을 품은 청중을 당신 편으로 끌어들이고 우위를 점할 수 있다. 사실 업계 비밀이긴 한데 살짝 얘기하자면, 대인 논증이 반드시 '잘못된' 주장이라고 할 수도 없다.

만약 당신이 사람을 비난하는 행태에 강력하게 반대하는 입장이라면 이 장을 건너뛰고 다음 장으로 가도 좋다. 하지만 필요한 모든 수단을 동원해서라도 논쟁에서 반드시 이기고 싶다면 꼭 끝까지 읽길 바란다.

‖ 상대방의 에토스를 공격하라 ‖

에토스를 기억하는가? 아리스토텔레스가 말한 3가지 설득 방법 중 마지막이 에토스였다. 이 위대한 철학자는 《수사학》에서 이렇게 설명한다. "설득은 화자의 주장을 듣는 우리로 하여금 화자를 신뢰할 수 있는 사람이라고 생각하게 만드는 화자 개인의 성품에 의해 이루어진다." 아리스토텔레스는 우리가 "좋은 사람을 더욱 굳게, 더욱 쉽게" 믿는 성향이 있다고 지적하면서 이렇게 말했다. "이는 질문에 관계없이 일반적으로 사실이며, 확실성을 따질 수 없고 의견이 갈리는 상황에서는 전적으로 사실이다." 그러면서 이렇게 덧붙였다. "말하는 사람에게서 드러나는 선량함이 설득에 아무런 도움도 되지 않는다는 주장은 사실이 아니다. 오히려 화자의 성품은 그가 지닌 가장 강력한 설득 수단이다."

사람은 공격하지 말고 공만 공격하라고 말하는 사람이 있다면 아리스토텔레스의 경고를 새겨들어야 한다. 만약 사람의 인격과 명성이 "가장 강력한 설득 수단"이라면, 인격과 명성을 공격하는 걸 완전히 배제할 경우 승리에서 멀어질 수 있다. 상대방의 신뢰성을 비판할 의사가 없는 사람은 처음부터 상대방에게 유리한 고지를 내어주는 셈이다.

생각해 보자. 상대방은 아리스토텔레스의 《수사학》을 읽고 설득의 3가지 유형이 얼마나 중요한지 깨달았다. 따라서 자신의 주장을 강화하기 위한 수단으로 에토스, 즉 자신에 대한 신뢰도를 활용해 청중을 설득하고자 온갖 노력을 기울일 것이다. 그런데도 당신이 상대방의 에토스를 공격하지 않아야 할 이유가 있을까? 어떻게 에토스가 당신을 논쟁의 승리로 이끄는 열쇠가 아니란 말인가?

수사학 입문 교재를 집필해 베스트셀러 작가 대열에 오른 마이클 오스틴조차도 이에 묵시적으로 동조한다.

기초 작문 수업에서는 굳이 언급하지 않지만, 종종 어떤 사람의 주장에 대해서 대인 논증을 펼치는 것이 외려 가장 논리적이고 좋은 대응법이라는 건 사실입니다. 대부분의 사람은 주장을 펼치면서 자신의 인격이나 전문성 또는 신뢰성을 앞세웁니다. 보통 "권위에 의한 논증Appeal to Authority"이라 하는데 만약 누군가 이렇게 자신의 사회적 위신을 내세워 주장을 뒷받침한다면 이때 대인 논증은 필요하면서도 적절한 대응이라 할 수 있어요.

이게 무슨 뜻일까? 상대방이 어느 정도 평판이 괜찮은 사람이라면 논쟁에서 자신의 경험과 전문성을 내세우고 흥미로운 개인적 일화를 소개하며 청중으로부터 신뢰를 얻을 것이다. 그러는 동안 당신은 무엇을 해야 하는가? 상대방의 독주를 멀뚱멀뚱 바라보고만 있을 텐가? 깊이 생각할 것도 없다. 청중이 상대방이 아니라 당신의 말을 믿고 당신을 신뢰하도록 만들어야 한다. 즉, 상대방이 쉽게 앞서나가도록 내버려두어선 안 된다. 상대방에게 이의를 제기함으로써 청중이 당신을 믿도록 해야 한다.

그러기 위해선 대인 논증이 꼭 필요하다. 대인 논증은 논리적 오류니, 상대방에 대한 예의니… 모두 개뿔 같은 소리! 그럼 언제 이 비장의 무기를 사용해야 할지, 그리고 어떤 식으로 사용해야 '역풍'을 방지할 수 있을지 어떻게 알아낼 수 있을까? 내가 보기에 상대방의 에토스를 공격하는 방법을 알고 싶다면 먼저 대인 논증의 몇 가지 유형과 더불어 대인 논증이 왜 정정당당한 수단인지를 이해하는 것이 선행되어야 한다.

대인 논증은 보통 3가지로 구분한다.

1. 비방적 대인 논증

도널드 트럼프의 특기이다. 비방적abusive 대인 논증은 말그대로 상대방을 비웃거나 헐뜯는 발언에 기초한 논증을 말한다. 상대방의 성격과 같은 개인적 특질과 관련한 결점을 부각시키는 전술이다. **그게 사실이든 허구이든 상관없다.** 이 결점을 지속적으로 물고 늘어진다.

2016년 대선 기간에 트럼프가 힐러리 클린턴을 확실한 증거도 없이 "사기꾼crooked"이라고 도대체 몇 번이나 불러댔던가? 그리고 그 말이 귀에 들어오던가, 안 들어오던가? 한편 2020년 대선에서는 조 바이든이 어떻게 트럼프를 "인종차별주의자"로 낙인찍었는지 생각해라. 바이든의 주장에는 그럴 만한 증거가 충분하긴 했지만.

비평가들은 이런 식의 논쟁이 잘못되었다고 말한다. 힐러리가 사기꾼인지 또는 트럼프가 인종차별주의자인지 여부에 관계없이 세금 감면이나 보육 지원 등 공약하는 정책의 장단점을 논해야 한다고 말한다.

전혀 그렇지 않다. 철학자이자 비형식적 오류의 전문가 브루스 톰슨은 비방적 대인 논증에 대해 이렇게 변호한다.

> 과거에 신뢰할 수 있고 정확한 정보를 제공했던 사람은 미래에도 그렇게 할 가능성이 더 크다. 과거에 실체가 없는 부정확한 정보에 근거해서 주장을 펼쳤던 사람은 지금도 쓸데없는 소리를 펼칠 확률이 높다. 증명되지 않은 특정 사실의 정확성과 신뢰도에 따라 주장의 가치가 달라지는데 제시된 사실의 신뢰도를 직접 확인하는 것이 용이하지 않은 경우, 그러한 사실을 제공하는 사람의 평판을 고려하는 것은 '오류'가 아니다.

비방적 대인 논증에서 가장 중요한 요소는 상대방의 명성과 평판이다. 에토스가 핵심인 것이다. 만약 상대방이 정직하고 선량한 사람이 아니라면, 만약 과거에 의심가는 행동이나 잘못된 행동을 저질렀다면, 그런 점들이 현재 그 사람의 주장을 듣는 청중에게 영향을 끼칠 것이다. 그러니깐 상대방에게서 그런 지점들이 보인다면 주저없이 그렇다고 말을 해라!

2. 정황적 대인 논증

정황적circumstantial 대인 논증은 상대방이 무의식적 편견이나 이해관계 등 개인적인 사정과 배경에 기인해 주장한다고 공격하는 것을 말한다.

많고 많은 예 중에 두 가지를 들자면 이렇다. 만약 어떤 연구에서 기후 변화로 인한 피해가 사람들의 생각만큼 심각하지 않다는 결론이 나왔는데, 사실 그 연구가 화석연료를 생산하는 기업이 지원해 준 돈으로 진행되었다면? 고개를 갸우뚱할지 모른다. 하나 더. 만약 '평범한 엄마'가 우파 성향인 폭스Fox 뉴스에 출연해 학교의 비판적 인종 이론Critical Race Theory(인종차별과 혐오를 개인적 신념의 문제가 아닌 사회 구조적 문제로 보고 백인에게 유리하게 만들어진 제도를 바꿔야 한다는 주장-옮긴이) 수업에 대해 적극적으로 반대했다. 그런데 알고 보니 그 여성이 과거 공화당 당원이었다면? 왠지 심상치 않은 낌새가 느껴지지 않을까.

비평가들은 정황적 대인 논증의 오류를 이렇게 지적한다. '화석연료 기업이 연구 자금을 지원했다는 이유만으로 연구 결과가 부정확하다고 단정할 수 없다. 그 여성이 보수적 성향이 강하다고 해서 학교의 비판적 인종 이론 수업에 문제가 있을 가능성마저 부인할 수는 없다.' 음, 비판적 인종 이론 수업에 문제가 있을 가능성은 없지만… 이 문제에 대해선 다른 책에서 다루기로 하고.

내가 여기서 말하고 싶은 건 저렇게 말하는 비평가들은 잘못 알고 있거나 아니면 하나만 알고 둘은 모른다는 점이다. 왜냐하면 정황적 대인 논증은 상대방의 주장을 곧바로 묵살시키는 게 목적이 아니다. 주장을 펼치는 사람을 추가적으로 정밀하게 조사해야 한다는 의중을 표하는데 핵심이 있다. 철학자 데이비드 히치콕이 강조했듯, 그 사람이 지니고 있을지도 모르는 편견을 사람들이 인식하고 경계하게 만드는 것이 정황적 대인 논증의 요점이다. 듣는 사람이 순진하게 속아넘어가지 않도록 말이다.

나는 또한 여기서, '그런 증거가 없지 않느냐'는 비형식적 오류에 집착하는 사람들이 현실에서의 인간 본성을 무시한다는 점을 지적하고 싶다. 우리 인간은 직관적으로 '이해관계 충돌 가능성Conflict of Interests'이 일어날 가능성에 대해 의심하는 성향이 있다. 2018년 몬태나주립대의 심리학자 랠프 반스는 공동 집필한 연구에서 사람들이 과학자가 발표한 어떤 주장을 판단하는 데 있어 "이해관계 충돌이 있을 거란 의심이, 명백한 사기 혐의에 대한 의심만큼 큰 영향력을 발휘할 수 있다"라고 결론 내렸다. 사실상 연구에서 과학자가 내세우는 주장의 실증적인 측면보다 이해관계 충돌을 제기하는 것이 그 주장의 신빙성을 떨어뜨리는 데 더욱 효과적이라는 점을 밝힌 것이다.

3. 피장파장 대인 논증

피장파장Tu Quoque의 대인 논증에서 가장 중요한 단어는 위선이다. '투 쿼퀘Tu quoque'에서 Tu는 '너', queque는 '역시, 마찬가지'를 뜻한다. 피장파장 대인 논증에서는 현재 주장에 모순되거나 주장의 신빙성을 떨어뜨릴 수 있는 상대방의 과거 발언이나 행동에 초점을 맞춰 상대방을 공격한다. 상대방이 충실히 지키지도 못하는 의견이나 태도를 두둔하고 있다는 점을 부각시키는 것이다.

예를 들어 미국의 낙태 관련 논쟁이 진행 중인 가운데 낙태 옹호론자들은 "공개적으로는 낙태 반대를 외치지만 개인적으로는 여성의 낙태 수술을 찬성한 공화당 유명 인사들의 이름"을 즐겨 들먹인다.

공화당 펜실베이니아주 하원의원으로 낙태 반대를 외쳤던 팀 머피는 자신의 정부情婦에게 임신 중절 수술을 종용했다는 사실이 드러나 2017년 의원직에서 사임했다. 팀 머피가 위선의 극치를 달린다고 말할 근거는 확실했다. 그럼에도 불구하고 논리깨나 배웠다는 몇몇 비평가들은 임신 순간부터 생명이 시작되는지, 태아도 고통을 느끼는지, 태아가 자궁 밖에서 생존 능력을 갖추는 시기가 언제인지 등 낙태와 관련된 논쟁거리들과 이슈와 관련 있는 그 사람이 위선자인지 아닌지 여부는 무관하다는 점을 우리에게 일깨우려 한다.

하지만 여기서도 역시 이들은 핵심을 놓치고 있다. 이번 사례의 핵심은 공화당 의원에게 왜 일관적이지 않은 행동을 했는지 해명을 요구하는 것 자체에 있다. 누군가에게 왜 말과 행동이 일치하지 않는지 설명해 달라고 요구하는 게 그토록 불합리한 일인가? 게다가 어차피 피장파장 대인 논증의 목적은 우리가 타인과 자신에게 동일하게 엄격한 잣대를 들이대는지 아니면 이중 잣대를 사용하는지 살펴보겠다는 것인데 결론이 연역적으로 유도됐는지 아닌지 여부를 누가 신경 쓴단 말인가? 만약 당신이 지키지 못할 혹은 지키지도 않을 규칙을 다른 사람들에게 지키라고 요구한다면 어쩌면 당신의 기준 자체가 문제일 수도 있다. 적어도 왜 언행에 모순이 발생하는지 설명을 요구함으로써 상대방을 수세로 몰아붙이는 방식은 시도할 만한 가치가 있다.

논리 교과서는 집어치워라. 앨런 브린턴이 대인 논증은 "기본적으로 논리적 현상이라기보다는 애초에 **수사학적** 현상"이라고 주장했듯이 우리도 대인 논증의 수사학적인 측면을 보아야 한다. 수사학은 설득의 예술이다. 그런 시각으로 대인 논증의 유용성에 접근해야지 "전제와 결론의 관계에만 초점을 맞추는 편협한 시각"으로 대인 논증을 바라보면 안 된다.

능숙한 토론자들은 지금까지 내가 설명한 대인 논증의 3가지 유형을 유용한 도구로 활용한다. 다만 올바르게 적용하고 사용해야 한다. 만약 당신이 상대방 주장의 결론을 다짜고짜 무시하기 위해 대인 논증을 남용한다면, 그것이야말로 오류에 빠지는 길이다.

그보다는 대인 논증을 당신 주장의 전체적인 정당성을 입증하기 위해 사실에 곁들인 보조 도구로 사용해야 한다. 만약 당신이 '저 사람은 신뢰할 수 없다'며 의문을 제기하거나 그가 가지고 있는 편견을 지적하거나 또는 상대를 수세로 몰기 위해 대인 논증을 사용한다면, 이는 수세기 전 고대 그리스와 고대 로마에서 합법적이고 당연하게 받아들였던 수사학적 전략을 활용하는 것이다. 대인 논증은 결코 오류가 아니다.

다시 말하지만 복잡하게 생각할 것 없다. 대인 논증이 호도의 수단으로 이용될 수 있다고 해서 반드시 불합리하다는 의미는 아니다. 그리고 이건 나만의 생각이 아니다. 맥마스터대 명예교수인 캐나다 철학자 데이비드 히치콕은 여러 논문을 통해 "대인 논증의 오류 같은 것은 없다"고 주장한다. 왜? 때로는 상대방의 에토스에 의문을 제기하는 것이 정당하니까! 히치콕 교수가 내린 결론은 이렇다. "경우에 따라 타당하기도 하고 경우에 따라 부적절하기도 한 기술은 오류가 아니다."

무슨 말인지 알겠는가? 상식을 외치는 사람들의 상식은 틀렸다. 일류 철학자들조차도 비방적, 정황적, 피장파장 대인 논증은 문제가 없다고 말한다. 올바르게 사용만 한다면, 즉 상대방 주장의 로고스를 공격하는 게 아니라 에토스에 의문을 제기한다면 말이다. 신뢰할 수 없는 상대방을 그냥 내버려두는 실수를 저지르지 말라. 그리고 대인논증은 오류니 뭐니 하는 사람들의 말은 듣지 말라. 현명하다고 검증된 명사들의 말을 듣는 게 낫지 않을까?

‖ 공격 계획 세우기 ‖

자, 이제 우리는 사람들의 잘못된 판단으로 오류라는 오명을 쓴 대인 논증이 좋은 논법이 될 수 있다는 사실을 규명했다. 다음은 구체적으로 대인 논증을 활용하는 방법을 알아볼 차례다. 실시간 토론이나 실제 대결 상황에서 어떻게 하면 효율적으로 대인 논증을 사용할 수 있을까?

우선 '사람에게' 주장을 펼치려면 그 사람에 대해 최대한 많은 것을 알고 있어야 한다. 상대방의 배경, 행적, 이력을 조사하고 검토해야 한다. 상대방의 과거 발언과 행적 그리고 특히 연루되었을 가능성이 있는 **스캔들**이나 **분쟁**에 대해 잘 알아야 한다.

이처럼 미리 해둬야 할 '**숙제**'의 중요성과 조사와 연구 면에서 모범적이라 할 만한 숙제 사례에 대해서는 이 책 후반부인 15장에서 소개할 예정이다. 일단 지금은 당신이 연구와 조사라는 숙제를 잘 마치고 대인 논증을 펼칠 정당한 근거를 찾아냈다고 가정하겠다.

이제 남은 중요한 질문은 어떤 방식으로 공격을 감행하는가이다. 어떻게 하면 상대방의 권위를 실추시키는 동시에 당신의 권위를 확립하면서 에토스를 둘러싼 싸움에서 승리할 수 있을까? 내가 보기에 가장 좋은 계획은 상대의 3가지 C, 즉 **인격**Character, **자격**Credentials, **주장**Claims에 이의를 제기하는 것이다. 이 3가지가 모두 흔들리는 순간 상대방은 무너질 것이다.

1. 인격에 하자가 있다고 하라

살다 보면 증오와 편견을 쏟아내는 사람들과 마주할 때가 많다. 그런 사람들을 내버려둬야 하는 걸까? 아니면 교과서에서 말하는 정중하고 고상한 방법을 사용해 상대방의 주장에 문제가 있단 걸 논리적으로 따지고 들어야 할까?

그러면 된다고? **진심으로?**

극단적인 예를 들어보자. 당신은 어떤 사람이 나치주의자라는 사실을 알게 되었다. 그런데 그 사람이 청중 앞에서 반유대주의를 주제로 연설을 한다. 당신은 그 사람이 나치주의자라는 사실을 지적하지 않고 그냥 연설하도록 두겠는가? 만약 그 나치주의자가 영리하고 뛰어난 연설가여서 사실과 수치로 무장하고 논리적이고 일관성 있는 주장을 앞세워 반유대주의에 대한 두려움은 과장되었다거나 반유대주의는 실체가 없다고 주장한다면? 당신은 그 주장의 시비만을 따지겠는가 아니면 '가장 민감한 문제'를 걸고 넘어지겠는가?

당연히 상대가 나치주의자라는 사실을 언급하며 반박할 것이다. 아마도 상대방은 온화한 모습으로 주장을 펼칠 것이다. 청중을 사로잡기 딱 좋을 정도로 목소리를 깔며 이야기하고 있을 것이다. 하지만 당신이 그의 본모습을 드러낼 수만 있다면, 상대가 무대에서 내려오면서 급속하게 평정심을 잃는 모습을 드러내도록 만들어 관심을 집중시킨다면 사람들은 그 순간을 중요하게 받아들일 것이다! 작가 앨런 페르스펠드가 논평했듯이 그 사람의 "반유대주의적 발언의 역사"를 지적하는 것은 "그것이 설사 엄밀히 말해 인신공격이라 해도 논쟁에서는 절대적으로 중요하다."

때로는 옳은 것처럼 보이는 주장 뒤에 숨은 악한 인간을 밝혀내야만 한다. 당신의 청중을 위해! 주장의 내용보다 그 사람에게 문제가 있을 경우에는 그 사람 자체를 공격해야 한다!

상대방의 실체를 밝히는 걸 두려워하지 말라. 상대방이 어떤 사람인지 규명하는 걸 두려워하지 말라. 논쟁을 벌이는 사람의 주장은 물론이고 그 사람의 **인격**을 공격하는 걸 두려워하지 말라.

상대방에게 전면적인 공세를 펼쳐야 하는지 걱정하는 이도 있을 텐데 부담갖지 말라. 상대방의 인품이나 도덕성에 의문을 제기하는 섬세하고 현명한 방법들도 많다.

2018년 10월 플로리다주 주지사 자리를 두고 두 후보자 간에 토론이 있었다. 여기서 내가 아주 좋아하는 이야기가 나온다. 민주당 후보 앤드루 길럼은 인종차별주의 문제에 대한 질문을 부탁받자 상대방인 공화당 론 드샌티스의 인종차별 캠페인에 대해 이렇게 문제를 제기했다.

> 먼저, 그는 이곳 플로리다주에서 네오나치neo-Nazis 조직의 도움을 받고 있습니다. 전 미국 대통령을 "무슬림 깜X이"라고 부른 사람에게서 기부금을 받았고 그 돈을 돌려줄 생각도 없습니다. 돌려줘야 한다는 요구에도 "싫다"고 했습니다. … 저는 드샌티스 씨를 인종차별주의자라고 칭하려는 게 아닙니다. 단지 인종차별

주의자들이 그를 인종차별주의자로 믿고 있다는 점을 말씀드리는 겁니다.

뼈아픈 지적! 드샌티스는 박빙의 선거전을 치르고 간신히 주지사가 되었을지 모르지만 길럼이 날린 아주 정당하고 의미 있는 한 방의 충격에서 온전히 회복할 수는 없었다.

2. 자격에 이의를 제기하라

아리스토텔레스의 글을 읽어본 연설가라면 연설가에게 자격, 다시 말해 전문적인 지식, 권위, 자격 요건 등이 중요하다는 사실을 알 것이다. 어떤 유형의 토론에서든 마찬가지이다. 그래서 초반에 에토스로 청중의 마음을 사로잡으려 할 것이다.

그런데 아주 흥미로운 지점인데 만약 그 '자격'에 대해 공격하려 하면 그건 이치에 맞지 않는 행동이라고 지적당하는 경우가 종종 있다. 정확히 말하자면 "자격 증명 오류Credentials Fallacy"라는 말이다. 여기에는 주장의 논리성이 궁극적으로 그 주장을 펼치는 사람의 자격이나 신분에 따라 달라지지 않는다는 생각이 깔려있다. 따라서 단순히 연설자가 적절한 자격을 갖추지 않았다는 이유만으로 그 사람의 주장을 무시하는 것은 잘못이라는 말이다.

충분히 그럴 수 있다. 만약 누군가가 구체적인 증거, 사실, 통계에만 의존해서 주장을 펼치고 있다면 말이다. 하지만 그 사람이 청중에게 자신의 직업, 전문 지식, 경험을 믿어달라고 호소하는 순간 얘기는 **달라진다**. 이때부터 그 사람의 자격은 공격할 포인트가 된다.

학자이자 수사학 전문가 마이클 오스틴은 자격 증명의 오류와 정정당당한 승부 사이의 경계를 허물라고 말한다.

> 실제로 제기된 주장을 즉각 반박하는 것은 오류가 아니다. 만약 누군가가 특정 의료 절차의 효과에 대해 통계를 내세워 주장한다면, 그 증거의 유효성만을 따져야 한다. 하지만 "저를 믿으세요. 저는 의사입니다"라고 말한다면 곧바로 그 사람의 정직성과 도덕성 그리고 의과대 재학 시 행적을 포함한 모든 것이 중요한 질문거리가 된다.

우리가 좋아하든 싫어하든 청중 중 열에 아홉은 연설자의 신뢰성과 자격을 연관지어 평가한다. 전염병 대유행 기간에 방송마다 의사와 과학자들이 넘쳐난 데에는 이유가 있다. 러시아의 우크라이나 침공 때 은퇴한 장군들이 케이블 뉴스 패널을 장악한 것도 마찬가지이다. 두 번의 트럼프 탄핵 재판 동안 언론이 변호사 그리고 특히 전직 검사들을 인터뷰하고 그들의 말을 인용한 것도 이런 이유 때문이다. 시청자는 이런 사람들을 자기 분야의 전문가, 당면한 주제와 관련된 전문가로 생각하며, 무작위로 선별된 기자나 잡학다식한 일반인의 판단보다 전문가의 판단을 더 **신뢰**할 가능성이 높다.

만약 상대방의 자격에 미심쩍은 부분이 보인다면 의문을 제기하라. 그 자격이 내세울 만한 자격인가? 그 자격이 현재 벌어지는 논쟁과 얼마나 관련이 있나? 그 자격이 지나치게 과장되지는 않았나? 아예 허위 자격은 아닌가?

이의를 제기할 때는 정중하게 하면 된다. 상대를 험담하거나 과소평가하는 듯한 모습을 보일 필요가 없다. 청중 앞에서 상대방이 심각하게 받아들이지 않을 수준에서 일련의 질문을 던져라.

- **당신이 이 문제에 대해 정확히 알고 있는 것이 무엇입니까?**
- **당신은 언제 이 주제에 관한 전문가가 되었습니까?**
- **이 주제와 관련해서 판단을 내릴 수 있을 만큼 실질적인 자격증을 소지하고 있습니까?**

만약 상대가 이런 질문에 대답할 수 없다면, 청중은 상대방이 내세우는 자격의 신빙성을 의심하기 시작할 것이다.

실제로 2013년 옥스퍼드유니언에서 '이슬람과 평화'라는 주제로 토론이 벌어졌는데, 이때 내가 이슬람 반대를 강력하게 주장하는 세 사람을 앞에 두고 어떻게 논쟁을 벌였는지 아는가? 간단하다. 그들의 **자격**에 의문을 제기했다.

> 오늘 밤 우리가 이슬람에 대해 토론을 하고 있다는 사실과 더불어 이슬람을 앞장서서 반대하는 분들의 면면이 흥미롭군요. 한 분은 법을 전공하셨고 다른 분은 현대사 그리고 나머지 한 분

은 화학을 전공하셨습니다. 저는 이 분들이 갖춘 모든 지성과 능력을 대단하게 생각합니다. 그런데 실제로 이슬람 전문가, 이슬람 학자, 이슬람 역사학자, 아랍어를 할 줄 아는 사람은 없고, 심지어 테러 전문가나 안보 전문가 또는 이슬람교도들이 무엇을 믿고 어떤 생각을 하는지 이야기할 수 있는 여론조사 전문가도 없네요. 대신 이슬람에 관해 개인적인 생각, 일반적인 견해를 전해줄 분들만 여기 오셨습니다.

내가 이 말을 하는 동안, 사회운동가 앤 마리-워터스와 언론인 다니엘 존슨 그리고 과학자 피터 앳킨스는 맞은편에서 무표정한 얼굴로 침묵을 유지했다. 그야말로 속수무책이었겠지!

3. 주장에 이의를 제기하라

마지막으로 주장에 이의를 제기하라. 사람을 공격하라더니 이게 무슨 말일까? 상대방 주장의 요지를 문제 삼으라는 말이 아니다. 그러면 대인 논증이 아닐 테니까. 그게 아니라 상대방의 과거 주장 혹은 발언에 이의를 제기하라는 말이다.

예를 들어 코로나19 팬데믹이 퍼지던 시기에 소위 충분한 자격을 갖췄다고 하는 전문가들이 내린 판단을 보면 터무니없다는 생각이 절로 든다. 한두 번이 아니다. 2022년 2월, 온라인 스트리밍 서비스 피콕에서 프로그램 진행을 맡은 나는 샌프란시스코 캘리포니아대에서 감염병을 연구하는 교수이자 의사인 모니카 간디를 인터뷰한 적이 있다. 간디 교수는 코로나19 팬데믹 "종식"을 두고 오랫동안 과도한 낙관론을 펼쳐왔고 심지어 미국에 델타 변이가 들어오기 단 몇 주 전에 코로나19 변이에 대해 "변이가 변해봤자"라고 일축했다가 동료 의사와 유행병 학자들의 분노와 맹비난을 샀다. 그런데도 여전히 자신의 의학박사 학위를 내세우고 희망적인 예측을 내놓으면서 사람들의 지지를 얻어내고 있었다. 그래서 나는 정곡을 찌르는 질문 하나로 그녀의 과도하게 낙관적이고 부적절하며 잘못된 주장에 도전장을 내밀기로 했다.

> 간디 박사님, 박사님을 향한 비난들 중 하나가 박사님이 사실을 신중하게 고려하지 않고 너무 낙관적인 예측을 하며 그런 예측이 들어맞지 않는다는 것입니다. 지난 2월, 인도에서 수십만 명의 목숨을 앗아간 끔찍했던 코로나19의 2차 유행이 시작되기 한 달 전에 이렇게 말씀하셨어요. "인도는 이제 집단면역을 달성했다."
>
> 지난 3월, 델타와 오미크론 변이가 여기 미국에 퍼지기 전이죠. 이렇게 말씀하셨습니다. "변이를 언급하며 계속 두려움을 조장하는 사람들을 대신해 진심으로 사죄드린다."
>
> 5월에는 추가 접종이 필요 없다고, 그것도 한두 번이 아니라 일곱 번이나 말씀하셨고요.
>
> 또 같은 5월에, 6월 15일 경이면 선생님이 계신 캘리포니아주가 "집단면역"에 도달할 거라고도 하셨습니다.

6월이 돼서는 델타 변이를 "비관적"으로 볼 필요가 없다고 하셨고, 7월에는 "델타 변이에 대해 우리가 알고 있는 사실은 안심해도 된다는 것"이라고 하셨어요.

9월에는 이런 말씀을 하셨죠. "막바지에 접어들었다고 생각한다. 10월 중순이면 관리가 가능할 것이다."

그리고 12월에는 "백신 접종이 이루어진 지역에서는 오미크론이 병원을 뒤덮지는 못할 것이다"라고 하셨습니다. 그런데 오미크론 감염자가 넘쳐났죠.

간디 박사님, 혹시 이 정도면 "번번이 빗나가는 팬데믹 관련 예측을 그만하는 게 낫겠다"라는 생각이 들지 않던가요?

간디 박사는 자신의 과거 발언을 해명하려 했지만 결국에는 인정하고 말았다.

"그게, 제 생각으로는 상황 나름이긴 한데… 그래요… 사과드리죠. 앞으로는 예측하는 발언을 자제하도록 하겠습니다."

저 정도로 과오를 인정하기란 정말 쉽지 않다! 하지만 이후에 벌어진 사건을 스포일러하자면 간디 박사는 그 이후로도 계속 예측을 내놓았다.

전 지구적으로 중요한 문제에 대한 엄청난 오판으로 엄청나게 나쁜 결과를 초래한 전문가와 평론가들이 있다. 그리고 그들 중 많은 사람들이 어떠한 결과에도 책임지지 않으면서 여전히 자신의 전문 지식을 믿어달라고 호소한다. 왜 우리가 그런 행동을 눈감아 줘야 하나? 왜 그들의 과거 발언들은 무시하고 각 주장의 논리성을 개별적으로만 따져야 하는가? 1절로 끝나지 않고 2절, 3절 계속해서 틀린 방향으로 가는데 다음에는 맞을 거라 믿는 사람이 있다면 왜그리 어리석냐고 지적할 수밖에 없다.

자, 상대방의 과거 주장을 상대에게 불리한 증거로 활용하라. 누구나 과거에 했던 말과 지나온 행적과 경력 중에 사실과 부합하지 않는 판단을 내린 적이 있다. 만약 오류와 오판으로 가득한 기록, 단 한 번이라도 최악의 예측을 했다거나 연속적으로 잘못된 주장을 했던 기록이 있다면 그것들을 불러내라!

나는 심지어 신문 기사는 물론이고 신문사 전체를 상대로 이 전략을 사용한 적도 있다. 2013년 10월, BBC의 정치 토론 프로그램 '질문시간'에 출연했을 때였다. 그 몇 주 전 영국 조간지 〈데일리메일〉은 노동당 대표 에드 밀리밴드의 부친이자 벨기에 출신의 유대인 난민이었던, 이미 오래 전에 고인이 된 랠프 밀리밴드를 주요 기사로 다뤘다. 기사 제목은 "영국을 증오한 남자"였다. 〈가디언〉에서 일하는 내 친구 조너선 프리랜드의 말을 인용하자면, 그 기사는 "반유대적 편견의 냄새"가 물씬 풍기는 터무니없는 중상모략이었다.

게다가 버밍햄에서 열린 그날 저녁 토론 프로그램의 패널 중에는 〈데일리메일〉에 오랜 기간 칼럼을 기고한 쿠엔틴 레츠가 있었다. 당연히 그는 방송에서 자신의 고용주 그리고 여론 호도 목적이 의심되는 〈데일리메일〉의 기사를 변호하느라 열심이었다. "기사가 완전히 잘못됐나요?" 그는 이렇게 물으며 말했다. "꼭 그렇다고 할 순 없죠." 내가 발언할 시간이 되었고, 나는 잘못된 부분을 바로잡기로 했다. 나는 청중을 향해 이렇게 말했다.

> 여러분께 물어보겠습니다. 영국을 증오한 사람 또는 해악을 끼친 사람을 얘기하는데, 과연 누가 폐해를 끼친 사람입니까? 나치에게 아첨하고 요제프 괴벨스와 친구 사이였으며 제2차 세계대전을 앞두고 히틀러를 찬양했던 〈데일리메일〉의 창업주이자 소유주 로더미어 경입니까? 아니면 영국 해군에서 복무하면서 제2의 조국을 위해 목숨을 걸었던 랠프 밀리밴드입니까? 여러분은 누가 영국을 더 증오했다고 생각하십니까? 게다가 이건 사실 랠프 밀리밴드에 관한 문제에서 끝나지 않습니다. 〈데일리메일〉의 전체적인 기사에 대해 이야기해 보죠.

이때 쿠엔틴이 끼어들려고 했지만 나는 본격적으로 주장에 속도를 붙였다.

> 쿠엔틴 씨, 제 말이 다 끝나면 그때 말씀하시죠. 〈데일리메일〉이 최근 몇 년 동안 쓴 글들을 봅시다. 동성애자 팝 스타인 스티븐 게이틀리의 죽음이 전혀 정상적이지 않다며 위험한 생활 방식 때문이라고 했습니다. 프랑스인은 극우파 마린 르 펜과 국민전선당에 투표해야 한다고 했습니다. 영화감독 대니 보일이 런던 올림픽 개막식에서 연출한 다문화 가정의 모습이 터무니없고 비

현실적이라고 공격했고요. 소말리라 출신의 영국 육상선수 모패라를 "짝퉁 영국선수"라고 비하했습니다. 자, "누가 영국을 증오하는지"에 대해 더 얘기해 볼까요. 벨기에 출신의 유대인 난민으로 영국 해군에 복무했던 고인은 영국을 증오한 사람이 아닙니다. 영국을 증오하는 자는 바로, 이민자를 공격하고 여성을 혐오하며 무슬림을 모함하고 영국의 공공 의료 서비스 제도를 폄하하며 동성애 혐오를 조장하는 〈데일리메일〉입니다.

카메라가 내 맞은편에서 돌처럼 굳은 얼굴로 아무 말도 못하고 앉아있는 쿠엔틴을 비추자 청중은 내 말에 동의한다는 듯 웅성거렸다. 여기서 주목해야 할 것은 한 가지만 공격해서는 그 정도로 확실한 반응을 얻어낼 수 없다는 점이다. 나는 **공과 사람**, 둘 다 노렸다. 랠프 밀리밴드에 대한 〈데일리메일〉의 주장이 틀린 이유를 댔고, 그 다음에는 〈데일리메일〉 자체의 문제점을 지적했다.

이렇게 해야 대인 논증을 최대한 활용할 수 있다. 상대방 주장의 옳고 그름, 즉 로고스에 반박하는 주장을 전달하는 동시에 상대방이 내세우는 권위, 즉 에토스를 무너뜨려야 한다. 이 두 가지를 결합한 공격은 방어가 불가능할 정도로 강력해서 파토스 문제는 저절로 해결된다.

물론 아리스토텔레스는 로고스, 에토스, 파토스 3가지가 모두 필요하고 조화롭게 작동해야 한다고 했는데 타당한 말이다. 대개 로고스와 파토스가 가장 많은 가중치를 부여받지만, 에토스는 조용히 “가장 효과적인 설득 수단”의 역할을 수행한다. 상대의 에토스를 공격하는 당신 입장에선 당신의 에토스를 거리낌 없이 청중에게 부각시킬 수 있어야 한다. 그런데 어떻게 해야 설득의 세 번째 요소이자 중요한 영역인 에토스에서 상대보다 우위를 차지할 수 있다고? **대인 논증**!

‖ 반격을 조심하라 ‖

차마 인신공격성 발언이 아무런 위험이 따르지 않는다고 말하진 못하겠다. 상대방을 비판하려면 자신도 비판받을 수 있단 걸 감수해야 한다. 예수의 말이 옳았다. 칼로 흥한 자는 종종 칼로 망한다. 만약 상대의 인격이나 자격 미달 또는 과거의 잘못된 주장을 공격하겠다고 마음먹었다면, 상대방이 취할 **반격**에 대비해야만 한다.

예를 들어 나는 ‘질문시간’ 프로그램에 출연하고 나서 〈데일리메일〉이 내게 반격을 가할 줄 알고 있었다. 충분히 예상 가능한 일이었다. 다른 곳도 아닌 〈데일리메일〉 아닌가! 아니나 다를까 바로 그 다음날 〈데일리메일〉은 내가 3년 전에 〈데일리메일〉에 글을 기고할 기회를 부탁하며 보낸 편지의 발췌본을 유출했다.

잘 봐라, 위선자 메흐디 하산!

형세가 바뀌어 불길이 다시 당신을 향해 치솟는다면 어떻게 대응해야 할까? 그 열기에 어떻게 대비해야 할까?

인격이나 과거 경력이 공격받을 때 쓸 수 있는 여러 가지 해결

방법이 있다. 먼저 사람들의 일반적인 통념에 호소할 수 있다. 즉 상대가 인신공격성 주장을 하고 있다고 지적하는 것이다! 한 발 더 나아가 상대의 주장이 논리적 오류라거나 아니면 비열한 행동이라고 일축할 수도 있다. 여태껏 이 책의 많은 부분을 할애하면서 대인 논증의 장점을 늘어놓다가 이제 와서 이런 말을 하다니, 이거야말로 야비한 행동 아니냐는 생각이 들 수도 있다. 하지만 곤경에 처하게 됐을 때 방어를 위해 사용할 수 있는 효과적인 기술이 있다면 써야한다. 게다가 대인 논증이라고 해서 모두 같은 수준의 영향력을 가지진 않으며 상대적이다. 내가 〈데일리메일〉에 글을 기고할 수 있는 기회를 달라고 요청했다고 해서, 방송을 통해 수백만 명의 시청자 앞에서 〈데일리메일〉에 관해 말한 사실들이 사라지거나 바뀌지는 않는다는 말이다.

둘째, 인정하면 된다. 당신의 인격이나 과거 경력을 향해 어떤 공격이 가해지든 그렇다고 인정하라. 만약 과거에 심한 말, 멍청하거나 모순된 발언을 한 적이 있다면 그 지적을 받아들이고 사과한 다음에 앞으로 나아가라. 2013년 사건으로 돌아가자면 나는 젊고 야심 가득했던 언론인으로서 〈데일리메일〉에 "아부성" 짙은 편지를 보낸 것이 얼마나 "부끄러운" 행동이었는지를 즉시 인정했다. 지적을 받을 만한 행동이었으니까!

셋째, 당신도 대인 논증으로 되받아치면서 이건 정당방위라고 주장하면 된다. 키케로가 바로 이렇게 했다. 상대에게 독설을 내뱉으면서, 상대의 부당한 공격에 대한 정당한 보복이라고 표현했다.

이 언변의 대가는 공격이 최선의 방어라는 것을 너무도 잘 알고 있었다.

……

결론을 맺자. 대인 논증은 하이리스크-하이리턴 논법이다. 이 공격은 잘못 사용하면 오히려 역효과를 일으킨다. 제대로 쓰면 상대를 궁지에 몰아넣을 수 있다. 완벽하게 쓰면 상대를 아예 바닥에 쓰러뜨릴 수도 있다. 대인 논증은 상대를 다시 일어나지 못하게 만들 정도로 강력한 힘을 지니고 있다. 그러니 공격을 받은 많은 사람들이 짜증을 부리고 화를 내겠지!

하지만 대인 논증은 중심이 되는 사항의 시시비비를 가리기 위한 보완물이지 대체물이 아니다. 주장과 사람을 둘 다 잡아야지 사람 하나만으로는 되지 않는다는 말이다. 예를 들어 키케로가 독설과 욕설의 달인이었을 수도 있다. 하지만 우리가 그를 위대하다고 평하는 이유는 기본적으로 그의 독설 때문이 아니다. 그는 청중을 향해 논리적으로 설명하고 설득하며 납득시키기 위해 시간과 노력을 들인 토론자였다. 당신 역시 그래야 한다.

마지막으로 기억해야 할 중요한 점이 있다. 내가 이 장에서 개괄적으로 설명하면서 옹호했던 대인 논증에 관한 모든 내용은 실제 생활에서 벌어지는 논쟁과 관련이 있다. 하지만 주의해야 한다. 만약 철학 세미나 또는 순수 논리학 수업에서 대인 논증을 감싸고 돈다면 비난과 비판의 대상이 될 수 있다. 말할 수 있는 것과 없는 것을 엄격히 따지는 대학이나 고등학교 토론 역시 마찬가지이다.

따라서 이런 환경에서는 "사람을 공격하지 말라!"

그러나 **현실**은 철학 세미나도 아니고 고등학교 토론과도 다르다. 현실에서는 상대방이 개인적으로 얼마나 신뢰받는지가 당신이 격론 중인 논쟁의 승패를 좌우할 수 있다. 그러니 망설이지 말고 대인 논증을 사용해 상대방을 물리쳐라. 더 나아가 상대방의 주장까지 말이다.

상대방이 얘기할 때는 온전히 귀를 기울여라.
대부분의 사람은 아예 듣지를 않는다.

_어니스트 헤밍웨이Ernest Hemingway, 소설가

5장

말만 하지 말고 들어라

1992년 10월 15일, 버지니아주에 있는 리치먼드대에서 대통령 선거 후보자 초청 2차 토론회가 열렸다. 이 자리에는 조지 H. W. 부시, 빌 클린턴, 로스 페로가 참석했고 이들의 토론을 보기 위해 청중도 모여들었다. '아버지 부시'는 공화당 대선 후보였으며 재선을 노리고 있었다. 반면 클린턴은 아칸소주 주지사 출신이자 민주당의 떠오르는 샛별로 초선에 도전하고 있었다.

이날 저녁 TV 생방송은 미국 대선 토론 역사에서 처음으로 '타운홀' 방식으로 진행됐다. 청중과 가까워지고 그들의 마음을 끌어들이는 능력에 자신이 있었던 클린턴이 이 방식을 제안했다. 그리고 "보수적인 리치먼드의 부동층"이 공화당 후보이자 전임 대통령에게 호의적인 태도를 보일 거라 예상했던 부시 측도 이 방식에 동의했다고 전해진다.

토론회 중반 즈음, 진행을 맡았던 ABC 뉴스의 캐럴 심프슨은 청중으로 참여했던 25세의 마리사 홀의 질문을 받았다.

> 국가 부채가 후보자들 개인의 삶에 어떤 영향을 미쳤습니까? 그게 아무 영향도 끼치지 않았다면, 만약 서민들의 고통을 전혀 경험하지 못한 사람이라면, 그런 분이 어떻게 보통 사람들의 경제적인 문제에 대해 진짜 해결책을 찾아낼 수 있을까요?

지루할 정도로 긴 질문도 아니었는데 홀이 질문을 던지는 동안 부시 대통령은 손목시계를 보고 있었다. 잠깐 또는 흘깃 본 게 아니라 들여다보고 있었다. 당시 토론회 중계방송을 시청하던 수천만 명의 미국인이 그런 부시의 모습을 보았다. 세상에, 대통령이 국민의 질문에 귀를 기울이지 않다니! 이런 자리 자체가 마음에 들지 않는 것 같은데!

억만장자 사업가이자 제3의 후보였던 페로가 홀의 질문에 먼저 답했다. "국가 부채 때문에 제 개인적인 삶과 사업이 지장을 받았고 그 때문에 대선 후보로 나서게 됐습니다. 그만큼 제가 나랏빚에 신경을 쓴다는 겁니다." 정치를 꿈꾸는 사람이 내놓은 어정쩡한 답변이었다. 다음은 부시 차례였다.

"국가 부채가 모든 사람에게 영향을 끼쳤다고 생각합니다. 당연히." 부시가 입을 열었다.

모두에게? 홀은 분명 국가 부채가 후보자 "**개인에게**" 미친 영향에 대해 물었다. 홀이 다시 물었다.

마라사 홀 후보자 '개인'에게요.

부시는 여전히 홀의 말을 듣고 있지 않았다. 그는 금리에 대해 얘기하기 시작했고 결국 진행자인 심프슨이 끼어들 수밖에 없었다.

캐럴 심프슨 저분이 말하는 건 "후보자 개인"입니다.

마라사 홀 후보자 개인적인 차원에서요. 후보자께 어떤 영향을 끼쳤나요?

캐럴 심프슨 국가 부채 때문에 개인적으로 영향을 받았습니까?

조지 부시 당연히 그렇죠. 저는 손주들을 사랑합니다.

마라사 홀 어떻게요?

조지 부시 손주들이 교육을 받을 여유가 있으면 좋겠다고 생각합니다. 그게 부모의 중요한 역할이죠. 혹시 그 질문이, 어쩌면 제가 잘못 들었는지 모르겠네요. 누군가 방법이 있다면 국가 부채의 영향을 받지 않는다는 말씀인가요?

마라사 홀 음, 제 말은요….

조지 부시 제가 제대로 이해하고 있는 건지 잘 모르겠는데, 질문을 좀 설명해 주시면, 그러면 제가 답변을 드리도록 하죠.

부시는 흑인 교회를 방문했던 얘기를 하다가 10대들의 임신 문제를 언급하는 등 갈팡질팡했다. 어느 평론가의 말을 빌리자면 그 순간부터 죽 내리막길을 걸었다. 아니, 국가 부채 관련 질문에 왜 흑인 교회와 10대 임신 문제를 언급하는지 도대체 알다가도 모를 일이었다.

마지막으로 클린턴이 답변할 차례였다. 클린턴은 앞선 두 후보와 달리 의자에서 일어나더니 질문자를 향해 걸어갔다. 그리고 그녀의 눈을 똑바로 쳐다보았다.

빌 클린턴 국가 부채가 당신에게 어떤 영향을 끼쳤는지 말씀해 주시죠.

마라사 홀 음….

빌 클린턴 주위에 직장과 집을 잃은 사람들을 알고 계시죠?

마라사 홀 그게, 네. 그래요.

빌 클린턴 저는 작은 주의 주지사로 12년째 일하고 있습니다. 국가 부채가 제게 어떤 영향을 미쳤는지 말씀드리죠. 매년 의회와 대통령이 법률안을 통과시키는데, 이런 법들 때문에 우리가 할 일은 많아지고 반대로 쓸 수 있는 돈은 적게 들어옵니다. 제가 우리 주에서 보고 있자면, 부자들은 세금 감면을 받는 반면에 중산층은 정치인들 때문에 세금이 올라가고 공공 서비스 혜택은 줄어들었습니다. 지난 4년간 무슨 일이 일어났는지 봤습니다. 우리 주에서 사람들이 직장을 잃었습니다. 저는 그분들 이름까지 알고 있습니다. 공장이 문을 닫았습니다. 저는 공장을 운영했던 분들이 누구인지 알고 있어요. 사업이 부도가 납니다. 누가 그런 상황에 처했는지 저는 알고 있습니다.

차이를 알겠는가? 클린턴은 질문을 경청했다. 질문자가 무엇을 묻는지 이해했다. 그리고 공감을 표하면서 질문자에게 신경 쓰는 모습을 보였다. "국가 부채가 당신에게 어떤 영향을 끼쳤는지 말씀해 주시죠."

결점도 많고 잘못도 많지만, 클린턴은 출중한 연설가일 뿐만 아니라 뛰어난 경청자였다. 사실상 남의 말을 잘 들었기에 말을 잘할 수 있었다고도 할 수 있다. 클린턴은 능숙하게 감정 이입을 하면서 보통 사람들과 정서적 유대 관계를 형성했다. 그날 밤 리치먼드대에서, 공화당 소속 대통령 부시는 질문자인 홀을 가르치려 들었지만 민주당 후보 클린턴은 홀의 아픔에 공감했다.

토론 후, CNN과 USA투데이가 실시한 여론조사에서 미국인의 58%가 클린턴을 타운홀 미팅의 승자로 꼽은 반면 부시가 이겼다고 답한 사람은 16%였다. 그리고 페로의 손을 들어준 사람은 15%였다. 누가 결국 대통령 자리에 올랐을까?

수사학에서 금과옥조로 여기는 비밀 아닌 비밀이 있다. 토론이나 논쟁에서는 말만 잘 한다고 이기는 게 아니라 잘 듣기도 해야 한다는 사실이다. 이런 옛말도 있지 않은가. 어차피 대화에서 말하는 시간은 반밖에 주어지지 않는다고. 나머지 반을 잘 들어야 싸움에서 이길 수 있다.

여기서 솔직히 밝힐 게 있다. 내가 경청이라는 주제로 글을 쓴다고 하자 그 말을 들은 아내가 웃음을 터뜨렸다. 그러더니 가만히 나를 바라보며 말했다. "정말이요? 당신이 사람들을 위해 경청에 관한 글을 쓴다고요?"

아내를 탓할 순 없다. 나는 결코 남의 말을 잘 들어주는 사람이라고는 할 수 없으니까. 한편으로 변명 아닌 변명을 하자면 상대방의 말을 그리 잘 들어주는 사람이 세상에 몇이나 된단 말인가? 우리가 종종 깨닫지 못하고 넘어가서 그렇지, 누군가 얘기할 때 관심을 갖고 주의를 기울이는 사람은 많지 않다. 마음은 이미 딴 곳에 있다. 다음에 내가 할 말을 생각한다거나, 그것도 모자라 상대방의 말을 중간에 끊고 들어가 설교를 늘어놓는다. 자기는 상대방의 말을 잘 들어주는 사람이라고 생각하지만 실상은 그렇지 않다.

스마트폰 시대를 살아가는 우리에게 남의 말을 경청하는 일은 점점 힘들어지고 있다. 주머니 속에서 반짝이는 기기가 계속해서 자기를 봐달라며 삑삑대는데 어떻게 주위 사람들의 말을 들을 수 있겠는가? 〈인사이더Insider〉에서 발표한 최근 조사에 따르면, 아이폰 사용자는 하루 평균 80회가량 휴대전화를 켠다고 한다. 달리 말하면 깨어있는 동안 한 시간에 여섯 번 내지 일곱 번 또는 10분에 한 번씩 휴대전화를 쳐다본다는 뜻이다.

그럼에도 여전히 자신의 경청 능력을 과신하는 사람이 많다.

‖ 히어링과 리스닝 ‖

솔직히 말해보자. 당신은 다른 사람의 말을 귀 기울여 **듣는가**listen? 아니면 다른 사람의 말을 그냥 **흘려듣는가**hear?

'히어링hearing'은 물리적인 과정이다. 과학적으로 깊이 파고들 것도 없다. 전문가들은 기본적으로 음파가 고막에 닿아 진동을 일으켜 귀에서 뇌로 전기적인 자극을 보낼 때 일어나는 현상을 히어링이라고 한다. 수십억 명의 사람들이 아무 생각 없이 매일 히어링을 한다. 히어링은 수동적이고 무의식적으로 일어나는 일이다. 이렇게 생각해 보라. 길거리를 걷다보면 당신은 자동적으로 주변의 자동차, 개, 사람들이 만들어내는 잡다한 소리를 듣게 된다. 하지만 아마도 당신은 그런 소리에 귀를 기울이진 않을 것이다.

'리스닝listening'은 당신이 방금 들은 소리를 흡수하고 처리하고 이해하는 과정을 필요로 한다. 당신은 의식적으로 그리고 적극적으로 그 과정에 참여한다. 당신이 아까와 같은 길을 걷고 있는데 멀리서 자동차가 당신을 향해 빠른 속력으로 달려오는 소리가 들린다고 생각해 보자. 이제 당신은 리스닝을 한다. 혹시 운전자가 통제력을 잃은 건 아닌지 확인하기 위해 몸을 돌려 반응한다. 타이어에서 뭔가 긁히는 소리가 났나? 운전자가 방향을 틀고 있나? 내가 빨리 반대편으로 몸을 피해야 할까 아니면 여기 그냥 서 있는 게 안전할까? 당신은 소리 하나하나를 그리고 그 소리에 담긴 잠재적 위험을 확실하게 느끼고 알아차린다. 이 모든 것이 리스닝이다.

위기에 처하면 우리는 듣고 반응하고 주의를 기울인다. 하지만 일반적인 환경에서 사람들과 말을 주고받을 때는 많은 사람들이 형식적으로 의사소통한다. 다른 사람의 말에 진심으로 귀 기울이기란 쉽지 않다. 내가 말을 하는 편이 더 좋으니까. 토론을 할 때는 더더욱 그렇다. 상대방의 말을 듣는 게 아니라 내가 말할 차례를 기다리고 있을 뿐이다! 누가 뭐라고 하든 방해받지 않고 자유롭게 내 주장을 펼칠 기회만 엿보는 것이다.

하지만 "입을 열기 전에 귀부터 열어라"는 옛말도 있지 않은가. 토론이나 논쟁이 한창인 상황에서 기본 단계인 리스닝을 건너뛰면 심각한 문제에 직면하게 된다. 상대방의 말을 듣지 않고서 어떻게 실질적인 대응을 펼치겠다는 건가? 상대방의 주장에 어떻게 반응하고, 거절하고, 반박한다는 것인가? 만약 당신이 상대방의 말에 귀 기울이지 않는다면, 상대방이 편하게 주장을 펼치도록 내버려둔다는 뜻이고 최악의 경우에는 패배한다는 뜻이다.

너무 당연한 말처럼 들릴 수 있다. "상대방의 말을 잘 들어야 한다고? 그런 걸 조언이랍시고!" 흥분하지 말라. 내가 공개 토론회나 TV 생방송 인터뷰에서 자신이 미리 준비한 내용만 녹음기처럼 읊어대는 사람들을 **얼마나 많이** 봐왔는지 당신은 상상도 못 할 것이다. 이런 사람들은 상대방의 말에 귀를 기울이지 않기 때문에 새로운 비판이나 견해가 나오면 제대로 대응하거나 반응하지 못한다.

당신이 이런 전철을 밟아서야 되겠는가? 말을 잘 하는 사람 그리고 무엇보다 효과적으로 의사소통하는 사람이 되려면 다른 사람의 말에 귀를 기울이는 사람이 되어야 한다. 하지만 스트레스가 밀려오고 흥분이 벅차오르는 상황에서 남의 말에 귀를 기울인다? 그게 말처럼 쉽지가 않다.

‖ 비판적 듣기 ‖

전문가들에 따르면 듣기, 즉 리스닝에도 여러 종류가 있다. 하지만 이번 장에서는 이 책의 취지에 맞게 '**비판적 듣기**Critical Listening'와 '**공감적 듣기**Empathetic Listening'에 집중하겠다.

비판적 듣기는 물리적으로 소리를 듣는 걸 넘어서 상대방의 말에 정신적으로 개입하며 듣는 걸 말한다. 매우 역학적인 과정으로, 청자는 발화자가 실시간으로 전달하는 정보를 의식적으로 흡수하고 이해하며 평가한다. "저 말이 사실일까 거짓일까?" "이치에 맞는 소리인가 아닌가?" "저 사람을 또는 저 사람이 하고 있는 말을 믿어도 될까?" 자신이 쓴 에세이에 대해 교사가 피드백을 해줄 때도 비판적 듣기를 해야 한다. 자신이 제출한 보고서를 놓고 상사가 잘못된 부분을 지적할 때도 비판적 듣기가 필요하다. 그리고 상대방이 주장을 펼칠 때에도 비판적 듣기를 해야 한다.

쉬운 일은 아니다. 많은 사람들이 정보는 물론 상대방의 개인적 의견마저도 액면 그대로 받아들인다. 만약 누군가 축구장에서 내 친척을 보았다고 말해준다면 그 말을 굳이 믿지 말아야 할 이유가 있겠는가? 우리는 본능적으로 내가 들은 말을 진실이라 믿는다. 하지만 논쟁에서는 그럴 수도 없고 그러지도 말아야 한다. 사실성과 신빙성 그리고 상대방이 말하는 모든 것의 내적 논리를 비판적으로 평가해야 한다. 그것도 실시간으로. 그렇다면 귀를 기울여 정확히 무엇을 찾아내야 하는 걸까? 그리고 어떻게 해야 비판적 듣기를 전술적으로 유리하게 활용할 수 있을까?

상대방의 말을 들으며 상대가 행하고 있는 3가지 핵심적인 실수를 찾으면 된다. 비판적 듣기로 다음 3가지를 찾아내면 그것들이 당신이 논쟁에서 이길 수 있도록 도와줄 것이다.

- **허위 주장:** 토론에서 상대를 이기는 쉽고 확실한 방법 중 하나는 주장의 허위성이나 부정확성을 지적하는 것이다. 당신이 상대가 말하는 것이 사실이 아니라는 점을 지적한다면, 그 즉시 상대방의 주장은 물론 그 사람 자체에 대한 신뢰성이 추락한다. 그리고 비판적 듣기를 하면 상대방이 제기하는 다양한 주장과 의견을 지속적으로 파악하면서 명백하거나 혹은 잘 보이지 않는 실수나 거짓을 집어내고 드러나게 할 수 있다. 나도 실시간 토론을 벌이면서 상대의 거짓말이나 반쪽자리 진실을 얼마나 많이 잡아냈는지 모른다. 패널 중 그 누구도 상대의 거짓말을 알아채지 못했던 이유는 나만큼 다른 사람의 말에 집중하지 않았기 때문이다. 여기서 묻겠다. 당신은 발언할 차례가 왔을 때 지적할 상대의 거짓과 실수를 다 적어놓았는가? 상대의 논증이 거짓임을 증명하고 반박할 준비가 되었는가?

- **논리적으로 잘못된 주장:** 비판적 듣기는 상대방이 옳다고 말하는 사실과 주장을 반박하는 데 도움이 된다. 또한 논증의 논리적 오류와 모순을 찾아내는 데 필요하다. 상대방의 주장에 결점이 있는지 항상 살펴라. 상대방이 주요 주장들을 논리적으로 이끌어 가는지 살피다가 내용이 서로 모순되거나 일관성이 없으면 물고 늘어져라. "제가 방금 들은 당신의 마지막 말이, 당신이 처음에 했던 말과 서로 모순되는 내용인 게 맞나요?" 비판적으로 들어라. 그리고 상대가 말하고 있는 내용을 마음속으로 면밀히 검토하여 당신이 말할 차례가 되었을 때 공세를 취할 준비를 끝마쳐라.

- **수긍:** 비판적 듣기를 하면 곤란한 상황에서 벗어나는 데도 도움이 된다. 간혹 반박의 여지가 보이지 않을 정도로 상대의 요점이 타당하거나 논거가 강력한 경우가 있다. 그럴 땐 나중에 이 책 8장에서 설명하겠지만, '유도柔道 기술'을 활용하면 되는데 일단 상대의 논지를 인정한 뒤 상대의 균형을 무너뜨려라. 이는 상대가 미처 대응할 준비를 못 했을 경우에는 훌륭한 전략이 된다. 하지만 애초부터 상대방이 논지를 펼칠 때 듣고 있지 않았다면 인정이고 뭐고 할 수가 있겠는가! 상대방이 말할 때마다 방어뿐만 아니라 공격을 위해서 상대방의 주장, 요점, 논거에 세심하게 주의를 기울여야 한다.

비판적 듣기는 논쟁 상황에서 언제든 사용할 수 있는 중요한 도구이다. 하지만 그게 그리 쉽게 되는 일이 아니고 그런 기술을 타고 나는 사람도 많지 않다. 여느 기술을 익힐 때처럼 노력을 기울여야 한다. 이제 이러한 비판적 경청 능력을 향상시킬 수 있는 방법 3가지를 알려주겠다.

1. 열린 마음을 유지하라

논쟁을 할 때 상대방이 말하는 모든 것은 당연히 틀리고, 상대방이 어리석다거나 멍청하다고 가정해선 안 된다. 그 어떤 내용도 고민 없이 바로 배척하거나 또는 부인하지 말라. 상대방이 타당한 논리의 근거나 예리한 분석을 내놓고 있는지 귀담아 들어야 한다. 그래야 나중에 그에 대해 대처하든지 아니면 인정이라도 할 수 있으니까. 당연히 당신은 자신의 주장에 자신감을 가져야 한다. 하지만 그 못지않게 상대방이 지닌 강점이 무엇인지, 당신의 부족한 부분이 어디인지 충분히 포착할 수 있을 만큼 열린 마음을 유지해야 한다.

2. 마음을 비워라

다른 사람의 말을 들을 때는 스마트폰을 내려놓고 노트북을 닫아라. 멀뚱히 앉아만 있지 말라. 더더군다나 주위에서 주장과 변론을 펼치는데 꾸벅대며 조는 건 절대로 안 된다. 마이크를 쥐고 있는 사람이 누구든 그에게 집중하라. 왜냐하면 상대에게 무례하거나 상대방을 무시하는 모습을 보이면 청중은 당신이라는 사람의 자격을 의심하고 당신을 신뢰해도 되는지 의심하게 된다. 시계를 응시하던 조지 H. W. 부시처럼 행동하면 안 된다는 말이다. 그리고 그 못지않게 중요한 이유는, 다른 사람이 무슨 말을 하는지 놓쳐서는 안 되기 때문이다. 상대방이 무슨 말을 하는지 알아야 대처를 하든지 말든지 할 것 아닌가?

그러니깐 제발 딴 데 정신 좀 팔지 말라. 들으면서 다른 일을 함께하려 하지 말라. 작가 마리아 코니코바는 "잡동사니로 마음이 어수선해지도록 내버려두지 말라"고 확실하게 말한다. 눈앞에 놓인 과제에 100% 집중하라. 상대방의 말을 비판적으로 들으면서 오류나 허위 주장을 잡아낼 준비를 갖추면 당신은 촌철살인급의 대응을 준비할 수 있고 결국엔 논쟁을 승리로 이끌 것이다.

코니코바는 아서 코난 도일의 탐정 시리즈 중 첫 작품인 《주홍색 연구A Study in Scarlet》에서 셜록 홈즈가 한 말을 그대로 인용한다.

> 나는 인간의 뇌가 원래 텅 빈 작은 다락방이라고 생각해. 그래서 자기가 선택한 가구들을 다락에 보관해야 한단 말이지. 바보는 눈에 띄는 온갖 잡동사니를 다 들여놓는 바람에 쓸만한 지식이 밖으로 밀려나거나, 아니면 모두 뒤죽박죽 섞여서 꺼내 쓰기도 힘들어지는 거야. 그런데 노련한 장인은 다락방에 무엇을 들여놓을지 아주 신중하게 선택하지. 자기 일에 도움이 될 만한 도구만 챙겨 넣는 거야, 그것도 여러 용도에 따라 깔끔하게 정리해

서. 이 작은 다락방의 벽이 고무줄처럼 계속 늘어날 수 있다고 생각하면 오산이야. 언젠가는 지식을 더할 때마다 전에 알았던 무언가를 잊어버리는 때가 반드시 오게 돼 있어. 그러니까 가장 중요한 건 쓸모없는 지식이 유용한 지식을 밀어내지 않도록 해야 한단 말이지.

3. 기록하라

판단력이 예리하고 기억력이 좋으면 비판적 듣기에 도움이 된다. 노트 필기는 판단력과 기억력 수준을 더욱 높이는 데 도움이 된다. 세계적으로 성공한 사람들 중에는 꼼꼼하게 메모하기로 이름난 사람이 더러 있는데 미국의 기업가이자 라이프스타일 전문가 팀 페리스는 농담처럼 자기가 "다른 사람들이 약을 챙겨 먹듯이 메모를 하는 사람"이라고 말한다.

한 해 수십 권의 공책을 사용한다는 영국의 억만장자 리처드 브랜슨은 런던에서 열린 컨퍼런스에 미국의 억만장자 빌 게이츠와 함께 무대에 올랐다. 그리고 컨퍼런스에 대한 내용을 기록했다. 그 기록을 보도한 CNBC에 따르면 "폐막 연설을 위해 무대에 오르고… 게이츠는 주머니에서 종이 몇 장을 꺼냈다."

브랜슨은 그때를 회상하며 말을 이었다. "상의 주머니에 넣어 두었던 꼬깃꼬깃한 종이에 휘갈기듯 쓴 게이츠의 메모를 보니 반가웠습니다. 컴퓨터 천재라고 알려진 사람인데도 평범한 펜과 종이에서 벗어나지 않았더군요."

당신도 펜과 종이에서 벗어나면 안 된다. 다른 연사의 말을 들으면서 기록을 남기는 일은 중요하다. 상대방의 말 중에 중요한 내용이 있으면 말을 다 듣고 무엇이든 간략하게라도 기록하라. 아니면 반대로 중요한 내용이 빠진 것 같아도 그 점을 기록하라. 나중에 당신이 언급할 수 있도록 말이다.

학생들을 대상으로 한 수많은 연구 결과에 따르면, 수업 시간에 선생님이 말하는 내용을 받아적는 학생들이 그러지 않았을 때보다 주의 집중 시간이 늘어나고 집중력도 더 높아지는 경험을 했다고 한다. 학생들의 듣기 실력이 쑥쑥 자라난 것이다. 필기하는 방법도 중요하다. 심리학자 대니얼 오펜하이머와 팸 뮬러는 프린스턴대 학생 67명을 대상으로 실시한 2014년 연구에서 "펜은 키보드보다 강하다"고 결론 내렸다. 종이에 손으로 직접 필기하는 것이 스마트폰이나 노트북에 메모하는 것보다 정보를 문서화하고 처리하는 데 더 효과적인 방법이다.

지난 2013년 옥스퍼드유니언에서 '이슬람과 평화'라는 주제로 토론을 할 때, 이슬람을 반대하는 사람들이 허위 주장과 사기성 발언을 얼마나 많이 하는지, 나는 듣다가 정신이 나가는 줄 알았다. 차례를 기다리는 동안, 나는 옆 사람 펜을 집어 들고 미리 작성해서 출력해 간 원고의 뒷면에 상대편의 터무니없는 주장들을 하나하나 빠르게 적기 시작했다. 예를 들어 반대편의 첫 번째 연사였던 앤 마리-워터스는 연설 중에 사우디아라비아가 이슬람교의 발상지이며 따라서 사우디아라비아에서 종종 행하는 엄격하고 잔인한 행태가 이슬람의 본모습을 보여준다고 분명하게 말했다. 하지만 나는 그녀의 호통과 격앙된 발언을 들으면서 눈앞에 놓인 종이에 두 개의 숫자를 적었다. 610, 1932. 그리고 내 발언 차례가 돌아오자 준비해 간 글을 무시하고 메모가 적힌 종이를 내려다보았다.

> 사실에 근거해서 말하자면… 워터스 씨는 이슬람교가 사우디아라비아에서 탄생했다고 말씀하셨는데요. 이슬람교 창시는 서기 610년이고요. 사우디아라비아 건국은 서기 1932년입니다. 그러니까 겨우 1,322년밖에 차이가 나지 않는군요! 큰 차이는 없네요.

토론장에 모인 청중은 내 말을 인정한다는 듯 소리를 질렀고, 워터스는 함성 소리에 반비례하듯 위축된 모습이었다. 미리 준비한 발언은 아니었지만 그날 토론에서 가장 기억에 남는 순간을 선사하기에 충분했다. 모두 비판적 듣기 덕분에 가능한 일이었다.

비판적 듣기 기술을 연마하려면 집중력, 노력, 부지런함이 필요하다. 하지만 꾸준하게 연습하면 연설자 그리고 토론자로서 가공할 위력을 갖출 수 있다.

‖ 공감적 듣기 ‖

토론을 잘하고 싶다면 누구나 두 가지 듣기 방법을 반드시 숙달해야 한다. 비판적 듣기는 상대방이 말하고 있을 때 당신이 해야 할 일이다. 그리고 **청중이 말할 때** 당신이 해야 하는 일도 있다. 바로 공감적 듣기다.

공감적 듣기는 화자와 교감하면서 그 사람의 눈을 통해 세상을 보려고 노력하는 것이다. 공감적 듣기의 목표는 화자의 관점에 초점을 맞추고 그의 발언 배경을 이해하는 데 있다. 경청 전문가 히멘아 벤고에체아는 상대방에게 "온전히 집중"하고, 겸손한 태도로 청중에 공감을 표해야 한다고 말한다.

미국의 전설적 작가이자 사업가 스티븐 코비는 자신의 베스트셀러 《성공하는 사람들의 7가지 습관Habits of Highly Effective People》에서, 공감적 듣기가 듣기의 유형 중 "가장 높은 단계"라고 하면서 이렇게 말했다. "듣기는 귀로 하지만 공감적 듣기에서 더욱 중요한 것은 눈으로, 마음으로 듣는 것이다."

조지 H. W. 부시는 1992년 리치먼드에서 열린 대선 후보 토론회에서 공감적 듣기에 완전히 위배되는 모습을 보여주었다. 부시의 대답이 청중 마리사 홀의 질문에 담긴 근심, 걱정을 이해하거나 알아주는 것처럼 들리던가? 아니다. 눈과 마음은 고사하고 귀로라도 제대로 듣고 있던 걸까? 아니다. 홀이 질문을 했을 때 부시는 그녀를 쳐다보지도 않았다.

실제로 나중에 부시는 당시 타운홀 토론회가 끝나기만을 간절히 바라고 있었기 때문에 시계를 쳐다보고 있었다는 사실을 인정했다. 1999년, PBS 뉴스아워NewsHour 진행자 짐 레러와의 인터뷰에서 "이런 헛소리도 10분만 더 있으면 끝"이라는 표현을 사용했다. "그놈의 토론회가 끝났을 때 기뻤냐고요?" 전 미국 대통령은 이렇게 말했다. "그럼요."

부시는 대선 토론이 끝나는 순간 기뻤을지 모르지만, 그 순간 그의 대통령 선거 운동 역시 막을 내린 것이나 다름없었다. 재선을 노리던 미국 대통령은 대선 2차 토론 후 조롱과 비난을 받았다. 어느 기자는 그가 "지루한", "세상 물정을 모르는", "딴 세상 사람"이라는 인상을 주었다고 했다. 한편 공감 능력을 보여준 클린턴은 여론조사에서 상승세를 이어갔다.

교실에서든 대통령실에서든, 이 같은 실수를 하면 안 된다. 연설이나 토론이 진행되는 도중, 특히 누군가가 당신에게 말을 하고 있을 때 시계나 스마트폰을 확인하면 안 된다. 그 자리에 있고 싶지 않은 사람처럼 보이면 안 된다. 청중을 얕보는 투로 말하면 안 된다. 이 모두가 확실한 패배로 가는 길이자 부시처럼 굴욕적인 말을 듣게 되는 길이다.

그리고 분명히 말하겠는데 당신이 상대방에게 주의를 기울이고 있는 모습만 보여준다고 다가 아니다. 당신에게 말을 하거나 질문을 던지는 사람과 소통하고 그에게 공감하고자 노력해야 한다. 상대방은 자신의 걱정과 감정을 당신이 이해하는지 보고 싶어 한다. 당신이 자신에게 호의적인지, 유대감을 느끼는지 알고 싶어 한다. 때문에 당신은 상대의 말을 충분히 이해하기 위해 상대방이 사용하는 단어뿐만 아니라 어조와 말투 그리고 몸짓 언어까지도 놓처선 안 된다.

자, 지금까지 읽으면서 공감적으로 듣는 행동이 그리 어렵지 않다고 생각할 수도 있다는 걸 나도 안다. 하지만 경험상 아주 많은 사람들이, 그것도 똑똑한 사람들이, 공감적으로 듣는 방법을 모르고 있다. 심지어 공감적 듣기가 얼마나 중요한지 인식조차 하지 못한다. 오히려 자신을 산만하고 참을성 없고 따분한 사람으로 보이게 하는 말이나 행동을 한다. 듣긴 듣는데 건성으로 듣는 사람처럼 말이다.

CBS 특파원 존 디커슨이 언급했듯이 1992년 대선 토론에서 마리사 홀을 향한 클린턴의 반응은 "말하지 않고 행동으로 보여주기showing not telling"의 완벽에 가까운 사례였다. 혹시 아직 그 영상을 보지 못했다면 지금이라도 찾아볼 것을 권한다. 클린턴이 어떤 식으로 말하고 행동하는지 보고 들을 수 있다. 디커슨은 이렇게 말했다. "빌 클린턴은 홀을 이해했고, 그녀의 말에 공감했고, 그녀의 질문에 대한 답을 가지고 있다는 것을 보여주었다."

작가 멜로디 와일딩은 공감적 듣기를 하는 사람은 언제나 상대에게 "온전히 집중한다"고 말한다. 이들은 전적으로 상대에게 관심을 기울이고 다른 사람의 입장에서 상황을 바라보고 공감할 준비가 되어 있다.

넬슨 만델라를 예로 들어보자. 남아프리카공화국 대통령이자 노벨 평화상 수상자 만델라는 20세기 위대한 연설 중 하나를 남겼다. 1964년 공동 피고인으로 리보니아 법정에 선 그가 3시간에 걸쳐 반인종차별 주장을 펼친 "저는 죽을 준비가 되어 있습니다I Am Prepared to Die"라는 연설이다. 하지만 진심으로 그를 이해하는 사람들은 그가 말도 잘했지만 들어주기를 훨씬 더 잘하는 사람이었다고 분명히 말한다.

나는 시사주간지 〈타임Time〉 편집장을 역임하고 세계적으로 호평받은 만델라의 자서전《자유를 향한 머나먼 길Long Walk to Freedom》 작업을 만델라와 함께 했던 리처드 스텐젤에게 고인이 공감적 듣기와 관련해서 어떤 사람인지 직접 물은 적이 있다.

"자신에게 반대하는 사람들의 말을 특히 잘 듣는 분이었습니다." 스텐젤이 내게 해준 말이다. "어떤 사안에 대해 다른 사람들의 생각을 정말 듣고 싶어 했어요." 예를 들면 만델라는 수감 중에 교도관들과 이야기를 나누고 그들의 생각을 듣는 일에 아주 관심이 많았다. 그래서 혼자 아프리칸스어Afrikaans(네덜란드어가 남아프리카공화국 현지어의 영향을 받아 발전한 아프리카식 네덜란드어로 남아프리카공화국의 공용어-옮긴이)를 공부했고 다른 흑인 수감자들에게도 그 언어를 배우라고 권장했다. 스텐젤은 이렇게 기억한다. "한번은 이런 말씀을 하더군요. 진실로 누군가에게 감동이나 공감을 일으키려면 그 사람의 자국어로 말해야 한다고." 로벤섬 감옥에서 근무하던 백인 교도관들은 흑인 수감자였던 만델라가 자신들의 말을 진정으로 들어준다는 사실을 알고 있었다.

만델라가 듣는 사람의 입장에서 공감을 나타낸 것은 성품이 어질기도 했지만 공감이 얼마나 효과적인 설득의 도구인지 이해했기 때문이다. 그는 "사람들을 설득해서 무언가를 하도록 하고 그것이 그들 자신의 아이디어였다고 생각하게 만드는 것이 현명하다"고 말했다.

만델라가 어렸을 때 만델라의 부친은 템부족Thembu의 왕 욘긴타바Jongintaba의 조언자였다. 만델라의 아버지가 사망한 후, 욘긴타바 왕은 만델라의 후견인이 되었고 만델라는 욘긴타바가 하는 모든 것을 예리하게 관찰했다. 그는 나중에 스텐젤과 다른 사람들에게 보좌관들이 "둥글게 모인" 자리에서 욘긴타바 왕이 회의를 주재했으며 마지막 보좌관의 말까지 들은 후에 자신의 의견을 말했다고 자신이 본 상황에 대해 설명했다.

만델라는 아프리카민족회의African National Congress에서 가까운 동료들과 얘기할 때, 후에 내각 구성원들과 함께 회의할 때도 이 방식을 습관적으로 사용했다. "가끔 만델라의 동료들이 그에게 목소리를 높이곤 했지만 만델라는 전혀 강압적으로 행동하지 않았습니다. 그저 모두의 말을 듣고 나서 대응할 뿐이었어요." 스텐젤은 말했다. "만델라는 마지막에 말하고, 그 자리에서 나왔던 말들을 정리하고, 합의점을 찾기 위해 노력하는 것이 지도자의 역할이라고 생각했습니다."

명심할 것은 토론에서는 상대방의 말을 굳이 공감적으로 들어줄 필요가 없다는 점이다. 물론 공감적 듣기를 하면, 특히 당신이 상대의 주장을 일부 인정하고 받아들이는 '유도 동작(이 책의 8장에서 다룰 것이다)'을 하는 걸 생각하고 있다면, 상대방의 입장을 파악하는 데 도움이 되기도 한다. 하지만 토론을 제외한 다른 모든 환경에서는 당신 자신의 이익을 위해 공감적 듣기를 해야만 한다. 공감적 듣기를 통해서만 자신의 주장에서 무엇이 잘못되었는지 또는 접근 방식을 바꿔야 할 필요가 있는지를 진심으로 깨달을 수 있기 때문이다.

물론 늘 그렇게 하기가 쉬운 일은 아니다. 그래서 공감적 듣기를 잘 하려면 연습이 필요하다. 내가 개인적 경험을 통해 찾아낸 3가지 유용한 방법을 소개하겠다.

- **하나, 지금 이 순간에 충실하라.** 당신이 상대에게 집중하고 있다는 사실을 상대방과 토론을 보고 듣는 청중이 확실히 알 수 있도록 해야 한다. 《타인의 속마음에 닿는 대화Listen Like You Mean It: Reclaiming the Lost Art of True Connection》의 저자 히멘아 벤고에체아는 말한다. "속으로 내가 해야 할 말을 중얼거리는 걸 멈추고 기기를 치워버리고 상대에게 집중하라." 자신에게는 아예 눈길조차 주지 않도록 하라.
- **둘, 눈을 맞춰라.** 공감을 나타내고 깊은 감정적 유대감을 형성하는 수단으로서 눈을 바라보는 것이 얼마나 중요한지는 아무리 강조해도 지나치지 않다. 눈 맞춤은 당신이 상대방이 하고 있는 말에 관심이 있으며 상대방에게 주의를 기울이고 세심히 살피고 있다는 걸 보여준다. 모인 사람들의 숫자는 중요하지 않다. 당신이 청중을 바라보고 청중이 당신을 바라보는 것이

중요하다. 눈 맞춤의 중요성은 연구를 통해서도 밝혀지고 있다. 의사와 환자를 대상으로 실시한 연구 결과에 따르면, 눈 맞춤은 "환자에 대한 의사의 관심과 배려를 환자가 얼마나 느끼느냐와 상당한 관계가 있다." 또 다른 연구에서는 연설가들은 "참가자가 시선을 회피한 연사보다 자신과 시선을 마주치는 연사의 말을 믿는 확률이 더 크다"는 사실이 밝혀졌다.

- **셋, 올바른 질문을 던져라.** 상대가 대화에 관심을 보이고 참여할 수 있는 질문을 한 다음에, 당신이 그 답변을 듣고 있었다는 사실을 보여주는 후속 질문을 하라. 이때 벤고에체아에 따르면 예 또는 아니오처럼 한 단어로 대답할 수 있는 질문보다 숙고를 거쳐 개인적 의견까지 담아서 대답해야 하는 질문이 좋다. 클린턴이 리치먼드에서 홀의 질문에 어떻게 대응했는지 기억나는가? "그게 당신에게 어떤 영향을 끼쳤는지 말씀해 주시죠." 이미 두 명의 다른 후보가 장황한 설명을 펼친 후였다. 그랬기에 클린턴의 질문은 위력이 있었다. 그 질문을 던지면서 클린턴은 다시 집중할 수 있었고, 마리사 홀은 클린턴이 자신의 말을 듣고 있었다는 사실을 알 수 있었다.

위에 언급한 3가지 방법을 통해 청중을 사로잡을 수 있을 것이다. 당연히 친구, 가족, 사랑하는 사람들의 말을 더 잘 들어주는 사람도 될 수 있다. 나, 메흐디 하산 덕분이라는 말을 전해주면 더 좋고!

‖ 입이 아닌 귀로 설득하기 ‖

추측하건대 이 책을 집어든 사람들 중에는 어떻게 하면 자신감을 가지고 말을 할 수 있는지, 연설을 잘 준비하려면 어떻게 해야 하며 완벽한 주장을 펼치기 위한 방법이 무엇인지 알고 싶은 사람이 많을 것이다. 바꿔 말하면 메흐디 하산이라는 사람에게 '어떻게 하면 다른 사람 말을 더 잘 들을 수 있는지' 배우기 위해 이 책을 선택한 사람은 한 명도 없을 거라는 말이다.

이유가 무엇이든 변하지 않는 사실이 있다. 많은 사람 앞에서 공개 토론을 하든, 사무실이나 교실에서 몇 명의 사람들을 대상으로 발표를 하든 당신의 청중, 즉 실재하는 인간들은 자신의 말을 당신이 들어주고 있다고 **느낄 때** 당신과 교감하고 당신의 생각과 아이디어에 더욱 마음을 열어줄 것이다. 수많은 연구 결과가 이를 증명한다.

비판적이든 공감적이든 다른 사람의 말을 잘 들으려면 인내심과 집중력 그리고 자제력이 필요하다. 《성공하는 사람들의 7가지 습관》의 저자 스티븐 코비는 이렇게 말한 적이 있다. "더 많이 집중하고 노력하는 사람은 말하는 사람이 아니라 듣는 사람이다." 만약 나처럼 입에 침이 마를 날이 없는 사람이라면 더 많은 노력이 필요할지도 모른다. 하지만 경청은 연습한 만큼 보람도 따른다. 대선 토론을 지켜보던 청중에게 부시와 클린턴이 얼마나 다른 인식을 심어주었는지 보라. 경청 여부가 경쟁 결과를 좌우했다고 감히 주장할 만하다. 그리고 만델라가 교도관들과 교감하기 위해 어떤 노력을 기울였는지도 보란 말이다!

상대방 주장의 잘못된 부분을 밝히고 무너뜨리고 싶다면 비판적으로 듣는 법을 배워라. 그리고 청중과 교감을 나누고자 한다면 공감적으로 듣는 법을 익혀라. 어차피 딘 러스크 미 국무장관의 말대로 "다른 사람들을 설득하는 가장 좋은 방법은 다른 사람의 말을 귀로 경청하는 것이다."

일단 사람들을 웃게 만들면,
사람들은 당신의 얘기를 듣게 되고
당신도 그들에게 무슨 얘기든 할 수 있게 된다.

_허브 가드너Herb Gardner, 극작가

6장

유머로 청중을 내 편으로 만들라

영국 TV에서 가장 큰 시사 프로그램은 BBC의 '질문시간'이다. 50년이 넘는 시간 동안 영국인 수백만 명이 매주 이 방송을 통해 영국의 유력 정치인들과 전문가들이 관객들 앞에서 생방송으로 논쟁하고 토론하는 것을 지켜보았다.

2015년 1월, 나도 그 프로그램에 패널로 초대받은 적이 있다. 프랑스의 무슬림 두 명이 파리에 있는 풍자 전문 주간지 〈샤를리에브도Charlie Hebdo〉 사무실에서 12명을 살해한 테러 공격이 있고 나서 일주일쯤 뒤였다. 그 사건이 터지기 수주, 수개월 전부터 〈샤를리에브도〉는 예언자 마호메트에 대한 모욕적, 인종차별적 풍자만화를 실었고, 그로 인해 무슬림 국가들의 공분과 항의를 불러일으키고 있었다.

프로그램의 제작자들은 패널들 사이에서 무슬림의 입장을 대변하는 말이 나올까봐 무척 긴장하고 있었고, 솔직히 말해 신경 쓰이기는 나도 마찬가지였다. 사실 대형 프로그램에 출연해서 이슬람 국가나 알카에다al-Qaeda가 연루된 테러 공격의 여파로 촉발된 이슬람 혐오 현상에 대해 의견을 말할 수 있게 된 것은 매우 영광스러운 일이었다. 하지만 결코 쉬운 일이 아니었기에 그 문제를 부드럽게 다루면서 넘어가야 한다고 생각했다.

그날 밤, 관객석에서 나온 첫 질문은 파리 폭력 사태와 〈샤를리 에브도〉의 만평에 관한 것이었다. "언론의 자유가 필요하긴 하지만 다른 사람들에게 해를 끼치거나 모욕감을 줄 수도 있는데, 경계가 어디까지라고 보십니까?" 진행자 데이비드 딤블비는 이 첫 질문에 대한 대답을 나에게 넘겼다. 어이쿠, 깜짝이야! 나는 살인마들이 범죄를 합리화하기 위해 내 종교인 이슬람을 함부로 내세우면서 파리에서 많은 사람을 살해했다는 사실에 섬뜩함을 느낀다고 분명히 밝히며 답변을 시작했다.

> 무슬림인 제가 예언자 마호메트에 대한 인종차별적, 성적, 공격적 묘사를 보고 불쾌감을 느끼지 않았다고는 할 수 없습니다. 분명히 저들도 불쾌했을 겁니다. 왜 안 그랬겠습니까? 하지만 무슬림으로서 저는 무엇이 나의 감정을 상하게 하는지, 무엇이 나를 이토록 분노하게 만드는지, 특히 도대체 무슨 이유로 저들

이 이슬람을, 나의 종교를 내세우고 예언자의 이름을 들먹이면서 억울한 피를 흘리게 했는지에 대해 말하지 않을 수 없습니다.

그러면서 나는 언론의 자유와 민감한 문제에 대해 발언할 권리라는 보다 넓은 문제로 방향을 돌렸다. 그 당시 영국을 포함한 서구의 다른 뉴스 매체들의 관심사는 〈샤를리에브도〉처럼 "언론의 자유"와 "공동체 유대감"이라는 명목 하에 예언자 마호메트를 모욕하는 만평을 내보내야 하는가 였다. 나는 그날의 토론이 참 이상한 논쟁이라고 생각했다. 왜 우리는 이미 죽은 테러범들을 상대하면서 전 세계의 이슬람교도들을 계속해서 불쾌하게 만들어야 한단 말인가? 하지만 그날의 주제는 민감했고, 무고한 사람들이 목숨을 잃은 사건이었다. 그래서 나는 유머를 사용해서 그 논쟁의 방향을 되돌리려고 마음먹었다.

표현의 자유라는 문제에 대해 말씀드리자면 반드시 지켜야 할 선이 있다고 봅니다. 지난주만 하더라도 인간에게는 말하고 싶을 때 무엇이든 말할 수 있는 절대적, 무제한적 권리가 있다고 몇몇 분들이 주장한 바 있지만 그건 아니라고 봅니다. 자유에는 법적 제한도 있고, 도덕적 제한도 있습니다. 우리가 금지하는 것들은 차치하더라도, 재미가 없어서 말을 안 할 수도 있고 체면 때문에 말을 안 할 수도 있습니다. 좀 더 노골적으로 말하면, 우리에겐 사람들이 많이 타고 있는 엘리베이터 안에서 방귀를 뀔 권리가 있습니다. 하지만 엘리베이터 안에서는 그냥 방귀를 뀌지 않습니다. 그렇죠? 그런데 만약 당신이 방귀를 뀌었고, 그 때문에 누군가 당신을 공격한다면 그 공격 역시 지나친 행위가 아닐 수 없습니다. 하지만 그렇다고 그 엘리베이터 안의 모든 사람이 당신과의 유대감을 내세우면서 함께 방귀를 뀌어주길 바랄 수도 없는 노릇입니다.

나도 인정하지만 굉장히 위험한 농담이었다. 하지만 바로 그 순간 청중은 웃음을 터뜨렸고 박수를 쳤다. '질문시간' 프로그램 역사상 '방귀'라는 단어를 꺼낸 사람은 내가 처음이었고 아마도 마지막이 아닐까 생각한다. 언론인 게리 연지가 처음 쓰기 시작한 용어 "가벼운 비유Lighthearted Analogy"를 활용해서, 그날 나는 표현의 자유에 대한 경계가 어디까지인지 사람들로 하여금 생각하게 만들었다. 덕분에 잘못했으면 심각하게 흘러갔을 그날 밤 토론이 모두의 기억에 남을 만한 순간이 되었다.

아시다시피 웃음을 최고의 명약이라고 하지 않는가. 웃음은 논쟁에서 이길 수 있는 최고의 방법 가운데 하나이고, 훌륭한 연설을 만드는 결정적 요소이기도 하며, 청중의 마음을 사로잡는 수사학적 전략이기도 하다.

청중을 웃게 만들어야 하는 이유, 유머를 사용해야 하는 이유가 여기에 있다. 분위기가 가벼워지지 않을까 걱정하지 말라.

‖ 웃음의 심리학 ‖

웃음은 모든 인간이 사용하는 언어이다. 영국의 일간지 〈데일리텔레그래프〉는 "웃음이야말로 세계 공통어다"라는 헤드라인을 뽑기도 했다. 문화권에 관계없이 유머의 파급력이 대단하다는 사실은 과학적으로도 입증되었다. 실제 영국과 나미비아 사람들을 대상으로 한 런던대의 연구를 살펴보면 인간의 기본적인 감정 가운데서도 즐거움이야말로 모든 인간이 공유하려는 감정이라는 사실이 밝혀졌다.

다시 말해 당신이 세계 어느 곳에서 연설을 하든, 토론을 하든, 논쟁을 하든, 청중이 유머를 좋아하고 즐긴다는 사실을 잊지 말아야 한다는 뜻이다.

스피치 코치 존 짐머는 과학적 관점에서 웃음의 효과에 접근하면서 웃음이 기억력이나 인지 기능을 향상시킬 뿐만 아니라 주의력과 업무 능력도 끌어올린다고 말한다. 스탠퍼드대 강사이자 전문 코미디언으로 《유머의 마법Humor, Seriously: Why Humor Is a Secret Weapon in Business and Life》의 공저자인 나오미 백도나스는 팟캐스터 맷 에이브러햄스에게 이렇게 말한다. "우리가 웃으면 뇌의 보상 중추에 신경전달물질인 도파민이 가득 차게 되고 그로 인해 집중력이 향상되며 지식을 장기간 보유하는 일을 가능하게 하기 때문에 업무 능력이 향상된다." 또한 백도나스에 따르면 "전하려는 바를 유머를 사용해서 말하면 사람들의 관심을 더욱 끌 수 있을 뿐만 아니라 내가 말한 것을 사람들이 더 오래 기억한다."

무엇보다 웃음은 청중에게 "사회적 접착제"를 제공한다. 노스캐롤라이나대 채플힐 연구진은 사람들이 **웃음을 공유**하면서 하나가 된다는 사실을 밝혀냈다. 사회심리학자 사라 앨고는 말한다. "사람들은 함께 웃는 행동을 통해 자기들이 세상을 같은 방식으로 바라보고 있다는 시그널을 공유하게 되고, 이는 순간적으로 연대의식을 고취시킨다. 서로의 유사성을 인지한다는 사실은 관계에서 결국 중요한 부분을 차지하게 된다."

이해하겠는가? 청중을 웃게 만들어 청중이 당신을 좋아하게 하고, 당신과 동질감을 느끼도록 하고, 청중으로 하여금 당신이 한 말을 기억하게 해야 한다. 백도나스는 2011년에 오바마 대통령이 연두교서 발표 자리에서 규제 개혁의 발목을 잡는 관료주의에 대해 "연어"를 가지고 농담을 던졌다는 사실을 상기시켜 주었다. 의회에서 상하원 의원들을 대상으로 국정 상황을 설명하고 협조를 구하는 자리에서 사람들을 웃기기가 쉬운 일은 아닌데 말이다.

> 내무부는 연어가 민물에 있을 때 자기 소관이라 하고, 상무부는 연어가 바닷물에 있을 때 일을 처리한다고 합니다. 이러다가 연어가 훈제 구이가 되면 일은 훨씬 더 복잡해질 거라는 소리가 들리네요.

이 말의 마지막 부분은 그날 밤 모인 의원들로부터 큰 웃음을 이끌어냈다. 뿐만 아니라 미국의 공영방송 NPR이 청취자들에게 그 날 60분 연설을 세 단어로 압축해 달라고 했을 때 가장 많이 나온 단어가 연어였다. 정파에 관계없이, 청취자들의 머릿속엔 온통 그 전날 대통령이 던졌던 짧고 간결한 개그 단어, 연어뿐이었던 것이다.

‖ 웃음의 3가지 기능 ‖

고대 그리스인이나 로마인은 시대를 앞서간 연설의 기술을 보유했었다. 수사학에서의 위트와 유머의 중요성을 보여주는 초창기 인용문들 가운데 하나는 기원전 4세기의 유명한 그리스 철학자이자 교육자였던 레온티니 출신의 고르기아스가 남긴 말이다. "웅변가는 상대방의 진지함을 웃음으로, 상대방의 웃음을 진지함으로 제압해야 한다."

그가 말하려는 요지는 유머가 토론이나 연설에서 엄청나게 중요한 역할을 담당할 수는 있지만 전략적으로 사용해야 한다는 것이다. 그저 웃고 즐기거나 시간 때우기 용도로 유머를 사용해선 안 된다. 청중의 관심을 끌어내고 당신의 발언을 청중이 계속해서 따라오도록 하며, 적절한 순간에 청중에게 놀라움을 선사하는 용도로 활용해야 한다. 만약 공식적인 토론 경연에서 유머로 상대방이나 **상대의 주장을 희생양 삼아** 웃음을 이끌어내면 기선 제압이라는 보너스도 얻을 수 있다.

케임브리지대 고전학자 메리 비어드는 "지금은 그런 경우가 드물지만, 고대 법정에서는 비웃음이나 조롱도 전형적인 무기로 사용했다"고 말한 바 있다. 로마의 위대한 웅변가 키케로도 대단한 농담가로 알려져 있다. 진지한 사람들의 눈에는 키케로가 자신의 이익을 위해서 지나칠 정도로 농담을 남용하는 사람으로 비치기도 했다. 하지만 키케로의 농담에는 늘 확실한 목적이 있었다. 키케로는 "우리의 적을 하찮거나 열등한 또는 비열하거나 우스꽝스러운 대상으로 만듦으로써 우리는 우회적으로 적을 이기는 즐거움을 얻는다"라고 직접 말했다. 그리고 로마의 전설적인 집정관이자 웅변가였던 키케로는 목적을 달성하기 위해 자신이 할 연설을 무수히 많이 연습했다. 2,000여 년 전에 키케로는 이런 식의 빈정대는 농담으로 자신의 라이벌에게 한 방 먹였다.

"메미우스는 자신이 엄청 크고 대단한 인물이라고 생각하기 때문에 광장에 들어오기 위해서 파비안 아치문을 통과할 때 고개를 숙여야만 한다네."

코넬대 고전학 교수이자 키케로의 희극 논문 번역가인 마이클 폰테인의 말에 따르면, 로마의 정치가들은 농담을 "전쟁 무기" 내지는 상대방을 제압하는 도구처럼 사용했다고 한다. "키케로의 경쟁 상대였던 이들은 하나같이 그가 익살꾼이자 광대였다고 한다. 그는 수시로 농담을 던졌고 의전 같은 건 무시했다. 그럼에도 승리는 항상 키케로의 몫이었다."

……

내 경험상, 연설이나 토론에서 유머는 3가지 기능을 한다.

1. 친밀함을 쌓아준다

“상대방을 나와 함께 웃도록 만들면, 그 사람은 나를 더 좋아하게 되고 따라서 나의 말에도 더욱 마음을 열게 된다.” 영국의 코미디언이자 배우 존 클리즈가 했던 말이다.

함께 웃도록 만드는 것이야말로 청중과 연결되고 청중의 마음을 얻을 수 있는 최고의 방법 가운데 하나이다. 사람들을 웃게 만들면, 당신과 연령이나 성별 심지어 정치적 성향이 다른 사람들과도 이어질 수 있다. 스피커허브SpeakerHub의 에스더 스닙페도 웃음이 “친밀한 관계Rapport를 구축하는” 데 도움을 준다고 강조했다.

단 몇 명이든 수백 명이든, 청중은 웃음을 통해서 마음을 풀게 된다. 그런 상태가 되면 당신의 말에 더욱 주목할 뿐만 아니라 당신의 말을 끝까지 듣고 싶어 하게 되고, 나아가 당신의 주장을 지지하고 싶은 마음이 더 많이 솟아난다. 생각해 보라. 당신 말을 들으면서 웃고 즐거워하는 사람들이 당신이라는 사람에게 불만을 터뜨리고 반대하는 입장에 서기 쉽겠는가 말이다.

청중은 연사인 당신이 긍정적이고 인간적이며 유머 감각을 가진 사람이길 원한다. 그래야 당신과 소통이 이루어지기 때문이다. 짐머의 말을 빌면 유머는 연사와 청중을 “하나로 묶는다.” 거기에 덧붙여 미디어 트레이너 TJ 워커는 다음과 같은 유머의 기능을 생각하라고 말한다. 청중은 웃을 때 지루해 하거나 졸지 않는다. 전화 통화를 하지도, 이메일을 확인하지도 않는다. 곧은 자세로 앉아 “주목한다.” 즉 자발적으로 참여하는 상태가 된다.

바로 당신에 의해서.

2. 분위기를 밝게 만든다

사람들을 웃기라는 말이 이상한 소리로 들릴 수 있다는 걸 안다. 심각한 문제를 논하는데 대체 왜 유머를 사용해야 한단 말인가? 유머는 가벼운 주제를 이야기할 때만 던지는 것 아닌가? 반드시 그런 건 아니다. 2015년에 '질문시간'에서 내가 했던 것처럼, 유머도 적절하게만 사용하면 아주 무겁고 힘든 자리에서도 당신이 말하고자 하는 바를 더욱 잘 전달하도록 만들어준다.

물론 연설이나 토론에서 청중에게 논쟁적이고 자극적인 아이디어를 제시해야만 할 때도 있다. 또 청중이 좀처럼 마음의 문을 열지 않으려 할 때도 있다. 당신이라면 어떻게 그들의 마음을 열겠는가? 그럴 때 위트와 유머를 사용하면 논쟁적인 문제도 그나마 덜 위협적으로 또는 거슬리지 않게 전달할 수 있다. 빼어난 농담은 열쇠와 같다. 어둡고 무거운 발언으로 들었으면 마음을 닫고 전혀 고려하지 않았을 문제를, 농담이라는 열쇠로 청중의 잠긴 마음을 열어 한 번 생각해 보도록 만드는 것이다.

제니퍼 에이커 교수는 유머가 방 안의 긴장감을 완화하거나 나아가 제거한다고 말한다. 오스카 와일드가 한 말 중에 내가 좋아하는 구절이 있다. "사람들에게 진실을 말하고 싶다면 그들을 웃겨라. 안 그러면 그들이 당신을 죽이려 할 것이다." 웃음은 상대방이 그리고 심지어 청중이 던진 난감한 문제를 당신이 무력화하거나 이야기의 방향을 전환하도록 도와준다. 물론 당신이 전달하는 '매우 심각한' 주장이 반향을 일으키며 사람들의 이해를 이끌어내도록 도와주기도 한다.

2009년, 빌 게이츠는 'TED 토크'에 출연해 모기와 말라리아에 대해 말한 적이 있다. 그는 삶과 죽음에 대해 논하면서 여러 가지 사실과 수치, 그림과 그래프를 제시하며 무겁고 심각한 발언을 이어갔다. 하지만 그렇게 자신의 주장을 관철시켜 나아가면서도 청중에게 쉴 틈을 주며 짤막한 웃음을 이끌어냈다.

> 오늘날 말라리아는 후진국에서만 나타나는 질병입니다. 그래서 여기에 많은 투자가 이루어지지 않는 것입니다. 말라리아보다는 대머리 발모제에 투자하는 돈이 훨씬 더 많은 게 현실입니다. 자, 대머리라. 심각한 문제죠. 돈이 많은 사람들도 그 문제로 골치를 썩고 있습니다. 우선순위라는 게 그렇게 정해지는 겁니다.

바로 이 순간 청중은 웃기 시작했고, 게이츠는 다시 말을 이어갔다.

> 매년 말라리아로 죽는 사람이 수백만 명에 달하는데도 그에 대해서는 심각하게 생각하지 않습니다. 매 순간 200만 명 이상의 사람이 말라리아로 고통을 겪고 있는데도 말입니다. 이는 우리가 말라리아에 발목이 잡혀 그 지역 경제를 활성화할 수 없다는

사실을 뜻합니다. 아시다시피 말라리아는 모기를 통해 전염됩니다. 제가 여기 모기를 좀 가져왔습니다, 여러분이 직접 경험할 수 있도록 말이죠. 여기 강당에 이 모기들을 풀어놓을 겁니다. 가난한 사람들만 말라리아에 걸릴 이유는 없으니까요.

정말로 강당에는 모기들이 날아다니기 시작했고 게이츠는 잠시 아무 말도 하지 않았다. 그러다가 완벽한 타이밍을 잡아 진지한 표정으로 유머를 날렸다. "저 모기들은 감염된 모기가 아닙니다." 그 순간 강단에 흐르던 팽팽한 긴장감이 풀렸다. 청중은 게이츠가 내세운 주제의 심각성을 순간적으로 느끼면서도 폭소를 터뜨렸다. 이 세상 최고의 부자인 그에게 그런 유머 감각이 있는 줄 누가 알았겠는가? 게이츠는 개도국의 말라리아 같은 심각한 문제를 모두에게 제대로 인식시키려면 어떤 식으로 유머를 사용해야 하는지 아는 사람이었다.

3. 상대에게 치명상을 입힌다

상대방 또는 상대의 주장에 대해 농담하는 걸 겁낼 필요 없다. 2013년 '이슬람과 평화'에 관한 옥스퍼드유니언 토론에서, 반이슬람을 외치는 앤 마리-워터스에 이어 연설을 시작하면서 내가 그랬다. 워터스는 다가오는 선거에서 노동당 의원 후보 자리를 노리고 있었는데 그런 사람이 나를 비롯해 수백 명의 청중 앞에서 극우적인 반이슬람 발언을 한 것이었다. 나는 반박 토론을 시작하면서 즉

홍적으로 그녀가 극우 정당에 딱 맞는 사람이라고 가벼운 조롱조의 말을 던졌다.

> 저는 발표자가 노동당 후보로 나서서 브라이턴의 하원의원이 되려고 하는 걸로 알고 있습니다. 만약 그렇다면 발표자가 이런 발언을 하신다면, 당 주요 인사들의 지지를 잃을 것이라고 생각됩니다. 하지만 뭐, 우익 포퓰리즘 정당인 영국독립당의 지지율이 상승 중이니 그쪽에서 데려갈 수도 있겠네요. 극우파 정당인 영국국민당이 발표자의 관점에 지지 의견을 보낼 수도 있고요.

즉석에서 순간적으로 나온 농담이었지만, 청중의 큰 웃음을 자아냈다. 그런데 나중에 무슨 일이 일어났는지 아는가? 워터스는 다음 해인 2014년 영국독립당에 합류하더니, 2018년에는 영국국민당 출신의 활동가와 손을 잡고 새로운 극우 반이슬람 정당을 설립하게 된다. 이만하면 선견지명이 있는 농담이지 않은가!

나는 처음부터 즉흥적인 농담의 도움을 받아 반대편의 첫 발표자가 내세운 주장의 신뢰도를 깎아내렸다. 그랬더니 청중도 즉각 그녀의 말을 대수롭지 않게 받아들이기 시작했다. 그녀는 점점 방어적인 태도를 취하더니 나중에는 내 말에 끼어드는 등 적극적인 방해 공작을 펼쳤다. 이게 다 고르기아스와 키케로 덕분이랄까!

2020년에도 영국의 극우 신문 칼럼니스트 멜라니 필립스와 똑같은 일이 있었다. 그 당시 그녀는 동성애 혐오 발언으로 고소를

당한 상태였다. 물론 본인은 부인하긴 했다. 그녀는 런던 인텔리전스스퀘어드 토론에 나와 시오니즘과 반유대주의에 대해 토론을 벌였는데, 극단적 보수주의자이며 "전통적 가족 가치관"의 옹호자인 필립스가 이스라엘이 동성애를 지지한다고 허풍을 떨면서 이스라엘에 대한 비판에 방어 논리를 펴고 있었다.

저렇게 뻔뻔스러울 수가! 그래서 그날 밤, 나는 이렇게 말문을 열었다.

> 신사숙녀 여러분, 우리는 오늘 밤 허수아비 논증, 왜곡, 편향성, 잘못된 비난, 노골적인 친이스라엘 선전 등이 뒤범벅된 냉소적인 발언이 어떤 것인가를 목격하고 있습니다. 어찌 보면 멜라니 필립스라는 사람이 이스라엘의 시오니즘을 변호하기 위해 자신이 평소 반대하던 동성애자들을 옹호하는 소리를 듣는 것만으로도 여러분이 오늘 지불하신 입장료는 그만한 값어치가 있는 겁니다.

큰 웃음이 터져 나왔다. 그 웃음은 집회장에 있던 청중에게 저쪽 사람들이 얼마나 뻔뻔하고 위선적인 사람들인가를 생생하게 상기시켜 주는 것이기도 했다.

분명히 말하지만 그런 상황에서는 조심해야만 한다. 누군가를 깎아내리는 농담이니만큼 확실한 실효를 거둘 수 있어야만 한다. 그렇지 못하면 오히려 당신이 조롱거리로 전락할 수 있다.

그럼에도 내 경험상 상대방에 대한 시의적절한 농담은 토론에서 중요한 역할을 하기 때문에 그 정도 위험은 감수할 만한 가치가 있다. 그런 농담은 자신감 있게 전달해야 한다. 스탠드업 코미디 고수들은 대부분 동의하겠지만, 무대에서 확신에 찬 모습으로 자신 있게 농담을 던져야만 하수들과는 급이 다른 웃음을 자아낼 수 있다. 자신감에 대해서는 이 책의 후반부에서 좀 더 다뤄보도록 하겠다.

……

요약하자면 유머는 3가지 형태로 도움이 된다. 청중과 친밀함을 쌓고, 심각한 주제를 가볍게 전달하고, 상대편을 제압하는 데 도움이 된다. 하지만 조심히 써야 하고 준비가 잘 되어 있어야만 한다. 고대 로마의 수사학자이자 교육자 쿠인틸리아누스가 말했듯 "유머는 위험하다. 위트wit와 조롱twit은 한끝 차이이니까."

자, 이제 유머의 기능이 어떤 것인지 알았다면 유머가 지녀야 하는 올바른 '균형감'을 어떻게 찾을 수 있는지, 유머를 통해 당신 자신이 아니라 상대편을 웃음거리로 만들고 있다는 사실을 어떻게 확인할 수 있는지에 대해 알아보고자 한다. 유머를 던졌을 때 역효과가 일어나선 안 된다. 이를 알아보기 위해 몇몇 스피치 코치와 수사학 전문가들이 쓴 저서를 참고하여, 해야 할 일과 해서는 안 되는 일들을 모아 보았다.

‖ 토론 유머에서 해야 할 일 ‖

1. 자신을 낮춰라

스스로를 웃음의 대상으로 만들어라. 자기 비하는 언제나 잘 먹히는 유머다. 자기 비하 유머를 하면 사람들은 당신을 대단한 사람, 접근하기 어려운 사람, 따분한 사람으로 보지 않는다. 작가 흐리딥 바롯의 말처럼, 공감이 가는 친숙한 사람으로 볼 것이다. 내가 일부러 토론의 서두에 종종 던지는 말이 있다. 신께서 내게 특별한 기술이나 재능은 내려주지 않고 큰 입만 주셨기 때문에 그걸 가지고 먹고살기로 결심했다는 농담이다. 이 농담은 나를 처음 보는 군중에게 나름 잘 먹힌다. 게다가 진실이 담긴 농담 아닌가. 나는 정말 다른 기술이라곤 전혀 없다! 말하는 재주 말고는!

로널드 레이건은 상대편을 깎아내리는 동시에 자신을 향한 비난을 피하기 위해 자기 비하적 농담을 정치 인생 내내 능숙하게 사용했다. 1984년 2차 대선 후보 토론에서, 56세의 민주당 대선 후보 월터 먼데일과 맞붙은 73세의 레이건은 자신의 많은 나이에 대한 대중의 우려를 불식시켜야만 했다. 20년에 달하는 먼데일과의 나이 차이에 대한 우려를 레이건은 어떻게 잠재웠을까? 당시 공화당을 대표하는 현직 대통령 레이건과 〈볼티모어선Baltimore Sun〉의 저널리스트이자 토론 사회자 헨리 트루위트와의 대담에서 레이건은 절묘한 한 마디로 문제를 단숨에 정리해 버렸다.

헨리 트루위트 당신은 이미 역사상 최고령 대통령이십니다. 요즘 먼데일 후보를 토론에서 상대하며 힘들어한다고 말하는 참모들도 있더군요. 케네디 대통령은 쿠바 미사일 위기 때 며칠 동안 잠도 거의 자지 못하면서 업무를 수행했다고 합니다. 만약 당신이 그와 같이 위급한 상황에 처한다면 고령 때문에 대통령으로서의 역할을 해내기가 어려울 거란 생각은 안 해보셨습니까?

로널드 레이건 그런 생각은 전혀 해본 적이 없습니다, 트루위트 씨. 그리고 나는 그런 나이 문제를 대선의 이슈로 만들 의도가 전혀 없다는 점을 당신이 분명히 알았으면 합니다. 나는 상대편 후보의 어린 나이와 경험 부족을 부각시켜 정치적 목적으로 이용할 생각이 없습니다.

레이건의 대답은 그날 밤 토론은 물론이고 1984년 미국 대선의 판도를 결정지었다고 해도 과언이 아니다. 미주리주 캔자스시티의 시민회관에 있던 청중은 물론이거니와 먼데일 후보까지 모두 크게 웃음을 터뜨렸다. 훗날, 먼데일은 레이건 후보가 "그 대답으로 청중을 휘어잡았고" 그렇게 떠나버린 청중의 마음을 다시 끌어올 수는 없었다고 시인했다.

2. 즉흥적으로 하라

친구들이나 동료들에게 들려주고 인정받았던 농담이나 이야기들을 미리 준비하면 좋다. 하지만 TJ 워커 말대로, 현장에서 누군가가 한 말을 듣고 그 자리에서 "분위기에 맞춰 재빨리" 생각해 낸 농담을 던질 수 있다면 그 편이 훨씬 더 좋다. 가장 훌륭한 유머는 자연스러우면서도 즉흥적으로 나오는 유머이다. 미리 준비한 농담이랍시고 어설픈 상황에서 억지로 끼워 넣을 필요는 없다. 당신이 던지는 위트 속에 자신만의 개성이 묻어나도록 하라.

나는 2016년 대선 직전에, 퇴역한 육군 중장 마이클 플린을 알자지라잉글리시 프로그램에서 인터뷰한 적이 있다. 그때만 하더라도 나는 그가 몇 달 후 트럼프 대통령의 국가안보보좌관으로 임명될 거라거나 또는 극우 음모론 집단인 큐어넌QAnon에 동참하고 계엄령을 내리도록 조장했다는 이유로 기소를 당하게 될 줄은 전혀 모르고 있었다. 그저 그가 극우적 반이슬람 공포증을 퍼나르는 사람이고 "무슬림에 대한 두려움은 당연하다"는 말을 했다는 정도만 알고 있었다. 그래서 그때 나는 그의 반이슬람적 발언에 이의를 제기하리라 마음먹고 있었지만, 솔직히 그의 발언에 대해 농담을 던지게 되리란 생각은 하지 못했다. 그런데 그 자리에서 무의식적으로 농담을 하게 됐고, 그게 먹혀들었다.

나 그러니 우리 시청자들에게 이 자리에서 분명히 밝혀주시기 바랍니다. 어쨌든 당신은 무슬림을 두려워하는 사람은 아니란 거죠?

마이클 플린 아니요, 아닙니다. 그랬다면 지금쯤 사회자 님과 제가 몸싸움을 벌이고 있겠죠.

나 저는 당신이 무슬림을 두려워하는 쪽인지 확실치가 않았거든요. 그런데 우리 둘이 싸우면 아마 당신이 이기겠지요. (잠깐 멈추었다가) 그러니까 제가 당신을 두려워해야 하는 거군요.

레이건과 먼데일의 경우에서처럼, 나도 그날 플린이란 사람을 놓고 웃음을 자아냈다. 내가 던진 농담은 즉흥적으로 나온 것이었고 나를 낮추는 것이었다. 그랬기에 가정에서 지켜보던 시청자들도 모두 내 편이 되어주었다.

3. 감정과 생각을 표현하라

대중 연설, 특히 유머러스한 대중 연설에서는 시각적 단서가 매우 중요하다. 때문에 유머든 농담이든 일화든 시각적 요소를 꼭 활용해야 한다. 청중에게 유머를 던지면서 고민하지 말고 얼굴 표정, 손짓, 몸짓 언어를 마음껏 활용하라. 때때로 눈썹을 치켜 올리거나 눈을 굴리는 행동만으로도 청중은 웃음을 터뜨린다. 다른 사람에 대해 얘기를 할 때는 그 사람의 익살스러운 표정이나 목소리 등을 흉내 내는 것도 좋다. 혹시나 말하는데 성대모사 같은 것은 미리 친구나 가족 앞에서 연습해야지 그렇지 않으면 망신살이 뻗칠 수도 있다. 청중에게 지금은 연설에서 그리 심각한 부분이 아니라는 점을 나타낼 수 있는 또 다른 신체적 표현 수단으로는 어떤 것이 있을까? 지금은 긴장을 풀고 여유를 부려도 된다는, 심지어 웃어도 좋다는 신호 같은 것 말이다. 어쩌면 말 없이도 간단하게 의미를 전달할 수 있는 미소일 수도 있겠다. 아니면 웃음을 유발하기 위한 일시 정지로서 그냥 잠시 말을 멈추는 것도 좋다.

‖ 토론 유머에서 하면 안 되는 일 ‖

1. 청중의 마음을 거스르지 말라

바롯과 스닙페 둘 다 공통으로 하는 말이 있다. 논의의 여지가 많은 주제, 대립을 야기하는 주제, 민감한 주제에 대해 말할 때는 절대로 농담을 던지지 말라는 것이다. 그냥 그럴 가치가 없다. 당신은 골든 글로브 시상식을 주최하는 리키 저베이스도 아니고, 코미디 프로인 넷플릭스 스탠드업 스페셜의 주인공 데이브 셔펠도 아니다. 코미디의 한계를 뛰어넘기 위해서 또는 '정치적 올바름Political Correctness'에 씩씩하게 대항하기 위해서 당신이 그 자리에 있는 것이 아니라는 말이다.

당신의 목표는 청중의 마음을 얻는 것이다. 당연히 당신이 던지는 유머는 청중에게 들려주기 적합해야 하고, 당신이 던진 농담이 청중을 분노케 하거나 마음을 상하게 하는 일은 없어야 한다. 당신은 더 큰 그림을 제시하고자 공개 포럼에 임하고 있는 것이다. 어설픈 농담으로 청중의 마음을 거스르는 일이 없도록 하라.

물론 말을 아주 잘한다는 달변가들도 종종 실수를 저지르곤 한다. 2009년 대통령 재임 시절 버락 오바마가 제이 레노가 진행하는 심야 코미디 프로그램에 나갔을 때의 일이다. 거기서 레노가 대통령의 볼링 실력이 대단치 않다는 사실을 암시하면서 "백악관 볼링장에 화재가 발생해서 문을 닫은 모습이 그려지네요"라며 놀리듯 말했다. 그때 아마 너무 긴장이 풀려있었던 탓인지 오바마는 이렇게 응답했다. "아닙니다. 계속 연습하고 있습니다. 한 번은 129점을 친 적도 있어요. 스페셜올림픽(장애인올림픽)에 나갈 정도의 실력은 됩니다." 미국을 대표하는 사람으로서 마지막 발언은 불필요한 말이었다. 훗날, 그 일로 대통령은 스페셜올림픽 단장에게 전화를 걸어 "진심을 담은" 사과를 하고, 스페셜올림픽 선수단 전원을 백악관으로 초대하기도 했다.

2. 과유불급을 명심하라

농담을 연속해서 들이대지 말라. 당신은 코미디언으로서 무대에 있는 게 아니다. 청중이 당신으로부터 보고 들으려는 건 농담이 아니다. 솔직하게 말해보자. 내게 분풀이하지 않으리라 믿고 하는 말이지만, 당신이 뭐 대단히 유머에 뛰어난 사람도 아니지 않은가? 여기에 하나, 저기에 하나면 된다. 농담은 적당히 써먹어야 한다.

사실 당신의 논제와 관련이 있을 때만 혹은 당신보다 앞선 발표자의 주장에 대응할 때만 농담을 하라고 말해주고 싶다. 존 짐머가 말하듯 "단지 유머를 위한 유머를 사용하지 말라." 가장 훌륭한 유머는 당신의 논지를 살리는 데 도움이 되는 유머이다. 다시 말하지만, 청중은 당신이 코미디언이 되는 걸 원치 않는다. 주어진 주제에 대해서 당신이 말하고자 하는 바를 듣고 싶어 할 뿐이다. 자기들에게 새로운 사실을 알려주길 바라며, 영감을 불어넣어 주길 원하는 것이다.

3. 경직된 자세는 금물이다

미디어 트레이너 TJ 워커가 한 말에 나도 동의한다. "재미있는 이야기 하나 들려드리죠"라는 말로 절대로 시작하지 말라.

하. 지. 마. 라.

굳이 부자연스럽고 어색한 말로 시작할 필요 없다. 괜히 그랬다가 다시는 재미를 못 볼 수도 있다. 당신이 재밌는 이야깃거리라고 생각하면 그냥 말하면 된다. 재미가 있고 없고는 청중이 결정한다. 청중이 재미없다고 느낀다면 당신도 금방 알아차릴 것이다.

짐머의 제안대로, 당신이 재미있다고 생각하는 농담이나 일화를 미리 실험해 볼 수 있다. 그 농담이나 일화를 가까운 사람들에게 들려주고 그들도 당신만큼 재미있게 받아들이는지 알아보면 된다. 당신이 하고 싶은 농담이나 평소 즐겨 하는 이야기를 연습하라. 그러면서 완전히 자기 것으로 만들어라. 아무 때라도 바로 이야기할 수 있어야 하고, 이야기의 길이를 약간 줄이거나 사용하는 단어를 바꿔가면서도 이야기를 들려줄 수도 있어야 한다. 바롯이 말하듯, 메모지에만 시선을 고정시키면서 단조롭게 읽어 내려가면 그 말을 듣는 청중에겐 아무런 감흥도, 아무런 유머도 전달할 수 없다. 위트가 넘치고 생기발랄했던 이야기가 콘크리트처럼 굳어지면서 쿵 하고 추락하는 경험을 맛보게 될 것이다.

부자연스러워 보이지 않는 방법 중 하나는 즉흥적인 유머를 던지는 것이다. 그 자리에서 자연스럽게 떠오르는 유머는 미리 준비한 유머와는 다르게 들린다. 하지만 미리 농담이나 이야기를 준비해야 한다면 최대의 효과를 거둘 수 있어야 한다. 이 경우 당신이 준비한 이야기를 충분한 연습을 통해 완벽하게 숙지하고 있어야 하며 로봇이 원고를 암송하듯 말해서든 안 된다.

……

이제까지 내가 유머를 사용할 때 반드시 지키는 점들과 하지 않으려 노력하는 점들에 대해 설명했다. 웃음의 힘에 대해선 과학적 근거가 분명하지만, 무엇이 우리를 웃게 만드는지에 대해선 과학적으로도 설명할 길이 없다. 우리는 매우 주관적인 이유로 웃는다. 사람마다 즐거움을 느끼는 기준이 제각각 다르다. 당신의 기준은 무엇인지 알아내라. 당신다움이 묻어나는 당신만의 방식을 찾아내라. 그리고 그 방법으로 청중을 미소 짓고 웃게 하고 청중과 연결될 수 있어야 한다. 무엇보다 중요한 점은, 당신이 연설이나 논쟁이나 토론에서 유머를 펼칠 때 청중이 당신을 비웃는 게 아니라 당신과 함께 웃을 수 있어야 한다는 것이다. 전자의 경우라면 토론에서 질 것이고, 후자의 경우라면 토론에서 이길 것이다.

"나는 일찍이, 내가 사람들을 웃게 만들면 그들이 나를 좋아하게 된다는 사실을 깨달았다. 지금도 이 깨우침을 잊을 수 없다."

미국의 전설적 유머 작가 아트 버크월드의 말이다.

당신에게도 잊을 수 없는 깨우침이 되길.

WIN EVERY ARGUMENT

2부

이기는 자의 논쟁법

미스터 본드, 시카고에는 이런 말이 있지.
한 번이라면 일어날 수도 있는 일이지만,
두 번이면 우연이고, 세 번이면 적이 꾸민 일이라고.

_이안 플레밍Ian Fleming의 소설 《골드핑거Goldfinger》 등장인물 오릭 골드핑거의 말

7장

3의 법칙을 지켜라

효과적이라고 입증된 수많은 수사학적 법칙 중 가장 중요한 법칙이자 절대로, 절대로 잊어버려서는 안 되는 법칙이 바로 '3의 법칙'이다.

왜 그럴까?

'스쿨하우스 락Schoolhouse Rock!(미국 ABC 방송국의 교육용 애니메이션으로 각 에피소드는 3분으로 구성되어 있다-옮긴이)'에 나온 말을 인용하자면, 3은 마법의 숫자이다. 탄생, 삶, 죽음에서부터 과거, 현재, 미래에 이르기까지 모든 것이 3과 연결되어 있다. 그리고 일단 3의 법칙에 통달하고 나면 언제, 어디서, 어떤 토론이 일어나든 반드시 이길 수 있다.

……

나는 어쩌다 보니 3의 법칙에 집착하게 되었다. 이 때문에 가족과 친구, 동료들 모두 나를 놀리기도 한다. 하지만 나는 무슨 말을 할 때 3가지 이유를 대지 않고서는 어떤 대화도, 논쟁도, 설명도 할 수 없다. 아무리 일상적이고 사소한 문제라도 그렇다.

누군가 내게 왜 베스킨라빈스의 월드클래스초콜릿 맛 대신 벤앤제리스의 초콜릿테라피 맛을 먹고 싶은지 물어본다면 나는 1번, 2번, 3번, 이렇게 3가지 이유를 들며 설명할 것이다.

내게 '왜 당신은 DC유니버스의 영화보다 마블시네마틱유니버스의 영화를 더 좋아하는가'라고 물어본다면 나는 하나, 둘, 셋, 3가지 이유를 들 것이다.

내게 왜 특정 장소에만 차를 주차하는지 물어보라. 맞다. 이젠 감 잡았겠지. 이번에도 3가지 이유 때문이다. 첫째, 둘째, 셋째.

나도 어쩔 수가 없다. 이럴 때도 셋, 저럴 때도 셋. 이러면 명확해진다. '세 줄 요약'은 깔끔하고 질서가 있는 형식이다.

나만 이러는 게 아니다. 스티브 잡스가 2007년에 아이폰을 출시하면서 뭐라고 했는지 기억나는가? 관심의 대상인 아이폰을 소개하기에 앞서 청중에게 "오늘 우리는 3가지 혁신적인 제품을 소개하려 합니다"라고 운을 떼면서 반복적으로 아이팟과 전화기 그리고 인터넷 통신 기기를 언급했다. "이 셋은 별개의 기기가 아니라 하나의 기기입니다. 이 기기의 이름은 바로 아이폰입니다."

스피치 코치인 카민 갤로는 잡스가 숫자 3의 마법을 간파하고 있었다고 말한다. 아이폰을 발표하기 2년 전, 애플의 CEO이자 공동창업자인 잡스가 스탠퍼드대 졸업식에서 했던 축사는 지금까지 사람들이 가장 많이 본 졸업식 영상이다. 잡스는 학생들 앞에서 이렇게 연설을 시작했다. "내 인생과 관련한 3가지 이야기를 할까 합니다. 그게 전부입니다. 별로 대단한 건 아니죠. 그냥 3가지 이야기일 뿐입니다."

고대 라틴어 중에 '옴네 트리움 퍼펙툼Omne trium perfectum'이라는 말이 있다. 셋으로 이루어진 것은 완벽하다는 뜻이다. 아리스토텔레스 시대부터 훌륭한 연설가들과 뛰어난 토론자들은 이 3의 법칙을 충실히 지켜왔다. 스피치 코치 데이브 리네한의 말을 빌리자면, 세 단어 또는 세 부분으로 제시된 아이디어나 주장, 3개가 한 세트를 이루는 형식을 갖춘 형태나 구조는 "더욱 흥미를 유발하며 더 재밌기도 하거니와 기억에도 더 오래 남는다."

‖ 위대한 3의 대가들 ‖

누구나 인정하겠지만 키케로는 링컨, 처칠, 오바마를 합친 듯한 고대의 인물이다. 로마의 장군 마르쿠스 안토니우스를 신랄하게 비판한 필리피카이the Philippics라는 일련의 거침없는 연설을 했던 키케로는 결국 안토니우스에 의해 목이 잘렸다. 역사가 배리 스트라우스는 키케로의 머리를 받아 든 안토니우스의 아내 풀비아가 그의 혀를 뽑아 머리핀으로 찔렀다는 이야기가 전해진다고 기록했다.

기원전 1세기에 활약했던 키케로는 로마 원로원의 의원석이든 법정의 재판관 앞에서든 장소를 막론하고, **세벌 구조triad**를 활용하고 3의 법칙을 구사하여 상대방을 압도했다. 가히 3의 마법을 선구적으로 활용했던 키케로가 즐겨 사용했던 무기는 하나의 핵심 주장을 이끌어내기 위해 세 단어나 구절을 병렬적으로 조합하는 그리스의 **삼중 콜론tricolon** 전술이었다. 삼중 콜론은 3을 뜻하는 그리스어 '트라이tri'와 절을 뜻하는 '콜론colon'을 합친 말이다.

고전학자 T. N. 미첼은 키케로의 연설에 대해 다음과 같이 논평했다. 이상적으로 봤을 때, 삼중 콜론을 이루는 각 부분은 "바로 앞 행보다 길거나… 세 번째 행은 앞선 다른 행보다 길며 앞선 두 행의 내용을 이를테면 담고 있어야 한다. 표현하고자 하는 아이디어는 각 행을 지날수록 기세가 오르며 클라이맥스에 도달한다."

삼중 콜론은 세계 역사의 중요한 현장에서 불쑥불쑥 등장한다. 역사상 삼중 콜론으로 명성을 얻고 유명세를 치른 인물은 키케로뿐만이 아니었다. '연설의 방식Manner of Speaking'이라는 블로그 설립자이자 유명한 스피치 코치인 존 짐머는, 건국 이후 미국 대통령들이 말하고자 하는 핵심 내용을 삼중 콜론을 사용해 전달했음을 증명했다. 짐머가 인용한 링컨의 1863년 게티즈버그 연설을 살펴보자.

> 하지만 더 큰 의미에서 봤을 때, 우리는 이 땅을 **헌정할 수도, 봉헌할 수도, 축성할 수도 없습니다.** …그보다 우리가 여기에 있는

이유는 우리 앞에 남겨진 위대한 과업에 전념하기 위해서입니다. 명예롭게 죽은 이들의 뜻을 받들어, 우리는 그들이 마지막까지 온 힘을 다하여 헌신했던 대의를 이루기 위해 한층 매진해야 합니다. 우리는 이들의 죽음을 헛되이 하지 않을 것입니다. 주님의 가호 아래 이 나라는 새로운 자유를 탄생시킬 것입니다. **인민의, 인민에 의한, 인민을 위한 정부**는 이 땅에서 사라지지 않을 것입니다.

드와이트 아이젠하워 대통령이 1953년 했던 "평화를 위한 기회Chance for Peace"라는 연설도 보자.

총을 만들고, 군함을 진수하고, 로켓을 발사하는 것은 종국적으로 굶주린 사람에게서 음식을, 추위에 떠는 사람들에게서 옷을 빼앗는 것과 진배없습니다. 전 세계가 군비 확장을 추구하면서 돈만 쓰는 게 아닙니다. 근로자들의 땀과 과학자들의 재능, 그리고 아이들의 희망을 소진해 버리고 있습니다.

마지막으로 어른이란 의미의 마디바Madiba란 애칭으로 불렸던 넬슨 만델라의 2013년 추모식에서 버락 오바마 대통령이 했던 연설을 살펴보자.

해방을 이끌었던 위대한 인물이 영면에 든 후, 우리도 각자 살던 도시와 마을로 돌아가 일상으로 복귀하면서 그가 보여주었던 용기를 찾아봅시다. 그가 했던 것처럼 우리도 내면 어딘가에 있을 영혼의 광활함을 찾아냅시다. 그리고 **밤이 되어 어두워졌을 때, 불의가 우리의 마음을 무겁게 짓누를 때, 최선을 다해 준비한 계획이 도저히 이룰 수 없을 것처럼 보일 때에도,** 마디바를 생각하며 사방이 벽으로 둘러싸인 감방 안에서 그가 위안으로 삼았던 말을 떠올려 봅시다. "문이 얼마나 좁은가는 중요하지 않다. 나에게 얼마나 많은 형벌이 선고되었는지도 중요하지 않다. 나는 내 운명의 주인이며, 나는 내 영혼의 선장이다."

삼중 콜론 말고 다른 형태의 세벌 구조도 있다. 3개의 단어를 연속적으로 나열해 한 가지 핵심 내용을 전달하는 방식을 **헨디아트리스**hendiatris라 한다. 대표적으로 프랑스의 국가 표어인 '자유, 평등, 박애'가 있다. 또 미국 독립선언서에 등장하는 문구인 "생명과 자유와 행복의 추구"는 어떠한가. 키케로와 동시대를 살았던 율리우스 카이사르가 전쟁터에서 의기양양하게 외쳤다고 전해지는 말이 무엇이었나? 바로 "왔노라, 보았노라, 이겼노라veni, vini, vici"였다.

여기도 셋! 저기도 셋! 어딜 봐도 셋이다!

논쟁에서 승리하고, 청중을 설득하고, 말하고자 하는 바를 분명히 전달하려면 세벌 구조를 적극 활용해야 한다.

이건 나만의 주장이 아니다! 마틴 루터 킹 목사도 역시 3의 법칙을 신봉했다. 그는 수사적 효과를 극대화하기 위해 세벌 구조를 활용해서 주장을 전개했던 대표적인 인물이었다.

마틴 루터 킹 목사가 1963년 8월 링컨 기념관 계단에서 했던 전설적인 연설 "나에게는 꿈이 있습니다I Have a Dream"를 기억하는가? 스피치 코치 닉 모건이 〈포브스Forbes〉에 기고한 글을 통해, 킹 목사가 어떻게 연설을 마무리했는지 살펴보자.

> 우리가 자유를 울려퍼지게 할 때, 모든 크고 작은 마을에서, 모든 주와 도시에서 자유가 울려 퍼지게 할 때, 우리가 바라 마지않는 그 날을 더 빨리 오게 할 수 있을 것입니다. 그날에는 주님의 자식인 흑인과 백인, 유대인과 이방인, 개신교도와 가톨릭교도가…

눈치챘는가? "흑인과 백인, 유대인과 이방인, 개신교도와 가톨릭교도."

세 부분이다!

다시 킹 목사의 연설로 돌아가자면,

> …함께 손잡고 옛 흑인 영가를 부를 것입니다. "마침내 자유가! 드디어 자유가 왔네! 전능하신 주님 감사합니다. 우리는 마침내 자유로워졌습니다!"

여기서도 세 번이다!

‖ 세벌 구조의 과학적 근거 ‖

이제까지 3으로 구성된 세벌 구조, 삼중 콜론, 그리고 헨디아트리스를 살펴봤다. 그런데 3이 도대체 뭐가 그리 특별하단 걸까? 1956년 하버드대 인지심리학자 조지 밀러는 인간의 기억력에 대한 현대적 이론의 토대를 마련한 논문을 발표한다. 그는 논문을 통해 사람의 "단기 기억short-term memory"이 숫자나 단어 또는 "의미 단위meaningful unit"를 일컫는 "정보 꾸러미"인 청크chunk를 고작 5개에서 9개 정도만 보유할 수 있다고 주장했다. 이 기념비적인 논문의 제목은 무엇이었을까? 바로 「마법의 숫자 7, 더하기 빼기 2The Magical Number Seven, Plus or Minus Two」.

하지만 몇 년 전부터 미주리대의 넬슨 코완 교수를 위시한 인지심리학자들은 "인간의 정신이 할 수 있는 것과 실제로 하는 것"에 관심을 두고 연구한 결과, 사람이 보유할 수 있는 청크의 수가 훨씬 적다는 의견을 내놓고 있다. 이에 더해 단기 기억(짧은 시간 동안 소량의 정보나 데이터를 단순히 보유하는 정신 능력)과 작업 기억(짧은 시간 동안 소량의 정보를 보유하고 처리하는 정신 능력)을 서로 구분해야 한다는 주장 또한 제시하고 있다.

작업 기억과 관련된 많은 연구에서는 "기본적인 정보 단위나 청크 또는 아이디어를 한 번에 3개까지 비교적 선명하게 기억할 수 있다"는 결론이 도출되는데 코완은 "어림잡아 그렇다"고 말한다.

코완은 다음과 같이 "암기폭running span" 실험을 진행했다. 실험자는 참가자들에게 몇 개의 항목이 나올 거라 말해주지 않은 상태에서 여러 항목을 쭉 제시하다가 갑자기 멈춘다. 그런 다음 참가자에게 마지막 부분에 제시한 항목 몇 개를 기억해 내라고 한다. 예를 들어 실험자가 1, 6, 2, 7, 3, 8, 4, 9, 5, 0을 제시하고 마지막 5개가 무엇이었는지 물으면 참가자가 84950을 기억해 내는 것이다. 코완이 앞서 말했던 것처럼, 이 실험에서 사람들은 보통 "3가지 항목 정도만 기억"할 수 있었다.

코완은 이러한 현상이 인간에게만 일어나는 일이 아니라고 말한다. "꿀벌을 대상으로 진행된 몇몇 연구를 보면, 꿀벌은 셋이나 넷까지는 셀 수 있지만 그 이상은 세지 못한다"고 한다.

3에 숨겨진 과학적 근거는 계속해서 나오고 있다. 2010년 발표한 논문에서 코완은 다음과 같이 언급했다. "어떤 단순한 가정하에 수학적 시뮬레이션을 돌려보면 사람들은 정보를 탐색하는 과정에서, 탐색 대상이 되는 그룹 중 평균적으로 3.5개의 항목이 포함된 그룹을 찾아낼 때 효율이 가장 높았다."

패턴의 역할도 빼놓을 수 없다. 왜냐하면 우리는 패턴을 유추해서 정보를 처리하기 때문이다. 다시 말하지만 이건 분명한 과학적 근거가 있는 얘기다. 전문가들에 따르면 무엇이 됐든 3개는 있어야 패턴을 발견할 수 있다. 우리의 뇌는 언제나 패턴을 찾으려 하기 때문에 사람들은 3개로 이루어진 그룹에 자석처럼 이끌린다.

어떤 일이 한 번 일어나면, 그것은 그저 일회적인 사건일 뿐이다. 두 번이라면? 우연의 일치다. 하지만 세 번 일어난다면 우리는 그것을 패턴으로 인식한다. 그리고 우리는 패턴을 발견했을 때 "뭔가 예측할 수 있는 일이 일어나고 있는 중"이라고 여기며 질서와 함께 편안함을 느끼며 자신이 상황을 이해하고 있다고 생각한다.

‖ 박수를 유도하는 클랩트랩 현상 ‖

킹 목사의 "나에게는 꿈이 있습니다" 연설을 보면 막바지에 이르렀을 즈음, 킹 목사가 연설을 다 마치지도 않았는데 박수가 파도처럼 쏟아지는 장면이 나온다. 그건 3의 법칙이 청중 앞에서 효과적으로 구사될 때 발생되는 어떤 현상 때문이다. 3의 법칙은 청중으로 하여금 세벌 구조가 마지막 단계에 이르렀을 때 박수를 치도록 유도하는 기능이 있다. 실제로 청중이 박수를 보내야겠다고 생각하고 준비하게 만드는 것이다. 이런 현상을 지칭하는 이름도 있다. 교수이자 스피치 코치 맥스 앳킨슨은 이를 "클랩트랩Claptraps"이라 명명했다. 앳킨슨은 연설 관련 저서 《우리 시대 대가들의 목소리Our Masters' Voices》에서 뛰어난 연설가들이 어떻게 세벌 구조를 이용해 클랩트랩으로 청중에게 박수를 유도하고 받아내는지 분석한 바 있다.

클랩트랩은 어떤 식으로 작동할까? 당신의 세 단어, 세 마디, 세 구절로 청중을 두들기는 것이다. 쿵, 쿵, 쿵. 각 단계가 진행될수록 감정은 고조되고, 클라이맥스에 이르면 고조되었던 감정은 박수갈채로 변해 당신을 향해 쏟아진다.

최대한의 수사적 효과를 노리는 이 기법을 좋은 사람들만 사용하는 것은 아니다. 킹 목사가 "나에게는 꿈이 있습니다" 연설을 하기 8개월 전인 1963년 1월, 마틴 루터 킹과 대립각을 세웠던 거물급 분리주의자이자 백인 우월주의자 조지 윌러스 앨라배마주 주지사의 취임식 연설이 있었다. 그는 백인우월주의 단체인 KKK 단원이자 자신의 연설문 담당이었던 에이사 카터가 쓴 원고를 읽어나갔다.

> 이 땅에 발 디디고 선 위대한 국민의 이름으로, 이 자리에서 분명히 태도를 밝히건대 저는 무도한 흑백 분리 정책 철폐 주의자들에게 도전장을 던지겠습니다… 단연코 분리 정책은 오늘도… 분리 정책은 내일도… 분리 정책은 영원히 계속될 것입니다.

노골적인 인종차별 발언이 막바지에 이르렀을 때 애석한 일이지만 우레와 같은 박수가 윌러스에게 쏟아졌다. 이 역시 3이 지닌 힘을 보여주는 사례다.

두 명의 영국 노동당 당수가 15년의 세월을 전후해서 발표했던 연례 노동당 전당 대회 연설을 비교해 보자. 1996년 토니 블레어는 총리가 되기 전 열린 마지막 전당 대회에서 사람들의 기억에 뚜렷이 남을 연설을 했다. "국정을 운영하는 데 있어 가장 우선시하는 3가지 사항이 무엇인지 묻는다면 이렇게 말씀드리겠습니다. 첫째도 교육, 둘째도 교육, 그리고 셋째도 교육입니다."

블랙풀에 있는 대회장에 운집한 청중에게서 열렬한 박수가 터져나왔다. 심리학자이자 커뮤니케이션 전문가인 피터 불은 이렇게 말한다. "정치적 연설의 맥락에서 살펴보자면 연설에서 세벌 구조가 등장할 때 청중은 이야기가 시작되는 시점이 아니라 박수를 쳐야하는 시점이 언제인지 알게 된다. 위 사례의 경우 세 번 반복되는 '교육'이 마지막으로 언급되기 전에, '그리고'라는 말을 통해 블레어는 청중에게 이제 곧 세벌 구조가 끝난다는 신호를 주었고 청중은 우레와 같은 박수로 응답한 것이다."

반면 15년 뒤 리버풀에서 영국 노동당 당수 에드 밀리밴드가 충실한 당원들 앞에서 연설했을 때는 다른 일이 벌어졌다. 이 자리에서 밀리밴드는 블레어가 사용했던 수사적 기교를 빌려 쓰려 했다. "내게 올해 있었던 일 중 가장 뜻 깊은 일 3가지가 무엇이었는지 묻는다면 이렇게 말씀드리겠습니다. 둘째 아들 샘이 태어나는 자리에 저도 함께 있었습니다…." 그는 뭔가를 기대하고 잠시 말을 멈추었지만, 홀에 모인 청중은 자신들의 지도자에게 박수를 보내지 않았다. 피터 불은 말한다. "밀리밴드가 '내게 가장 뜻 깊은 일 3가지'라고 했기 때문에 아마도 청중은 두 번째, 세 번째 일화를 기다렸을 겁니다"라고 말했다. 당시 노동당 당수였던 밀리밴드가 박수를 받고자 했다면 고개라도 끄덕여 신호를 보냈어야 하지 않을까. 호머 심슨이라면 아마도 이렇게 말했으리라. 뜨악!

‖ 시작, 중간, 끝 ‖

3의 법칙은 단순한 수사적 기교가 아니다. 우리의 생각과 주장을 구조화하는 원칙에 가깝다. 인지심리학자 코완에 따르면 우리는 3으로부터 안정적인 구조, 다시 말해 "시작, 중간, 끝"을 인지한다. 고대인들은 과학적으로 근거가 밝혀지기 전부터 이미 이러한 사실을 잘 알고 있었는데 《시학Poetics》에서 "모든 이야기에는 시작과 중간, 끝이 있다"라고 말한 사람도 바로 아리스토텔레스였다. 아리스토텔레스도 말한 세 부분! 오늘날에도 연구 기관 포인터인스티튜트Poynter Institute의 로이 피터 클라크는 자신의 책 《글쓰기 도구: 작가를 위한 50가지 핵심 전략Writing Tools: 50 Essential Strategies for Every Writer》에서 이 개념을 확장해서 설명한다.

"힘 있게 전달하려면 하나를, 비교와 대조를 위해서는 둘을, 완결성, 총체성, 포괄성을 갖추려면 셋을 사용하라."

글쓰기뿐 아니라 연설이나 발표 또는 논쟁을 할 때도 이것을 적용할 수 있다. 청중이 당신의 말에서 통합성과 완결성을 느끼길 원한다면 3의 법칙을 활용해 원고를 작성하라.

코완 같은 연구자들의 말처럼 만약 청중이 당신이 말하는 내용 중 3가지만 기억하게 될 거라면, 당신이 넣고 싶은 3개는 무엇인가?

그걸 확실히 알아야 한다. 그래야 청중은 당신이 전달하는 메시지를 가슴에 새긴 채 자리를 떠나게 된다. 사람들 앞에서 주장을 발표할 때 논리가 빈약하거나 횡설수설하거나 두서없이 떠들어대는 것만큼 최악인 경우도 없다. 횡설수설하는 말을 듣고 싶어 하는 사람이 어디 있겠는가? 당신은 그런 소리를 듣고 싶을까? 물론 아니겠지. 그러니 그런 식으로 말해서는 안 된다.

전문가들은 연설이나 발표, 주장을 할 때 아래와 같이 주장을 세 부분으로 나누라고 조언한다.

서론, 본론, 결론

본론에서 3가지 핵심 주장이 무엇인지 명확히 제시하라. 그리고 결론에서는 이 3가지 핵심 주장을 요약한 뒤 다시 되짚어라. 이제 주장을 전개하기 위해 짜임새 있게 주장을 구조화하는 것이 필수이며 3의 법칙이 완벽한 구조를 제공한다는 사실을 알게 되었을 것이다. 몰랐다면 지금부터라도 이렇게 해야 한다!

실제로 청중이나 상대방과 대화할 때 당신이 3의 법칙을 사용할 계획임을 미리 알려라. 그냥 "내 말을 귀담아들어야 할 3가지 이유가 있다"고 말하면 된다. 그 한 문장만으로 사람들의 관심을 끌 수 있다. 앞서 이야기했듯이 대부분의 사람들은 거의 반사적으로 3의 패턴을 찾으려 하기 때문이다. 또한 3의 법칙은 당신이 어떤 방향으로 이야기를 전개해 나갈지 청중에게 일러주는 효과도 있다. 청중은 이야기가 어떻게 진행될지 미리 짐작할 수 있고, 이야기의 전개를 더 쉽게 따라갈 수 있다. 앞에서 살펴본 것처럼 우리는 기껏해야 한 번에 새로운 정보를 서너 개 정도만 저장하고 처리할 수 있는 단기 작업 기억을 가지고 있다. 당신이 3의 법칙을 충실히 지킨다면 청중은 당신이 하는 말을 별 어려움 없이 따라올 수 있다.

연설과 발표 기법을 위한 웹사이트 식스미니츠Six Minutes의 창립자이자 편집자 앤드루 들루건은 연설이나 주장을 구조화하기 위해 3의 법칙을 적절히 활용하는 다양한 방법을 실질적인 도움이 되도록 요약했다.

서론, 본론, 결론.

내가 앞서 언급했던 가장 기본적인 접근법이다.

또는 **3가지 핵심 요점.**

또는 **3가지 이야기.**

또는 **장점, 단점, 제안.**

이 외에 내가 개인적으로 즐겨 사용하는 방법도 있다. 어떤 주제에 대해 찬성이나 반대의 의견을 피력할 때 3개의 관점, 즉 정치적, 경제적, 도덕적 관점에서 접근하는 것이다. 경험상 이 방법이 언제나 가장 잘 통하는 듯하다. 관건은 주장도 3개, 논거도 3개, 요점도 3개다. 들루건의 말을 빌리자면 "가장 훌륭한 핵심 내용을 3개만 골라 제시하도록 하라. 그보다 적으면 메시지는 설득력을 잃게 될 것이고, 그보다 많으면 장황해질 위험이 있다."

이 장의 마지막 결론을 내리겠다. 논쟁에서 이기고 싶다면 3의 법칙을 활용하라. 주장을 전개하기 위해 3의 법칙을 활용하라. 수사적 효과를 거두고 싶다면 3의 법칙을 활용하라. 청중의 뇌리에 남도록 3의 법칙을 활용하라. 그러면 누구도 당신을 막을 수 없다.

지금의 나를 만든 건 최소의 노력으로

최대의 효율을 추구하는 유도이다.

_론다 로우지Ronda Rousey, WWE 레슬러이자 영화배우

8장

수사학적 유도로 상대를 무너뜨려라

1870년대 무렵 일본의 10대 소년이던 가노 지고로는 학교에서 괴롭힘을 당하고 있었다. 157센티미터의 작은 키에 몸무게가 41킬로그램 정도로 왜소했던 소년은 덩치 큰 아이들에게 끌려다니면서 두들겨 맞곤 했다. 스스로를 방어할 수 있는 방법을 찾아내려 애썼던 지고로는 아버지의 반대를 무릅쓰고 유술 도장에 등록해서 유도의 핵심 기술을 익히는 데 전력을 쏟는다.

그리고 1882년, 스물한 살의 나이에 강도관이란 간판으로 자신이 직접 운영하는 작은 유도 도장을 연다.

1909년, 48세의 나이에 동양인 최초로 국제올림픽위원회 위원에 오른다.

그 후 그가 77세의 나이로 세상을 떠나고 26년 뒤에 열렸던 1964년 도쿄 올림픽에서 유도는 올림픽 공식 종목이 되었다.

오늘날 전 세계 4,000만 명에 달하는 사람들이 유도를 수련한다. 분명히 말하지만 나는 유도를 하는 사람이 아니다. 단 한 번도 유도를 배운 적이 없다. 그런데 왜 내가 논쟁을 다루는 이 책에서 유도의 역사와 철학에 대한 이야기를 하고 있을까?

……

나는 몸으로 싸우는 걸 좋아하는 사람이 아니다. 혹시 내 사진을 본 적이 있다면 무슨 말인지 단번에 이해할 것이다.

나 역시 학창 시절엔 지고로처럼 덩치 큰 애들에게 괴롭힘을 당했다. 유도 학원을 설립했던 지고로와는 달리, 나에겐 호신술을 배우겠다고 다짐할 용기도 없었다.

하지만 지금쯤 당신도 알겠지만 나는 남과 맞서 싸울 수 있는 다른 방법을 찾아냈다. 그 무엇과 비교할 수 없는 말이라는 창槍을 가지고 맞붙는 논쟁이다. 그리고 내가 보기에 토론은 유도에서 사용하는 동작들을 빠짐없이 갖춘 수사학계의 무술이라 할 수 있다.

유도라는 말에는 유연성이라는 뜻이 담겨있다. 유도의 기본 원리 가운데 하나가 바로 '쿠즈시kuzushi'인데 위키피디아 사전에 따르면 쿠즈시는 쓰러뜨리다, 흩뜨리다, 무너뜨리다라는 뜻의 '쿠즈스kuzusu'라는 동사에서 파생된 말로 나온다. 쿠즈시 동작 가운데는 상대방을 바닥에 던져버리는 동작이 있다. 상대방을 발로 차거나 때려서 바닥에 눕히는 것이 아니라, 상대방 몸의 균형을 무너뜨리고 균형을 다시 회복하지 못하는 상태로 만드는 것이다. 상대가 올바른 자세를 취하고 있을 때는 먼저 덤빌 필요가 없다. 상대방으로 하여금 중심을 잃고 스스로의 무게를 못 이겨 넘어지도록 해야 한다.

이러한 유도의 원리를 어떻게 '논쟁이나 토론'에 적용할 수 있단 걸까? 사람들은 논쟁에서 이기려면 물러서지 않아야 한다고 생각한다. 심지어 어설픈 반박이나 강력한 반론에 직면하면 더 강하게 밀어붙여야 이길 수 있다고 생각한다. 아주 아주 잘못된 생각이다.

토론에서 이기거나 논쟁에서 우세를 잡으려면, 유도를 하는 이처럼 유연해야 하고 때로는 물러설 줄도 알아야 한다. 줄기찬 공격만이 능사가 아니다. 때론 영수증을 내밀어야 하고, 때론 유머를 던져야만 한다. 또 때로는 상대편에게 양보할 줄도 알아야 한다. 당신이 지고 있기 때문이 아니라 그래야 이길 수 있는 길이 열리기 때문이다.

"유도에 담긴 철학이란… 누군가 당신에게 공격을 가할 때 그걸 되받아치는 것이 아니다." 뉴욕세인트존스대 수사 및 토론 전문가 스티븐 래노의 말이다. "상대방이 공격하는 힘을 역으로 이용해서 상대를 바닥에 쓰러뜨리고 꼼짝도 못하게 만드는 것이다."

훌륭한 토론가들도 이와 비슷한 기술을 쓴다. 이들도 상대방의 **균형**을 무너뜨리려고 한다. 상대방이 전혀 예상하지 못하는 순간에 쓰러뜨리려는 것이다. 이것이 바로 2008년 베이징 올림픽에서 미국 여성 최초로 유도에서 동메달을 따고 이후 UFC 챔피언에 올랐다가 할리우드 배우가 된 론다 로우지가 말했던 "최고의 효율,

최소의 노력"으로 가는 길이다.

그렇다면 유도의 원리들을 '토론장'에서 적용하는 구체적인 방법은 무엇일까? 나는 수십 년 동안 상대방을 제압하는 동작들을 하나하나 갈고닦아 왔다. 그중에서 논쟁에 적용할 수 있는 3가지 기본 동작을 유도에 비유해서 설명하겠다.

1. 상대를 메치는 인정하기 전략

열띤 토론이나 논쟁에서 일어나는 한 가지 분명한 사실이 있다. 상대방이 당신이나 당신의 주장을 공격하거나 그게 아니면, 당신과 당신의 주장 모두를 공격한다는 점이다. 보통 토론에서는 각자 자신의 주장을 펼치고, 서로의 주장에 대해 반박을 한다. 자연히 양쪽 모두 이런 상황을 가정하고 토론을 준비하고, 당연히 상대도 나처럼 하리라고 예상하며 토론에 임한다.

여기서 왜 유도 선수 같은 마인드가 필요한지 말해주겠다.

상대방은 당연히 자기가 미리 준비해 온 주장을 펼치고 열변을 토하면서 청중이 함께 분노하도록 논쟁을 이끌어갈 것이다. 이때 상대의 균형을 무너뜨리려면 어떻게 해야 할까? 《유쾌한 설득학Thank You for Arguing》의 저자 제이 하인리히는 상대의 주장 한두 개를 받아들이면서 적의 공세를 역이용하라고 조언한다. 상대방의 이런 저런 주장에 동의하다가 "그런데 이 주장은 도대체 이해가 되지 않아서 문제를 제기하고 싶습니다"라고 말하는 것이다. 상대의 생각이 옳으면 "이 지점은 상대방의 생각이 맞습니다"라고 청중에게 두려워말고 이야기하라. 그렇게 해야 나중에 "이 점에서는 상대방이 틀렸습니다"라고 말할 수 있는 좋은 기회가 올 테니까.

비유적으로 말하자면 한 보 후퇴를 통해 상대방을 업어치기로 메다꽂으려는 것이다. 먼저 상대의 주장을 **전략적으로 받아들임**으로써 상대의 열정과 에너지를 흩뜨리고 청중에게는 상대보다 내가 더 합리적이고 이성적인 사람이란 이미지를 심어주는 것이다. 당신이 맞춤형 반론으로 반격을 가하기 전에 이런 분위기를 조성해야 유리한 위치에 설 수 있다.

상대의 주장을 인정하고 받아들이는 행위를 나약함의 상징으로 여기곤 하는데 사실은 그렇지 않다. 오히려 강함과 확신의 상징이다. 상대의 주장을 인정하는 행위를 통해 청중은 당신이 열린 마음의 소유자라고 생각하게 된다. 고지식한 이론가가 아니라는 점을 드러낼 수 있으며 '상대편은 몰라도 적어도 나는 소인배가 아니에요'라는 점을 확실히 인식시킬 수 있는 방법이다. 작가 샘 리스는 몇 가지 점들을 인정하면 "솔직하고 신중한" 사람으로 보이게 되고, 덤으로 상대방을 무장 해제시키고 혼란에 빠뜨리고 고통을 주는 효과까지 얻는다고 말한 바 있다.

이런 수사학적 기법을 그리스 전문 용어로 '싱코리시스'라고 하는데, 콜린스영어사전에서는 "자신의 견해를 더 강력하게 주장하기 위해 상대방의 주장을 인정하는 행위나 사례"라고 정의한다.

키케로는 이 싱코리시스의 달인이었다. 그는 강취라는 죄목으로 기소당한 자신의 고객 로마 집정관 플라쿠스를 변호하면서 그리스인 목격자들의 증언에 대해 이렇게 반박한다.

> 하지만 나는 이 문제를 그리스 민족이라는 넓은 관점에서 말하고자 합니다. 나는 그리스인들의 학식을 인정하며, 그리스인들의 예술적 지식을 인정합니다. 그리스인들의 위트 넘치는 대화와 뛰어난 재능과 웅변력도 부정하지 않습니다. 설사 그들이 다른 여러 능력들도 뛰어나다고 주장해도 나는 마찬가지로 이의를 제기하지 않을 것입니다. 하지만 그리스인들은 진실 여부를 따져야 할 증거 제시와 관련해서는 양심이라는 덕목을 전혀 배우지 못했습니다. 그들은 진실의 본질적 의미를 모르고 있으며 진실의 권위나 무게에 대해서도 전혀 모릅니다.

잘 봐둬라. 키케로는 의뢰인의 범죄를 보았다는 그리스인 목격자들의 법정 증언과 관련해서 그들이 부정직하고 부도덕하다고 비난하기에 앞서 그리스인들이 익살스러우면서도 날카롭고 웅변에 능한 성정이라며 그들의 장점을 인정해 준다. 법정 변론과는 아무 관계도 없는 사실들이다. 이 장점들은 법정에서 중요한 역할을 전혀 할 수 없다. 또한 키케로가 말하는 어조에서도 현저한 차이가 있다. 자신이 받아들이는 부분은 그냥 편하게 대화하듯 말하지만, 그 뒤에 나오는 선언적인 발언에는 "단호함과 확고함"을 담아 말한다.

키케로로부터 받은 영향과 더불어 내 나름대로 '수사학적 유도' 이론을 쌓아가던 나는, 2019년 런던에서 열린 반시오니즘(이스라엘 반대 사상-옮긴이)과 반유대주의에 관한 인텔리전스스퀘어드 토론에서 **인정하기 기술**을 사용하며 연설을 시작했다.

> 오늘 밤 다루게 될 안건이 무엇인지 분명히 해두죠. 왜냐하면 여러분 모두가 이 안건에 대해 양심적으로 표결에 임해야 하기 때문입니다. 오늘의 안건은 말 그대로 "반시오니즘은 반유대주의이다"라는 것입니다. "일부 반시오니즘주의자는 반유대주의자이다." 이 말은 **맞는 말**이지만 오늘 안건은 이것이 아닙니다. 또 "반시오니즘이 때로는 반유대주의로 변하기도 한다." 이 말도 **맞는 말**이지만 이 역시 오늘 안건은 아닙니다. "반유대주의자들은 반시오니즘을 종종 자기들의 편견이나 민족차별을 위한 구실이나 핑계로 이용한다"는 말, 이것도 **맞는 말**이지만 오늘의 안건은 이것도 아닙니다. 언급한 세 문장처럼 정확하게 사실에 입각하고 있는 제의라면 저도 반대할 이유가 하나도 없습니다.

알겠나? 나는 처음부터 솔직하게 인정할 점은 받아들이면서 말을 시작했다. 그러면서 객석의 청중을 내 편으로 만들었다.

> 오늘의 안건은 그렇게 말하고 있지 않습니다. "반시오니즘은 반유대주의다"라는 오늘의 안건은 말도 안 되고 무차별적이면서 역사적 사실과 동떨어진 제의일 뿐입니다. 저기에는 시오니즘에 반대하면 그게 곧 반유대주의라는, 터무니없는 정치적 이데올로

기가 담겨있다는 사실을 알아야만 합니다.

어떤가, 이게 바로 유도다!

2. 쿠즈시와 같은 선점하기 전략

논쟁이나 토론을 할 때는 마지막으로 발언하는 게 무엇보다 중요하다고들 한다.

그렇지 않다.

실제로 나는 여러 명이 참여하는 토론이나 논쟁에선 마지막보다 처음에 말하는 걸 선호한다. 상대편이나 청중이 오래 기억할 인상을 남기는 것이 중요하지 않다는 게 아니라, 먼저 발언하면 토론의 중심이 되는 문제들을 내가 설정할 수 있고 선제적으로 상대편의 '균형'을 흔들어놓을 수 있기 때문이다.

생각해 보라. 상대편 토론자는 여러 전제를 바탕으로 확실한 결론에 이르기까지 강력한, 나름대로 반박이 불가능한 주장을 이미 준비해 놓고 토론에 나섰다. 그런데 그 주장을 펼치기도 전에 당신이 선제 발언을 통해 상대 주장의 중요 사항들을 미리 언급하면서 반박하고 고려할 가치가 없다고 일축해 버리면 어떨까? 상대방은 이제 어떻게 해야 한단 말인가? 당신의 선제 발언 때문에 상대는 말을 꺼내기도 전에 자신감이 떨어지거나 균형에 금이 갈 것이다. 당신은 상대방의 계획을 **발설**하면서 상대에게 돌아갈지도 몰랐을 관심과 칭찬과 성공을 완벽하게 막아놓고, 유도로 치자면 상대방을 바닥에 쓰러뜨렸다.

상대편의 주장을 먼저 **선점**한다는 것은 토론에서 취할 수 있는 강력한 조치들 가운데 하나이다. 청중을 설득하거나 또는 청중에게 동의를 구하는 연설이나 발표를 준비할 때마다 토론을 언제, 어디서 하는지에 따라 이 기술을 유연하게 사용할 수 있는 방법을 생각해 보는 것이 좋다.

아마 당신도 토론에서 이런 말들이 오가는 걸 겪은 적이 있을 것이다.

- "당신이 무슨 생각을 하는지 저도 알지만…."
- "당신도 다른 사람들이 …라고 말하는 걸 들으셨겠지만…."
- "비평가들은 …라고 주장합니다만…."

하지만 고대 그리스인들이 "프로카탈렙시스(procatalepsis, 예변법)", 영어로는 '예측anticipation'이라고도 했던 선점하기 전략에는 위험도 따른다. 고전 수사학자인 조지 A. 케네디는 선점하기 전략을 필요한 경우에 한해 신중하게 사용해야 한다고 경고한다. 특히 "연사가 자신의 주장을 향한 강력한 반론이 있을 수 있다고 수긍하면서도 그 반론에 대해 확실한 설명을 내놓지 못하면 오히려 연사는 수세에 처하고 신뢰도가 떨어질 수 있다"고 지적했다.

그럼에도 불구하고 확신을 가지고 제대로만 사용한다면 선점하기 전략은 상대방을 꼼짝 못하게 하는 유도 기술이 될 수 있다.

먼저 반박할 수 있는데 반박할 수 있을 때까지 기다릴 이유가 없지 않은가?

2019년 나는 "서구 사회는 사우디아라비아와 관계를 끊어야 한다"라는 주제로 열린 인텔리전스스퀘어드 토론에서 찬성 측을 지지하는 첫 연설자로 나섰다. 그때 상대편이 주장을 펼치기 전에 그들의 핵심 논거를 미리 파악하고 예상해서 효력을 약화시키는 선점하기 전략을 주요 무기로 사용했다.

> 오늘 밤 저는 상대편이 다른 곳으로 비난의 화살을 돌리는 소리를 많이 하리라 생각하고 있습니다. 그리고 변명하는 소리도 많이 하겠죠. 사우디아라비아를 옹호하는 이들은 이렇게 되물을 겁니다. 그럼 "카타르는?" "터키는?" "이란은?" 그렇습니다. 이 국가들도 모두 인권 학대 국가들입니다. 여기서 확실하게 말씀드립니다. 저는 카타르를 포함해서 이 모든 국가의 지도자들과 대담을 나누었고 인권 문제에 대해 질문도 했습니다. 하지만 분명히 해둘 점이 있습니다. 오늘의 토론은 사우디아라비아에 관한 것입니다. 반대 측에서 내놓는 혼란을 야기하는 말에 정신을 빼앗기지 말아야 합니다.

이렇게 논점을 선점하는 움직임은 상대편의 발밑에 있는 양탄자를 잡아당겨 상대의 균형을 무너뜨리는 것과 마찬가지이다. 이것이 바로 유도의 쿠즈시이다!

3. 허를 찔러 무너뜨리는 리프레이밍 전략

토론하는 사람들은 논쟁의 성패가 냉철하고 엄밀한 논리에 의해 좌우된다고 생각한다. 하지만 많은 경우, 성패는 우리가 구사하는 언어와 비유 그리고 화법에 달려있다.

인간은 사실에만 의거해서 결단이나 결론을 내리지 않는다. 주어진 사실들을 해석하는 과정에서 문맥과 배경 정보를 필요로 한다. 즉, 우리가 내리는 결론은 우리가 특정 상황을 어떻게 '프레임frame'화 하느냐에 달려있다. 전문가들은 프레임이란 우리의 뇌가 주어진 정보를 처리하고 해석하기 위해 사용하는 일종의 '필터filter'라고 말한다. 예를 들어 낙태는 아직 태어나지 않는 '아이'의 생존권에 대한 공격으로 볼 수도 있고 아니면 '여성'의 자기 신체에 대한 선택권으로 볼 수도 있다. 같은 사실을 대하면서도 각자 다른 방향으로 해석할 수 있다는 말이다. 하인리히는 이 모든 것이 우리가 선택하는 프레임에 달려있다고 주장한다.

자, 여기서도 유도 기술을 적용해 보자. 청중이 당신의 주장에 부합하는 사실과 정보를 프레임으로 삼아 결론을 내리도록 도와주는 것이다. 해석의 틀을 바꾸는 방식으로 접근할 줄 예상하지 못한 상대방의 논리는 균형을 잃고 흔들리게 된다. 공식적인 토론에서 당신에게 유리한 논제가 나오면 힘들이지 않고 주장을 펼칠 수 있다. 하지만 다루기 힘든 논제가 나오면 그 논제를 일찌감치 희석시키거나 방향을 바꿔 논제에 접근할 수 있는 방법을 강구해야 한다.

당신에게 유리한 논제라고 생각한다면, 논제에 적힌 단어를 엄밀하고 세심하게 고수하라. 당신이 논제에 담긴 단어 하나하나 신경 써가며 그대로 철저하게 밀고나갈 계획을 세우고 있다는 점을 상대가 확실히 깨닫도록 해야 한다.

하지만 그 논제가 당신에게 유리한 쪽으로 작용하지 않으면, 그걸 리프레이밍하거나 '재규정'해서 논제에 담긴 의미와 메시지를 확장시키야 한다. 인텔리전스스퀘어드 토론에서 제시한 "서구 사회는 사우디아라비아와 단절해야 한다"는 논제는 포괄적이면서도 다루기 힘든 주제였다. 당시 지지 발언을 했던 나는 그래서 논제를 새롭게 규정하는 전략을 사용했다.

> 또한 의미가 분명치 않은 이 논제에 담긴 용어에 대해 분명히 밝혀두고자 합니다. 여기서의 "단절"은 사우디아라비아를 봉쇄하거나 폭격한다는 의미가 아닙니다. 사우디아라비아가 예멘을 다루는 식으로 서방국가들도 사우디아라비아를 다룬다는 의미도 아닙니다. 사우디아라비아의 정권을 교체하겠다는 의미도 아닙니다. 여기서 단절이 의미하는 바는 우리가 더 이상 사우디아라비아를 중동의 영원한 우방 국가로 여기지 않겠다는 것이며, 우리가 더 이상 사우디아라비아에게 아랍 세계에서 가장 가난한 나라의 학교, 병원, 시장, 제분소를 무너뜨리는 데 사용될 폭탄을 공급하지 않겠다는 것입니다. 그리고 UN에서 더 이상 사우디아라비아를 지지하지 않겠다는 것이며, 데이비드 캐머런이 부끄럽게도 그랬던 것처럼 사우디아라비아가 유엔인권위원회의 회

원국이 되도록 돕지도 않겠다는 것입니다. 다시 말해, 사우디아라비아에서 영국을 방문할 때마다 영국 정부가 극진한 환대를 하지 말라는 요구입니다. 이것이 단절에 담긴 의미이고, 이것이 우리가 오늘 주장하는 바이며, 여러분이 오늘밤 찬성표를 던져야 하는 논제인 것입니다.

나는 이렇게 논제를 바라보는 시각을 바꾸면서 토론을 리프레이밍했다. 사람들이 그날의 논제를 내가 원하는, 내가 필요로 하는 의미로 해석하게 만들었다. 내가 그날 토론에서 했듯이 당신도, 특히 당신이 발의자인 경우에는 원하는 방식으로 논제를 리프레이밍하거나 재규정할 수 있다.

아니면 다음과 같이 논제에 깔린 **전제**에 대해서 이의를 제기하는 방식도 있다. 만약 논제가 "그 점령이 이스라엘의 자유 민주주의를 훼손할 수 있다"라는 것이면, "애초에 이스라엘이 자유 민주주의 국가라고 누가 그러던가요?"라고 물을 수 있다. 그리고 논제가 "서방국가는 시리아의 내정에 개입해야 하는가?"라면, 역으로 "왜 우리는 서방국가들이 이미 시리아의 내정에 개입하고 있지 않다고 가정할까요?"라고 되물을 수도 있다. 이 방법은 당신이 어려운 상황에서 오히려 상황을 역전시키면서 상대방의 균형을 무너뜨릴 수 있는 유용한 전략이 될 수 있다. 승리하기 위해선 상대방이 제시하는 사실이나 수치, 논거뿐만 아니라 토론의 전제 그리고 토론의 프레임 자체에 대해서도 질문을 던져야 한다.

물론 상대방도 당신의 질문에 마찬가지 방식으로 대응할 수 있는 건 고려해야 한다. 내가 TV에서 인터뷰하는 많은 인사들도 질문의 배후에 있는 '전제'에 의문을 제기함으로써 내 질문을 피해가려고 한다. 이런 기술은 특히 열세인 상황에서 논제를 리프레이밍하고 싶은 사람들 입장에서 매우 효과적인 전략이다. 나는 2019년 옥스퍼드유니언에서 알자지라잉글리시 프로그램 '헤드 투 헤드'를 진행했다. 그날 프로그램의 중점은 중국과 중국 공산당이 저지르는 악행이었다. 나는 중국에서 박해받는 위구르인 무슬림들이 처한 곤경에 대해 이야기하는 부분에서, 중국 정부 옹호에 앞장서는 저명한 패널리스트 빅터 가오에게 신장성 전역의 수용소에 있는 위구르인들에게 가해지는 잔혹한 대우에 대해 이렇게 물었다.

나 빅터, 도대체 이 수용소들은 언제까지 운영하는 겁니까?
빅터 가오 난 무엇보다도 사회자의 질문에 담긴 전제에 동의할 수가 없군요. 지금 이 순간에도 중국에서는 다른 종교 시설보다 무슬림 회당이 더 많이 지어지고 있습니다.

이처럼 어떤 질문에 숨은 전제, 그 질문이 근거로 삼고 있는 가정, 그리고 그 질문이 사용하는 프레임에 대해 의문을 제기하는 것은 좋은 수법이다. 나도 다른 사람들이 진행하는 TV 프로그램에 게스트로 초대되었을 때 그렇게 했으니까.

2020년, 나는 CNN의 '쿠오모 프라임 타임Cuomo Prime Time'에

출연한 적이 있다. 사회자 크리스 쿠오모는 내가 보기에 공정치 않은 방식으로 짜맞춘 뉴스 기사를 이야기하고 있었다. 민주당 대선 예비 선거를 둘러싸고 벌어진 일을 다룬 기사였는데, 버니 샌더스 후보가 조 바이든 후보 측 사람이 공격적인 발언을 했으니 바이든 측이 그 사람과의 관계를 끊고 바이든이 그 일에 대해 사과할 것을 요구하고 있다는 내용이었다. 이에 대해 쿠오모는 공격적인 발언을 했다는 힐러리 로젠이 바이든 선거운동에 공식적으로 고용된 사람이 아니었으므로 바이든이 나서서 그녀를 내치고 말고 할 의무가 없다고 거들고 있었다,

자, 나는 어떻게 대응했을까? 나는 그의 발언 배후에 깔린 전제에 이의를 제기했다. 그 전제를 뒤집으면서 그날의 논점을 리프레이밍했다.

크리스 쿠오모 오늘, 이 자리에서 샌더스 후보는 바이든 후보가….

나 그게요.

크리스 쿠오모 대리인이라는 사람이 한 발언에 대해 사과를 해야 한다고 하는군요. 하지만 힐러리 로젠은….

나 아니, 사과를 요구할 수는 있죠.

크리스 쿠오모 공식 운동원이 아니었습니다. 그저 바이든 후보를 지지하는 사람이었을 뿐입니다.

나 아니, 그게 아니고, 잠깐, 잠깐만요.

크리스 쿠오모 선거운동을 한 건 아니란 겁니다.

나 그러시면 안 되죠!

크리스 쿠오모 네?

나 광적인 지지를 한다는 이유로, 욕설을 퍼붓는다는 이유로 고발을 당하고 있는 버니 샌더스 후보의 지지자들도 많습니다. 그들도 공식 운동원은 아닙니다. 그런데도 언론과 민주당 여러 후보들은 샌더스가 그들에 대해 책임을 져야한다고 주장하고 있습니다. 저는 왜 여기서 이중 잣대를 사용하는지 잘 모르겠습니다. 이 점은 분명히 짚고 넘어가죠. 일관성이 있어야 합니다. 물론 그녀는 바이든의 공식 운동원이 아닐 수도 있습니다. 하지만 이런 선거운동 과정에서 일어나는 잘못된 점에 대해서는 모두가 한 목소리로 꾸짖어야 합니다. 적어도 대선 경선에 대해 논하는 이런 황금 시간대 프로그램에서만큼은 말입니다.

크리스 쿠오모 명백히 당연한 말씀입니다. 그렇게 토론이 이루어지도록 하겠습니다.

‖ 무리하지 않도록 하라 ‖

나는 상대편의 균형 무너뜨리기가 논쟁에서 이길 수 있는 효과적인 방법 가운데 하나라는 작가 제이 하인리히의 말에 동의한다.

하지만 인정하기를 하든, 선점하기를 하든, 리프레이밍을 하든 이런 수사학적 유도 동작들은 신중하게 써야 한다. 절대 지나치게 해선 안 되며 억지로 해서도 안 된다. 그러다가는 뻔한 수법으로 전락하고 가치를 상실하게 된다.

따라서 언제 어디서 이 기술을 사용할지 잘 선택해야 한다. 적절한 때와 장소에서 필요할 때만 이 동작들을 사용할 수 있다면 당신은 천하무적이다. 잘 기억하라. 주어지는 힘에 대해 더 큰 힘으로 대응하는 것이 아니라, 보다 부드럽고 보다 유연하고 보다 영리한 방식으로 대응하는 것이 유도에 담긴 철학이라는 점을!

가노 지고로는 말했다. “자신보다 더 강력한 상대에게 저항하려 들면 패배하겠지만, 상대의 공격에 대응 방식을 바꾸고 그 공격을 피할 수 있으면 상대의 균형을 무너뜨리고 힘을 약화시켜 상대방을 제압할 수 있다.”

바꿔 말하면, 강한 상대의 공격에 맞부딪치지 말고 방향을 바꿔 상대에게 접근하거나 심지어 피해가는 걸 두려워하지 말라는 뜻이다. 자기보다 강한 상대에게는 그렇게 할 수 있어야 한다. 인정하기를 통해, 선점하기를 통해, 논제나 주장 리프레이밍하기를 통해서 상대편의 균형을 무너뜨려야만 승리를 거둘 수 있다.

징어 또는 일종의 재담이나 기지가 돋보이는 발언처럼
사람들이 기억하고 회자할 만한 순간이 없다면
어떤 면에서는 승리도 없다고 봐야죠.

_조지 W. 부시George W. Bush, 정치인

9장

'징어'로 하이라이트를 만들라

1988년 여름, 공화당 대통령 후보였던 조지 H. W. 부시는 부통령 후보로 댄 퀘일을 선택하면서 당은 물론 언론과 나라 전체를 깜짝 놀라게 했다.

댄… 누구라고? 〈로스앤젤레스타임스Los Angeles Times〉는 퀘일에 대해 "비교적 알려지지 않은 41세의 인디애나주 상원의원"이라고 표현했다. 〈뉴욕타임스New York Times〉는 댄 퀘일이 "지명도가 낮은 부유한 41세의 보수"라고 했다.

공화당 부통령 후보로 임명된 퀘일에게는 경험 부족과 관련된 질문이 쏟아졌다. 그러자 퀘일은 존 F. 케네디를 비교 대상으로 삼으며 방어에 나섰다. 인터뷰나 사람들 앞에서 이야기할 때마다, 케네디가 대통령에 출마하기 전에 14년 동안 의회에서 활동했으며 자신도 12년 동안 의원으로 활동했다는 점을 내세웠다.

반면 민주당의 부통령 후보는 경력 면에서 퀘일과 천지 차이가 나는 로이드 벤슨이었다. 그는 1948년 하원의원 당선으로 정치계에 입문했으며 텍사스주 3선 상원의원이라는 경력을 지니고 있었다. 참고로 댄 퀘일은 1948년에 태어났다. 벤슨은 경험이 많았지만 반면에 전성기가 지나지 않았느냐는 말을 듣기도 했다.

두 후보자가 1988년 10월 5일 네브라스카주 오마하의 시민강당에서 열린 부통령 토론에서 맞붙었을 당시에는 댄 퀘일에 대한 선호도가 더 높았다. 2016년 〈로스앤젤레스타임스〉는 "67세의 벤슨은 텔레비전이 나오기도 전에 태어난 사람"이라면서 이렇게 덧붙였다. "그는 시대와 맞지 않았다. 조명에 잘 대응하지 못했다."

하지만 퀘일에게도 고민거리는 있었다. 정치 경험이 부족하다는 사람들의 의구심을 가라앉혀야 했다. 토론 준비 과정에서 퀘일의 참모들은 그가 케네디와의 비교를 너무 자주 사용하다가는 언젠가 역풍을 맞을 수 있다고 계속 조언했다. 하지만 그는 참모들의 경고를 무시하며 배짱을 부렸다.

상황은 예상대로 흘러갔다. 부통령 TV 토론에서 NBC 뉴스의 톰 브로코가 퀘일의 경험 부족에 대해 지적하며 대통령 유고 시 그 권한을 대행할 능력이 있는지 물은 것이다. 퀘일은 계획대로 대응했다.

저는 상원의원으로 활동했을 뿐만 아니라 소통 능력과 지도력을 갖춘 준비된 사람입니다. 나이만 따져서는 안 됩니다. 업적을 봐야 합니다. 경험을 봐야 합니다. 저는 미국의 부통령에 출마했던 여러 사람들보다 훨씬 더 경험이 많습니다. 잭 케네디가 대통령에 출마하기 전 상원에서 쌓은 경험만큼이나 많은 경험을 저도 쌓았습니다. 혹시라도 대통령에게 불행한 사건이 발생하더라도 저는 부시 행정부를 이어받아 미국의 대통령직을 수행할 준비가 되어 있습니다.

퀘일은 여지없이 "잭 케네디"를 언급했지만 이번에는 왠지 대담함이나 신선함이 느껴지지 않았다. 판에 박힌 발언 같은 느낌이었다. 분개한 벤슨은 오늘날까지 회자되는 발언으로 퀘일에게 반격하며 치명타를 날렸다.

의원님, 나는 잭 케네디 대통령과 함께 일했습니다. 나는 잭 케네디를 압니다. 잭 케네디는 내 친구였습니다. 의원님, 당신은 잭 케네디가 아닙니다.

돌직구! 대통령토론위원회Commission on Presidential Debates가 공식적으로 남긴 기록에 따르면, 그 순간 강당은 "길게 이어지는 함성과 박수"로 가득했다. 그렇다면 퀘일의 반응은? 〈워싱턴포스트〉의 칼럼을 보면 인디애나주 상원의원 퀘일은 "날아온 한 방에 부숴진 치아들이 목구멍으로 넘어간 걸 깨달은 사람처럼 보였다."

함성과 박수가 잦아들길 기다리던 퀘일은 벤슨에게 힘 빠지고 넋 나간 목소리로 이렇게 대응할 수밖에 없었다. "아주 부적절한 발언입니다, 의원님."

"의원님, 당신은 잭 케네디가 아닙니다." 이 말이 "부통령 토론 역사상 가장 대단한 순간"이라는 〈로스앤젤레스타임스〉의 표현을 부정하는 사람은 많지 않다. 위키피디아에도 이 구절을 입력하면 설명이 나온다. 그 뿐만 아니라 디즈니 영화 〈조지 오브 정글George of the Jungle〉에서 텔레비전 시트콤 〈30록30 Rock〉과 드라마 〈어글리 베티Ugly Betty〉에 이르기까지 여러 대중문화에서도 이 구절을 인용하거나 패러디했다. 1980년대 후반, '새터데이 나이트 라이브Saturday Night Live'에서는 아역 배우가 경험 부족을 드러내는 퀘일을 연기하기도 했다.

퀘일은 벤슨에 비해 짧은 정치 경력이라는 자신의 약점을 '받아들이고' 유리한 상황으로 전환하고자 했다. 그러다가 상대방이 던진 말 한 마디에 오히려 약점이 만천하에 들어나고 말았다. 벤슨이 정곡을 찌른 것이다. 그 토론이 끝나고 10년이 넘게 지난 어느 날, 인터뷰를 하던 퀘일 역시 그 '징어Zinger'가 상당히 재치 있는 응답이었다고 인정했다.

……

잠깐, 오징어도 아니고 여기서 말하는 '징어'가 대체 뭘까? 징어는 원래 야구 용어였다. 〈크리스천사이언스모니터Christian Science

Monitor〉 신문에 따르면 1950년대에 방심한 타자를 잡기 위해 투수가 던지는 빠른 공을 징어라 했다. 그러다가 1970년대가 되자 정치계에서 징어를 예리하고 재치 있는 말, 신랄한 재담을 뜻하는 단어로 사용하기 시작했다. 2020년에는 프리랜서 작가 폴린 빅포드-듀에인이 《리틀 북 오브 징어The Little Book of Zingers: History's Finest One-Liners, Comebacks, Jests, and Mic-Droppers》라는 책을 쓰면서 대단한 원라이너(one-liner, 한 문장으로 전달하는 임팩트 있는 농담이나 말-옮긴이)들이 어떤 효력을 발휘하는지 알 수 있는 용어 사전도 만들어졌다. 빅포드-듀에인이 정의하는 징어는 그 의미가 다소 광범위하다. 모욕적인 말, 재치 있는 말, 낙인찍는 말, 재빠른 응수, 비꼬는 투의 맞대응, 큰소리, 비평, 혹독한 논평, 상황 반전을 꾀할 만한 디테일을 보는 능력, 충격을 주는 발언, 한 방 먹이는 것까지 방대하다.

징어를 사용하면 상대의 사기를 꺾거나 상대의 주장을 약화시킬 수 있다. 상대방은 퀘일처럼 당혹감에 얼굴이 벌게지고 말문이 막히게 된다. 심리학자 마디 그로스에 따르면 징어는 종종 분노를 담아 재빨리 응답하는 받아치기retort 형태로 일어난다. '리토트retort'는 '되돌려주다'라는 의미의 라틴어 '레토르투스retortus'에서 유래했다. 물론 공격을 되돌려줄 때는 쏘아붙이기식 응수가 제격이다. 제대로 되돌려주면 자신에게 날아오는 공격의 방향을 바꿀 수 있고 순간적인 위협을 승리로 전환할 수 있다.

징어는 재밌고 유쾌하지만 때때로 상대방에게 고통과 괴로움을 선사한다. 일종의 **무기**인 셈이다. 저널리즘 교수 크리스 램은 자신의 저서 《정치적 진압의 기술The Art of the Political》에서 "징어는 상대를 다치게 만드는 몽둥이가 될 수도 있고 상대의 공격을 빗나가게 하는 방패가 될 수도 있다. 하지만 아마도 가장 중요한 점은 징어를 통해 경쟁자보다 우위를 차지할 수 있다는 것이다"고 썼다.

한 사람이 순간적으로 몸을 뒤집으며 상대방을 바닥에 눕히고 꼼짝 못 하게 만드는 하이라이트, 우리가 기억하는 것은 그런 명장면이다. 벤슨의 징어는 30여 년이 지난 지금도 살아있다. 2008년 PBS 특집에서 조지 W. 부시 당시 대통령은 TV 토론의 역사를 돌아보며, 공직에 출마하는 정치인 후보들에게 징어의 중요성을 강조했다. 그는 "로널드 레이건은 1980년에 징어 몇 개를 들고나왔는데, 알다시피 대선 승리에 어느 정도 도움이 됐다"라고 하면서 말을 이었다. "징어 또는 일종의 재담이나 기지가 돋보이는 발언처럼 사람들이 기억하고 회자할 만한 순간이 없다면, 어떤 면에서는 승리도 없다고 봐야죠."

조지 W. 부시의 의견에 동의하기가 내키지는 않지만, 충분히 일리가 있는 말이다.

‖ 고대 징어의 달인들 ‖

빅포드-듀에인은 《리틀 북 오브 징어》에서 "징어는 인류만큼이나 오래되었다"라고 한다. 사실 고대 그리스인과 로마인이 멋들어진 원라이너를 즐겨 사용했다는 사실은 전혀 놀라울 게 없다. 키케로를 기억하는가? 그는 "적을 하찮거나 열등한 존재, 비열하거나 우스꽝스러운 대상으로 만듦으로써 우리는 우회적으로 적을 이기는 즐거움을 얻는다"라고 한 바 있다.

키케로 시대 이전인 기원전 400년경, 그리스의 철학자이자 견유주의자로서 별난 행동으로 유명했던 디오게네스가 있었다. 그 역시 징어의 대가였다. 한 번은 알렉산더 대왕이 그를 찾아가 무엇이든 필요하면 들어주겠으니 청할 것이 없는지 물었다. 그러자 디오게네스는 천하의 알렉산더 대왕에게 이렇게 답했다. 햇빛을 가리지 않게 한쪽으로 비켜달라고.

또한 디오게네스는 오랜 기간 플라톤에게 냉소 섞인 비판을 가했다. 플라톤이 사람들 앞에서 강연을 하고 있으면 디오게네스는 트집을 잡아 따져 물으면서 강연을 방해했다. 이런 일화도 있다. 플라톤이 이데아 이론을 설명하는 자리에서 컵과 탁자를 예로 들면서 세상의 모든 컵과 탁자가 존재하기 이전에 컵과 탁자의 이데아가 존재한다고 주장하고 있었다.

"내 눈에 탁자와 컵은 보이는군." 디오게네스가 불쑥 끼어들며 말했다. "그런데 탁자다움이나 컵다움 같은 이데아는 전혀 보이지 않는데."

디오게네스의 계속되는 방해에 짜증이 난 플라톤이 평소 잘 하지 않는 징어를 던졌다. "지당한 말이네. 당신에게 컵과 탁자를 볼 수 있는 눈은 있지." 플라톤은 디오게네스의 머리를 툭툭 치며 말을 이었다. "하지만 컵다움과 탁자다움을 이해할 수 있는 지성은 없으니까."

이때 디오게네스가 촌철살인의 화법으로 웃음을 이끌어낸다. 그는 탁자로 걸어가 그 위에 놓인 컵을 들여다보며 플라톤에게 컵이 비었는지 물었다. 플라톤이 고개를 끄덕이자 디오게네스가 물었다. "이 빈 컵 이전에 존재하는 '텅 비어있음'은 어디 있는 건가?" 플라톤이 생각에 잠긴 사이, 디오게네스가 몸을 숙여 플라톤의 머리를 툭툭 치며 말했다. "내 생각엔 그 '텅 비어있음'을 여기에서 찾을 수 있을 것 같은데."

……

빅포드-듀에인이 책에서 말했고 디오게네스가 증명하였듯이, 잘 쓴 징어는 등골을 스치는 전율을 느끼게 한다. 상대방은 당황스럽고 놀라워 '헉' 소리를 내며 후들거릴 것이다. 아니면 외려 이 흥분과 전율을 양분삼아 받은 만큼 되돌려주는 강력한 징어를 만들어낼 수도 있다.

그렇다면 자신만의 징어를 만들어내고 사용할 수 있는 가장 좋은 방법은 무엇일까?

크리스 램은 재치 있는 응수의 필요조건으로 "경청하는 귀, 민첩한 두뇌, 순간적인 기지 그리고 웃음을 터뜨리는 타이밍"을 꼽았다. 맞는 말이긴 하다. 논쟁에서 이기려면 어느 정도 머리가 빨리 돌아가야 한다. 하지만 촌철살인의 징어는 배워서 할 수도 있다.

받아치기를 숙달하고 싶다면 다음에 나오는 3가지 가이드라인을 알아두고 따라야 한다.

1. 미리 준비하라

온 미국이 다 알고 있는 벤슨의 징어는 즉석에서 만들어진 것이 아니다. 1988년, 민주당 부통령 후보로 선정된 벤슨의 뒤에는 데니스 에카트 오하이오주 민주당 상원의원이 있었다. 〈로스앤젤레스타임스〉의 기사를 보자. 에카트는 공공장소에 모습을 드러낸 퀘일의 영상들을 몇 주에 걸쳐 연구하다가 퀘일이 지속적으로 존 F. 케네디를 언급한다는 사실을 깨달았다. 그러고는 노트에 이렇게 적었다. "퀘일은 자기가 케네디라고 생각한다!"

에카트는 벤슨과 모의 토론 연습을 하면서 퀘일의 역할을 담당했다. 〈로스앤젤레스타임스〉에 따르면 "모의 토론이 시작되면 에카트는 계속해서 존 F. 케네디와 비교하는 발언을 벤슨에게 했다." 흥미롭게도, 모의 회의가 거듭되면서 벤슨은 점점 에카트에게 짜증을 내기 시작했다. 그러면서 에카트를 비롯한 참모들에게 자신이 케네디를 알고 지냈고 함께 일도 했다는 점을 말하다가, 어느 순간 폭발하고 말았다. "퀘일이 자신을 케네디와 비교한다는 건 있을 수 없는 일이야."

바로 그거였다. 참모들은 벤슨에게 그 말을 다듬어서 연습한 후에 때가 오면 퀘일을 똑바로 쳐다보며 대응하라고 조언했다.

그러니까 "당신은 잭 케네디가 아니다"라는 말은 절대 즉흥적으로 튀어나온 말이 아니었다. 벤슨처럼 산전수전 다 겪은 사람도 노력을 통해 만들어낸 말이다. 하지만 그 사실이 오히려 우리에겐 희망을 준다. 우리도 노력하면 징어를 쓸 수 있다는 말이니까. 시간과 공을 들이면 시의적절한 대응에 어울리는 말을 개발할 수 있다는 뜻이니까. 뛰어난 언변술사가 마술처럼 말을 만들어내는 듯해도 보이는 게 다가 아니다. 신랄한 위트와 가차 없는 폄하로 유명한 윈스턴 처칠의 말을 빌리자면 "뛰어난 촌철살인은 즉흥적으로 보여도 실은 모두 며칠 전에 준비한 것이다."

역사적으로 저명한 웅변가들이 했던 명구들을 살펴보는 것은 징어를 준비하는 좋은 방법이다. 위트가 넘치는 토론가들이 시도하여 검증받았던 말을 두려워 말고 사용하라. 그로시나 램 또는 빅포드-듀에인 같은 사람들이 쓴 책을 구해서 인용문이나 원라이너를 공부하라. 시대와 나라를 초월하는 명언과 격언들을 모아놓은 브레이니쿼트BrainyQuote 또는 싱크이그지스트ThinkExist 같은 웹사이트를 살펴보라. 당신도 자신만의 비망록을 만들 수 있다. 일단 공책 한 권을 구해서 섹션과 토픽 별로 나눈다. 재미있고 유명한 문구가 눈에 들어오면 공책에 적은 후에 문장을 가지고 놀듯 이렇게 저렇게 바꿔보라. 이런 방식은 키케로와 로마의 교육자 퀸틸리아누스 그리고 정치인 세네카 시대에서도 사용했다. 특히 세네카는 편지에서 다른 사람의 말을 빌리고 모아서 합성하는 것을 벌에 비유하며 강조한 바 있다.

사람들이 말하길, 우리는 벌의 행동을 따라야 한다고 하네. 벌은 꽃들 사이를 이리저리 옮겨 다니며 꿀을 만들기에 적당한 화밀을 모아서 집에 돌아오면 모아온 화밀을 정리해서 꿀 보관소에 저장한다는군.

징어를 스스로 만들어 사용하고, 다른 사람의 징어를 재사용하거나 수정해 토론이나 논쟁에서 엄청난 영향력을 발휘한 사례는 수 세기에 걸쳐 수도 없이 많이 나타난다. 예를 들면 "신의 이름으로, 가시오in the name of God, go"라는 구절을 보자. 이 구절은 원래 영국시민혁명English Civil War 시기에 올리버 크롬웰이 했던 말이다. 1653년, 크롬웰은 의회에 군대를 투입해 소위 장기의회Long Parliament를 해산하며 이렇게 선언했다.

당신들은 이룬 업적에 비해 이 자리에 너무 오래 앉아있었소. 떠나시오. 내가 말하노니, 그리고 이제 모든 것을 끝냅시다. 신의 이름으로, 가시오!

그 일이 있고 300년 가까이 지난 1940년 5월, 그 구절은 하원 의사당에서 다시 한 번 울려 퍼진다. 노르웨이에서 나치에게 패배한 후, 영국의 전쟁 실패의 책임을 놓고 토론이 한창 벌어지던 중이었다. 보수당 평의원이던 레오 에이머리는 노르웨이논쟁Norway Debate에서 네빌 체임벌린 총리의 유화 정치를 비판하며 사람들에게 익숙한 발언을 한다.

이것은 크롬웰이 장기의회가 더 이상 국정을 돌볼 자격이 없다고 생각하며 했던 말입니다. "그대들은 한 일에 비해 이 자리에 너무 오래 있었소. 떠나시오. 내가 말하노니, 그리고 이제 모든 것을 끝냅시다. 신의 이름으로, 가시오!"

에이머리는 마지막 부분 "신의 이름으로, 가시오"를 조용한 목소리로 말하고는 자리에 앉았다. 더 이상의 말은 필요 없었다. 역사학자 마틴 베넷에 따르면, 3일 후에 체임벌린은 총리직에서 물러났고 윈스턴 처칠이 그 뒤를 이었다.

가장 최근 사례로는 2022년을 들 수 있다. 영국 언론과 야당은 당시 영국 총리 보리스 존슨이 코로나19 방역 수칙을 어기고 다우닝가의 총리 관저에서 파티를 벌였다는 의혹을 두고 사임 압박을 가하는 상황이었다. 전 브렉시트 담당 장관이자 보수당 의원 데이비드 데이비스는 하원의사당에서 총리에게 타격을 가하는 발언을 한다. 그가 어떤 식으로 발언을 마무리했는지 들어볼까?

총리께서 너무도 잘 알고 계실 레오 에미머리가 네빌 체임벌린에게 했던 말을 총리께 상기시켜 드리겠습니다. "당신은 업적에 비해 이곳에 너무 오랫동안 앉아있었습니다. 신의 이름으로, 가시오."

의사당에 모인 하원의원들에게서 지지의 함성이 터져 나왔다. 존슨 총리는 수세에 몰려 더듬대면서 데이비스 의원의 징어를 처음 듣는 사람처럼 행동했다. 무려 존슨 자신이 윈스턴 처칠의 평전을 저술한 사람인데도 말이다.

저는 데이비스 의원이 무슨 말을 하는지 모르겠습니다. 저 인용문이 언제 어떤 뜻으로 나온 건지도 모릅니다.

크롬웰이 처음 했던 말을 인용했던, 에이머리의 구절을 다시 인용한 데이비스의 발언은 영국을 비롯해 전 세계 뉴스의 헤드라인을 장식했다. 보리스 존슨의 사임을 요구하는 목소리는 점점 커져갔다. 6개월 후, 보리스 존슨은 영국 총리직 사임을 발표했다.

2. 짧게 하라

구글 검색창에 '가장 뛰어난 토론 징어'를 입력하면, 미국 대선 토론에서 나왔던 다음과 같은 발언들이 거의 빠지지 않고 나온다.

- "또 시작이군요" – 1980년, 로널드 레이건이 민주당 대선 후보 지미 카터를 향해 국민에게 진실이 아닌 과장된 발언을 하고 있음을 암시하며 한 말.
- "소고기는 어디 있는 겁니까?" – 1984년 민주당 대통령 예비후보 토론에서 월터 먼데일이 게리 하트에게 한 말. 당시 유명했던 패스트푸드 웬디스 광고에서 노년의 여성이 햄버거에 빵과 야채만 있고 고기 패티가 보이지 않는다며 던진 질문.

먼데일이 하트의 공약에는 알맹이가 없다는 점을 지적하기 위해 인용.

- "그건 애매모호한 숫자놀음입니다" – 2000년 조지 W. 부시가 민주당 후보 앨 고어에게 부시의 의료보건 정책을 비판하기 위해 엉터리 통계를 사용한다고 지적하며 한 말.
- "당신은 그런대로 호감이 가는 사람이에요, 힐러리" – 2008년 민주당 대통령 후보 경선 토론에서 버락 오바마가 힐러리 클린턴에게 한 말. 힐러리가 스스로 자기가 "그 정도로 나쁜" 사람은 아니라고 생각한다며 자기비하적 농담으로 밀고 나가려 하자 오바마가 한 말.
- "1980년대가 자기네 외교 정책을 돌려달라고 전화를 했네요" – 2012년 버락 오바마가 밋 롬니에게 한 말. 러시아가 "의심의 여지없이 미국의 지정학적 적"이라고 한 롬니의 발언을 오바마가 구시대적이라고 조롱하며 한 말.

위에 소개한 징어들이 지닌 공통점이 뭘까? 간결하고 함축적이고 단도직입적이다. 종종 징어를 '원라이너'라고 표현하는 이유가 여기 있다. 코미디언 켄달 페인은 징어가 최상의 효과를 얻기 위해서는 한 단락 내지 한 문장이어야 한다고 말한다. 로이드 벤슨처럼 마지막 결정적인 한 마디를 던지기 위해 분위기를 조성하는 경우에는 조금 길어질 수도 있다. 하지만 10초에서 15초를 넘어가지 않는 것이 가장 좋다. 페인은 "던지는 말이 간단명료해야" 한다고 강조한다.

고대 그리스의 스파르타인은 간결하고 재치 있는 응수의 대가였다. 참고로 무뚝뚝할 정도로 간결한 위트를 천연덕스럽게 사용하는 것을 '라코닉laconic' 유머라고 하는데, 라코닉이라는 단어는 고대 그리스의 남동부 지역인 라코니아Laconia에서 따왔다. 라코니아 지역에 도시국가 스파르타가 포함되어 있어 스파르타식 축약어법을 라코닉이라 부른다.

라코닉 화법의 대표적인 예로 마케도니아가 보낸 메시지에 대한 스파르타의 대꾸를 들 수 있다. 마케도니아의 필립 대왕이 라코니아를 공격하겠다고 위협하면서 자신이 스파르타에 "아군으로 와야 하는지 아니면 적군으로 와야 하는지"를 묻는 메시지를 보낸다. 스파르타의 대답은? "어느 쪽이든."

그러자 분을 참지 못한 필립 대왕이 최후통첩을 보낸다. "만약If 내가 군대를 이끌고 너희 영토로 들어간다면 너희 모두를 죽이고 모든 것을 파괴할 것이다."

이에 대해 스파르타는 이렇게 답한다. "그럴 수 있으면If."

받아치는 문구가 간결할수록 상대방은 더 크게 열받는다. 상대방이 당신의 아이디어를 무력화시키기 위해 장황한 설명을 하는데 당신이 그걸 한 문장으로 잘라버린다면 둘은 선명하게 대조될 것이다. 청중도 이를 놓칠 리 없다. 그리고 필립 대왕처럼 상대는 좌절감에 빠지게 된다.

3. 최적의 순간을 찾아라

되받아칠 징어를 준비해 두는 것 못지 않게 자연스럽게 써먹는 것도 중요하다. 미리 준비한 말이라도 정말 자연스럽게, 즉흥적인 발언처럼 들리도록 전달해야 한다. 그렇게 하려면 토론이 벌어지고 있는 열기가 고조된 논쟁의 한가운데서, 징어를 던져 넣을 수 있는 최적의 순간을 포착해야 한다.

타이밍이 중요하다. 2015년 프랑스의 풍자 신문 주간지 〈샤를리에브도〉에서 끔찍한 총격 테러 사건이 벌어진 후 내가 BBC1의 '질문시간'에 출연해서 '이슬람과 언론의 자유'에 관해 토론을 벌였던 일을 기억하는가? 당시 상대편 패널 중 한 명이 데이비드 스타키였다. 그는 영국의 우파 역사학자로, 아동 성 학대가 파키스탄의 문화 때문이고 도시 폭동이 자메이카의 문화 때문이라는 등 이전부터 편협하고 인종차별적인 발언을 많이 한 사람이다.

그날 저녁, 스타키는 파리에서 벌어진 사건에 대해 언급하면서 이슬람 신앙이 "퇴보하고" 있고 500년 동안 아랍어로 나온 글 중에는 "대단한 게 아무 것도 없다"고 했다. 게다가 내가 거의 10년 전에 했던 부적절한 발언을 교묘하게 왜곡하면서 나를 극단주의자로 몰고 가려 했다. 그는 장광설을 한참 늘어놓다가 내 이름을 "아흐메드"라고 불렀다.

바로 그때 느낌이 왔다. 한 방 탁 쏘는 발언으로 나머지 논쟁을 이끌어갈 수 있겠다는 생각이 스쳤다. 드디어 내 차례가 되었고 나는 그의 중상모략에 일침을 가할 수 있는 징어로 되받아쳤다.

"제 이름은 아흐메드가 아니라 메흐디입니다. 제 이름도 제대로 알지 못하는 분이 제가 10년 전에 했던 발언을 선택적으로 인용하시다니, 의심이 갈 수밖에 없군요."

스튜디오 청중석에서 엄청난 박수가 쏟아졌다. 기고만장했던 스타키는 박수 소리에 묻혀 결국 주장을 이어가지 못했다.

물론 스타키가 그런 실수를 할 거라고 예상하고 미리 준비할 수는 없었다. 그가 한 말을 듣고 내가 어떤 말을 해야 할지 그 자리에서 떠올려야 했다. 이런 기회가 마치 천운처럼 드물게 일어난다고 생각할 수도 있겠지만 토론이나 논쟁을 하다보면 기회는 믿기 힘들 정도로 흔히 발생한다. 기회가 없어서가 아니라 기회가 왔을 때 활용할 만큼 준비되어 있지 못하는 경우가 더 많다. 이런 점에서 보면 기회는 우리가 앞선 장들에서 다뤘던 논쟁을 이기기 위한 여러 방법들을 바탕으로 탄생한다는 말도 된다. 즉, 즉흥적으로 보이는 자연스러운 유머도 중요하고 적극적인 경청도 중요하다는 말이다. 이런 기술들을 차근차근 익히면 상대가 저지르는 실수마다 물고 늘어질 수 있다.

기술을 갈고닦는 과정에서, 이런 기술을 토론에 활용한 사람들의 말을 들어보고 배우는 것도 도움이 된다. 예를 들면 2016년 2월, 뉴햄프셔주 맨체스터에서 열린 공화당 대통령 후보 토론에서 마르코 루비오를 혼쭐낸 크리스 크리스티에게서 배울 점을 보자.

플로리다주 상원의원 루비오는 당시 민주당 대통령 버락 오바마에 관해 미리 연습해서 외워둔 구절을 써먹고 싶어 안달이었다.

토론 초반, 루비오는 이렇게 말했다. "버락 오바마가 자신이 무슨 짓을 하고 있는지도 모르고 있다는 말은 완전히 잊어야 합니다. 그는 자신이 무슨 일을 하고 있는지 정확히 알고 있습니다. 버락 오바마는 이 나라를 뒤바꾸고, 미국을 세계의 다른 평범한 나라들처럼 만들기 위해 계획적으로 노력하고 있는 겁니다."

그렇게 토론이 흘러가다가 루비오는 뉴저지주 주지사 크리스티의 과거 발언을 공격한 다음 또 다시 말했다. "이 말을 더하고 싶습니다. 버락 오바마가 자신이 무슨 짓을 하고 있는지도 모르고 있다는 말은 완전히 잊어야 합니다. 그는 자신이 무엇을 하고 있는지 정확히 알고 있습니다. 그는 이 나라를 뒤바꾸려 하고 있습니다."

루비오가 같은 말을 반복해서 하는 걸 듣고 있던 크리스티가 징어를 명중시킬 수 있는 거리를 포착했다. 그는 루비오를 가리키고 나서 청중을 바라보며 말했다. "저게 바로 정치계에서 하는 일입니다." 그는 여전히 루비오를 가리키고 있는 손을 거두지 않은 채 말을 이었다. "초반에 부정확하고 불완전한 정보를 툭툭 뿌립니다. 그러고 나서는 참모들이 써준 25초짜리 글귀를 달달 외워와서 말하는 거죠."

순간 청중은 마치 레이저 광선을 쏘아대듯 루비오를 뚫어지게 쳐다보았다. 크리스티가 12초가량의 발언을 마치자 청중은 함성과 박수를 쏟아냈고, 심지어 루비오도 멋쩍은 웃음을 지었다.

크리스티는 징어를 던진 후에 중요한 사실을 추가하는 것도 빼먹지 않았다. "보세요, 루비오. 이게 말이죠. 미국의 대통령이나 주지사는 말입니다. 마지막에 위대한 미국이니 뭐니 이런 말로 끝나는 30초짜리 글이나 외워서 읽어봐야 실제로는 어느 누구의 문제도 전혀 해결할 수가 없는 겁니다."

그럼에도 루비오는 멈추지 않았다. 루비오는 주지사로서 크리스티의 행정 능력을 비판하기 시작했다. "크리스티, 두 주 전에 뉴저지주에 엄청난 폭설이 쏟아졌는데도 돌아가려고 하지 않으셨죠. 주민들의 성화에 못 이겨서 돌아갔지만 36시간 정도 머무르다가 또 선거운동을 하러 떠났어요. 이건 사실입니다."

좋다. 이건 충분히 거론할 수 있는 새로운 사안이었다. 그런데 조금 있다가 루비오는 뜬금없이 또 오바마 대통령 이야기를 꺼냈다. "결론은 이겁니다. 버락 오바마가 아무 생각 없이 일하고 있다는 건 사실이 아닙니다. 그는 자신이 무슨 짓을 하는지 정확히 알고 있습니다."

크리스티의 얼굴이 빛이 나는 듯 환해졌다. 루비오가 오바마를 디스하는 암기식 발언을 또 시작하자 바로 끼어들며 말했다. "바로 저겁니다! 저거예요. 25초짜리 암기식 발언이요. 저걸 또 하네요, 여러분."

그날 밤 뉴햄프셔주에서 루비오는 완전히 망가졌다. 반면에 크리스 크리스티는 맞대응의 명수로 떠올랐다. 크리스티가 그렇게 할 수 있었던 이유는 계속해서 실시간으로 다른 사람의 말을 경청했기 때문이고, 그 말에 자신의 발언을 맞춰가면서 정곡을 찌를 수 있었기 때문이다.

"원라이너는 미리 준비했을 때보다 순간적으로 자연스럽게 나올 때가 훨씬 효과적입니다." 크리스티는 〈뉴욕타임스〉와의 인터뷰에서 이렇게 밝혔다. "미리 준비한 발언은 딱히 효과적이지 않은 경우가 대부분이죠. 원라이너는 순간적으로 나와야 합니다. 원라이너는 자기가 지금 듣고 있는 말과 맥락이 통하는 말이어야만 한다고 생각합니다."

……

자연스럽고 맥락에 어울리는 원라이너는 '예술의 경지'를 보여준다. 토론에 들어가기 전에 징어를 생각해 내고 준비하는 일은 중요하다. 사전 준비를 통해 간결하면서도 멋들어진 징어를 만들어내야 한다. 그리고 논쟁에 돌입하여 서로의 주장이 난무하기 시작하면 당면한 그 순간에 집중해야 한다. 이는 갈고닦은 징어를 사용할 완벽한 순간을 찾아내거나 또는 이야기의 방향을 틀어서 상대방이 방금 한 말이나 저지른 실수에 대응하는 것을 의미한다.

마지막으로 해줄 말이 있다. 토론을 할 때는 모든 달걀을 징어나 원라이너라는 한 바구니에 담지 말라. 당신 주장의 핵심 내용 역시 중요하다는 말이다. 조지 W. 부시는 징어가 승리와 영광을 가져다줄 수 있다고 말했지만, 현실적으로 그렇지 못할 수 있다. 징어는 상대방의 말에 의문을 제기하고, 상대방의 신뢰성에 의문을 제기하면서 청중의 마음을 얻어내는 좀 더 광범위한 전략의 일부로 활용할 때 극적인 효과를 발휘한다. 모든 걸 해결하기에 멋진 되받아치기 발언 하나만으로는 부족하다.

그러니 명심하라. 징어를 통해 당신은 유리한 고지를 차지할 수 있고 거기에 더해 재미와 기쁨마저도 느낄 수도 있다. 하지만 오로지 징어에 기대어 상대방을 완전히 끝장내거나 토론에서 이기려 해서는 안 된다. 어쨌든 오마하에서 열린 부통령 후보 TV 토론에서 공화당의 퀘일은 민주당의 벤슨에게 패했다. 하지만 3개월 후, 미국의 부통령으로 국회의사당 앞에서 취임 선서를 한 사람은 공화당의 퀘일이었다.

함정이 어디 있는지 아는 것,

그것이 함정을 피하는 첫 번째 단계이다.

_프랭크 허버트Frank Herbert의 소설 《듄Dune》의 등장인물

레토 아트레이데스 공작의 대사

10장

예상할 수 없는 부비트랩을 설치하라

1980년대 내가 아직 어렸을 때, 나는 람보 시리즈 초기 3부작인 〈람보First Blood〉, 〈람보 2Rambo: First Blood Part II〉, 〈람보 3Rambo III〉에 홀딱 빠져있었다. 나는 수십 년 동안 이 영화들을 몇 번이고 보고 또 봤다.

자, 여기서 질문 겸 영화에 대한 토막 상식 하나. 1편에서 실베스터 스탤론이 연기했던 캐릭터이자 영화의 타이틀 롤인 존 람보는 영화가 끝날 때까지 얼마나 많은 사람을 죽였을까?

'퍼스트 블러드'라는 제목과 달리, 이 영화에서 람보가 사람을 죽이는 장면은 등장하지 않는다. 2편과 3편이 되어서야 스탤론이 무수히 많은 사람을 칼로 찌르고, 총으로 쏘고, 폭탄으로 날려버리는 장면이 등장하기 시작한다.

대신 1편에서 람보는 다른 전략을 취한다. 머리가 희끗희끗해진 베트남전 참전 용사 람보는 워싱턴주의 호프라는 가상의 마을에서 앙심을 품고 자신을 추적하는 지역 보안관을 피해 숲속에 은신한다. 그리고 비살상용 부비트랩booby trap을 곳곳에 설치해 자신을 공격해 오는 사람들에 맞서 싸우는 전략을 택한다. 부비트랩에는 뾰족한 못과 꼬챙이, 구멍 따위가 숨겨져 있다. 보안관과 그의 부하들은 무엇이 자신들 앞에 놓여있는지 전혀 알 수 없다. 그냥 걸어가다가 순식간에 함정에 걸릴 뿐이다.

왜 내가 이 오래된 저예산 영화 이야기를 꺼내느냐고? 논쟁을 승리로 이끄는 효과적인 방법 중 하나가 바로 존 람보가 취했던 전략이기 때문이다. 바로 **수사적 부비트랩**을 설치하고 상대방이 뾰족한 못을 향해 달려들 때까지 느긋이 기다리는 것이다.

……

메리엄-웹스터사전은 부비트랩을 "방심이나 부주의를 틈타 상대를 잡는 덫이나 함정"으로 정의한다. 이런 맥락에서 보면 '부비'라는 단어 자체는 새나 인간의 신체 부위와 아무런 관련이 없으며(booby는 부비새 또는 젖가슴이라는 뜻이 있다-옮긴이), 오히려 '바보 같은, 어리석은, 순진하기 짝이 없는'이라는 뜻의 스페인어 '보보bobo'와 관련이 있다. 이번 장에서는 겉으로는 평범해 보이는 질문이나 말을 사용해서 상대방을 어리석고 멍청한 사람처럼 만드는 함정, 나아가 효과가 극대화되면 상대방의 말문을 막아버리는 덫을 설치하는 방법을 알려줄 것이다.

부비트랩이 다른 함정과 달리 유독 위험한 이유는 이 덫의 희생자가 자기도 모르는 사이에 스스로 이 함정을 작동시킨다는 데 있다. 토론이나 논쟁에서 얼마나 효과적인지 설명하자면, 함정에 빠진 사람은 몇 시간 동안이나 토론을 준비하고 몇 시간이나 쉬지 않고 열변을 토했는데 지금까지 자기 혼자 그저 흥분해서 식식대고 있었음을 불현듯 깨닫고 놀랄 만큼 충격적이다.

그렇다면 어떻게 일반적인 논쟁이나 공식적인 토론에서 부비트랩을 설치할 수 있을까? 어떻게 하면 상대방이 함정으로 제 발로 걸어 들어 오게 유인할 수 있을까? 그리고 어떤 종류의 수사적 함정이라야 실시간으로 논쟁이 진행되고 있는 도중에 상대방을 빠뜨릴 수 있을까?

방심하고 있는 상대를 향해 부비트랩을 설치하는 방법 중 내가 즐겨 사용하는 3가지 방법을 알려주겠다.

1. 상대방의 과거를 이용해 함정에 빠뜨려라

영수증을 다룬 3장에서 이야기했듯이, 상대방이 직접 했던 말을 이용해 궁지에 몰아넣는 전략은 상대방이 했던 주장의 타당성과 상대방에 대한 신뢰도를 한꺼번에 떨어뜨리는 강력한 위력을 발휘한다. 이를 통해 논쟁에서 우위를 점할 수 있다.

하지만 상대방이 했던 말을 부비트랩으로 사용하려면 자신의 말이 부비트랩이 된다는 점을 **상대가 알아채지 못하게 하면서** 부비트랩이 있는 곳으로 대화를 이끌어야 한다.

사실 자승자박 함정은 TV 인터뷰 진행자가 정치인이나 유명 인사, 그중에서도 특히 예전부터 인터뷰에 자주 응했거나 연설을 해왔던 사람들을 상대로 즐겨 사용해 왔던 고전적인 속임수이다. 이러한 사람들은 대체로 자기가 했던 말을 전부 다 기억하지 못한다. 따라서 만약 그가 과거에 했던 말 중에서 현재 주장을 약화시킬 수 있는 부분을 당신이 찾아낼 수 있다면… 바로 그 부분에 부비트랩을 설치할 수 있다!

이게 쉬운 일은 아니다. 미리 조사하고 준비해야만 한다. 하지만 SNS가 발달한 시대에서는 인터넷에서 과거의 발언을 찾아낼 수 있다. 정치인뿐만 아니라 많은 사람들의 정보가 도처에 있다. 상대방의 페이스북 페이지나 트위터(現 엑스) 계정에서 덫으로 활용할 수 있을 만한 발언을 찾아내, 상대방이 함정의 존재를 알아차리지 못하게 하면서 적절히 그 발언들을 이용해 공격 전략을 세우면 된다. 결국 실전에서 어떻게 실행하는지가 관건이다.

2015년 알자지라잉글리시 방송에서 나는 퇴역한 미군 중장 마이클 플린을 인터뷰한 적이 있다. 그는 나중에 도널드 트럼프 대통령의 첫 번째 국가안보보좌관으로 취임했으나 23일 만에 사임했다. 플린은 이란 문제에 대한 강경한 태도 그리고 당시 대통령이던 버락 오바마가 추진하던 이란과의 핵 협상에 대한 비판적인 발언으로 유명세를 탔다. 하지만 인터뷰를 준비하는 과정에서, 제작진과 나는 플린이 과거 국방정보국Defense Intelligence Agency 국장 자격으로

의회에 나와 이란의 위협을 별 것 아니라는 듯 과소평가했던 증언을 우연히 찾아냈다.

함정을 설치할 때가 왔다!

나 이란의 위협에 대해 계속 말씀하시는데, 처음 시작할 때 이란의 적대적인 행위에 대해 언급하셨습니다. 하지만 장군님, 이란이 했던 그 모든 적대 행위에도 불구하고 위협의 수준이라는 측면에서 봤을 때는 이란이 "분쟁을 개시하거나, 의도적으로 도발하거나, 또는 미국에 대해 선제공격을 개시할 가능성은 낮다"라는 게 사실 아닙니까?

마이클 플린 이란은, 글쎄요. 아닙니다. 저는 그렇게 생각하지 않습니다….

나 위의 발언에 동의하지 않는다는 말씀이신가요?

마이클 플린 저 발언을 사실로 여길 순 없겠군요. 사실이 아니에요.

나 저 발언은, 장군님. 2014년 2월에 장군님이 직접 했던 말입니다.

쾅! 자기가 했던 말이 부메랑처럼 자신을 향해 되돌아오고 있는데도 이를 알아차리지 못하고 있는 상대방을 바라보는 것보다 흡족한 일이 또 있을까. 바로 뒤이어 그 사실을 깨닫고 당혹해 하는 상대방의 얼굴을 바라보는 것도 그 못지않게 기쁜 일이다. 안타깝게도 이런 상황에 미리 대비하기란 쉽지 않다. 자기가 했던 말이 어떻게 인용될지 상대방이 알아차리지 못하도록 주의 깊게 계획을 세울 수만 있다면, 당신은 토론의 하이라이트를 만들어낼 것이다.

그런데 상대방은 자기가 그런 말을 했다는 사실을 알고 있을지 몰라도, 청중이 모르는 경우가 있다! 2019년 런던의 인텔리전스스퀘어드 토론에서 나는 '사우디아라비아와 서구 세계'라는 주제로 중동 학자이자 작가인 마몬 팬디와 설전을 벌였다.

과거 사우디아라비아가 급진 이슬람 세력의 근거지라는 생각은 "근거 없는 믿음"이라 주장한 바 있던 마몬 팬디는 이집트의 무슬림형제단Muslim Brotherhood에 대해 비난을 늘어놓으며 사우디아라비아가 극단주의를 조장하고 있다는 혐의에 맞서 사우디아라비아 정부를 옹호하려 했었다. 그는 심지어 사우디아라비아 출신인 오사마 빈 라덴에 대해서도 "빈 라덴은 자신의 모든 녹화 자료와 인터뷰 독점권을 가지고 있는 알자지라 네트워크 방송국과 아주 가까운 친구"라며 그를 감싸고돌았다. 당시 알자지라잉글리시 방송국 앵커로 프로그램을 진행하던 나를 향해 히죽거리며 말이다. 알자지라를 언급하며 빈 라덴이 나쁜 사람이면 나까지 한통속이라고 암시하는 그런 케케묵은 수법을 써먹다니!

하지만 나는 그 말을 듣고 약이 오르거나 하지는 않았다. 왜 그랬을까? 내가 깔아놓은 부비트랩을 팬디가 건드렸기 때문이다. 나는 그가 이슬람 원리주의와 극단주의를 둘러싼 논쟁에서 사우디아라비아를 노골적으로 옹호하기를 바랐으며, 나아가 나를 개인적으로 공격하길 바라기까지 했다. 그랬기에 다음과 같이 대답하며 반격에 나설 수 있었다.

간단하게 한 가지 아주 중요한 내용을 짚어드리겠습니다. 팬디, 당신은 이슬람교와 마우두디Mawdudi, 그리고 쿠틉Qutb에 대해 언급했는데요(마우두디는 파키스탄의 이슬람주의 정당이며, 쿠틉은 이집트 출신의 대표적인 이슬람 원리주의 사상가-옮긴이). 1990년대에 〈크리스천사이언스모니터〉에 이런 기사가 실렸습니다. 이집트는 "사우디 스타일의 이슬람에 무릎을 꿇어서는 안 된다…. 내가 학생이었을 때… 원리주의를 신봉하는 학생들이 사우디로 갔다가… 돌아와서는 책을 배포했다."
"사우디 스타일의 원리주의는… 이집트인들을 불안하게 만들고… 사우디의 영향력은 **반드시** 억제되어야 한다." 이 기사를 쓴 사람은 바로 마몬 팬디라는 인물이었죠.

팬디의 얼굴에서 승리의 미소가 사라졌다. 내 말을 들은 관객들이 환호를 보내자 그가 비꼬는 투로 빈정거렸다. "잘도 찾아내셨네요." 하지만 나에게는 아직 둘 사이의 논쟁에 종지부를 찍을 마지막 한 방이 남아있었다. "바로 당신이 했던 말입니다, 팬디."

2. 모순을 부각시켜 함정에 빠뜨려라

롭 라이너 감독의 1992년 영화 〈어 퓨 굿 맨A Few Good Men〉을 많이들 봤을 것이다. 아직 못 본 사람도 영화의 클라이맥스를 상징하는 그 유명한 법정 공방 장면에 대해서는 아마 알 것이다. 배우 톰 크루즈가 연기한 다니엘 캐피 중위가 움켜쥔 주먹을 흔들며 증인석에 앉은 피고에게 소리친다. "나는 진실을 원합니다!" 잭 니콜슨이 연기한 나단 제섭 대령은 무시무시한 기세로 화면 전체를 장악하며 "자네는 진실을 감당할 수 없어"라고 맞받아친다.

영화에서나 볼 법한 이 멋진 대사를 많은 사람들이 기억한다. 하지만 이 유명한 대사가 나오기까지 두 사람 간에 이어진 치열한 공방을 기억하는 사람은 별로 없을 것 같다. 해군 법무관 캐피 중위는 제섭 대령이 교범에 규정되어 있지 않은 가혹 행위인 '코드 레드' 명령을 내린 탓에 윌리엄 산티아고 해병이 목숨을 잃게 되었다고 믿지만 입증이 불가능한 상황에서, 제섭 대령을 상대로 부비트랩을 설치한다.

먼저 캐피 대위는 공개 법정의 증인석에 앉아있는 제섭 대령에게서 자기 부하들은 절대로 명령에 불복종하는 일이 없다는 증언을 이끌어낸다. "우리는 명령에 복종한다 애송이. 우리는 명령에 따른다고. 안 그러면 사람이 죽어. 간단한 이치야." 그러고 난 뒤 산티아고 이병이 동료 해병의 법률 위반 행위를 폭로하자 그의 전출을 승인했으며 그를 건드리지 말고 안전을 위해 기지 밖으로 내보내라는 명령을 내렸다는 '거짓' 증언을 제섭 대령에게서 이끌어낸다. 이제 함정이 작동할 때가 되었다. 캐피 대위는 제섭 대령의 증언에 내재한 모순점을 부각시킨다. "대령님은 조금 전 부하들이 명령 없이 먼저 나서서 일을 직접 꾸미는 일은 없다는 점을 분명히 했습니다. 대령님 부하들이 명령을 따르지 않는다면 사람이 죽습니다. 그러니 산티아고 이병을 건드리지 말라는 명령을 내리셨다면 산티아고 이병은 애초에 위험에 노출될 일이 전혀 없었습니다. 그렇지 않은가요, 대령님?" 산티아고의 안전을 위해 기지 밖으로 내보내거나 전출시킬 필요가 없지 않았느냐고 모순을 지적한 것이다.

여기서 제섭 대령이 눈을 찡그리는 모습이 화면 가득 비치는데, 바로 대령이 무언가를 깨닫는 순간이다. 이 해병대 대령은 함정을 향해 똑바로 걸어 들어 갔던 것이다. 그는 법정에서 했던 선서 때문에 명백히 **모순**적인 상황에 처하고 만다. "이 세상 물정 모르는 더러운 자식이." 결국 대령은 길길이 날뛰며 거침없이 모든 것을 쏟아내기 시작한다. 잠시 뒤 캐피 대위는 진실을 낚아챈다. 코드 레드 명령을 내려 산티아고 이병을 죽게 한 사람이 바로 제섭 대령이었다는 진실 말이다.

10대였을 때 〈어 퓨 굿 맨〉을 본 이후 나는 이 영화의 팬이 되었다. 1990년대에 런던 북부에서 고등학교에 다니던 시절, 나는 연극반 친구 한 명에게 친구들 앞에서 함께 법정 장면을 공연하자고 했었다. 공연 날, 그 친구는 아파서 학교에 오지 못했다. 그래서 아이들 10명가량과 탐탁지 않은 눈길로 바라보는 연극반 선생님 앞에 서서 나 혼자 톰 크루즈가 연기한 캐피 대위와 잭 니콜슨이 연기한 재섭 대령을 동시에 연기했다. 혼자서 일어났다가 앉았다가, 일어났다가 다시 앉았다가를 반복하면서. 그건 뭐랄까… 기이하기

이를 데 없는 10분이었다고나 할까….

하지만 시간이 흘러 TV에서 치열한 공방이 오가는 인터뷰 프로그램의 진행자가 되었을 때, 나는 캐피 대위의 반대 심문 기법을 유용하게 차용했다. 2015년 옥스퍼드유니언에 모인 청중 앞에서 영국의 저명한 경제학자 폴 콜리어를 인터뷰한 적이 있다. 콜리어는 자신이 자유주의자이며 중도주의자라는 입장을 피력했지만, 이민과 망명 문제에 대해서는 다소 보수적이고 구태의연한 태도를 견지하는 이였다. 그는 《엑소더스: 전 지구적 상생을 위한 이주 경제학Exodus: How Migration Is Changing Our World》이라는 도발적인 책을 썼는데, 나는 이 책에서 콜리어가 다소 당황스러울 정도로 공격적이기까지 한 어조를 동원해가며 "토착indigenous" 영국인에 대해 언급하는 걸 보고 그가 자가당착에 빠졌단 걸 알아차렸다. 그래서 인터뷰할 때 이 점에 초점을 맞추었다.

나 이 책을 보면 거의 한 페이지 걸러 한 번씩 토착 영국인 또는 영국 인구 구성에서 토착 구성원들에 대해 계속해서 언급하는데요. 아시다시피 극우 인사들로부터 큰 반향을 일으키고 있습니다. 당신은 토착 영국인을 어떻게 정의하시겠습니까? 토착 영국인이라는 게 도대체 뭐죠?

폴 콜리어 글쎄요. 이민자가 아닌 사람들에 대한 개념을 정의할 필요가 있겠죠.

나 그래서 그게 뭔가요?

폴 콜리어 내 말은, 이민자가 아닌 사람들을 "토착" 영국인이라고 부르는 게 좋겠다는 말입니다.

나 그게 어떤 의미가 있다는 겁니까?

폴 콜리어 흠, 만약 당신이 이민자의 개념을 정의할 수 있다면 이민자가 아닌 사람들에 대한 개념도 필요하겠지요. 그렇지 않은가요?

나 이민자가 아닌 사람들에 대한 개념을 어떻게 정의하죠?

폴 콜리어 이민자의 개념은 무엇일까요, 메흐디?

나 글쎄요, 저는 토착 영국인인가요?

폴 콜리어 당신은 여기서 태어났습니까?

나 그렇습니다.

폴 콜리어 그러면 당신은 영국인이죠. 그런 거죠.

나 좋습니다. 그러면 여기에서 태어난 사람들은 토착 영국인인가요?

폴 콜리어 그렇게 되지요. 네.

나 좋습니다. 제가 질문을 하나 드리겠습니다. 이 책에서 당신은 이렇게 말씀하셨는데요. 2011년 인구통계조사에 따르면 토착 영국인은 자신들의 수도인 런던에서조차 소수자가 되었다고요. 그런데 이 조사 결과를 보면 런던 인구의 63%가 영국에서 태어난 사람들입니다. 토착 영국인을 백인 영국인으로만 범위를 좁힌다면 "소수자 지위"라는 표현이 맞는 말이 되지요. 그러면 당신도 런던에서 소수자가 될 테고요. 당신은 여러 인터뷰와 기사에서 이렇게 말했습니다. 〈데일리메일〉에서도 그랬고, 〈뉴스테이츠먼New Statesman〉에서도….

폴 콜리어 이민 2세들을 고려해 봐야죠.

나 그럼 간단한 질문을 하나 드리겠습니다. 여기에 오류가 있습니까? 오류가 있어요. 그렇죠? 책에서 당신은 토착 영국인이 자신들의 수도에서조차도 소수자라고 말했습니다. 그렇지 않습니다. 63%나 됩니다.

폴 콜리어 만약 당신이 그런 식으로 점수를 따고 싶다면….

나 저는 그저 점수나 따려는 게 아닙니다. 경제학 교수에게 질문하는 중입니다. 그 경제학 교수가 책에서 꽤나 분명한 오류를 저지르지 않았나요?

폴 콜리어 아니요, 전 실수하지 않았습니다.

나 〈데일리메일〉에서도 똑같이 얘기했는데요.

폴 콜리어 아니요, 그러지 않았습니다.

나 〈뉴스테이츠먼〉에서도 같은 말을 했고, 〈이코노미스트Economist〉에서도….

폴 콜리어 아니요, 저는 명백한 오류 같은 건 범하지 않았습니다. 그건 완벽하게 유의미한 진술입니다.

나 무슨 뜻인지 설명해 주시겠습니까?.

폴 콜리어 토착이라는 단어의 사용에 대해 말하는 것 맞지요? 거기에는… 거기에는 다양한 정의가 있을 수 있습니다.

나 제가 몇 분 전에 물어봤을 때는 "영국에서 태어난"이라는 뜻이라고 말씀하셨는데요.

폴 콜리어 그래요, 맞아요. 1점 드리죠.

나 여기에는 그 정의가 적용되지 않습니다. 당신이 말한 정의가….

폴 콜리어 그건 당연히 여기 적용되지 않습니다.

나 그렇다면 그 정의는 어떤 맥락에서 적용됩니까?

폴 콜리어 그것은…2세에게 적용됩니다.

나 2세라고요? 그 정의에 따르면 저는 토착 영국인이 아닙니다.

폴 콜리어 음, 그렇다면, 틀림없이 그렇겠군요. 그래요.

나 저는 토착 영국인입니까, 아닙니까?

폴 콜리어 당연히 토착 영국인입니다.

화려한 수상 경력을 자랑하는 이 경제학자가 자기가 한 말에 발이 걸려 넘어지자 옥스퍼드유니언에 있는 청중이 큰 소리로 웃음을 터뜨렸다. 하지만 콜리어는 웃지 않았다. 그는 그날 밤 입을 다문 채 옥스퍼드유니언의 토론회장을 떠났고 심지어 작별 인사도 하지 않았다.

콜리어가 자신이 했던 말로부터 적당히 슬금슬금 물러나도록 내가 내버려두지 않았다는 점에 주목하라. 나는 그가 모순을 지적하는 내 말의 일부를 인정하면서 적당히 넘어가도록 놔두지 않았다. 말이 되는 안 되든, 그 모순에 관해 설명하라고 붙잡고 늘어졌다. 이것이 상대를 부비트랩에 빠뜨리는 방식이다.

3. 대답할 수 없는 질문으로 함정에 빠뜨려라

부비트랩을 설치하는 마지막 방법도 유사한 작전을 사용한다. 이번에는 직설적인 질문을 던져 상대를 함정에 빠뜨리는데, 그 질문 자체가 부비트랩으로 작용한다.

어떻게 그저 질문 하나만으로 함정을 설치할 수 있을까? 간단하다. 토론을 준비하는 과정에서 상대방이 대답할 수 **없거나** 대답하지 **못할** 것이 분명해 보이는 사항을 알게 되었다면 바로 그 사항에 대해 질문을 던지면 된다. 대답의 내용이나 대답할 수 없다는 사실이 중요한 것이 아니라 상대방이 질문 그 자체로 주의를 돌리게끔 하는 것이 중요하다. 일단 상대방이 궤도를 이탈해 흐름에서 벗어나면, 부비트랩이 발목을 낚아챈다.

무슨 말이냐고?

토론의 대가였던 영국계 미국인 작가이자 저널리스트였던 크리스토퍼 히친스는 특히 이러한 전략의 달인이었다. 1991년 걸프전의 전운이 감돌 때였다. CNN은 전설적인 배우에서 공화당 행동주의자로 변신한 찰턴 헤스턴과 히친스의 인터뷰를 주선했다. 생방송으로 진행된 토론에서 당시 공개적으로 이라크와의 전쟁을 반대하던 히친스는 이라크에 대한 군사적 행동을 지지하던 헤스턴에게 맞서 단 하나의 질문으로 함정을 발동시켰다

크리스토퍼 히친스 헤스턴 씨, 질문 하나 드리겠습니다. 쿠웨이트에서부터 시작해서 시계 방향으로 이라크와 국경을 접하고 있

는 나라들을 말할 수 있으신가요?

찰턴 헤스턴 네, 그럼요. 할 수 있죠. 이라크와 주변 나라들 간 국경은 계속 불안정하리라 생각하는데요. 이란과 이라크를 보면 알 수 있듯이….

크리스토퍼 히친스 말할 수 있으신 거죠, 그렇죠? 1분도 안 걸릴 겁니다.

찰턴 헤스턴 하라는 대로 해보죠. 쿠웨이트, 바레인, 터키, 러시아, 음, 그리고 이란.

크리스토퍼 히친스 말씀하시는 걸 들어보니 이라크가 정확히 어디 있는지 모르시군요. 그렇죠? 지도상에 이라크가 어디 있는지 전혀 모르면서도 대통령 말 한마디에 따라 지금이라도 당장 폭격해야 한다는 입장이시군요.

CNN 앵커 밥 케인 히친스 씨, 잠깐 끼어들어도 된다면 어떤 지역에 대한 즉시 작전 명령권이 누구에게 있는지는….

크리스토퍼 히친스 아, 저도 모릅니다. 그런데 어떤 나라를 폭격하는 데 찬성한다면, 그 나라가 어디 있는지 정도는 알고 있어야 하지 않나 싶은데요.

히친스는 만반의 준비를 하고 토론에 임했다. 그는 헤스턴을 함정에 빠뜨릴 심산이었고("말할 수 있으신 거죠, 그렇죠?"), 헤스턴이 함정을 피하려 할 때 대응할 방법도 준비했다. 헤스턴은 어떤 식으로든 함정을 회피할 수도 있었다. 그는 CNN 앵커인 케인이 끼어들던 방식으로, 이라크에 대한 군사 행동의 경우 "어떤 지역에 대한 즉시 작전 명령권"은 엄밀한 의미에서 그 문제와 직접적인 관련이 없다고 지적할 수도 있었다. 하지만 히친스는 이에 대해 쐐기를 박을 대사도 준비해 두고 있었다. "어떤 나라를 폭격하고 싶다면, 그 나라가 어디 있는지 정도는 알고 있어야 하지 않나 싶은데요."

안타깝게도 영화 〈십계The Ten Commandments〉에서 모세를 연기했던 이 남자는 질문을 회피할 시도조차 하지 않았다. 자존심이 허락지 않았던 헤스턴은 상황을 모면하려 하지 않고, 히친스가 설치해 놓은 함정 안으로 똑바로 걸어 들어 갔다. 그는 질문에 대답하긴 했지만 틀린 대답을 하는 바람에 수백만 명의 미국 시청자들이 보고 있는 생방송 TV 토론에서 웃음거리가 되고 말았다. 참고로 이라크와 국경을 맞대고 있는 나라는 시계 방향으로 쿠웨이트, 사우디아라비아, 요르단, 시리아, 터키, 그리고 이란이다. 그리고 물론 나도 구글에서 찾아보고 알았다!

히친스가 썼던 전략은 효과가 정말 강력해 나도 곧잘 써먹는다. 2014년 옥스퍼드유니언에서 열린 '헤드 투 헤드' 프로그램에서 나는 중국 정부의 입장을 강력히 대변하는 작가 장 웨이웨이 교수와 인터뷰를 진행했다. 인터뷰 도중 방청객 중 한 사람이 중국 정부의 티베트 인권 탄압 문제를 거론했다. 나도 이 문제에 대해 준비되어 있었기에 미리 준비했던 개인적인 의견도 덧붙여 티베트 문제에 대해 인터뷰를 이어나가고 싶었다.

나 지난 60년 동안 50만 명에서 100만 명에 달하는 티베트인들이 살해당했다고 추정되고 있습니다.

장 웨이웨이 그건 100% 틀린 이야기입니다. 통계를 살펴보면 됩니다.

나 좋습니다. 직접 말씀해 주시죠. 1950년 이후 얼마나 많은 티베트인이 살해당했습니까?

장 웨이웨이 아니, 아니요. 그게 아니라….

나 아니요, 말씀해 주시죠. 얼마나 많은 사람이 살해당했습니까?

장 웨이웨이 1950년에 인구가 몇 명이었는지 확인해 보세요. 현재는 인구가 몇 명이죠?

나 저는 간단한 질문을 드리고 있습니다. 제가 찾아본 연구에서는 50만 명에서 100만 명쯤 된다더군요. 당신은 이런 연구 결과에 대해 반박하고 계신 거고요. 얼마나 많은 사람이 목숨을 잃었다고 생각하시나요?

장 웨이웨이 그건 잘못된 질문입니다….

이때 청중은 폭소를 터뜨렸다. 장 교수도 웃었지만 초조함이 깃든 웃음이었다. 그는 잠시 말을 멈추었다가 인정했다. "저는 답을 모르겠군요." 이 지점에서 나는 이렇게 말하지 않을 수 없었다. "좋습니다. 답을 모르신다면, 이 문제를 다룬 연구 결과에 대해 의문을 제기해서는 안 되시겠죠."

초반 인터뷰를 통해 나는 내가 50만 명에서 100만 명에 이르는 티베트인이 중국 지도자들 손아귀 아래에서 피를 흘려야만 했다는 통계를 제시해도 장 교수가 절대로 인정하지 않으리라는 것을 알고 있었다. 하지만 이 부비트랩의 핵심은 상대가 내게 동의하도록 만드는 데 있는 것이 아니라 **상대방이 절대로 대답할 수 없다는 사실**을 밝히는 데 있다. 사실 나는 장 교수가 내 말에 동의하지 않기를 내심 바라고 있었다. 그래야 다음처럼 함정을 놓을 수 있었으니까. "좋습니다. 직접 말씀해 주시죠. 1950년 이후 얼마나 많은 티베트인이 살해당했습니까?" 질문의 공이 자기 쪽으로 날아오는 순간, 그는 꼼짝도 할 수 없었다.

내가 던진 질문과 허친스가 했던 질문 모두 표면상으로는 매우 단도직입적으로 들린다는 점에 주목하라. 두 질문 모두 사실 즉 팩트를 묻는 질문이기 때문에 상대방은 쉽게 답할 수 있다고 생각한다. 하지만 거기에 **함정**이 있다. 단순한 사실을 묻는 질문 속에 상대방이 **언급하고 싶어 하지 않는 주제**가 포함되어 있기 때문이다. 만약 허친스가 "우리 미국이 지금 무엇 때문에 이라크에 있는 겁니까?"라고 물었다면, 헤스턴은 준비한 이야기를 시작하며 말머리를 바꾸었을 것이다. 내가 만약 장 교수에게 "중국의 티베트에서의 인권 탄압 혐의에 대해 어떻게 대답하시겠습니까?"라고 물었다면, 그는 미리 준비한 대답으로 적당히 얼버무리며 더 대답하기 편한 주제로 넘어갔을 것이다. 하지만 함정 질문은 다른 주제로 넘어갈 만한 여지가 없다. 곧장 구체적인 사안으로 돌진한다. 일반적인 형태의 질문을 받았더라면 충분히 피해갈 수 있겠지만 논란이 될 요소조차 없는 사실을 묻는 단도직입적인 질문은 피할 수 없다. 일단 상대방이 당신의 간단한 질문에 답하지 못하고 주저하고 있다면, 당신이 상대방을 곤경에 몰아넣었다는 뜻이다.

……

런던에서 내가 팬디를 바보처럼 보이게 만든 것 때문에 후회해야 할까? 옥스퍼드유니언에서 폴 콜리어와 장 웨이웨이 교수의 실수를 이끌어낸 것도? CNN 방송에서 찰턴 헤스턴의 의표를 찌른 크리스토퍼 히친스는 헤스턴에게 미안해 해야 할까?

아니다. 사랑과 전쟁에서는 이판사판 가리지 않는데 내가 보기에는 말로 전쟁을 벌이는 토론도 마찬가지이다. 당신은 사용 가능한 수사적 무기를 총동원해야 한다. 그리고 전 그린베레 대원이었던 존 람보가 워싱턴주의 어느 숲속에서 그랬던 것처럼, 미리 준비하고 계획을 세워야 한다. 앞에 무엇이 놓여있을지 상대방이 예상할 수 없는 부비트랩을 사용하라. 꿈에도 생각지 못할 기습을 감행하라. 평범하게 보이도록 위장한 문구, 질문, 인용구를 들이밀어라. 덜컹하고 함정이 솟아오를 때까지. 함정이 튀어 오르면 이제 당신의 독무대가 시작될 것이다.

"이번에는 우리가 이길 수 있습니까?" 〈람보 2〉의 첫 장면에서 존 람보는 자신의 전 지휘관에게 이 유명한 질문을 던진다. 상대방을 향해 부비트랩을 작동시키면 당신은 언제나 승리할 수 있다.

헛소리를 생산할 때보다 헛소리를 반박할 때 더 많은 에너지가 사용된다.

_알베르토 브랜돌리니Alberto Brandolini, 컴퓨터 프로그래머

11장

거짓말 폭탄 기쉬 갤럽에 대응하라

2020년 미국 대선 첫 TV 토론회가 열렸다. 클리블랜드에서 크리스 월러스가 진행을 맡은 가운데 연임에 도전하는 도널드 트럼프와 부통령을 역임했었던 조 바이든의 대결이 벌어지고 있었다. 선거일은 한 달도 넘게 남아있었지만 코로나19가 유행하면서 많은 주에서는 사전 투표를 확대하는 방안을 내놓고 있었다. 그리고 트럼프는 이미 부정선거는 물론 선거 자체의 정당성 훼손을 언급하며 의심의 씨앗을 뿌리고 있었다.

이런 상황에서 토론이 막바지에 접어들 무렵, 진행자가 선거와 관련된 질문을 직접 꺼내들었다. 그는 두 후보자에게 물었다. "이번 선거가 공정한 선거가 될 거라고 얼마나 확신하시는지요? 그리고 다음 대통령이 이번 선거의 정당한 승자라는 점을 국민들이 안심하고 받아들일 수 있도록 마련한 방안이 뭐가 있는지요?"

먼저 바이든이 선거가 공정하게 진행된다고 믿으며 승패에 관계없이 결과에 승복하겠다고 대답했다. 자, 다음은 트럼프의 차례였다. 이제 폭풍이 몰아칠테니 숨을 들이쉬며 단단히 준비하기 바란다.

크리스 월러스 대통령님, 2분 드리겠습니다.

도널드 트럼프 바이든이 정권 교체에 대해 말하는 걸 들었는데 내가 이긴 순간부터 정권 교체 같은 건 없습니다. 내가 그 선거에서 이겼죠. 사기꾼 힐러리를 비롯해, 이런 저런 사람들이 있었지만 보세요. 교체는 전혀 없었습니다. 왜냐하면 나를 노리고 쿠데타를 일으키려 했기 때문이죠. 내 선거운동을 염탐하려고 내 뒤를 쫓았습니다. 내가 이긴 그날부터 그리고 심지어 내가 이기기 전부터 그래왔어요. 아내와 함께 그 에스컬레이터(트럼프는 2015년 트럼프타워 에스컬레이터를 타고 내려 오며 대선 출마를 선언했다-옮긴이)를 타고 내려 오던 날부터 말이죠. 그 사람들은 끔찍했습니다. 그 사람들은 이 나라의 수치입니다. 그리고 우리가 그 사람들을 잡아냈죠. 모두 잡아냈습니다. 테이프에 다 담겨있어요. 그런데 그나저나 마이클 플린(트럼프 정권 당시 첫 국가안보보좌관-옮긴이)의 로건 법Logan Act(정부의 허가 없이 외국의 인사를 외교적으로 만날 수 없다는 법-옮긴이) 위반 가능성을 언급했는데요. 잘 살피셔야 할 겁니다. 왜냐하면 우리가 어떤 면에선 당신도 마찬가지라는 점을 잡아냈으니까요. 그리고, 당시 오바마가 대통령이었지요.

오바마 대통령도 알고 있었습니다. 그러니까 내게 순조로운 정권 교체 같은 말은 하지 마세요. 투표는 재앙 그 자체입니다. 부재자. 그래요, 부재자 투표는 괜찮습니다. 사람들이 요구하고 신청하는 거니까요. 투표 후에 투표용지를 다시 보내잖아요. 당신도 다시 보냅니다. 나도 그렇게 했고요. 그런데 우편투표를 한다는 건 수백만 장의 투표용지를 전국에 뿌린다는 겁니다. 부정이 생긴다는 거예요. 투표용지가 개울에서 발견됐습니다. 트럼프라고, 하필 트럼프라는 이름이 적힌 용지들도 발견됐고 이틀 전에는 폐지 바구니에서도 투표용지가 나왔어요. 투표용지가 여기저기 뿌려지고 있습니다. 특히 민주당 지역에서는 투표용지를 두 장씩 보냈습니다. 용지를 1,000장을 보냈어요. 모든 사람이 투표용지를 두 장씩 받았단 말입니다. 이건 전에 보지 못한 사기극이 될 겁니다. 그것 말고는 다 좋습니다. 11월 3일(대선일-옮긴이)에 여러분은 누가 선거에서 이기는지 알게 될 겁니다. 내가 그동안 해낸 일에 대해서 기뻐하는 사람들이 있으니 우리가 해낼 수 있을 거라 생각합니다.

그런데 이거 아십니까? 사실 우리도 결과를 알 수 없을 거라는 걸요. 그런 식으로 투표용지가 전국에 퍼질텐데 몇 개월 동안 결과를 모르게 될 수도 있습니다. 맨해튼에서 무슨 일이 있었는지 보십시오. 뉴저지주에서 무슨 일이 있었는지 보세요. 버지니

아주를 비롯한 다른 곳에서 무슨 일이 있었는지 보시라고요. 상대는 2%, 1% 뒤지고 있는 게 아닙니다. 그 정도만 해도 엄청난 거지만요. 선거에서는 그 정도로도 승패가 결정될 수 있죠. 상대는 30~40% 뒤져 있습니다. 이건 사기이고 수치스러운 일입니다. 그리고 저쪽에서 뭐라고 하는지 상상이 가십니까? 그러니까 "11월 10일까지 용지가 도착하면 된다." 11월 10일이요. 그게 무슨 뜻이냐면, 이론적으로 선거가 끝나고 7일이 지난 다음이라는 겁니다.

크리스 월러스 그렇군요.

도널드 트럼프 중요한 주에서는….

크리스 월러스 후보자님, 시간이….

도널드 트럼프 전부 민주당이 주도해서….

크리스 월러스 후보자님, 2분 다 됐습니다.

도널드 트럼프 전부 민주당이 나서서 하고 있는 거예요.

크리스 월러스 후보자님, 제가, 제가….

도널드 트럼프 그건 선거 조작입니다.

진행자 크리스 월러스가 발언권을 되찾을 때까지 두 사람의 줄다리기는 이어졌다. 그런데 맙소사! 수천만 명의 시청자 앞에서 전임 대통령이 호언장담하며 횡설수설하듯 늘어놓은, 허구적이고 거짓된 주장을 도대체 어디서부터 반박한단 말인가?

여기서 사실 관계를 확인할 겸 핵심적인 내용 몇 가지를 살펴볼 필요가 있다.

- 도널드 트럼프가 승리한 후 정권 교체가 있었다(중간선거에서 정당이 바뀐 지역이 있었다-옮긴이).
- 힐러리 클린턴은 범죄자가 아니다.
- 힐러리 클린턴은 쿠데타를 도모하지 않았다.
- 누구도 도널드 트럼프의 선거운동을 염탐하지 않았다.
- 아무도 잡히지 않았다.
- 테이프에는 아무것도 없었다.
- 우편투표는 재앙이 아니었다.
- 이렇다 할 부정투표는 없었다.
- 개울에서 투표용지가 발견된 적이 없다.
- 모두가 2장의 투표용지를 받은 건 아니다.
- 맨해튼, 뉴저지주, 버지니아주에서는 아무 일도 일어나지 않았다.
- 선거일 이후에는 누구도 투표할 수 없다.
- 선거는 조작되지 않았다.

장장 13개에 이르는 거짓말, 반쪽짜리 진실, 과장된 주장이 단 2분 만에 나왔다. 9초에 하나씩 말이다! 사회자 월러스나 상대 후보 바이든이 트럼프의 이런 주장에 대해 사실 확인을 모두, 전부가 힘들면 대부분이라도 할 수 있었을 거라 생각하나? 아니, 어림없다.

게다가 트럼프의 화법 속에는 무서운 힘이 있다. 아마 자신도 깨닫지 못했겠지만 트럼프는 수사학 관련 학계에서 말하는 '**기쉬 갤럽**Gish Gallop'을 사용하고 있었다. 사전 사이트 어번딕셔너리Urban Dictionary에서는 기쉬 갤럽을 "상대방이 반박은 고사하고 아예 대응을 못하도록 아주 짧은 시간에 엄청나게 많은 헛소리를 쏟아내는 화법"이라고 설명한다. 기쉬갤럽의 목적은 하나다. 엄청나게 쏟아내는 부정확하거나 주제와 무관한 주장, 또는 비상식적인 주장들로 상대방을 묻어버리는 것이다.

트럼프를 지지하는 사람과 반대하는 사람 모두, 상대방이나 진행자가 진실을 의심하고 도전해 올 때는 이 방법을 선택하겠다는 데 의견을 같이한다. 트럼프를 "당대 기쉬 갤럽 헤비급 세계 챔피언"이라 칭했던 좌파 작가이자 수필가 윌리엄 리버스 피트는 이렇게 말한다. "트럼프는 토론, 인터뷰, 연설 장소에 나타나 장황하고 뒤죽박죽 섞인 헛소리를 눈사태처럼 쏟아내고, 그 헛소리를 정정이나 반박으로 정리하기도 전에 또 다른 헛소리를 쏟아낸다."

한편 트럼프의 수석 전략가였던 스티브 배넌은 2018년에 언론인 마이클 루이스와 가진 인터뷰에서 트럼프가 그런 방식을 사용하는 근본적인 이유를 간단하게 설명했다. "민주당이 중요한 게 아닙니다. 진짜 반대 세력은 미디어죠. 그런 미디어에 대응하는 방식이 허튼소리로 홍수를 일으키는 겁니다."

논쟁에서 기쉬 갤럽을 사용하는 이유가 바로 이 때문이다. 상대를 거짓과 조작의 홍수 속에 빠트려 숨 막히게 만들기. 왜곡, 편향, 무질서의 홍수를 일으켜 익사시키기. 이 모든 것이 큰 덩어리로 떨어진다. 그것도 한꺼번에 철퍼덕 떨어지는 이 헛소리 덩어리를 치우려면 손이 더러워질 수밖에 없다.

칼 알비아니는 온라인 경제 매체 〈쿼츠Quartz〉에 기쉬 갤럽을 사용하는 사람은 "거짓 주장"을 만들어낼 때보다 "논박"하는 데 더 많은, 보통 사람에게는 있지도 않은 방대한 시간과 에너지가 소모된다는 점을 잘 알고 있다고 글을 올렸다. 그러고는 상대방이 모든 논점에 대해 반박하지 못하면 자신이 이겼다고 주장한다는 것이다. 다시 말해 이들은 애초부터 거짓말 공세를 퍼부어 당신을 무너뜨리려 한다. 상대가 첫 번째 거짓말에 대해 반박 준비를 마치면 또 다른 거짓말을 퍼붓는 게 다반사다. 이를 '장황설 논증Proof by Verbosity'이라고 하는데, 쉽게 말하면 길고 논증하기 번거로운 헛소리로 혼란스럽게 만든다는 뜻이다.

기쉬 갤럽을 하는 사람은 자기가 내세우는 주장을 모두 사실과 증거가 뒷받침하고 있다고 청중을 속인다. 사례도 아주 많이 든다. 개울! 폐지 바구니! 버지니아주! 화법 전체가 교묘한 속임수와 깊이 없는 전달 그리고 래셔널위키RationalWiki의 표현에 따르자면, 자신의 권력과 세력으로 주위를 통제할 수 있다고 믿는 "권위에 대한 환상Illusion of Authority"에 바탕을 두고 있다.

기쉬 갤럽은 부정직한 방법이지만 그럼에도 논쟁에서 이길 수 있는 강력한 방법이다. 그리고 트럼프는 이 방법의 대가에 속한다고 할 수 있다. 하지만 기쉬 갤럽의 창시자는 따로 있다. 그렇다면 기쉬 갤럽은 어디서 왔고 기쉬 갤럽을 물리치는 방법은 무엇일까?

‖ 기쉬 갤럽의 주인공 기쉬 ‖

고인이 된 듀에인 톨버트 기쉬는 진화론을 부정하는 생화학자로 미국 창조과학연구소ICR, Institute for Creation Research 부소장이었다. ICR은 댈러스에 있는 유사 과학 단체로 "젊은 지구 창조설Young Earth Creationism"을 주류 학계에 편입시키는 것이 숙원 사업이었다. 젊은 지구 창조설은 지구상의 모든 생명체가 1만 년 전 어느 시점에 구약성경에 나오는 하나님에 의해 6일 만에 창조되었으며 여기에 진화는 아무런 역할도 하지 않았다고 주장하는 창세기의 기록에 근거한 종교적 세계관이다. 실제로 2011년 〈샌안토니오익스프레스-뉴스San Antonio Express-News〉의 기사를 보면, ICR은 2010년에 "과학 교육 분야에서" 성서를 바탕으로 가르침을 주고받는 "석사 과정 설립을 텍사스주가 허가해야 한다고 주장"하며 법률적 판단을 요구했다. 하지만 연방 판사는 "지나치게 장황하고, 이치에 맞지 않으며, 논리적 일관성이 없고, 두서없는, 부적절한 정보로 가득하다"며 ICR의 소송을 기각했다.

텍사스주 법원은 기쉬가 속한 조직의 손을 들어주지 않았지만 그럼에도 기쉬는 홀로 진화론자들과 벌인 토론에서 승승장구하며 ICR과 젊은 지구 창조설의 존재를 전국에 알렸다.

정확히 말하면 그가 내용이나 학식적인 측면으로 토론에서 이졌다고는 할 수 없다. 그의 승리는 속도와 자신감 그리고 거기에 더해진 유머 덕분이었다. "그를 승리로 이끌었던 것은 그만의 표현 스타일이었다." 2013년 기쉬가 사망했을 때 ICR은 직접 부고를 내며 이런 문구로 그를 치켜세웠다. "간단히 말해서 청중은 그를 좋아했다." 심지어 기쉬와 수차례 언쟁을 벌였던 컴퓨터 과학자 리처드 트롯을 비롯해 기쉬를 비판했던 사람들마저 고인의 "남다른 카리스마"와 "소탈하고 평범하게 말을 전달하는 타고난 능력"을 인정했다.

음모론을 연구하는 존 그랜트는 자신의 저서 《폭로하라!Debunk It!》에서 기쉬의 말하기 스타일과 전략의 핵심을 이렇게 설명한다.

> 기쉬는 상대방이 먼저 말을 하도록 한다. 상대방이 주장을 마치면 기쉬는 아주 빠르게 한 시간 정도 "사실들"을 술술 풀어놓는다. 토론 상대방은 당연히 기쉬가 나열하는 사실들의 정확성 여부를 따질 기회는 물론이고 받아적을 기회조차 없다. 상대방이 반박에 나섰을 때, 기쉬의 장황한 주장을 전적으로 무시해 버리면 마치 문제를 회피하는 것처럼 보인다. 반대로 모든 쟁점에 대해 응답하려고 하다간 갈팡질팡 헤매는 것처럼 보일 수 있다. 기쉬는 교묘한 수법을 사용했고, 많은 청중이 이에 속았다.

기쉬의 주장이 허전하게 느껴지는 이유는 무엇일까? 신뢰할 수 있는 증거, 입증 가능한 사실, 학술적인 논거가 빠져있기 때문이다. 하지만 토론을 지켜보는 청중이 그 자리에서 이를 알아채기는 힘들다. ICR의 주장에 따르면, 기쉬는 생전에 진화론자들과 300회가 넘는 토론을 벌였다. 1994년 공식 토론회에서 능청스럽게 헛소리를 해대는 기쉬가 자신보다 훨씬 더 저명하고 훌륭한 학자와 과학자들을 차례차례 압도하는 모습을 보고 좌절한 미국과학교육센터National Center for Science Education의 디렉터 유진 스콧은 "기쉬 갤럽"이라는 용어를 만들어내며 이렇게 설명했다. 기쉬 갤럽은 "창조론자가 45분에서 1시간 정도를 독차지해 이치에 맞지도 않는 말을 억수 같이 쏟아냄으로써 진화론자에게 토론 형식으로는 전혀 반박하지 못하도록 만드는" 방법이다.

스콧은 창조론자들과 함께 텔레비전이나 라디오에 출연할 때는 직접 나서서 "기쉬 같은 사람들의 말을 막을 수 있었어요. 잠깐만요. X가 그렇다면 당연히 Y가 나와야 하는 것 아닌가요? 이런 식으로 그들이 주장하는 '모델'에 결함이 있다는 것을 보여줄 수 있었죠"라고 말했다. 그러면서 이렇게 지적했다. "하지만 토론회에서는 창조론자가 단락마다 헛소리를 내뱉으며 질주하는 동안 진화론자는 입을 다물고 있어야만 하니까요."

이번 장에서 당신이 기억해야 할 핵심은 바로 이것이다. "난센스"는 기쉬 갤럽의 결함이 아니라 주안점이다. 기쉬를 비롯해 창조론자들은 거짓 주장이라는 말을 듣고 또 들었지만 그럼에도 토론에 나갈 때마다 **같은 주장을 지겹도록, 같은 속도로, 같은 순서로** 쏟아냈다. 1996년에 과학 잡지 〈스켑틱Skeptic〉은 이 점을 지적했다. "과학자마다 면전에서 공개적으로 기쉬의 주장을 바로잡았지만, 기쉬는 이후로도 토론과 글을 통해서 똑같은 오류를 반복해 나갔다…. 그의 이런 방법은 성공을 거둔다. 왜냐하면 다음 번 토론이 열리는 도시에서는 새로운 청중을 앞에 두고 새로운 과학자와 토론을 벌이는데, 그 전주에 다른 진화론자가 증거를 앞세워 기쉬의 주장을 박살냈다는 사실을 이들이 알 턱이 없지 않은가?"

오늘날도 마찬가지이다. 기후 변화나 백신 접종을 거부하는 사람들을 보라. 특히 온라인 토론장에서 두드러지는데 아무리 사실을 확인해 주고 틀린 부분을 바로잡아 줘도 이들은 엄청난 양의 잘못된 정보, 허위 정보를 대중에게 지속적으로 밀어 넣는다.

사실 '스프리딩Spreading'이라고, 기쉬 갤럽과 유사한 전술이 있긴 하다. 속도speed와 읽기reading의 합성어인 스프리딩은 토론자가 맹렬한 속도로 말하면서 주어진 시간에 최대한 많은 주장을 담아 전달하는 토론 기법이다. 공식적인 토론 대회에서는 모든 쟁점마다 옳고 그름에 대해 반박하도록 되어있기 때문에, 사실상 상대방이 일일이 반박할 수 있는 여지를 아예 봉쇄시켜 패배하도록 만드는 것이다. 하지만 스프리딩과 달리 기쉬 갤럽은 악의적인 부정행위일 뿐이다. 헛소리에 불과하다!

기쉬와 마찬가지로 트럼프 역시 공개적으로 신뢰할 수 없고 정확하지 않다고 여겨지는 주장과 논증을 반복적으로 내세운다. 당장 그 순간만 모면하면 되는데 옳고 그름 따위를 신경 쓸 이유가 전혀 없지 않은가! 2020년 첫 대선 토론뿐만이 아니다. 2020년 필라델피아에서 ABC 뉴스와 타운홀 방식으로 진행한 대담은 충격과 공포 그 자체였다. 코로나19에서 범죄 문제와 의료 복지에 이르기까지 트럼프는 계속해서 거짓말을 늘어놓았다. 90분 동안 그곳에 모인 청중 그리고 집에서 TV를 시청하는 국민들 앞에서 진행한 대담에서 미국의 대통령이 풀어놓은 거짓말이 얼마나 방대했는지, 진행을 맡았던 조지 스테파노풀로스는 트럼프의 말을 바로잡을 수도, 반박할 수도, 사실을 확인할 엄두도 낼 수 없었다.

ABC 방송과 대담이 끝난 후, 그날 저녁 CNN 돈 레몬 앵커가 진행하는 프라임타임 뉴스에 다니엘 데일 기자가 출연해 2분에 걸쳐 쉬지 않고 트럼프의 거짓말을 집어냈다. "트럼프 대통령은 중국의 코로나19 바이러스 대응에 대해 칭찬한 적이 없다고 우기지만, 여러 번 그런 말을 했고요. 또 바이든이 3월에 코로나19 대유행은 '완전히 과장된 것'이라 말했다고 주장하지만, 저는 바이든이 그런 말을 했다는 증거를 찾을 수 없었습니다." 마침내 가쁜 숨을 가다듬는 데일 기자의 얼굴은 힘들어보였다. "지금까지 확인된 것만 이렇다는 겁니다. 이보다 더 많기 때문에 오늘 밤에 사실 확인을 몇 시간은 더 해야 합니다. 이번에도 엄청난 양의 잘못된 정보를 뿌린 거죠. 그것도 대통령이."

레몬이 말했다. "물 한 잔 드실래요? 말씀을 많이 하셔서…."

이론상으로 기쉬 갤럽에 대응하는 방법은 다니엘 데일처럼 하나하나 반박하는 것이다. 하지만 이건 이론일 뿐이다. 모든 사람이 데일 기자처럼 할 수는 없는 노릇이다. 게다가 진행자 레몬처럼 마음껏 말할 수 있도록 2분이라는 시간을 주는 사람도 없다. 현실 세계에서 우리는 하나하나 반박할 기회를 가질 수 없다. 실제로 뛰어난 기쉬 갤럽 사용자는 어지러울 정도로 쏟아지는 허위 사실들을 철저히 반박하기에는 상대방에게 시간이나 공간 또는 자원이 없다는 사실을 이용한다.

그러면 당신은 어떻게 할 건가? 최선의 대응책은 무엇인가? 내가 논쟁에서 기쉬 갤럽을 물리치기 위해 사용하는 3단계 절차를 알려주겠다.

1. 가장 약한 고리부터 무너뜨려라

내가 처음으로 기쉬 갤럽을 경험했던 건 2013년 옥스퍼드유니언에서 '이슬람과 평화'라는 주제로 토론을 벌일 때였다. 앞서 경청을 다룬 5장에서 언급했지만, 당시 반대편 토론자 중 한 명이 오랫동안 이슬람 비판에 앞장서 왔던 앤 마리-워터스였다. 그녀는 내가 믿는 이슬람과 신자들에 대해 말하기 시작했는데, 도대체가 일관성을 찾기 힘들 정도로 내용이 엉망진창이었다.

> 실제로 이슬람에 대한 두려움을 부추기는 요인들을 말씀드리겠습니다. 위에서부터 살펴보겠습니다. 9·11테러, 런던 지하철 폭탄 테러, 마드리드, 뭄바이, 말리, 발리, 나이지리아 북부, 수단, 아프가니스탄, 사우디아라비아, 이란, 예멘, 파키스탄, 배교背敎하면 처형, 신성 모독하면 처형, 간통하면 처형, 동성애자 처형, 성별 분리, 남녀 차별, 소송에서 남녀 간의 불평등한 증언 절차, 강

제 조혼, 신체 절단, 참수, 강간당했다는 죄로 투옥, 반유대주의, 부르카, 이런 저런 이유로 처형, 암스테르담 시내에서 테오 반 고흐 살해, 런던 거리에서 수차례 살해 위협, "이슬람을 모욕하는 자들을 학살하라", 런던 동북부에서 사람들에게 "샤리아의 통제 sharia-controlled"를 받는 지역이라고 말하고 다니는 무슬림 자경단, 일부다처제, 신부의 동의를 받지 않고도 시키는 결혼. 이런 것들 때문에 이슬람에 대한 두려움이 생기는 겁니다. 저 때문이 아니고 이쪽에 있는 우리 동료들 때문이 아니고 무슬림들의 행동이 이슬람에 대한 두려움을 야기시키는 겁니다. 이게 현실이라는 거죠. 우리가 실제로 살고 있는 이곳에서요. 제가 이렇게 말하면 일부 이슬람 극단주의자의 행동일 뿐이라는 말이 돌아올 겁니다. 자, 이슬람교의 발상지인 사우디아라비아를 보시죠.

그녀는 편견이 가득한 발언을 빠르게 쏟아내면서 이렇게 몇 분을 더 이어갔다. 말도 안 되며 모욕적인, 사악한 무슬림들의 "사례"들을 하나하나 쌓아가며 계속해서 내용을 확장하거나 말을 만들어내고 있었다. 말리! 발리! 일부다처제!

나는 그녀를 무너뜨려야 한다는 걸 알고 있었다. 하지만 어떻게? "이슬람을 향한 두려움"을 정당화하기 위해 그녀가 사실이라고 내세우는 사례들에 대해 일일이 설명할 수도 없는 노릇이었다. 한번 세어보라. 2분도 채 안 되는 시간에 33개나 되는 항목을 쏟아냈다. 대략 4초에 하나씩!

오해의 소지가 다분한 그녀의 주장을 하나하나 반박하려 했다간 내게 주어진 시간인 최대 12분을 몽땅 써도 부족할 판이었다. 게다가 논쟁에 이기려면 상대방을 수세에 몰아넣는 것이 핵심인데 그런 식의 대응은 내가 너무 방어적인 사람으로 비칠 여지가 있었다. 그래서 작전을 바꿨다. 앞서 언급한 것처럼 가장 터무니없는 **단 하나의 주장에 초점**을 맞추기로 한 것이다. 그래서 그녀의 말 중에서 **가장 부정확**하고 역사적 **지식이 결여된 견해**, 즉 사우디아라비아가 "이슬람의 발상지"라는 부분을 선택한 것이다. 이슬람교 탄생과 사우디아라비아 건국 사이에는 1,322년이라는 차이가 있다. 그 정도면 뭐!

나는 상대의 특정 주장에서 틀린 부분을 밝혀냄으로써 **나머지 주장 전체**에 의심의 굴레를 씌웠다.

일단 가장 약한 고리를 찾아내는 것이 기쉬 갤럽을 무너뜨리는 출발점이다. 하지만 기쉬 갤럽을 영리하게 활용하는 사람들은 반박하는 사람에게 '전체적인 숲을 보지 않고 나무 한 그루만 선택적으로 골라서 트집을 잡는다'고 지적하면서 이렇게 말하기도 한다. "메흐디 하산은 늘 저런 식이죠." 워터스 역시 내가 가장 약한 고리인 사우디아라비아에 관한 한 가지 주장에 대해서만 반박하면서 마치 이긴 것처럼 행동한다고 빈정댔다. 하지만 기쉬 갤럽에 대응하기에 이보다 좋은 출발은 없으니 그녀 입장에서는 자업자득인 셈이었다.

'단 하나의 결점'이나 '가장 부적당한 사항'을 대상으로 반박에 나서는 방법이 늘 효과적인 건 아니다. 상대방이 탄탄하게 내실을 갖춘 주장을 내세울 때는 이 방법을 사용하면 안 된다. 다만 철학 관련 웹사이트 이펙티비올로지Effectiviology에서 게재한 것처럼 당신이 "지적하려는 상대방의 주장이 가장 터무니없다는 사실을 확실히 인지하고, 당신이 그 주장에 반박하는 이유를 설명할 수 있다면 이 방식이 합리적일 수 있다." 의심스러운 주장에 대한 문제 제기를 통해 반대 입장을 정확히 밝히고, 이어서 특정 주장의 오류를 밝혀내면 상대의 다른 주장들도 잘못되었음을 밝힐 수 있다는 점에서 상당히 중요한 의미가 있다.

상대방이 기쉬 갤럽을 한다면 주장을 일일이 반박하기보다는 호스 물줄기처럼 쏟아지는 말 속에서 가장 약한 부분을 재빨리 잡아채라. 하나하나 대응하기란 불가능하지만 설사 할 수 있다 해도 실리적이지 않다. 상대방의 주장이나 논거 중에서 가장 약한 고리를 뽑아내라. 그 하나를 비판하라. 그 하나를 부각시키고 무시하면서 **그 하나가 상대방 주장의 전체를 보여준다는 식**으로 표현하라. 그렇게 하면 상대방은 방어적인 자세를 취할 것이다.

2. 물러서지 말라

"허튼소리로 홍수를 일으킨다"는 스티브 배넌의 말에 대해 작가 조너선 라우시는 이렇게 얘기한다. "이건 설득이 아닙니다. 그냥 정신적 혼란이죠."

라우시의 말이 맞다. 트럼프나 기쉬 같은 사람들의 목적은 말을 통해 사람들의 마음을 얻는 것이 아니다. 논쟁을 흙탕물로 끌고 들어가 관련된 모든 사람을 혼란스럽게 만들려고 한다. 이 거짓말에서 저 거짓말로 휙휙 옮겨 다니는 사이에 사람들은 당황하고 혼란에 빠진다.

기쉬 갤럽을 막는 최선의 방어책은 상대의 말을 중간에서 확실하게 끊어버리는 것이다. 그런 다음 꿈쩍도 못 하게 하라. 다음 거짓말로 **옮겨가지 못하게** 만들어야 한다. 확실한 근거를 준비해서 조리 있게 반박하면서 마침내 상대가 인정할 수밖에 없을 때까지, 어느 작가의 말처럼 "밀어붙여라."

수 년간 트럼프는 확인도 되지 않은 말로 상대방과 청중 모두에게 혼란을 주며 기쉬 갤럽을 사용해 왔다. 때로는 인터뷰 진행자가 제대로 준비되지 않았거나 시간이 부족하거나 의지가 약했기 때문에, 때로는 프로그램 진행자가 말도 안 되는 트럼프의 발언을 중간에 끼어들거나 수정하거나 멈추지 않았기 때문이다. 하지만 2020년 8월, 인터넷 매체 〈악시오스Axios〉의 정치부 기자이자 내 친구인 조너선 스완은 달랐다. 그는 〈악시오스〉가 제작하고 HBO가 방송하는 프로그램에서 당시 대통령이었던 트럼프와 마주앉아 인터뷰를 진행했다. 트럼프는 마치 자신이 모든 상황을 통제하고 있다는 모습을 보이려는 듯 코로나19에 대해 부실한 정보를 한 무더기 풀어놓으려 했다. 하지만 스완은 그대로 두지 않았다. 스완은 여러 모호한 지표들을 일축하고 바로 본론으로 들어갔다.

조너선 스완 제가 보는 부분은 사망 관련인데요. 사망자 수가 증가하고 있습니다.

도널드 트럼프 자, 아니요, 아닙니다.

조너선 스완 하루에 1,000명입니다.

도널드 트럼프 사망 관련 수치를 보면….

조너선 스완 네, 다시 올라가고 있네요.

그러자 트럼프는 차트가 그려진 종이 뭉치를 꺼내들었다. 그리고 그 자리에서 종이들을 뒤적이며 긍정적인 지표를 찾아내서 기쉬 갤럽을 시작하려 했다. 미리 자료를 검토하고 준비한 건 분명히 아니었다. 다짜고짜 상대를 게임에 끌어들이려는 것이었다.

도널드 트럼프 여기 차트들 좀 보세요.

조너선 스완 보고 싶군요.

도널드 트럼프 볼 겁니다.

조너선 스완 보시죠.

도널드 트럼프 그게, 여기 사망자 수를 보면요….

조너선 스완 네, 다시 올라가기 시작했습니다.

도널드 트럼프 여기 있네요. 자, 바로 여기. 여러 항목에서 미국이 가장 낮죠. 세계보다 낮습니다.

조너선 스완 세계보다 낮다고요?

도널드 트럼프 우리가 유럽보다 낮습니다.

조너선 스완 그게 무슨 뜻이죠? 어디서요? 어떤 부분에서요?

도널드 트럼프 자, 보세요. 바로 여기. 확진자 사망이 있네요.

조너선 스완 아, 확진자 대비 사망자 비율을 말씀하시는 거군요. 저는 인구에 비례한 사망자 수를 말하는 겁니다. 미국이 그 부분에서 정말 안 좋거든요. 한국이나 독일 등 여러 나라보다 훨씬 안 좋습니다.

도널드 트럼프 그러시면 안 되죠.

조너선 스완 제가 뭘 그러면 안 된다는 말씀이죠?

도널드 트럼프 뭘 봐야 하냐면… 자, 여기 미국이죠. 확진 사례를 봐야죠. 확진 사례가 있잖아요.

이번에도 스완은 동요하지 않았고 트럼프가 부적절한 숫자로 자신을 억누르도록 내버려두지 않았다.

조너선 스완 중요하게 봐야 할 통계는 이거죠. 미국 인구가 이렇고 사망률이 이런데 그걸 한국과….

도널드 트럼프 아니요, 확진을 봐야죠.

조너선 스완 자, 대한민국을 한 번 보시죠. 인구 5,500만 명에 사망자 300명. 이건 정말, 비교해 보면 말도 안 되는….

도널드 트럼프 그건 모르죠.

조너선 스완 전 그렇게 알고 있는데요.

도널드 트럼프 그건 모릅니다.

조너선 스완 그럼 한국에서 통계를 조작한다고 생각하시는 건가요. 대한민국이? 선진국이?

도널드 트럼프 제가 대한민국과 매우 좋은 관계를 유지하고 있기 때문에 그 점에 대해서는 언급하지 않겠습니다.

조너선 스완 알겠습니다.

도널드 트럼프 하지만 그건 모르는 겁니다. 그리고 한국에서 급작스러운 증가가 발생했어요. 자, 여기를….

조너선 스완 독일. 9,000명대 초반.

도널드 트럼프 여기, 바로 여기 있군요, 미국이.

조너선 스완 제가 보죠.

도널드 트럼프 확진 사례로 따지는 겁니다.

조너선 스완 알겠습니다.

도널드 트럼프 자 보세요, 우리가 끝에 있으니까, 그러니까 1등이라는 거죠

조너선 스완 끝에요? 어떤 면에서 우리가 1등이라는 건지 모르겠습니다.

도널드 트럼프 우리가 최고죠.

조너선 스완 무엇으로요?

도널드 트럼프 다시 보세요. 확진 사례를.

조너선 스완 좋습니다. 제가 그냥… 알겠습니다.

도널드 트럼프 우리가 확진 사례가 많은 건 검사 때문입니다.

조너선 스완 제 말은, 하루에 1,000명의 미국인이 사망하고 있

습니다. 하지만 무슨 말씀인지 알겠습니다. 확진 사례를 기준으로 한다는 건데, 그건 다르죠.

도널드 트럼프 아니요, 그런데 보도를 정확하게 하지 않으시더군요, 스완 씨.

조너선 스완 저는 제대로 하고 있다고 생각하는데요.

트럼프가 문제를 피하려고 하거나 또 다른 거짓말로 넘어가려 할 때, 스완이 어떻게 그를 막아섰는지 잘 살펴보라. 트럼프 대통령이 대한민국이 발표한 사망률을 믿을 수 없다는 듯 했을 때 스완은 그냥 그러려니 하고 넘어가지 않았다. **곧바로** 반박했다. 트럼프가 그래프와 도표를 한 무더기 들고 흔들어대기 시작하면서 잘못된 주장을 밀어붙이려 하자 스완은 직접 그 자리에서 자료를 확인하면서 잘못된 점을 밝혔다. 인터뷰 내내 스완은 대통령이 먼저 충분히 말할 수 있는 기회를 주었지만 그렇다고 그의 주장에 휘둘리거나 기쉬 갤럽이 본격적으로 펼쳐지는 상황을 허락하지 않았다. 두 사람의 인터뷰 영상은 방송을 타자마자 순식간에 사람들의 입에 오르내렸다. 트럼프와 일대일 인터뷰를 하며 그의 기쉬 갤럽을 정확하게 폭로하는 경우는 매우 드물었으니까.

나중에 나는 스완에게 당시 대통령이 마구 퍼붓는 허위 정보에 대응해 어떤 식으로 준비했는지 물었다. "트럼프 대통령과의 인터뷰가 가장 힘든 이유는 폭격하듯 쏟아붓는 그의 말 때문이지." 그가 내게 말했다. "여러 주장이 폭탄 덩어리째로 날아오는데 그게 완전히 허위이거나 지어낸 말일 수 있거든."

스완은 여러 사람들과 "엄청나게 많은 시간"을 들여서 미리 인터뷰를 준비하고 분석하고 논의했다고 한다. "상대는 어떻게 대답할까?" "나는 어떻게 반론할 것인가?" 그렇게 트럼프의 "상투적인 반응"에 익숙해지고 후속 질문까지 꼼꼼하게 준비한 것이다.

말로 트럼프의 기쉬 갤럽을 끌어내리는 영상이 입소문을 타고 퍼지고 나서 1년 후, 〈악시오스〉 소속 언론인 스완은 '최고의 편집 인터뷰Outstanding Edited Interview' 부문에서 에미상Emmy을 수상했다.

3. 거짓말을 지적하라

HBO 드라마 〈뉴스룸〉 첫 회에서 TV 앵커 윌 맥어보이가 이런 말을 한다. "어떤 문제든 해결의 첫걸음은 문제가 있다는 사실을 인식하는 겁니다." 기쉬 갤럽은 부정할 수 없는 명백한 문제이며 다루기 힘든 문제이기도 하다. 그럴싸한 주장을 속사포처럼 쏘아대며 청중의 넋을 빼놓는 상대방을 간단하게 처리할 수 있는 방법은 없다. 면밀한 확인을 거치면 사실무근 내지 허무맹랑한 주장이라는 사실이 드러나겠지만 그럴 만한 시간도 없다.

따라서 여차하면 반박이고 뭐고 상대방이 기쉬 갤럽을 하고 있다는 사실을 과감하게 지적해야 한다. 거짓말쟁이의 허튼소리라는 점을 상기시켜라. 교실이든 회의실이든 토론장이든, 청중에게 상대방이 어떤 짓을 하고 있는지 정확하게 밝혀라. 당신과 같은 공간에 있는 사람들 또는 집에서 TV를 보는 시청자들이 당신의 행동을 이해할 수 있도록, 상대방이 기쉬 갤럽 전술을 사용하고 있다는 점을 확실히 인지시켜라. 상대방이 뱉어대는 소위 "사실들" 때문에 상대방이 특정 주제의 전문가처럼 보여서 청중이 속아 넘어가지 않도록 하라. 상대방을 내버려두지 말고 지적하라!

거짓말쟁이라고 지적하는 방법은 다른 기쉬 갤럽 대응법과 함께 사용할 수도 있다. 처음에 알려준 대로 기쉬 갤럽의 가장 약한 고리를 부각시키는 방법이다. 상대방의 전략이 드러나도록 한 다음 줄줄 토해내는 많은 논거 중 빈약한 사례에 초점을 맞춰라. 그리고 그 논거에 대해 자세한 설명을 요청하라. 조너선 스완과의 인터뷰에서 트럼프가 그랬듯이, 아마도 상대방은 자신이 내세우는 주장에 대해 피상적으로밖에 이해하지 못하고 있을 것이다.

핵심은 상대방이 쓰고 있는 전략의 전반적인 행태를 폭로하는 것이다. 기쉬 갤럽 추종자 중 빼놓을 수 없는 인물이 러시아 대통령 블라디미르 푸틴이다. 최근 몇 년에 걸쳐, KGB 출신인 푸틴을 비롯해 관영 언론의 측근들은 이른바 "허위의 소방 호스"를 완성했다. 우크라이나 불법 침공의 정당화를 보든 미국 선거 개입 사건을 보든, 민간조사기관 랜드연구소RAND Corporation의 보고서를 인용하자면 러시아가 "많은 채널과 메시지를 사용해서 부분적인 진실 또는 노골적인 허구를 흩뿌리려는 파렴치한 의도"가 담긴 선전 모델을 활용한다는 것이다. 랜드연구소가 발표한 보고서에는 허위 정보에 대처와 관련한 유익한 충고도 있다. "러시아가 뿌리는 허위의 소방 호스에 진실이라는 물총으로 맞설 생각은 하지 말라. 그 대신 소방 호스가 목표로 삼은 사람들에게 우비를 입혀라."

기쉬 갤럽을 애용하는 상대와 논쟁을 벌이는 상황에서 청중에게 우비를 입히려면 먼저 청중에게 그들이 어떤 상황에 빠져들고 있는지 깨닫게 해야 한다. 이를 위해 지금 상대방이 **얼마나 빠른 속도**로 말하고 있는지, 일정 시간 내에 **얼마나 많은 거짓말**을 풀어놓았는지 알려주어야 한다. 필요하다면, 상대방이 러시아의 선전 방식을 그대로 따라 하고 있다는 점을 밝힐 수도 있다. 그게 아니면 상대방이 트럼프처럼 행동하고 있다고 말하라. 이것만 기억하면 된다. 듀에인 톨버트 기쉬를 모르는 청중은 있을지 모르지만 도널드 트럼프를 모르는 청중은 단언컨대 없으니까.

……

2018년 미국 의회 중간선거가 끝나고, 나는 트럼프 선거 캠프의 자문을 맡았던 스티븐 로저스를 인터뷰한 적이 있다.

나를 비롯해 알자지라잉글리시 팀은 로저스가 자신의 보스 트럼프와 마찬가지로 인터뷰 내내 기쉬 갤럽을 사용할 거라는 걸 알고 있었다. 로저스가 트럼프의 오랜 기쉬 갤럽 행태를 무조건적으로 옹호할 마음은 없으리라 생각했지만, 예전에 폭스에 출연했던 방송을 면밀히 살펴보니, 로저스 역시 말하면서 여기저기 거짓말을 섞는 것 아닌가! 그래서 우리도 철저하게 준비했다. 트럼프의 거짓말들을 모아 긴 목록을 만든 후에 심각한 거짓말들만 추려냈다. 물론 많고 많은 거짓말 중에서 골라내는 것도 일이었다. 〈워싱턴포스트〉의 팩트체크 팀이 나중에 계산하니 미국의 45대 대통령 트럼프는 임기 4년 동안 3만 573회의 허위 주장을 했다고 한다. 아마 웬만큼 사소한 건 제외하고도 이 정도인 게 확실하다.

나는 로저스와의 인터뷰에서 트럼프가 중간선거를 앞두고 여러 언론 브리핑 및 기업인 간담회에서 풀어놓았던 거짓말 중 두드러진 한 가지 거짓말을 단도직입적으로 다뤄야겠다고 마음먹었다.

나 (트럼프가) 선거 캠페인 기간에, 예닐곱 개의 제철소가 새로 문을 열거라고 하셨는데요. 유에스스틸U. S. Steel에서는 시설에 관해 어떤 발표도 없었습니다. 트럼프 대통령은 왜 그런 발표가 있었다고 했죠? 그건 거짓말이잖습니까?

스티븐 로저스 아니요, 문을 여는 회사가 많으니까 거짓말은 아니죠. 앞으로 문을 열 제철소들이 있습니다만….

나 죄송하지만 트럼프 대통령은 그렇게 말씀하시지 않았습니다. 로저스 씨가 말하기 어렵다는 건 압니다. 나서서 대통령을 변호하고 싶어 한다는 걸 저도 아니까요.

스티븐 로저스 (웃음)아뇨, 제가 어려울 건 없습니다.

나 자, 좋습니다. 대통령이 하신 말을 그대로 읽어드리겠습니다. "유에스스틸은 새로운 제철소 여섯 곳을 설립한다고 방금 발표했다." 아주 구체적입니다. 유에스스틸은 여섯 곳의 제철소를 발표하지 않았습니다. 여섯 곳의 제철소라는 발표를 한 적이 없다고 말했어요. 제철소 여섯 곳에 대한 어떤 증거도 없습니다. 대통령이 그냥 만들어낸 말이죠. 게다가 그 말씀을 또 하셨어요.

한 번만 한 게 아니고요.

스티븐 로저스 그게, 어떤 상황에서 그런 발언이 나왔는지는 제가 모릅니다. 하지만 대통령께서는 국민의 뜻에 따라 발 빠르게 대응하고 있고, 미국 국민들은 잘 하고 있습니다.

나 괜찮네요. 미국 국민은 잘 하고 있는데 대통령은 거짓말쟁이다. 두 말이 서로 모순되는 건 아니니까요.

스티븐 로저스 미국의 대통령을 거짓말쟁이라고 할 수는 없죠.

나 로저스 씨는 그러지 않으시겠지요. 그런데 제가 거짓말이라고 반박을 하는데도 전혀 맞대응을 못 하시네요.

스티븐 로저스 전 대응했습니다. 진행자가 자신이 듣고 싶은 말을 듣지 못하니까 그런 거겠죠.

나 제가 듣고 싶었던 게 뭘까요? 저는 제철소 같은 건 없다는 말을 듣고 싶었던 겁니다.

스티븐 로저스 사회자는 제가 이렇게 말 하는 걸 듣고 싶어서… 자, 넘어가시죠.

나 그게 거짓말이라는 걸 알고 있으니까 다른 얘기로 넘어가고 싶으신 거죠.

내 계획이 3단계에 걸쳐 실행되는 것이 보이는가? 일단 승산 있는 싸움을 선택했다. 약한 고리 제철소! 둘째로 물러서지 않았다. "로저스 씨가 말하기 어렵다는 건 압니다. 나서서 대통령을 변호하고 싶어 한다는 걸 저도 아니까요." 그리고 기쉬 갤럽을 지적했다. “그게 거짓말이라는 걸 알고 있으니까 다른 얘기로 넘어가고 싶으신 거죠.” 이 모든 걸 할 수 있었던 이유는 철저한 사전 준비 덕분이었다. 나는 미리 해야 할 ‘숙제’를 다 했고, 그래서 자신이 있었다.

트럼프 캠프의 자문 로저스와 나눈 인터뷰는 입소문을 타고 유명해졌고, 이 글을 쓰는 시점에서 트위터(X) 조회 수가 1,000만 회를 넘었다. 헐크로 잘 알려진 배우 마크 러팔로는 700만 명이나 되는 팔로워들과 영상을 공유하며 이런 글을 남겼다. “진실이라는 게 남아있네요. 오늘날에도. 언론인이 진실을 밝힌다는 게 바로 이런 겁니다.” NBC의 세스 마이어스는 나를 ‘야심한 밤 쇼’에 초대해 이야기를 나누다가 그 인터뷰를 “트럼프 세계에 살고 있는 사람들에게 이야기하는 방법의 본보기”라고 했다.

마이어스와 이야기를 나누면서 내가 지금 당신에게 하는 말을 그에게도 했다. “그런 문제가 모든 곳에 상존하고 있습니다. 안타깝게도 미국 TV 프로그램 진행자들은 시간이 제한되어 있고요. 자원이 부족하고요. 그래서 그냥 진행을 이어가야 합니다. 저는 인터뷰하면서 그냥 진행을 이어가고 싶지는 않습니다. 문제를 그냥 흘려보내고 싶지 않아요. 저는 대답을 듣고 싶어 합니다.”

거짓말 뒤에 또 헛소리, 과장 후에 또 허풍을 쏟아내는 사람을 만나면 이 방법을 택해야 한다. 상대의 기쉬 갤럽을 두려워할 이유도, 기쉬 갤럽에 압도당할 이유도 없다. 준비를 갖추고 걸려들 때까지 기다리면 된다. 그러면 자승자박, 상대방을 자신이 뿌린 흙탕물에 나동그라지게 만들 수도 있다.

WIN EVERY
ARGUMENT

3부

완벽한 승리를 위한 사전 준비

연설가에는 두 가지 유형이 있다.
긴장하는 사람 그리고 긴장 같은 건 하지 않는다고
거짓말하는 사람.

_마크 트웨인Mark Twain, 소설가

12장

자신감이 전부다

자유민주당 지지 유권자들은 자기가 던진 표가 결국 보수당 정부를 도와주게 되었다는 사실에 배신감을 느껴야 할까?

2010년 5월이었다. 영국에서 30여 년 만에 가장 박빙의 총선이 치러지고 정확히 일주일 뒤였다. 전국적으로 국민의 감정이 고조되고 있었다. 제1당이 된 우파 보수당은 제3당인 중도좌파 자유민주당과 손을 잡으면서 13년 만에 다시 집권에 성공했고, 영국은 65년 만에 첫 연립정부를 출범시켰다.

내가 영국에서 최고의 시청률을 기록하던 BBC 시사 프로그램 '질문시간'에 처음으로 출연하게 된 것도 바로 그때였다. 그날 나는 쟁쟁한 네 인사들과 자리를 함께했는데, 그중에는 보수당 내각의 각료를 지냈던 마이클 헤셀틴도 있었다. '질문시간' 프로그램은 내가 태어나던 1979년에 시작됐는데 헤셀틴은 '질문시간' 초창기 방송에 출연한 바 있는 전설적 인물이었다.

그날 밤, 진행자 데이비드 딤블비는 객석에서 질문을 받은 후 짓궂게도 그날 처음 패널로 출연한 내게 먼저 물었다. "자유민주당을 지지한 유권자들은 배신감을 느끼고 있을까요?"

내가 잠시 답변을 정리하는 동안, 스튜디오 객석에서는 수백 명의 청중이 나를 응시하고 있었다. 하지만 객석에 있는 사람들이 다가 아니었다. 그날 밤 방송으로 수백만 명의 시청자가 나를 지켜보고 있을 테니 말이다. 물론 전에도 여러 번 TV에 패널로 출연했었지만 '질문시간' 같은 큰 프로그램은 처음이었다. 그런 대단한 인사들과 자리를 함께한 것도 처음이었고, 그토록 많은 TV 시청자들과 마주한 것도 그때가 처음이었다.

뱃속이 울렁거리고, 심장이 쿵쾅거렸다. 온몸에서 땀이 흘렀다. 그런데 말이지, 그걸 아무도 눈치채지 못했다.

그렇게 많은 청중을 마주하는 게 처음이었지만 그럼에도 나는 이미 충분히 알고 있었다. 아무리 긴장이 몰려와도 나를 방해할 수는 없다는 사실을. 그랬기에 속으로는 엄청 긴장하고 마음의 동요가 이는 상태에서도, 나는 스튜디오에 있는 청중과 집에서 TV를 보고 있는 시청자들에게 한껏 자신감을 드러냈다.

첫 번째 답변을 망설임 없이 열정적으로 마치자 큰 박수가 쏟아졌다. 두 번째, 세 번째 답변에서도 마찬가지였다. 긴장감은 그날 밤 토론이 끝나갈 무렵이 되어서야 가라앉았다. 나는 헤셀틴 경과의 토론도 멋지게 해냈고, 토론 도중엔 그를 화나게 만들 정도로 그날의 토론을 즐길 수 있었다.

2010년, 처음으로 '질문시간'에 출연하고 난 뒤, 나는 다른 어떤 미디어에 출연했을 때보다도 대중으로부터 더 많은 관심을 받았다. TV 방송이 끝나기도 전에 내 이메일 수신함은 지지와 칭찬을 담은 수백 개의 이메일로 가득 찼고, 다음 날 아침에는 버스와 기차에서도 사람들이 내게 다가와 악수를 청했다. 주간지 〈뉴스테이츠먼〉의 전 편집장은 훗날 〈컬럼비아저널리즘리뷰〉와의 인터뷰에서, 그날 밤 내가 다른 패널들을 "지배했다"고 표현하면서 이렇게 말했다. "다음날 사무실에 출근하니까, 그날 프로그램을 시청했던 사람들이 우리 주간지 구독 신청을 엄청나게 많이 했더군요."

내게 자신감이 없었다면 불가능한 일이었다. 무엇보다 긴장이 극에 달하는 순간에 자신감을 발휘하는 방법을 몰랐다면 해낼 수 없는 일이기도 했다.

……

사람들은 훌륭한 연설가에게서 무엇을 보고 싶어 할까? 훌륭한 리더를 볼 때와 마찬가지인데, 작가 카민 갤로에 따르면 사람들은 **자신감**을 바라고 기대한다. 논쟁에서 이기기 위해선 자신감을 **갖는 것** 그리고 자신감을 **보여주는 것**, 이 두 가지가 그 무엇보다 중요하다고 분명히 말할 수 있다.

자신감은 능력도 아니고 특성도 아니다. 전문가들의 말을 빌리자면 자신감은 "자신의 마음속에 내재하는 신념"이고 이 넓고 험한 세상에서 성공에 필요한 것을 자기가 가지고 있다는 확신이다. 그리고 자신의 행위와 존재에 영혼을 불어넣는 심적 태도이기도 하다. 자신감이 있어야 누군가의 눈을 똑바로 쳐다보며, 설령 머리로는 상대방이 옳을 수도 있다는 생각을 하면서도 "미안하지만 당신이 틀렸습니다"라고 말할 수 있다. 자신감이 있어야 수백, 수천, 심지어 수백만 명의 청중 앞에 설 수 있고 진심을 담아 말할 수 있다. 인생에서 좌절을 겪더라도 다시 일어설 수 있게 해주는 것도 자신감이다. 소설가 버지니아 울프는 "자신감이 없으면, 우리는 요람에 있는 갓난아기와 다를 바 없다"고 했다.

위키피디아에 따르면 자신감confidence의 라틴 어원 '피데레fidere'는 '믿다trust'라는 뜻이다. 따라서 스스로에 대한 자신감self-confidence은 "마음속에 자신에 대한 믿음을 가지고 있다"는 뜻이다. 능력과 자신감은 별개이다. 어떤 목표를 성취할 수 있는 능력이 있더라도, 그 능력을 펼치기 위해서는 자신감이 있어야 한다. 자신의 능력을 성공으로 바꿀 수 있는 열쇠가 자신감인 것이다. 억만장자이면서 재계 거물인 리처드 브랜슨은 "자신감이 자신감을 낳고 부정이 부정을 낳는다"라고 말했다.

연구 결과에 따르면 사람들이 누군가 미래에 달성할 성과를 예측할 때 자신감은 능력만큼이나 중요하게 작용한다. 실제로 사람들은 전문적인 지식보다도 자신감을 더 선호한다. 〈뉴사이언티스트New Scientist〉는 카네기멜론대 돈 무어 교수의 연구를 인용하며 이렇게 썼다. “사람들은 자신감이 있는 사람에게서 조언을 구하는 걸 더 좋아한다. 심지어 자신감이 충만하다면 과거 그 사람이 행한 실패쯤은 눈감아 줄 수 있다.”

사실 이 결과에는 걱정스러운 측면도 없지 않아 있다. 다만 누군가를 설득하려면 자신감이 있어야 한다는 게 요지이다. 특히 논쟁에서 이기려면 자신감은 필수이다. 그렇다면 내가 그런 자신감을 충분히 가지고 있다고 확신하려면 어떻게 해야 할까?

‖ 자신감 쌓기 ‖

단도직입적으로 말하겠다. 당신은 나처럼 할 수 없다. 어지간한 자신감 가지고는 청중이 지켜보는 자리에서 입도 뗄 수 없다. 수백만 명의 시청자가 보는 생방송 토론을 진행하면서 세계적 지도자들이나 지식인들을 상대로 논쟁을 벌이는 건 나 정도의 자신감 없인 불가능한 일이다.

나는 어렸을 때부터 자신감이 충만한 편이었다. 선생님이 질문을 하면 다른 아이들과 달리 손을 들지도 않았고 선생님이 내 이름을 불러줄 때까지 기다리지도 않았다. 다소 무례하게 무작정 큰소리로 대답하는, 어쩌면 밉살스런 아이였다. 그러니까 어느 정도의 자신감은 타고났다고나 할까? 하지만 그런 나조차 지난 수십 년 동안 타고난 자신감을 더욱 개발하고 갈고닦으면서 강하게 만들어야만 했다. 의심의 여지 없이 그렇게 해야만 했다.

자신감을 쌓고 보강할 수 있는 방법은 많다. 예를 들면 연설에 앞서 미리 충분히 연습함으로써 실전에 대한 걱정을 줄일 수도 있고, 토론 관련 정보를 미리 파악해서 그날의 토론 주제를 완전히 숙지할 수도 있고, 자신이 주장하는 내용의 강점과 약점을 파악해서 어떤 논박에도 대응할 수 있도록 미리 준비할 수도 있다. 나중에 이 책의 뒷장에서 이런 방법들에 대해 설명할 텐데, 모두 중요하고 유용한 방법이다. 각각의 방법들은 당신이 논쟁 및 설득 **능력**을 키워나가는 데 도움이 될 것이다.

우선 여기서는 자신감을 정신적인 게임이란 관점에서 살펴볼 것이다. 위와 같은 방법들로 논쟁 및 설득 능력을 쌓아나갈 수 있다만 자신감이란 우리가 얼마나 자신을 믿고 신뢰할 수 있는가에 대한 문제이고, 사실 자신감은 보다 더 **정신**적인 면에 뿌리를 두고 있기 때문이다. 여러분이 자신감을 쌓아갈 수 있도록, 흔히 거론하는 방법보다는 좀 더 색다른 3가지 방법을 내가 알려주겠다.

1. 성공을 시각화하라

앞으로 연설이나 발표를 할 기회가 주어진다면 친구, 가족, 동료 등 대상이 누구이고 장소가 어디인지는 신경 쓰지 말고 이렇게 해보기 바란다. 프레젠테이션트레이닝인스티튜트the Presentation Training Institute에서도 권하는 방법인데 일단 몇 시간 또는 며칠 전에 조용한 장소를 찾아라. 그런 다음 "눈을 감고, 연설을 하는 자신의 모습을 시각화하라." 청중 앞에 서서 큰 목소리로 자신감 있게 말하는 자신의 모습을 상상하라. 한 줄, 한 줄 완벽하게 전달하면서 활기차고 조리 있게 중요한 내용을 발표하는 "자신을 그려보라."

가급적 자세한 부분까지 그려봐야 한다. 발표장 크기, 마룻바닥 재질, 좌석 수까지 신경 써라. 생생하게 그려라. 당신이 던지는 농담에 친구와 동료들이 웃는 모습을, 얼굴에 번지는 미소까지 구체적으로 상상해야 한다. 심지어 발표가 모두 끝난 뒤 사람들이 보내는 "박수 소리"까지도 말이다.

바보 같은 짓이라 생각할지 모르지만 아무에게도 알리지 않고 혼자 해보면 된다. 어쨌든 이 연습을 실제로 해보고, 준비한 말을 자유자재로 구사할 수 있을 때까지 반복하다 보면 두 가지 현상이 일어날 것이다. 하나는 전문가들의 말처럼 연설에 대한 부담감이 줄고 훨씬 마음이 편안해지기 시작한다. 심지어 연설이 기다려지기까지 할 수도 있다. 또 하나는 마침내 실전에서 끝내주는 연설을 하게 될 것이다!

이처럼 스스로 해내는 모습을 "마음속에서 그려볼수록" 당신은 성공과 가까워지고 있다는 확신을 가질 수 있다. 2010년 5월 '질문시간'에 처음 나가게 되었을 때, 나 역시 준비의 일환으로 참석하게 될 패널과 관객들을 미리 상상해 보았다. 내가 준비한 재치 있는 말, 상대를 함정에 빠트리는 질문, 웃긴 농담에 사람들이 반응하는 모습을 머릿속에 그려보았다. 나는 그날 토론장에 도착하기 훨씬 전부터 내 말을 들으면서 청중이 웃고 박수치는 소리를 들을 수 있었다.

긍정적 시각화는 자신감을 개발하고 확장하는 좋은 방법들 가운데 하나다. 나아가 실력을 근본적으로 향상시키기도 한다. 전문가들은 상황을 가능한 생생하게 시각화하는 걸 여러 번 반복하면 그 상황은 이미 발생한 것이라고 자신의 마음을 속일 수 있다고 말한다. 빈 말이 아니라 정말이다. 여기에는 확실한 근거가 있다. 2009년 하버드대 정신의학 교수 스리니 필레이는 "우리가 어떤 행동을 시각화할 때나 실제로 그 행동을 수행할 때나 뇌 속의 같은 영역을 자극하고 있다는 건 이제 잘 알려진 사실"이라고 말한 바 있다. 예를 들어 "오른손을 드는 모습을 시각화할 때나 실제로 오른손을 들 때나 뇌의 같은 부분이 활성화된다"는 것이다.

다시 말해 시각화만으로도 당면한 작업을 준비하는 데 도움이 된다는 뜻이다. 이 기법의 유효성을 뒷받침하는 연구도 무수히 많다. 영국 외과학회지British Journal of Surgery에 발표되었고 〈글로브앤드메일Globe and Mail〉에도 실렸던 "상상 훈련Mental Practice"에 대한 연구가 있다. 이 연구에 따르면 기술적으로 어려운 복강경 수술을 하기 전에 일주일 동안 시각화 테크닉을 실습했던 상급 외과 수련의들이 그렇지 않았던 수련의들보다 수술을 훨씬 더 잘 해냈다고 한다. 〈미국임상최면저널American Journal of Clinical Hypnosis〉에 게재된 또 다른 연구에서는 전국 순위권에 올라 있는 스탠퍼드대 남자 체조 선수들이 "최면 상태에서 시각화 훈련을 한 덕분에, 1년 넘게 연습했던 몇 가지 복잡한 묘기를 처음으로 해냈다"고 밝혔다. 선수들은 주어진 시간 내에 모든 동작을 마쳤고, 유연성이 증가했을 뿐 아니라

근력도 강화되었다.

실제로 세계 최고 수준의 기량을 갖춘 선수 중에는 시각화 테크닉을 사용해서 자신감 있게 승리를 준비한다고 말하는 이들이 있다. 역사상 가장 위대한 수영 선수로 꼽히는 마이클 펠프스도 그 중 한 사람이다. 올림픽에서 23개의 금메달을 목에 걸었던 펠프스는 2004년에 쓴 회고록 《꿈으로 세상을 제패하다Beneath the Surface》에서 "잠자는 동안 출발선에서 도착 지점까지 레이스를 펼치는 꿈을 꿀 때가 있다"고 썼다. "밤에 잠들기 전에 내가 해야 할 동작들이 완벽하게 익숙해질 때까지 머릿속으로 생각해 봅니다. 다이빙을 해서 물속으로 미끄러져 들어가고 팔다리를 힘차게 움직이다가 몸을 뒤집으면서 벽을 차고 나와 목표 지점에 도달합니다. 구간 별 시간을 100분의 1초까지 체크해 봅니다. 그러고는 처음부터 또 한 번 합니다. 실제 레이스를 시작해서 끝내기까지 필요한 모든 동작과 상황을 몇 번이고 반복하는 겁니다."

UFC 챔피언을 두 번씩이나 거머쥐었던 종합 격투기 선수 코너 맥그리거도 시각화의 힘을 이용한다. 한 영상물에서 그의 코치 존 캐버나는 맥그리거가 시합에서 아무리 관중이 많아도 항상 침착하고 확신에 찬 모습을 보여줄 수 있는 이유에 대해 설명한다.

> 맥그리거는 시합에서 일어날 상황을 머릿속에서 1,000번 이상 그려보기 때문에, 링 위에서 어떤 일이 일어나게 될지 정확하게 알고 있습니다. 링에 오르기 전에 모든 준비를 마친 상태죠. 그

는 미리 관중의 소리를 들어봅니다. 경기장에 풍기는 냄새도 미리 맡아보죠.. 경기장에 들어찬 관중의 모습까지도 미리 그려봅니다. 시합 전에 링 위에 오른 자신의 모습에 이미 몰입한 상태인 겁니다. 다른 선수들은 시합 8주나 12주 전부터 조용한 체육관에서 훈련을 합니다. 그러다가 시합 당일에 1만 5,000명의 관중이 모인 경기장에 들어서면서 깜짝 놀라죠. 반면에 맥그리거는 이렇게 말합니다. **"그래, 오늘 이 시합을 나는 1,000번이나 해봤어."**

연설을 하기 위해 군중 앞에 섰을 때, 당신 역시 연설을 1,000번이나 해본 사람처럼 자신 있을 수 있다. 그것이 자신감의 모습이고, 자신감이 주는 느낌이다. 그리고 긍정적 시각화를 통해서 그런 자신감을 얻을 수 있다.

2. 위험을 감수하라

"확실하게 멈춰 서서 두려움을 정면으로 맞서는 경험을 할 때마다 힘과 용기와 자신감을 얻는다." 미국 역사상 최고의 영부인으로 평가받는 엘레노어 루스벨트가 자전적 에세이 《세상을 끌어안아라You Learn by Living》에서 한 말이다. "이제 스스로에게 말할 수 있습니다. '살면서 이런 공포를 이겨냈으니 다음에 올 일도 견딜 수 있어'라고… 당신이 할 수 없다고 생각하는 그 일을 해야만 합니다."

무슨 일이든 실제로 해보기 전까지는 자신감을 갖기 어렵다.

전문가의 말처럼 결국 "위험을 감수해야 한다"는 뜻이다. 따라서 자신감을 키우려면 일상생활에서도 더 많은 위험을 감수하는 경험을 더 많이 쌓겠다는 마음가짐이 필요하다. 자신감은 성공과 성취뿐만 아니라 위험과 실패를 통해서도 성장하기 때문이다. 기업 임원들을 코치하는 메건 브루노는 "자신감은 경험과 함께 온다"고 말한다. 그리고 경험은 새로운 것을 시도할 때 만들어진다!

자, 그렇다면 대중 연설과 의사소통 측면에서 자신감을 구축하려면 어떤 식으로 위험과 실패의 경험을 일상에서 체험해야 할까?

하나, 자진해서 사람들 앞에서 말하라. 스피치 코치 사이먼 트레바튼은 친구들 앞에서든 가족 앞에서든 "말할 기회가 생기면 잡으라"고 조언한다. 사람들 앞에서 큰 소리로 말하는 자신에게 쏠리는 시선에 익숙해지라는 것이다. 처음에는 작게 가족 식사나 사내 팀 미팅으로 시작해서 결혼식 축사나 졸업식 대표 연설과 같이 점점 더 많은 사람들 앞에서 말해 보아라. 5명 앞에서 실수하고 깨달음을 얻는 것이 50명, 500명 앞에서 망신당하는 것보다 낫다. 작은 기회들을 최대한 활용해야 내가 원하는 방향으로 조금씩 나아갈 수 있다. 인지과학자 시안 베일록도 자신의 저서 《부동의 심리학Choke》에서 비슷한 말을 한다. "낮은 수준의 스트레스를 받는 상황에서 훈련하면 극한 수준의 스트레스를 받는 상황에서도 얼어붙지 않을 수 있다."

둘, 친구나 동료의 주장에 이의를 제기하라. 기회가 있을 때마다 주변 사람들과 토론을 하는 것도 도움이 된다. 가급적 상대가 당신보다 더 많이 알고 있는 주제에 대해 토론하면 더 좋다. 당연히 상대는 당신보다도 훨씬 더 잘 할 것이다. 그리고 당신은 상대방을 어떻게든 이겨보려 하다가 웃음거리가 될 수도 있다. 하지만 거듭 말하는데 그런 경험이 장기적으로는 도움이 된다. 잘 흘러가던 논쟁이 어떻게 하면 무너져 내리는지 실패를 통해 감을 잡게 된다. 그리고 그런 과정에 익숙해지면서 더 어려운 논쟁도 해낼 수 있다는 자신감을 얻을 것이다.

셋, 직장에서 임금 인상 또는 승진을 요구하라. 고용주에게 더 많은 임금이나 더 높은 직급을 요구하는 건 위험하고 겁나는 일이다. 하지만 엘레노어 루스벨트의 말처럼 "당신이 할 수 없다고 생각하는 것을 해봐야만 한다." 그렇다고 즉흥적으로 저지르라는 말은 아니다. 그건 너무 무모하다. 설득력 있는 주장을 펼쳐야 하고, 적절한 시기를 잡아야만 한다. 어쩌면 당신도 직장에서 더 나은 대우를 요구할 기회를 기다리고 있었을지 모른다. 안 된다는 말을 들을 수도 있고 예산이 부족하다는 말을 들을 수도 있지만, 어쨌든 적어도 능동적이고 적극적인 모습을 보여줄 수 있다. 만약 임금 인상이나 승진 같이 말하기 어려운 문제를 두고 상사와 성공적으로 협상이 이루어진다면, 향후 어떤 어려운 주제를 두고 논쟁을 하더라도 이길 수 있다는 자신감이 훨씬 더 많이 생길 것이다.

위험을 감수하는 행동은 자신감을 필요로 하는 동시에 더 많은 자신감을 쌓는 데 도움을 준다. 기업 임원 전문 코치 존 발도니에 따르면, 그 누구든 편안하고 익숙한 상황을 넘어 한계를 확장해

나가고 더 많은 위험을 감수해 나갈 여력이 있다고 한다. 나도 예외는 아니다.

나는 이제 군중 앞에서 말하는 것에 익숙하다. 재미있고 때론 기다려지기도 한다. 그렇다면 어린아이들을 상대로 말하기는? 아니, 그건 별로다. 몇 년 전, 나는 내 아이가 다니는 이슬람 주일학교 교장 선생님으로부터 아침 조회에 나와 연설해 달라는 요청을 받았다. 무슨 말을 해야 할지 잘 몰라 쓰고 고치기를 반복하며 며칠을 보냈다.

"당신의 이런 모습 처음 보네요." 연설 준비로 끙끙 앓던 나를 보며 아내가 말했다.

왜? 아이들을 상대로 말하는 건 내게 편안하고 익숙한 상황과 거리가 멀어도 너무 멀었으니까. 나는 다우닝가 10번지에서 영국 총리를 인터뷰한 적도 있다. 생방송 TV에서 수많은 토론을 했고, 때론 두세 명의 사람들을 상대로 나 혼자서 맞붙는 토론도 해봤다. 하지만 6~7세의 어린아이들로 가득한 방에서는? 겁부터 났다. 그럼에도 나는 위험을 감수하고 결국 해냈다. 어땠냐고? 글쎄, 행복회로를 돌리자면 아이들도 싫어하는 눈치는 아니었다.

정확히 말하자면 아이들이 신나서 박수를 치거나 하진 않았다. 하지만 자신감은 실패를 피해가는 방법이 아니다. 오히려 자신감은 실패에 대처하는 훌륭한 방법이다. 위험과 실패를 받아들이면 뭐가 잘못되고 어디가 틀어졌는지 배울 수 있다. 뿐만 아니라 실패해도 삶은 계속된다는 사실도 알 수 있다. 작가 클레어 시프먼의 말처럼, 실패는 자신감을 형성하는 데 도움을 주고 자신감은 실패에 더 잘 대처할 수 있도록 도움을 주는 "일종의 선순환 구조"를 만들어가게 된다.

"역설적으로 말하자면 실패를 기꺼이 감수하는 만큼 실제로 더 많은 성공을 거두게 됩니다. 모든 조건이 100% 완벽하게 갖춰지기를 기다리다간 아무것도 해낼 수 없기 때문이죠. 더 많이 시도를 해봐야 더 많은 것들을 해낼 수 있는 겁니다." 《자신감 워크북The Self-Confidence Workbook》의 저자이자 임상 심리학자 바바라 마크웨이의 말이다.

하나 더. 라디오 진행자 제인 로우가 2015년 인터뷰에서 래퍼 카니예 웨스트에게 했던 말도 생각해 보기 바란다.

> **카니예 웨스트** 누구나 성공을 할 때도 있고 실패를 할 때도 있기 마련이죠.
>
> **제인 로우** 성공하거나 배우거나, 그렇죠?
>
> **카니예 웨스트** 그러네요. 성공하거나 아니면 배우거나. 야, 주옥 같은 표현인데요. 저도 기억했다가 써먹어야겠어요.

카니예 웨스트가 그 말을 기억했다가 다른 곳에서 써먹었는지는 모르겠다. 여기서 그게 중요한 건 아니니까. 가장 중요한 것은 이거다. 위험을 감수하고, 실패를 경험하며, 어디서부터 잘못되었는지 배우면서 당신의 자신감이 얼마나 성장하는지 지켜보는 것.

3. 부정적인 사람을 내쳐라

내가 아직 아무에게도 말한 적 없는 사실 한 가지를 알려주겠다. 대부분의 사람들은 당신이 성공하기를 바란다. 정말이다. 진짜다. 당신의 파트너이든, 부모님이든, 자녀이든, 처음 만나는 청중이든, 사람들은 당신이 성공하기를 바란다. 심리학자 리비 마는 대부분의 사람들이 "당신을 응원하고 있다. 당신이 성공하길 왜 바라지 않겠습니까?"라고 말한다.

물론 이런 진실을 받아들이긴 어려울 것이다. 우리는 나름 친한 관계를 유지했던 수백 명보다 고등학교 시절 자신을 괴롭혔던 한 명을 더 잘 기억한다. 나를 향했던 수많은 미소보다도 사람들이 내게 눈살을 찌푸렸던 한 순간에 대해 더 신경 쓴다.

따라서 당신이 해야 할 일은 자신감을 조금씩 갉아먹는 사람이 아니라 자신감을 높여주는 사람들을 주위에 두는 것이다. "부정적인 사람들을 멀리하라. 그들은 나오는 해결책마다 문제점을 제기한다." 알베르트 아인슈타인이 했다고 알려진 말이다.

나는 많은 긍정적인 사람들로 둘러싸인 축복받은 삶을 살고 있다. 나의 가장 친한 친구가 호주에 사는데 1만 6,000킬로미터나 떨어진 그곳에서 지금도 전화로 나를 격려해 준다. 전 세계에 흩어져 살면서 나를 응원하는 친척들도 있다. 특히 런던에 있는 사촌형제 부부는 내가 뭔가 작은 성과라도 이루면 늘 "대단해요!", "놀라워요!", "축하합니다!" 등의 문자를 보내준다. 그 외에도 워싱턴에서 진행되는 알자지라잉글리시 생방송 '헤드 투 헤드' 녹화 때 왔다가 응원 부대를 결성해서 나를 격려해 주는 친구들도 있다.

이런 일들이 대단치 않게 보일 수도 있다. 하지만 이 모든 것들이 내 자신감에 어떤 긍정적인 영향도 주지 않았다고 생각하나? 당연히 그들의 응원과 격려는 내게 긍정적인 영향을 끼친다. 그들이 주는 긍정적 메시지가 나에게 큰 힘이 되고, 그들의 믿음이 있기에 나의 믿음도 더욱 확고해 진다. 내가 지나친 자신감을 보일 때마다 나를 정신 차리게 해주는 멋진 아내와 두 아이들이 있다는 사실도 여기 덧붙이는 바이다!

다른 사람들의 부정적인 면이 자신에게 얼마나 많은 영향을 미치고 있는지 모르는 사람이 많다. 다음 장에서는 내면의 목소리, 마음속에서 우리에게 이건 할 수 있고 저건 할 수 없다고 속삭이는 목소리에 대해 좀 더 살펴볼 것이다. 물론 내면의 목소리가 부정적이 아니라 긍정적이 되도록 자신이 열심히 노력해야 한다는 말은 맞다. 하지만 주변 사람들 때문에 큰 차이가 발생할 수 있다는 사실 또한 분명히 알아야 한다. "우리 머릿속에서 아직도 부족하다고 들려오는 목소리는 우리 자신의 진정한 목소리가 아니라 과거에 우리를 비판했던 사람들의 말이 모두 합쳐진 목소리이다." 시카고대 치료전문가 라마예 샨무가벨라유탐의 말이다. 그녀는 우리가 이제 그런 비판의 목소리에 "항변하고" 듣기를 거부해야 한다고 말한다.

건설적인 비판, 피드백은 습관적인 반대론자들의 트집, 불평과 분명히 다르다. 자신감을 쌓기 위해서는 비관론자, 부정론자, 패배주의자, 불평분자의 목소리에 대항하면서 긍정적인 목소리로 균형을 잡아야 한다. 그들의 부정적인 목소리를 멀리하고, 긍정적이고 격려와 용기를 주는 목소리를 가까이하라.

마릴린 먼로가 이런 말을 했다고 한다. "부정적인 사람들을 내 인생에서 잘라낸다고 해서 그들을 미워한다는 건 아닙니다. 단지 내가 나를 존중한다는 뜻이죠."

‖ 자신감 있는 것처럼 속이기 ‖

지금까지 말한 것은 '플랜 A'였다. 성공을 시각화하고, 긍정적인 사람들과 함께하고, 위험을 감수하면서 실패하고 배우고 성장하기 위한 '정식 처방'이다. 어려움과 아픔을 겪으면서 자신감을 쌓아간다라… 좋긴 한데, 시간이 오래 걸릴 것 같긴 하다.

만약 내일 당장 무대에 서야 한다면? 게다가 당신의 자신감은 흔들리고 있다. '플랜 B'가 있는가?

"해낼 때까지 할 수 있는 척 속여라Fake it till you make it"라는 속담을 들어봤는지 모르겠다. 그래, 그것도 하나의 방법일 수 있다. 그런데 2012년에 하버드경영대학원 사회심리학자 에이미 커디는 그 속담의 요지를 더욱 살리는 업그레이드 버전을 내놓았다. "해낼 때까지 할 수 있는 척 속이지 말라. 저절로 자신감이 생길 때까지 자신감이 있는 척 속여라Don't fake it till you make it. Fake it till you become it."

인생을 살아가며 우리의 자신감은 오르락내리락 등락을 반복한다. 얼마나 많은 성취를 이루었든, 얼마나 많은 교육을 받았든,

얼마나 많은 부를 쌓았든, 누구나 자신감이 떨어지는 순간을 맞이한다. 긴장되고 불안하고 준비가 부족하다고 느끼는 순간, 자신감은 밑바닥으로 떨어진다. 바로 그 순간에 가동해야 할 플랜 B가 '자신감 있는 것처럼 행동하기'이다. 그런다고 잃을 건 없다. 밑져야 본전이다. 오히려 자신감 있는 것처럼 계속 버티다 보면 무언가 얻을 일만 남는다.

팝 스타 리한나와 〈E!〉 뉴스 기자 사이에서 있었던 대화를 생각해 보기 바란다.

> **E!** 자신감이 없거나, 두렵거나, 힘이 나질 않는다고 느낄 땐 어떻게 하나요?
>
> **리한나** 있는 것처럼 합니다.
>
> **E!** 있는 척 속인다고요?
>
> **리한나** 네.
>
> **E!** 진짜로 그것이 생길 때까지요?
>
> **리한나** 제 말은, 안 그럴 이유가 있나요? 그렇지 않으면 울다 잠들 뿐인데. 울다 잠들고 싶은 사람이 있을까요? 다음 날 일어나면 눈만 퉁퉁 부어있을 텐데요. 괜한 눈물 낭비죠.

어찌 보면 "마치as if"의 기술이라고도 할 수 있다. 심리학자 윌리엄 제임스는 "만약 당신이 어떤 자질을 원한다면, 마치 그 자질을 이미 지니고 있는 사람처럼 행동하라"고 말했다.

이 기술의 장점은 단기적으로 보면 당신이 '마치' 자신감 있는 사람처럼 행동함으로써 다른 사람들로 하여금 당신을 실제로 자신 있는 사람이라고 믿게 만든다는 것이다. 장기적으론 전문가들의 말처럼 '마치' 자신감이 있는 사람처럼 행동하면 결국엔 '더 자신감 있는 사람이 된다'라는 것이다. 그렇다면 자신감이 없는 상황에서 어떻게 하면 '마치' 자신 있는 것처럼 할 수 있는가? 내가 혼자서 규칙적으로 실천하는 몇 가지 간단하고 효과적인 방법이 있다. 이 방법들은 정공법이라 할 수 있는 플랜 A 상황과 대안에 의지해야 하는 플랜 B 상황, 둘 다에 적용할 수 있다.

1. 몸짓언어를 바로잡아라

스튜디오에서 맞은편에 앉아있는 인터뷰 대상자를 보면, 인터뷰를 시작하기도 전에 그 사람이 자신감이 있는지 없는지 알 수 있다. 상체를 앞으로 숙이고 있나 아니면 뒤로 젖히고 있나? 두 팔을 벌리고 있나 아니면 팔짱을 끼고 있나? 똑바로 앉아있나 아니면 구부정하게 앉아있나?

"대화란 항상 두 가지 경로로 이루어진다"라는 말처럼 우리는 입뿐만 아니라 몸짓언어로도 청중에게 말한다.

누군가의 감정이나 태도를 바꾸려 할 때 입을 통해서 하는 말의 전달력은 전체 메시지의 7% 정도에 불과하다. 겨우 7%. 이와는 대조적으로 전달력 측면에서 목소리 톤은 38%, 몸짓언어는 자그마치 55%를 차지한다. 이것이 바로 1971년 캘리포니아대 심리학 명에 교수 앨버트 머레이비언이 그의 저서 《침묵의 메시지Silent Messages》에서 말한 그 유명한 "7-38-55 법칙"이다.

머레이비언의 연구는 "행동은 말보다 더 큰 소리로 말한다"는 옛 격언이 하나도 틀린 말이 아니었음을 보여준다. 그런데도 우리는 메시지 전달력의 93%를 차지하는 비언어적 소통보다도 입으로 하는 말에 훨씬 더 많은 노력을 기울인다.

다른 사람들이 우리를 어떻게 보는가에 대해 생각해 봐야 하는 이유가 바로 여기 있다. 카민 갤로는 우리가 처음 만나는 사람에 대해 성급한 판단을 내린다는 연구 결과를 인용한다. 첫인상은 1,000분의 몇 초 안에 형성되고, 한 번 형성된 첫인상은 잘 지워지지 않는다. 그리고 첫인상은 몸짓언어와 자세 혹은 태도에 기초하여 만들어진다는 것이다. 그렇다면 논쟁에 나서는 사람으로서 당연히 이런 언어에 대해 알아야 하지 않겠는가?

당당한 자신감 표출과 관련해서 자세나 움직임만 바꿔도 많은 것이 달라진다. 의사소통 전문가 릴리언 글래스가 〈인사이더〉와 인터뷰한 내용 그리고 카민 갤로의 저서 《어떻게 말할 것인가》를 통해 내가 깨달은 해야 할 행동과 하지 말아야 할 행동들을 알려주겠다.

- 턱을 세우고 고개를 들어라. 글래스에 따르면 자신감 있는 사람들은 고개를 숙이지 않고 시선을 들어 올려다 본다.
- 팔짱을 끼지 말라. 방어적이거나 폐쇄적인 태도를 취하는 건 피하는 게 좋다.

- 똑바로 서서 어깨를 쭉 펴라. 그래야 자신감과 통제력을 갖춘 사람으로 보인다.
- 상체를 굽히거나 어깨를 으쓱거리지 말라. 게으르고, 신뢰할 수 없고, 자신감이 부족한 사람처럼 보일 수 있다.
- 손바닥을 위로 벌리는 제스처를 하라. 숨기는 게 아무것도 없다는 인상을 준다.
- 안절부절 꼼지락거리지 말라. 갤로는 이런 행동 때문에 긴장하고 불안한 사람, 심지어 자신 없는 사람으로 비쳐질 수 있다고 지적한다.

몸짓언어가 중요한 이유는 또 있다. 몸짓언어는 당신이 다른 사람들에게 자신감 있는 사람으로 보이도록 할 뿐 아니라 당신 스스로 **자신감을 느끼도록** 해준다. 심리학자 에이미 커디는 '2012 TED 토크'에 출연해서 확장적이고 열린 자세인 "파워 포즈Power Poses"를 취하라고 주문했다. 한 번에 2분 정도의 연습만으로도 더 많은 힘과 자신감이 생기고 기꺼이 위험을 감수하려는 마음을 더욱 느낄 수 있다는 것이다. 그녀는 "비언어적인 행동이 자신에 대한 생각과 감정을 지배하며 우리의 몸이 우리의 마음을 변화시킨다"고 말한다. 커디가 호르몬 변화에 대해 말했던 모든 내용들이 후속 연구를 통해서 입증된 건 아니지만, 열린 자세나 좋은 자세가 더욱 자신감을 갖게 해준다는 기본적인 생각만큼은 옳다고 본다.

정신적이거나 **언어**적인 면뿐만 아니라 **신체**적인 면에도 관심을 기울여야 한다. 자신감을 보여줄 수 있고 자신감을 느낄 수 있게 해주는 가장 빠른 해결책이 바로 거기 있기 때문이다.

2. 목소리를 크고 분명하게 내라

자신감 있는 인상을 심어주려면 자신감 있는 목소리로 말해야 한다. 힘과 권위를 보여주고 싶다면 강력하고 권위 있는 목소리를 내야 한다. 자신감 있는 '모습'을 보여주는 것만큼 중요한 것이 바로 우리가 내는 '목소리'이다.

"인간의 목소리는 우리 모두가 연주하고 있는 악기입니다." 사운드 컨설턴트 줄리언 트레져가 2013년 TED 토크에서 한 말이다. "인간의 목소리는 아마도 이 세상에서 가장 강력한 소리일 겁니다. 전쟁을 일으킬 수도 있고 사랑한다고 말할 수도 있는 유일한 소리죠."

하지만 너무나 많은 사람들이 이처럼 강력한 힘을 가진 목소리의 톤이나 볼륨에 관심을 기울이지 않는다. 우리는 자신의 목소리가 '있는 그대로'에서 벗어날 수 없다고 생각하지만 그렇지 않다. 아주 조용한 사람도 자기 의사를 분명하게 표현할 수 있고, 그 과정에서 자신감을 드러낼 수 있다.

목소리라는 소중한 자산을 사용하면서 주의해야 할 점들을 알려주겠다. 나는 스피치 코치 저스틴 아키노의 조언을 부분적으로 따르면서, 해야 할 일과 하지 말아야 할 일을 정리해 놓았다.

- 횡격막 호흡을 통해 말하라. 숨을 마치 뱃속으로 넣듯이 조용히 깊게 들이마신 다음, 내뱉는 숨을 이용해 활력과 에너지를 담아 말하라.
- 웅얼거리거나 중얼거리지 말라. 태도가 분명치 않거나 겁먹은 사람처럼 보인다.
- 말할 때는 똑바로 서서 말하라. 그래야만 많은 공기를 들이마실 수 있고, 목소리도 더 크게 울린다.
- 너무 빨리 말하지 말라. 내가 자주 그러긴 한다! 청중에게 당신의 말을 제대로 이해할 시간을 줘야 한다. 그리고 적당한 속도로 말해야 긴장한 사람처럼 보이지 않는다.
- 웃는 표정으로 말하라. 물론 항상은 아니고 적절한 상황에서는 가능한 한 미소 짓는 표정을 유지하라. 전화를 통해 들려오는 목소리에서도 미소는 '들리는' 법이다.
- 잠깐씩 멈추는 걸 겁내지 말라. 소리의 울림이 중요한 건 맞지만, 침묵의 순간을 통해서도 호소력을 배로 키울 수 있다. 침묵도 극적 효과를 꾀하고 자신감을 전할 수 있는 강력한 도구라는 걸 기억하라.

커뮤니케이션 코치 아키노가 마지막으로 전하는 비법이 하나 있다. 멀리 떨어진 사람들에게 말할 때, 그들보다 뒤에 있는 사람에게 말하듯 얘기하는 것이다. 이 방법은 더 크게 소리 내고, 더 깊게 호흡하고, 멀리까지 전달되는 울림 있는 목소리를 만드는 자극제 역할을 한다. 기본적으로 더 좋은 말하기 습관을 쌓기 위한 원스톱 처방이 될 수 있다. 이에 대해 아키노는 "어림잡아 듣는 사람의 머리 뒤 약 1미터 지점을 향해 말을 하라"고 한다. "예를 들어 당신이 상대방으로부터 1.8미터 남짓 떨어진 곳에 서서 말을 하고 있다면, 2.7미터 떨어진 곳에 서 있는 사람도 당신의 목소리를 분명하게 들을 수 있을 정도로 크게 말하라는 것이다."

3. 시선을 마주쳐라

"눈이야 눈, 치코. 눈은 절대 거짓말을 못 하지."

영화 〈스카페이스Scarface〉에서 알 파치노가 연기한 토니 몬타나가 한 말은 옳았다. 많은 연구 결과에서 신뢰, 성실, 애정은 물론이고 자신감을 확립하는 데에도 눈이 결정적인 역할을 하는 것으로 나타났다. 독일 막스플랑크인간인지및뇌과학연구소Max Planck Institute for Human Cognitive and Brain Sciences의 연구원들은 "인간이 다른 사람의 얼굴을 관찰할 때 정보를 얻기 위해 가장 먼저 눈을 스캔한다"는 사실을 밝혀냈다.

'질문시간' 프로그램, 옥스퍼드유니언 토론, 기조연설 자리. 나는 어디에 가든 매번 청중과 눈을 마주치려고 애쓴다. 청중의 시선을 피하면 그들에게 자신감을 보여줄 수 없다. 다시 한 번 말하지만 '보여주지' 못한다.

노트나 휴대폰 혹은 테이블 쪽을 내려다볼 때마다, 옆을 힐끗 보거나 시선을 돌릴 때마다, 당신은 불안정하고 불안한 사람처럼 보이게 된다. 《몸짓언어의 이점The Body Language Advantage》을 쓴 커뮤니케이션 코치 릴리언 글래스는 자신감을 보여주는 방법 중에 눈을 마주 바라보는 것보다 더 좋은 방법은 없다고 단언한다. "아이 콘택트를 유지하면, 상황에 대한 통제력 또는 장악력이 있다는 걸 보여주면서 지배력을 입증하게 된다."

몸짓언어에서 아이 콘택트의 중요성은 아무리 강조해도 지나치지 않다. 그런데도 여전히 많은 사람들이 눈을 마주치지 않는다. 〈월스트리트저널Wall Street Journal〉에서 커뮤니케이션 분석 회사 퀀티파이드임프레션스Quantified Impressions가 3,000명을 대상으로 실시한 연구에 대해 기사를 실은 적이 있다. 연구 결과 성인들은 평균적으로 대화 시간의 30~60% 정도만 아이 콘택트를 했다. 이에 대해 대화 분석가들은 상대방과의 "감정적인 연결"을 만들려면 대화 시간의 60~70% 정도 아이 콘택트가 이루어져야 한다고 말한다.

자신감이 있고 공감 능력이 뛰어난 사람은 말할 때뿐만 아니라 들을 때도 시선을 마주친다. 나 역시 인터뷰에서 상대방의 말을 들을 때는 항상 상체를 앞으로 기울이면서 눈을 쳐다보려고 한다. 내가 상대방의 말에 집중하고 있다는 걸 보여주는 것이다. 그렇다고 너무 빤히 쳐다보지는 말라. 너무 오래 계속해서 쳐다보면 상대방을 오히려 불편하게 만들 수도 있다. 가장 무난한 건 '50/70의 법칙'이다. 사람들에게 말할 때는 적어도 주어진 시간의 50%는 아이 콘택트를 유지하고, 상대방의 말을 들을 때는 70%의 정도까지 시선을 마주친다. 전문가들은 그래야만 "관심과 자신감"이 적절한 조합을 이룰 수 있다고 한다.

스스로 자신감을 느끼든 느끼지 못하든, 눈을 마주보는 것이 자신감을 보여주는 가장 빠르고 간단한 방법 가운데 하나란 사실을 기억하라. 눈을 마주 바라보는 일이, 특히 처음 만나는 사람이나 많은 군중 앞에서, 불편하게 느껴지는 건 당연하다. 하지만 그런 상황에서도 시선을 마주치면 효과가 발생한다. 그리고 그런 효과를 경험하다보면 스스로 자신감을 쌓아나가게 된다.

……

“개인적으로 나는 말을 시작할 때 늘 긴장한다. 매번 시험대에 올라가는 기분이다. 사람들이 나의 능력뿐만 아니라 인격과 도덕성을 어떻게 판단할지 의식한다. 내가 할 수 있는 것 이상으로 약속하면 무책임한 사람으로 보일까 걱정이고 내가 할 수 있는 것 이하로 약속하면 불성실하고 무관심한 사람으로 보일까 두렵다.”

이 말을 누가 했을까? 바로 역사상 가장 위대한 웅변가로 꼽히는 키케로가 직접 한 말이다. 심지어 독설가 키케로도 연설을 할 때마다 늘 긴장하게 된다고 솔직히 털어놓았다!

자신감 부족은 당신만의 문제도 아니며, 부도덕이나 단점도 아니다. 삶의 일부분일 뿐이다. 사람들 앞에 나서는 사람이라면 누구나 겪는 현상이다. 사람들 앞에서 자신감이 넘치는 사람은 극히 드물다. 무대에 오른다는 생각만으로 당신이 느낄 긴장감은 지구상에 사는 수십억 명의 사람들도 같은 상황에서 똑같이 느낀다.

이제 답해보라. 당신은 자신감 부족을 해결하기 위해 무엇을 시도해 볼 의향이 있는가? 어디까지 노력할 수 있는가?

자신감은 선천적인 능력이 아니다. 배우고 적용하면서 개발할 수 있는 능력이다. 그리고 그렇게 노력할 만한 충분한 가치가 있다. 키케로도 우리만큼이나 긴장감 때문에 고민했지만 그는 자신감이 얼마나 중요한지 인식하고 있었기에 자신감을 키우고자 노력했다. 무엇보다 논쟁에서 이기고 대중 앞에서 승리를 거두는데 자신감이 결정적 역할을 한다는 사실을 그는 잘 알았다.

그러니 당신의 성공을 시각화하고 당신에게 필요한 사람들과 시간을 함께하라. 위험을 감수하고 실패를 통해 배우도록 하라. 그리고 아직도 자신감 부족으로 어려움을 겪고 있다면, 그럴수록 자신감 '있는 것처럼' 행동하라. 몸짓언어, 목소리 톤, 눈을 통해 자신감을 분명하게 나타내라. 자신감 양성가 조 에머슨은 자신감을 우리 몸의 근육에 비유한다. 그녀는 〈가디언〉과의 인터뷰에서 운동을 통해 근육을 키워나가듯 연습을 통해 자신감을 키워나갈 수 있다고 말했다. 즉 자신감도 유지, 성장, 강화되는 요소라는 것이다. 시간을 두고 인내와 노력을 들인다면 성공과 실패가 어우러지면서 지속적으로 자신감을 쌓아나갈 수 있다는 것이다.

코미디언 겸 배우 민디 캘링은 자신의 저서 《왜 나는 안 되는데? Why Not Me?》에서 "자신감은 존중심과도 같다"고 하면서 "스스로 이루어내는 것"이라고 썼다. 물론 스스로 이루어가는 과정 속에서 리한나나 키케로처럼 혹은 두 시대 사이를 거쳐 갔던 수많은 이들처럼, 때론 '마치' 자신감 있는 척 하는 것도 필요할 것이다.

오리처럼 하라. 수면 위에서는 차분하지만
수면 아래에서는 언제나 온 힘을 다해
발을 움직이고 있는 오리처럼.

_마이클 케인Michael Caine, 영화배우

13장

미끼를 물지 말고 하던 일에 집중하라

2010년, 몹시 추운 겨울이었다. 나는 옥스퍼드대 머튼칼리지에서 열린 토론에 패널로 참여 중이었다. 실내는 대학생과 대학원생으로 가득했다. 오웰재단the Orwell Foundation이 마련한 그날 토론의 주제는 '21세기에 말할 수 없는 것이 무엇인가?'였다.

작가 더글러스 머레이가 발언하고 있었고, 나는 그의 말을 들으면서 미소를 지었다. 왜 미소를 지었냐고? 이제 곧 알게 된다.

머레이는 말솜씨가 좋은 우파 논객이다. 그는 과거에 이런 발언들을 한 적이 있다. 테러 공격을 피하려면 "유럽에 있는 무슬림들이 국경을 넘어다니기 더 힘든 환경을 만들어야만 한다." 영국에서 백인의 수가 감소하고 있기 때문에 "런던은 이제 외국이 되어버렸다.” 대단하지 않은가?

영국에 살던 2010년대 초반, 나는 종종 머레이와 TV 토론회에서 마주치곤 했다. 지금 돌이켜보면 상당히 후회스럽고 부끄러운 장면도 떠오른다. ‘질문시간’, ‘데일리 폴리틱스Daily Politics’, ‘선데이 모닝 라이브Sunday Morning Live’ 등 프로그램에 관계없이 우리는 만났다 하면 토론에 열중했다. 방송 제작자들이 우리 둘 사이에 불꽃 튀는 설전이 오가는 상황을 즐긴 것 같기도 하다.

그날 밤 역시 함께 토론회에 참석하게 된 나는 서방 세계에서 이슬람과 무슬림이 언론의 자유에 가하는 위험에 대해 끊임없이 얘기하는 머레이의 말에 열심히 귀를 기울이고 있었다. 머레이는 예언자 마호메트를 “미치광이, 정신병자, 사기꾼”이라고 하면서 심지어 아동 강간범으로 몰아세우기도 했다.

믿기 힘들겠지만 내가 미소를 지은 건 바로 그때였다. 사실 지금 이 글을 쓰면서 당시를 기록한 유튜브 영상을 다시 찾아보았다. 거기에 내 모습을 보았다. 머레이가 이슬람 창시자에 대해 터무니없고 선동적이며 그릇된 주장을 펼칠 때 웃고 있는 나를 보았다.

내 무슬림 친구 중 한 명은 머레이가 이슬람의 성스러운 예언자를 중상모략하는데 왜 들으면서 웃고만 있었느냐며 이렇게 말했다. “중간에 끼어들어서 호통이라도 치고 싶지 않았어?”

내 대답? 친구의 말이 정확히 맞다. 머레이를 향해 울컥 치밀어 오르는 화를 쏟아내고 싶었다. 하지만 그랬기에 더욱 입을 굳게 다물고 어색한 웃음으로 대신했다.

분명히 해두자. 머레이는 내게 **미끼**를 던지고 있었다. 우리 둘은 손만 뻗으면 닿을 만큼 가까이 앉아있었다. 그는 언론 자유의 중요성에 대해 토론을 벌이는 공공장소에서 무슬림 패널로 나온 내가 기분이 상해서 화를 내고 자신에게 그만두라며 소리치는 모습을 보여주길 바랐던 것이다. 그는 분노에 가득 찬 이슬람 맹신자가 가하는 공격 앞에서 자신이 언론의 자유를 보호하는 변호인처럼 보여지길 바랐다.

내가 그런 미끼를 덥석 물 수는 없었다. 침착함을 유지해야만 했다. 솔직히 말하지만, 이슬람 최후의 예언자를 사랑하고 존경하는 무슬림으로서 그건 힘든 일이었다. 고통스러울 정도로 힘들었다. 그렇지만 참고 있다가 내 발언 차례가 오자, 이슬람 공포를 의도적으로 조장하는 머레이의 발언을 사실과 데이터를 사용해 멋지게 반박했다.

자, 이 얘기에서 배울 점은? 이 정도의 상황에서도 내가 **평정심**을 유지할 수 있다면 당신도 할 수 있다.

‖ 냉정하고 차분하며 침착하게 ‖

자제력을 잃으면 논쟁에서 질 확률이 높아진다. 이건 더 이상 설명할 필요도 없이 확실하다. 요점이 정확하고 설득력 있는 주장으로 청중의 마음을 얻으려면 냉정하고 차분해야만 한다. 앞서 여러 장에서도 언급했지만, 때와 장소에 따라 정당한 분노와 격정 그리고 에너지와 감정을 표현하는 것은 좋다. 하지만 자제력을 잃어서는 절대로 안 된다.

차분함을 유지하는 게 도대체 왜, 그리도 중요하다는 걸까?

기본적으로 스트레스를 받거나 성질을 참지 못하고 화를 내면 사람들에게 자신의 말을 이해시키는 능력이 약화되기 때문이다. 흥분해서 신경질을 부리게 되면 허둥지둥하기 마련이고 자신의 입장을 일관성 있게 주장하기 힘들어진다. 화를 내면 집중력도 떨어진다. 자신의 주장은 물론 상대방 주장도 집중해서 들을 수 없다.

상대방이 실력이 있는 사람이라면 이를 눈치챌 것이다. 자기가 당신에게 짜증을 유발하고, 약을 올리고 있으며, 당신의 평정심을 무너뜨리고 있다는 사실을 분명히 알아챈다. 당연히 그런 언행을 계속 이어갈 것이다. 당신의 약점을 알아채고 도발적인 말과 공격적인 말을 하겠지. 당신이 말하는 도중에 끼어들겠지. 아마 '인신공격성 발언'까지도 하지 않을까!

다음으로는 청중이 있다는 사실이다. 자제력을 잃으면 청중도 잃는다. 청중은 당신을 방어적인 사람으로 보게 된다. 어쩌면 통제 불능인 사람, 이상한 사람으로 볼 수도 있다.

앞서 우리는 스토리를 텔링하라, 영수증을 제시하라, 경청하라, 청중과 교감하라 같은 토론의 기본 원칙에 대해 살펴보았다. 그런데 냉정을 잃으면 어떤 원칙도 지킬 수 없다. 마음이 흔들리고 스트레스에 휩싸이면, 설상가상 너무 화가 나서 자제력을 잃고 분노를 터뜨린다면, 당신이 갈고닦은 모든 기술은 무용지물이 된다.

따라서 중요한 연설이나 토론 또는 인터뷰를 준비할 때는 어떤 상황이 닥치더라도 냉정하게 침착함을 유지할 방안도 함께 마련해야 한다.

어떻게 냉정을 유지할 수 있을까? 스트레스가 둘러싼 상황에서 어떻게 스트레스받지 않고 있을 수 있단 말인가?

사람마다 각자의 방식이 있다. 영국 토니 블레어 총리의 언론담당 보좌관이었던 알레스테어 캠벨은 근무 초기 시절, 스트레스 관리에 날카로운 물체를 즐겨 활용했다. 사람들 앞에서 흥분하는 모습을 보이지 않으려고 끝이 뾰족한 물체로 자신의 손바닥을 남몰래 찌르곤 했다는 것이다. 〈옵저버Observer〉 기사에 따르면 노동당 의원 조지 갤러웨이가 연관된 명예 훼손 재판에서 캠벨은 자기 딸의 오리 장난감에 달린 날카로운 부리를 사용했다고 한다. 영국 하원 외교위원회에서 이라크 침공을 두고 의원들의 닦달에 시달리는 동안에는 핀으로 자기 손을 찔렀다. 〈옵저버〉는 2003년 기사를 통해 "토니 블레어 총리의 언론담당 캠벨이 사용했던 브리핑 노트를 가져가면서 보니 노트 여기저기에 핏자국이 보였다"고 밝혔다.

나는 개인적으로 피 보는 행동은 피하려고 한다. 당신도 일단 피 볼 일은 피하라고 권하는 바이다. 일단 피가 묻으면 닦아내기 힘드니까! 그 대신 논쟁이나 토론에서 냉정함을 유지하는 데 도움이 되는 방법 3가지를 소개하겠다. 당연히 뾰족하거나 날카로운 물건은 준비할 필요 없다.

1. 호흡하기

호흡이 흐트러지면 마음이 불안정해진다. 반면에 호흡이 진정된 상태에서는 마음 역시 고요하다. 지혜가 담긴 이 말은 15세기 스와미 스바트마라마Swami Svātmārāma가 저술한 경전 《하타요가 프라디피카Hatha Yoga Pradipika》에 나온다. 500년이 훨씬 더 지난 오늘날 과학자들도 스와미의 말을 받아들이고 있다. 실제로 호흡이 우리의 감정을 조절하는 데 도움이 된다는 사실을 발견했기 때문이다.

2017년 〈사이언스Science〉에 실린 논문 내용을 〈타임〉에서 다룬 적이 있다. 스탠퍼드대 생화학자 마크 크랜스노를 필두로 한 연구원들은 쥐의 뇌간腦幹에 있는 3,000개의 신경세포를 연구했다. 뇌간은 쥐의 호흡 속도를 빠르거나 느리게 조절하는 기능을 한다. 그런데 뇌간의 신경세포 일부가 주의집중, 각성 자극, 고통을 뇌 전체에 전달하는 청반과 직접적으로 연결되어 있다는 사실을 발견한 것이다.

크랜스노는 이렇게 말했다. "이 관계가 뜻하는 바는, 만약 사람도 심호흡 또는 호흡 조절을 통해 호흡 속도를 가다듬고 느리게 만들면 뇌간의 신경세포들이 깨어나지 않아 청반도 각성 자극 신호를 보내지 않게 되므로 뇌를 과하게 활성화시키지 않을 수도 있다는 말이다. 따라서 호흡을 가다듬으면 마음 역시 진정시킬 수 있다."

"숨을 깊이 쉬어라." 어릴 때부터 지금까지 짜증을 부리거나 화를 내면 늘 들어왔던 평범한 말이다. 하지만 이 평범한 말이 과학적으로 증명된 것이다. TV 인터뷰를 하든, 강당에 모인 수백 명 앞에서 연설을 하든, 아니면 파트너와 둘이서 한창 논쟁을 벌이는 중이든, 심호흡을 하면 뇌에 메시지가 전달된다. "진정해." 그러면 뇌는 신체에 이 메시지를 보낸다.

두어 번의 심호흡처럼 간단한 행동만으로 신경을 안정시키고 빠르게 뛰던 심장박동 속도를 늦추면서 피를 뇌로 보낼 수 있다. 그러면 몸과 마음에 모두 도움이 된다.

나는 일요일 저녁마다 MSNBC에서 프로그램을 맡아 진행한다(2023년까지 진행-옮긴이). 그리고 북미에서 내 프로그램 시청자가 수십만 명에 이른다는 사실을 잘 알고 있다. 나는 프로그램을 시작하기 전, 깊이 숨을 한 번 들이마신다. 그러면 준비가 된다. 이제 한 시간 동안 취재 내용을 다루고 논평을 내놓고 게스트와 평화로운 또는 전쟁 같은 인터뷰를 진행한다. 프로그램 시작 전에 했던 한 번의 심호흡이 나의 집중력을 온전히 끌어모아 준비시켜 주는 것이다.

자, 특별한 일이 있을 때만 즉석에서 호흡으로 정신을 가다듬는 게 아니라 평소에도 호흡법을 연습하거나 아니면 아예 요가를 배워보고 싶은 사람도 있을 수 있다. 선택의 폭은 넓다. 그중에서 일명 이완 호흡Relaxed Breathing으로 알려진 '4-7-8 기법'이 있는데, 4초 동안 숨을 들이마시고 7초 동안 숨을 참은 다음 8초 동안 숨을 천천히 내쉬는 것이다. 'SKY'이라고도 부르는 수다르산 크리아 요가Sudarshan Kriya Yoga는 5가지 호흡법을 기반으로 한다. 입술을 오므리고 풍선을 불듯 천천히 내쉬는 "오므린 입술 호흡법Pursed Lip

Breathing"도 해볼 수 있다. 이 방법은 천천히 숨을 효율적으로 뱉고 마시는 것이 중요하며 따라야 할 사항이 많다. 여러 가지 호흡법을 시도해 보고 자신에게 맞는 방법을 선택하면 된다.

영화 〈베스트 키드 2The Karate Kid II〉에서 주인공 다니엘이 스트레스를 받았을 때, 그의 멘토이자 사부인 미야기가 뭐라고 했는지 아는가? "삶이 막막하다는 느낌이 들면 언제나 삶의 기본으로 돌아간다…호흡이다. 숨을 쉬지 않으면 생명도 없다."

나의 모토? 늘 미야기 사부의 말을 듣는다.

2. 웃기

우리는 웃음이 청중의 마음을 사로잡고 상대를 무장해제시킨다는 걸 이미 알고 있다. 하지만 웃음은 천당과 지옥을 오가는 토론 과정에서 자신의 마음을 침착하고 차분하게 만드는 데도 도움을 준다.

"유머는 삶의 완충 장치입니다." 로널드 레이건 대통령의 연설문 작성자로 유명했던 페기 누난은 이렇게 말한다. "웃음은 충격을 받아들이고 견뎌낼 수 있게 해줍니다."

어떻게? 이 역시 과학적으로 설명할 수 있다. 행복 호르몬이라 할 수 있는 엔도르핀, 도파민, 세로토닌은 마음을 진정시키고 긍정적인 상태를 유지할 수 있도록 도와준다. 반면 코르티솔은 신체의 스트레스 호르몬이다. 웃으면 혈액의 엔도르핀을 비롯해 도파민과 세라토닌 분비 증가와 코르티솔 감소에 도움이 된다. 따라서 웃음은 진정 효과와 스트레스 감소 효과가 있다.

1990년에 나온 실험실 연구를 살펴보자. 피험자들은 12분 후에 전기 충격이 가해진다는 정보를 받는다. 물론 실제로 전기 충격을 가하지는 않는다. 어쨌든 전기 충격을 가하기 전에 피험자들을 세 그룹으로 나눠, 한 그룹에게는 유머가 담긴 테이프를, 또 한 그룹에게는 유머가 없는 내용의 테이프를 들려주고 나머지 그룹에게는 아무런 테이프도 들려주지 않는다. 12분이 가까워지면서 세 그룹 모두 불안 증가 현상을 보였지만 연구에 따르면 유머가 담긴 테이프를 들은 그룹의 피험자들이 평가한 불안감 지수는 타 그룹에 비해 낮았고 스트레스 증가율도 낮았다.

몸과 마음을 진정시킬 수 있는 하나의 기법으로 웃음을 활용할 수 있다. 하지만 긴장과 걱정이 가득한 상황에서 유머가 담긴 테이프를 들을 수 있는 기회는 거의 없다. 따라서 자신이 처한 상황 속에서 유머를 찾아야만 한다.

내가 2010년 옥스퍼드대에서 더글러스 머레이와 토론을 벌일 때가 그런 상황이었다. 머레이는 내가 악에 받쳐 대들면서 이성을 잃길 바라면서 증오의 발언을 사방에다 뿌려대고 있었고, 나는 그런 머레이의 행태에 기가 막혔다. 그는 자신의 멋진 모습을 사람들에게 보여주고 싶어 했다. 그는 청중 앞에서 나를 매장해 버리려 했지만 사실은 헤어날 수 없는 무덤을 스스로 파고 있었다.

웃음이 나올 수밖에! 평정심과 관련해서 유머가 주는 두 번째 혜택이 있다. 유머는 엔도르핀 분비를 증가시키는 동시에 균형적 시각을 향상시키는 데 도움을 준다. 저명한 심리학자 롤로 메이는 이렇게 표현한다. 유머를 사용한다는 것은 "자기를 그대로 두는 것이다. 자신과 문제 사이에 '거리'를 두고 멀리 떨어져서 문제를 관조적으로 바라보는 건강한 방법이다." 베스트셀러 작가 앤디 크레이머는 이 방법이 우리에게 "현재 직면한 무서운 상황을 통제할 수 있는 힘이 있다"고 느껴지게 만든다고 말한다.

미소 짓고 웃을 수 있다면 당신은 스트레스받는 상황을 재미있는 상황으로 바꿔놓을 수 있다. 이를 통해 긴장을 풀고 마음을 진정시킬 수 있다. 내가 보장한다.

에이브러햄 링컨은 유머의 장점을 이해했던 지도자이자 연설가였다. 1862년 9월 22일, 링컨 대통령은 내각을 소집했다. 끔찍한 남북전쟁이 벌어지고 있는 가운데 링컨은 남부의 노예 수백만 명에게 자유를 주는 노예해방선언의 초안을 각료들에게서 승인받고자 했다. 각료 회의는 미국 역사상 하루 최대 사상자가 발생한 앤티텀 전투가 끝나고 5일 후에 열렸다. 그리고 링컨은 각료들의 신경이 곤두서 있다는 사실을 알고 있었다.

링컨은 노예해방선언이라는 아주 예민하고 심각한 사안을 사람들에게 제기하기 전에 먼저 청중의 마음을 안정시키고 분위기를 가볍게 만들어야 했다. 역사학자 메릴 패터슨은 링컨이 유머가 담긴 책을 소리 내어 읽으면서 회의를 시작했다고 한다. 그러고는 책을 옆에 놓고 각료들에게 말했다.

"여러분, 좀 웃으시지 그래요? 밤낮으로 가해지는 이 엄청난 중압감 속에서 웃지 않았다면 나는 죽은 목숨일 겁니다. 여러분도 나만큼이나 이 웃음이라는 약이 필요합니다."

3. 자기 대화

아무 경고도 없이, 이마의 흉터가 다시 통증으로 화끈거리고 속이 심하게 뒤틀렸다.

"그만 둬."

그는 통증이 다시 가라앉자 흉터를 만지며 단호히 말했다.

"미쳐간다는 첫 번째 징후, 자기 자신과 이야기하는 것이지."

벽에 걸려 있는 빈 그림에서 교활한 목소리가 들려왔다.

《해리 포터와 불사조 기사단Harry Potter and the Order of the Phoenix》의 한 장면이다. 흔히들 혼잣말하는 습관은 나쁘다고들 한다. 하지만 나는 해리 포터의 행동은 옳다고 본다. 물론 혼잣말이 미쳐간다는 첫 번째 징후라는 게 아니라, 긴박한 상황에서 침착함을 유지하는 데 효과적인 방법이라는 말이다. 위기와 재난의 순간 많은 사람들이 내면에서 들려오는 목소리를 듣는다. 실제 대부분의 사람은 살면서 한 번쯤 내면과 대화를 한다. 궁금한 건 이거다. 어떻게 해야 우리 내면의 목소리가 불안과 긴장이 아니라 침착과 냉정을 가져다주도록 할 수 있을까? 논쟁이 벌어지는 상황에서, 심장이 쿵쾅거리는 순간에도 침착함을 유지하려면 내면의 목소리를 어떻게 이용해야 할까?

심리학자들은 "자기 대화Self-Talk"를, 우리가 자신에게 조언을 해주고 자신의 생각, 감정, 희망, 그리고 두려움을 돌이켜볼 때 뇌 안에서 자신에게 되뇌는 말 또는 스스로에 대해 내리는 평가라고 정의한다. 이런 평가는 자신이 의식하지 못하는 순간에도 끊임없이 발생하고 있으며, 긍정적인 평가(나는 잘하고 있어!)에서 부정적인 평가(나는 형편없어!)로 순식간에 바뀔 수도 있다.

자기 대화를 유익하게 활용할 수 있는 가장 효율적인 방법이 있다. 간단하게 핵심적인 부분만 바꾸면 된다. 대화에서 **'나'를 없애는 것**이다. 자신에게 마음속으로 말할 때 1인칭으로 말하지 않고 자기 이름을 사용해 **3인칭** 대하듯 말하면 된다.

그래, 오글거리고 이상한 소리처럼 들리겠지. 하지만 미시간주립대와 미시간대의 심리학자들이 2017년에 발표한 논문에서는 '나'라는 표현 대신 자신의 이름을 사용하는 "3인칭 자기 대화는 자기 시점에서 다른 사람을 바라볼 때처럼 관찰자의 시점에서 자신을 바라보도록 이끌어준다"라고 한다. 다시 말해 **자신의 감정을 통제할 수 있는 심리적 거리**를 유지할 수 있게 해준다. 논문은 이렇게 결론 맺는다. "3인칭 자기 대화는 비교적 적은 노력으로 자제력을 발휘할 수 있도록 만드는 방법이다."

당신이 뭘 궁금해 하는지 알고 있다. 정말 저렇게 하는 사람이 있다고? 메흐디 하산, 당신도 혼잣말을 저런 식으로 한다고?

그래, 맞다. 난 그렇게 한다. 다음에 내가 TV에서 게스트와 인터뷰하다가 충돌하는 모습을 보게 되거든 잊지 말고 기억하기 바란다. 겉으로는 게스트와 큰소리를 내며 티격태격하고 있지만 속으로는 나 자신에게 냉정을 유지하고 할 일을 제대로 하라고 소리 없이 코치하고 있다는 사실을 말이다. "집중해, 메흐디!" "저 말에 빠져들면 안 돼!" "넌 할 수 있어!"

‖ 통제할 수 있는 것에 집중하기 ‖

유명한 작가이자 동기부여 강연 전문가 웨인 다이어는 말한다. "외면에서 일어나는 일을 항상 통제할 수는 없지만 내면에서 일어나는 일은 언제나 통제할 수 있다"고.

어떤 상황에서든 침착함을 유지하는 방법의 핵심은 자신에게 통제권이 있다는 점을 상기하는 것이다. 감정은 나라는 사람의 내면에서 일어나는 일이다. 그리고 외부 환경과 달리 감정은 내 스스로가 온전히 이해하고 조절할 수 있다.

외면에서 일어나는 일의 경우, 상황 자체를 마음대로 통제할 수는 없다 해도 그 상황을 전후 사정과 연결해서 생각해 볼 수는 있다. 한 발자국 물러나 더 큰 그림을 보면 된다는 말이다. 상황이 생각만큼 나쁜 경우는 거의 없다.

멋들어진 구절을 던지고 싶었는데 망치고 말았다? 그게 뭐 대수라고! 다른 멋진 구절이 생각날 것이다.

할 말을 적은 노트를 잃어버리고 무슨 말을 하려고 했는지 정확히 기억할 수가 없다? 그것과 관련해서 자조 섞인 농담을 던져보는 건 어떨까?

상대방이 정곡을 찌르는 말로 청중 앞에서 당신에게 굴욕감을 줬다? 별일 아닌 듯 받아들이면서 되받아칠 시간이 남아있는지 확인하면 된다.

되받아친다는 말을 하니 우연찮게 비탈리 클리츠코와 2016년에 했던 인터뷰에서 내가 아는 참선 기법을 모두 동원했던 기억이 난다. 클리츠코는 세계 헤비급 복싱 챔피언을 세 차례나 지냈던 인물이다.

클리츠코는 복싱에서 은퇴한 후 2014년에 우크라이나 키이우 시장에 당선되었고, 그와의 인터뷰는 우크라이나 국내 정치 및 동부 지역 친러시아 성향의 분리주의자들과 우크라이나 정부 사이에 이어지는 갈등에 대해 이야기를 나누기 위해 마련되었다. 신장 202센티미터, 몸무게 113킬로그램에 '닥터 쇠주먹'이라는 별명을 지닌 클리츠코가 인터뷰 시작 전에 내게 말을 천천히 해달라고 부탁했다. 그 거구의 사나이는 내 앞에 놓인 작은 의자에 앉으며 말했다. "내 영어 그리 좋지 않아서요." 나는 "물론이죠"라는 대답과 함께 유럽 대륙에 휴가 온 전형적인 외국인 같은 말투로 아주 천천히, 아주 큰 목소리로 인터뷰를 시작했다. "콜.로.세.움. 어디로. 가는지. 알려. 주시겠어요?"

하지만 10여 분이 지나자 내 말은 평상시 빠르기로 돌아가고 있었고, 나는 클리츠코가 슬슬 짜증을 내기 시작했다는 사실을 전혀 눈치채지 못했다. 게다가 물론 그는 부인했지만 클리츠코가 우크라이나 마피아 보스와 연관되어 있다는 소문에 대한 질문까지 했으니 말이다. 상황이 개선될 여지도 없었다. 인터뷰가 막바지로 치달을 즈음, 결국 전 세계 복싱 챔피언 클리츠코가 의자에서 벌떡 일어섰다. 그의 얼굴은 울그락불그락 화난 표정이 역력했다. 그는 나를 한참 아래로 내려다보며 영화 〈록키〉에 나오는 소련 출신 권투 선수 같은 말투로 이렇게 말했다.

"천천히 말할 거라면서!"

이런 순간에 냉정을 유지하는 게 가능할까? 솔직히 말하면 나는 공포에 휩싸였다. 클리츠코의 팔이 내 몸통만큼이나 두꺼웠단 말이다! 나는 입으로는 미안하다고 중얼거리고 있었지만 머리로는 이렇게 생각하고 있었다. "지금 한 방 맞으면 나는 즉시 사망이야." 한편으로는 이런 생각도 들었다. "하지만 한 대 맞는 영상이 뜨면 완전 대박인데!"

나도 인정한다. 그 순간에 그런 생각을 하다니. 그런데 그 생각 덕분에 속으로 웃음이 나더니 마음이 진정되면서 말 많은 내 입에서 더 이상 상황을 악화시키는 발언이 나오지 않았다.

돌이켜보면 당시 내가 처신을 잘한 게 분명하다. 하나, 자기 대화! 나는 흥분이 고조된 상황에서 나 자신에게 침묵으로 말했다. 둘, 웃음! 예상할 수 없었던 돌발 상황에서 유머를 찾아냈다. 셋, 호흡하기! 아마 몇 차례 숨을 고르기도 했던 것 같다.

‖ 한눈팔지 말고 하던 일에 집중하기 ‖

제2차 세계대전이 발발하던 1939년, 영국 정부가 제작했던 포스터에 지금도 종종 패러디물로 인터넷에 출몰하는 전설적인 문구가 적혀있다. "평정심을 유지하라 그리고 하던 일을 계속하라Keep Calm and Carry On" 나는 앞부분의 평정심 유지도 중요한 격언이지만, "그리고 하던 일을 계속하라"는 말도 못지않게 중요하다고 생각한다. 당신이 실제로 여러 방법을 활용해 마음을 진정시킬 수 있기까지 당연히 오랜 시간이 걸릴 것이다. 하지만 때로는 힘들고, 때로는 지루하더라도 꾸준히 계속해야만 한다. 믿기 힘들 수 있지만, 그래야 성공에 다다른다.

1996년에 개봉해서 호평을 받은 〈버드케이지Birdcage〉라는 코미디 영화가 있다. 나는 영화에서 로빈 윌리엄스가 분한 남편 아만드 골드맨이 네이단 레인이 분한 히스테리가 심한 아내 앨버트에게 해주던 현명한 조언을 종종 생각해 본다.

앨버트 아이고 저런, 토스트에 구멍을 내버렸네!

아만드 그래서 뭐? 그런 일이 일어날 때 '멘붕'에 빠지지 않는 게 중요한 거야. 남자답게 침착히 행동하라고. 스스로에게 말해보라고. "앨버트, 네가 토스트에 구멍을 내버렸는데, 그래서 뭐? 그렇다고 인생이 끝나는 것도 아닌데." 토스트는 또 만들면 되잖아.

앨버트 "앨버트, 네가 토스트에 구멍을 내버렸는데, 그래서 뭐?" 당신 말이 맞네요. 히스테리 부릴 이유가 없어. 토스트는 얼마든지 또 만들면 된다는 것만 기억하면 되네요.

압박감이 쌓이고 화가 치밀어 오르면 재앙이 닥칠 수 있다. 하지만 평정심을 유지하면 성공적인 하루를 그리고 성공적으로 논쟁을 마무리할 수 있다. 토스트는 언제든 더 만들 수 있다.

연습하면 할수록 능숙해지고,
두려움도 차츰 사라진다.
반복, 반복, 반복뿐이다.

_아놀드 슈왈제네거Arnold Schwarzenegger, 영화배우 겸 정치인

연습이 완벽을 만든다

데모스테네스 얘기를 해보자. 그는 일곱 살에 부모를 잃고 물려받은 유산마저 후견인들에게 빼앗겼는데 스무 살이 되고 후견인들에게 소송을 제기하면서 고대 아테네에서 명성을 얻었다. 그 뒤 몇 년 동안 연설문 작성자인 연설기초자logographer로 활동하며 이름을 떨치다 나중에는 직접 열정적인 대중 연설가로 활동했다. 그는 고대 로마인에서부터 미국 건국과 혁명의 지도자들 그리고 제2차 세계대전 중 프랑스 레지스탕스에 이르기까지 많은 이들에게 영감을 불어넣었던 인물이며, 수 세기가 지난 지금도 꾸준히 인용될 정도로 전설적인 법률가이자 정치가였다.

로마의 시인 유베날리스는 데모스테네스에게 "라르구스 엣 엑

순단스 인게니이 폰스largus et exundans ingenii fons", 즉 비범함이 넘쳐 흐르는 거대한 분수라는 별명을 붙였고, 로마의 교육자 퀸틸리아누스는 그를 탁월한 웅변술의 표본이라는 의미로 "파에네 렉스 오란디paene lex orandi"라고 칭송하였으며, 수사학의 대가였던 로마의 정치가 키케로마저도 그를 "완벽한 웅변가"라 불렀다.

감이 오나? 간단히 말해 데모스테네스는 끝내주는 대중 연설가였다.

그런데 이것도 아시는지? 사실 데모스테네스도 처음에는 지독히 형편없는 웅변가였다. 그리스의 역사가 플루타르코스는 《플루타르코스 영웅전Parallel Lives》에서, 데모스테네스가 젊은 시절 언어 장애 때문에 힘들어했으며 금방 숨차하고 목소리에도 힘이 없어서 조롱당하기 일쑤였다고 기록했다. 데모스테네스는 자신의 단점을 극복하기 위해 매진한 덕분에 장애를 넘어설 수 있었다. 그가 어떤 노력을 기울였는지 궁금한가?

플루타르코스에 따르면 젊은 데모스테네스는 "지하 서고"를 만든 뒤 "자세를 교정하고 목소리의 힘을 키우기 위해 하루도 빠짐없이 매일 그곳으로 내려가 연습했고 어떤 때는 두세 달 동안이나 머무르기도 했다." 그는 심지어 머리의 반을 밀기까지 했다. 부끄럽고 창피한 모습으로 바깥으로 나갈 수 없도록 말이다. 혹시 플루타르코스가 "불명확하고 더듬는 발음"이라고 했던 언어 장애를 극복하기 위해 데모스테네스가 어떻게까지 했는지 짐작이 가는가? 입에 자갈을 넣고 연설 연습을 했다. 맞다. 진짜 돌멩이! 이렇게까지

하고 나니 부족한 폐활량은 무난히 해결할 수 있었다. 플루타르코스의 글에 따르면 데모스테네스는 "숨을 들이켠 뒤 내뱉는 단숨에 연설이나 시를 암송하며" 오르막길을 달려 올라가는 방법으로 폐활량과 지구력을 키웠다.

알렉산더 대왕의 아버지인 마케도니아의 필리포스 2세가 쳐들어오자, 30대 초반의 데모스테네스는 오늘날 '필리픽스The Philippics' 라고 알려진 길고도 열정적인 연설로 이를 비난했다. 작가 스티븐 존이 기록하길 데모스테네스의 연설을 들은 아테네인들은 피가 끓어오르고 전의가 불타올라 실제로 무기를 집어 들고 마케도니아 침략자들과 싸우러 나설 태세를 갖추었다. 또한 존은 데모스테네스의 정치 연설 중 최고로 꼽히는 《필립포스에 대하여 ⅢThe Third Philippc》에 실린 내용의 일부를 아래와 같이 인용하고 있다.

> 크건 작건 마땅히 해야 할 의무를 그 어떤 것도 행하지 않았기에 우리는 현재 몹시도 어려운 상황에 놓였다. 우리가 해야 할 일을 충실히 이행하고 있는데도 여전히 이 곤경이 끝나지 않는다면, 상황이 나아지리라는 희망을 품는 것조차 불가능할 것이다. 현 상황을 보면, 필리포스 2세는 우리의 나태와 우리의 무관심을 정복했다. 하지만 아테네를 정복한 것은 아니다. 우리는 패배하지 않았고, 적의 말굽 아래 유린당하지도 않았다.

데모스테네스가 얼마나 뛰어난 웅변가인지, 이처럼 뛰어난 웅변가가 되기 위해 얼마나 많은 노력을 기울였는지 아무리 강조해도 지나치지 않다. 내가 보기에 데모스테네스는 훈련으로 훌륭한 웅변가가 될 수 있다는 사실을 가장 잘 보여주는 증거이다. 이 책을 읽는 당신도 노력을 통해 놀라운 성취를 이룰 수 있다는 본보기이다.

대중 연설을 잘 하는 능력이 사람에 따라 누구는 가지고 있고, 누구는 가지고 있지 못하는 기술이라고 생각하는 사람들이 많은 것 같다. 무대에 오르거나 TV에 출연하는 사람들을 보면서 이들이 촌철살인의 멘트를 날리고 즉석에서 청중을 휘어잡는 것 모두 사전 준비 없이 이루어진다고 착각하는 사람들이 많다. 모든 게 너무나 자연스러워서 연습이나 훈련, 준비 따위는 필요하지 않다고 생각하는 것이다.

그러게… 그게 사실이라면 얼마나 좋을까! 하지만 사실은 그렇지 않다. 내가 10분에서 15분가량 연설을 하면 청중은 그 시간 동안만 보고 듣고 생각한다. 하지만 내가 연설하기 며칠, 몇 주, 몇 달 전부터 얼마나 많은 시간에 걸쳐 준비했는지는 청중은 모른다. 자료 조사와 연설문 작성은 물론이고 연설을 준비하는 과정에서 행하는 속으로 말하기 연습, 실제로 소리 내서 말하기 연습에 대해서도 알지 못한다. 소설가 마크 트웨인이 농담처럼 한 말이 있다. “즉석에서 훌륭한 연설을 하려면 대개 3주 이상의 준비가 필요하다.”

뛰어난 연설가나 토론자 중 그 누구도 순간순간 입에서 나오는 대로 말을 하지는 않는다. 물론 준비하지 못했던 말을 하거나 즉흥적으로 대처해야 하는 순간도 있다. 하지만 “발표의 순조로운 진행 여부는 발표자가 단상에 오르기 전에 이미 90%가 결정되어 있다"고 커뮤니케이션 컨설턴트 소머스 화이트는 말한다. 성공적인 연설을 하려면 주어진 주제에 대해 미리 준비해야 할 뿐만 아니라 말하는 것도 연습해 두어야 한다.

논쟁에서 하는 모든 말과 행동이 자연스럽게 보이길 바랄 텐데 그러려면 엄청난 노력을 기울여야 한다. 그럼에도 다행인 점은 데모스테네스처럼 오랜 시간에 걸쳐서 연습하든, 코앞에 닥친 연설을 급하게 준비하든, 어쨌든 제대로 연설하는 방법을 배울 수 있다는 사실이다. 사람들 앞에서 말할 때 가장 중요한 점 하나를 알려주겠다. 절대 무방비 상태로 싸움에 나서지 말라!

준비하라. 연습하라. 승리하려면 예열 시간이 필요하다는 사실을 기억하라. 그리고 당신이 잘 해낼 수 있다는 것 또한 명심하라.

‖ 역사에 남은 전설의 연설가들 ‖

사람들은 말을 잘하는 연설가나 위대한 연설가는 타고난다고 생각한다.

전혀 그렇지 않다.

지난 100년 동안 영어권에서 위대한 연설가로 손꼽히는 사람들 중 두 사람의 사례를 살펴보자. 바로 윈스턴 처칠과 마틴 루터 킹 목사이다.

믿기 어렵겠지만 이 두 사람은 엄청난 노력을 기울인 끝에 현재 우리가 알고 있는 것처럼 시대를 상징하는 연설가가 되었다.

1. 해안에서 싸울 것입니다

처칠부터 이야기해 보자. 어렸을 때 말을 더듬었던 처칠은 혀 짤배기소리도 곧잘 했고 부끄럼도 많이 탔다. 심지어 20대 들어 정치계에 입문했을 때조차도 여전히 연설에 어려움을 겪고 있었다. 당시 처칠을 지켜봤던 사람은 이렇게 말했다. "처칠은 웅변술과는 거리가 먼 사람이었다. 처칠이 연설을 잘하게 될거라고 믿었던 사람은 아무도 없었다."

1904년 스물아홉 살이 되었을 때, 처칠은 연설을 하기 위해 하원의사당에 모인 동료 의원들 앞에 섰다. 멋들어진 말로 힘차게 연설을 시작한 처칠은 원고를 보지 않고 오로지 기억에만 의존해서 연설을 이어나갔다. 하지만 처칠의 전기 작가에 의하면, 클라이맥스에 이르렀을 즈음 이 젊은 보수당 하원의원은 갑자기 할 말을 잊어버렸다.

"그리고 이러한 책임을 지는 사람들은 바로…."

그는 이렇게 말을 시작했지만 곧 도중에 말을 멈췄다.

처칠은 다시 말을 이어가려 했다.

"책임을 져야 하는 사람들은…."

작가 브렛 맥케이와 케이트 멕케이는 또다시 처칠의 목소리가 기어들어 갔다고 적었다.

장장 3분이나 되는 시간 동안, 그는 적당한 말을 찾으려 애썼

으나 결국 실패했다. 젊은 처칠에게는 그 3분이 영원처럼 긴 시간이었을 것이다. 하원에 출석한 의원들은 그에게 "야유를 퍼붓기" 시작했다고 맥케이는 말한다.

"경청해 주셔서 감사합니다."

얼굴이 붉게 달아오른 처칠은 이렇게 말하고 자리에 앉으며 손으로 얼굴을 감쌌다. 하지만 1940년이 되자 처칠은 "피와 노고, 눈물과 땀"을 언급하며 "해안에서" 나치에 맞서 싸워야 한다고 역설하여 수백만 영국인의 단결을 이끄는 뛰어난 연설가가 되어 있었다. 이때의 처칠은 생각이 갈피를 잃고 제멋대로 흘러갈까 봐 걱정할 필요가 없을 만큼 노련한 연설가였다. 그리고 1953년에 이르러선 "뛰어난 웅변술만큼이나 탁월한 역사적이면서 자전적인 묘사"를 인정받아 무려 노벨 문학상을 받았다.

처칠은 어떻게 전 국민의 사기를 고취하고 노벨상까지 받은 뛰어난 웅변가가 되었을까? 바로 연습과 준비를 통해서다. 처칠의 전기를 저술한 보리스 존슨 전 영국 총리는 그의 연설에 대해 "어미 곰이 새끼 곰을 핥듯이 문장을 고치고 매만지는 노력과 준비에서 비롯된 개가"라고 평했다.

처칠은 "연단에 오르기 전 무슨 말을 해야 할지 모르는 웅변가, 연설을 할 때 무슨 말을 하고 있는지 모르는 웅변가, 자리로 돌아왔을 때 무슨 말을 했는지 모르는 웅변가"가 되지 않겠노라고 자기 자신에게 굳게 다짐했다. 1904년 의회에서 있던 일을 언급하며 존슨은 다음과 같이 적었다.

처칠은 그러한 실수를 두 번 다시 저지르지 않았다. 타자기로 쳐서 하나로 철한 원고 다발을 가지고 다녔으며, 뿔테 안경 아래로 원고를 흘깃 쳐다보는 것을 부끄러워하지 않았다. 처칠의 연설은 기본적으로 문학적인 본질에 있어서 키케로 스타일, 즉 글로 쓰인 웅변이었다.

처칠은 연설 전체를 원고로 작성했다. 심지어 잠시 말을 멈춰야 하는 휴지 부분까지 미리 계획해 글로 적어두었다. 하지만 모든 걸 적어놓았다고 해서 원고를 그냥 줄줄 읽는 게 아니었다. 처칠의 전기 작가 중 한 사람인 윌리엄 맨체스터는 말한다. 처칠이 연설 리허설에 얼마나 많은 시간을 할애했는지 연설 중에는 간혹 원고를 슬쩍 쳐다보기만 할 정도였고, 청중은 그 사실을 전혀 알아차리지 못했다.

처칠의 말 더듬는 버릇과 혀짤배기소리는 어땠을까? 처칠은 산책하는 동안 "The Spanish ships I cannot see since they are not in sight" 같이, 아무 의미 없이 그냥 특정 자음(s)으로 시작하는 단어가 많아 발음하기 힘든 문장들을 소위 '잰말놀이' 하듯 반복해 읽으며 문제를 극복하려 했다. 세월이 흐른 뒤 처칠은 당당하게 말했다. "말더듬은 더 이상 나에게 장애가 아니다."

또한 처칠은 시간과 장소를 가리지 않고 연설 연습을 했다. 처칠의 집사였던 노만 맥고완은 언젠가 처칠이 욕조 안에서 뭐라고 웅얼거리는 소리를 들었다며 이렇게 얘기했다. "부르셨습니까?" 걱정된 시종이 외쳤다. 그러자 처칠은 이렇게 대답했다. "자네에게 말한 게 아닐세, 노만. 난 하원에서 연설 중이었다네."

2. 나에게는 꿈이 있습니다

현대 미국 역사상 가장 훌륭한 웅변이라고 칭송받는 연설도 연습과 준비의 산물이다. 바로 마틴 루터 킹 목사의 "나에게는 꿈이 있습니다" 연설이다.

마틴 루터 킹 목사는 4대째 이어져 내려온 침례회 목사 집안 출신으로 처칠에게는 부족했던 즉흥 연설에 재능이 있었다. 그러나 킹 목사가 연설을 할 때, 특히 정치적인 연설의 경우도 떠오르는 대로 말하거나 즉석에서 말을 만들어냈을 것이라고 여긴다면 그리고 연설 계획을 세우고 원고를 작성하는 데 그다지 많은 시간을 들이지 않았으리라 생각한다면 큰 오산이다. 스탠퍼드대의 마틴루터킹교육연구소King Papers Project at Stanford University's Martin Luther King, Jr. Research and Education Institute의 보조 편집자인 스테이시 즈왈트 코스텔로는 말한다. "사람들은 킹 목사의 모든 연설이 즉흥적이어서 똑같은 연설을 다시 하는 경우가 없다고 오해하죠. 그러나 사실은 그 반대입니다. 킹 목사는 많은 시간을 들여 연설을 준비했고, 자신의 주장을 사람들에게 널리 알리기 위해 각기 다른 장소에서 여러 방법으로 원고를 다시 사용하곤 했습니다."

또한 작가이자 임원 코칭 전문가인 스콧 에블린은 이렇게 말한다 "킹 목사가 '나에게는 꿈이 있습니다'라는 연설 대부분을 원고도 없이 현장에서 즉흥적으로 했다는 사실은 잘 알려져 있습니다. 하지만 워싱턴 행진이 있기 몇 달 전 아니 몇 년 전에 자신이 했던 다른 연설의 내용을 상당 부분 재활용했다는 사실을 아는 사람은 별로 없습니다. 그는 이전 연설에서 다루었던 내용을 잘 소화할 수 있도록 기회가 있을 때마다 시간을 들여가며 연습했는데, 내셔널몰처럼 사람들의 이목을 끄는 장소와 그렇지 못한 장소에서 무엇이 효과가 있고 무엇이 효과가 없는지 실험했었죠."

그는 정말로 많은 시간을 쏟아부었다! 그럼에도 불구하고 링컨기념관 계단 앞에 운집한 25만 명의 사람들 앞에서 그 유명한 연설을 하기 전날 밤, 킹 목사는 새벽 4시까지 연설을 쓰고 고치기를 반복했다고 전해진다.

한 번 생각해 보라. 데모스테네스나 마틴 루터 킹처럼 위대한 웅변가들도 웅변 실력을 연마하기 위해 노력해야 했으며, 미리 연설을 연습하고 준비해야 했다. 스타일, 내용, 어조, 전달력 등 모든 것을 말이다. 이제 알겠는가? 당신도 그렇게 해야 한다. 당. 신. 도.

미안하지만, 여기엔 다른 어떤 핑계도 필요 없다.

……

그렇다면 어떻게 연설을 연습하고 준비해야 할까? 내 경험에 비추어봤을 때, 대중 연설에서 이기려면 3가지, 즉 사람들에게 내가 어떻게 보이는지, 내 말이 어떻게 들리는지, 하려는 말을 정해진 시간 내에 어떻게 배분할지부터 준비해야 한다. 거기서부터 출발해야 가장 큰 효과를 거둘 수 있다. 앞 장에서 살펴보았듯이 충분히 연습하고 준비하면 자신감이 생기고 차분함을 유지할 수 있다. 그리고 다음 장에서 살펴보겠지만 핵심 내용을 파악하고 조사하는 '숙제'도 곁들여야 한다.

다만 자신감을 갖추고 사전 조사를 충분히 했다는 걸로는 확실한 승리를 보장하기 어렵기에 무대 장악력, 즉 무대에 올라 관객을 매료시킬 수 있는 일종의 마법이 필요한 것이다. 커뮤니케이션 코치 카민 갤로는 자신의 책 《어떻게 말할 것인가》을 통해 "당신이 하는 말과 당신의 목소리, 제스처, 보디랭귀지가 서로 어울리지 않는다면, 청중은 당신이 전하려는 메시지를 신뢰하지 않을 것"이라고 지적한다. "페라리(멋진 스토리)를 소유하고도 어떻게 운전(전달)해야 하는지 모르는 것이나 마찬가지이다"라는 것이다.

그러니 이제 페라리를 운전하는 방법을 알아보자. 전달력 향상을 위해 내가 최우선으로 연습해야 한다고 자신 있게 추천하는 3가지 방법을 소개하겠다.

1. 어떻게 '보일지' 연습하라

데모스테네스 기억나는가? 그는 거울 앞에 서서 자신의 연설을 리허설하곤 했다. 당신도 그렇게 해야 한다.

일단 거울 앞에 서라. 이상한 소리처럼 들릴지 모르겠지만 거울 속 자신과 대화를 나누어 보도록 하라. 당신이 어떻게 보이는지, 그리고 거울 속에서 말하는 자신이 어떤 인상을 풍기는지 보라.

자세도 점검하라. 말할 때 몸을 구부리거나, 이리저리 흔들거나, 몸을 까딱거리지 않아야 한다.

얼굴 표정도 확인하라. 말할 때 얼굴이 어떤 표정을 짓고 있는가? 표정은 얼마나 풍부한가? 그리고 그 표정이 상황에 어울리는가? 그 표정이 당신이 말하고 있는 내용과 어울리는가, 나쁜 소식을 전하면서 웃고 있거나 기쁜 소식을 전하면서 얼굴을 찡그리고 있지는 않은가?

스마트폰도 필요하다. 2,000년이라는 세월 덕분에 우리는 데모스테네스보다 한발 앞서나갈 수 있게 되었다. 소리 내서 말하는 자신의 모습을 찍어라. 당신이 다른 사람들에게 말할 때 어떻게 보이고 어떻게 들리는지 직접 보고 들을 수 있다. 한편 CEO 젠 글랜츠는 **소리를 끄고 영상**만 보라고 조언한다. 내가 짓고 있는 표정과 하고 있는 보디랭귀지가 전달력을 끌어올리는 데 도움이 되는지 오히려 방해가 되는지 훨씬 잘 보인다는 것이다. 카민 갤로는《어떻게 말할 것인가》에서 이렇게 설명한다. "연설하는 자기 자신의 모습을 시각적으로 확인하면 자신이 다른 사람들에게 어떤 식으로 비추어질지 더 잘 파악할 수 있다. 이를 통해 쓸데없는 동작이나 제스처를 하지 않게끔 더 잘 준비할 수 있다."

이 방법이 주는 보너스 하나. 일단 영상 속에서 말하는 자신의 모습을 보고 듣는 것에 익숙해지면, 당신은 다른 사람들이 당신의 모습을 보고 당신의 말을 듣는 것에 대해서도 훨씬 편안하게 여기게 될 것이라고 장담한다.

여기서 나도 고백할 게 있다. 만약 자기 모습을 보는 일이 어색하거나 당황스럽다면 당신만 그런 게 아니라는 사실을 알려주고 싶다. 나 역시 내 얼굴 표정 때문에 오랫동안 곤란을 겪었다. 내 표정을 간단히 설명하자면, 의도치 않은 짜증과 분노가 섞인 무슬림의 얼굴이라고 할까. 특별한 감정을 표현하지 않고 가만히 있을 때도 내 얼굴 표정은 화난 듯 뻣뻣하다. 성인 무슬림 남성이 이런 얼굴을 하고 있으면 사람들로부터 원치 않는, 그리고 억울한! 억측과 추측을 불러일으키기 십상이다. TV에 출연하고 사람들 앞에 서려는 사람으로서 내가 반드시 해결해야 하는 문제였다. 평생 시비나 걸고 다니는 사람처럼 보일 수는 없잖은가!

얼굴만 보지 말고 손도 잘 봐야 한다. 손을 너무 많이 사용하는 건 아닐까? 아니면 너무 가만히 두는 걸까? 무의식적으로 손으로 이상한 동작을 취하고 있는 건 아닌가? 일단 찾아보면 생각보다 거슬리는 손동작이 엄청 많이 보이기 시작할 것이다. 사실 손동작은 나도 자신 없었던 부분이다. 전에 나와 함께 일했던 TV 프로듀서는 카메라 앞에서 말할 때 내 손을 못 움직이게 묶어놓고 싶다고 말할 정도였다.

그런 험한 꼴은 간신히 면했지만, 아무튼 그 문제를 해결하기 위해 오랜 시간 노력하고 연습해야 했다. 카메라 앞이 됐건 거울 앞이 됐건, 평소 친구나 가족과 대화할 때처럼 행동하라. 뭔가 강조할 필요가 있을 때만 제스처를 취하고 그런 경우가 아니라면 손은 그냥 한쪽에 얌전히 놔두어라. 그게 너무 경직되고 부자연스러운 자세라 생각되면 강연대 모서리를 잡거나, 이건 내가 즐겨 사용하는 방식이기도 한데 몸 앞에 "가지런히 손을 모으라"고 수사학 전문가 샘 리스는 조언한다. 내 말의 요지는 제스처를 아예 사용하지 말라는 것이 아니라, 맥락 없이 무턱대고 사용하지 말고 뚜렷한 목적을 가지고 사용하라는 뜻이다.

2. 어떻게 '들릴지' 연습하라

결혼하기 전에는, 날이면 날마다 내 목소리 톤에 대해서 이러쿵 저러쿵 지적받으며 살게 될 줄 몰랐습니다. 정말 몰랐죠. 내가 그렇게 다양한 톤으로 말한다는 걸 의식하지 않았거든요. 그런데 결혼하고 난 이후로, 아내 때문에 내가 여러 가지 톤으로 말할 뿐만 아니라, 종종 잘못된 톤으로 말한다는 사실도 알게 되었습니다. 나는 결혼 생활을 생각했는데, 사실은 발성 연습하는 뮤지컬 생활을 하는 것 같아요. 지금 내가 여러분과 얘기하는 목소리가 진짜 내 목소리인데 집에서는 이런 식으로 말하면 안 좋아하거든요. 아니, 안 되죠! 그래서 제가 여기 밖에 나와 여러분과 얘기하고 있는 겁니다.

전설적인 코미디언 제리 사인펠트는 이런 농담을 던지며 스탠드업 코미디 쇼를 시작했는데, 이 농담에는 모든 연설가가 가슴 깊이 새겨두어야 할 진리가 담겨있다. 당신이 말하는 방법을 어떻게 바꾸느냐에 따라 사람들의 듣는 태도가 달라지고, 더 나아가 당신의 말이 **어떻게 들리느냐**에 따라 사람들은 당신의 말을 듣고 싶어하기도 하고 듣기 싫어할 수도 있다. 독일의 철학자 프리드리히 니체는 이렇게 말했다. "그저 목소리 톤이 마음에 들지 않는다는 이유로 당신의 아이디어가 거부당하는 일이 종종 일어난다."

당신의 목소리가 어떤 소리를 내는지 그래서 사람들에게 어떻게 들리는지 알고 있는가? 많은 사람들 앞에서 연설할 때 당신의 목소리가 어떻게 달라지는지 알고 있는가? 사인펠트가 그랬던 것처럼, 당신 목소리도 어쩌면 친구나 아내 또는 남편이 넌지시 알려주었을지도 모를 소리 크기나 톤 문제가 있을 수 있다. 이제 이 문제를 해결하기 위해 알아두어야 할 점들을 살펴보자.

스피치 코치인 헬렌 폰 다즐슨은 음성 전달에는 '4P'라고 하는 4가지 기본적인 측면이 있다고 한다. 여기서 4P란 음조音調, pitch, 강약power, 속도pace, 휴지休止, pause를 말한다.

음조는 목소리의 톤이다.

강약은 얼마나 크거나 조용하게 말하는가이다.

속도는 얼마나 빨리 혹은 천천히 말하는가이다.

휴지는 문장 사이사이 또는 말을 이어나가는 도중 잠시 말을 멈추는 것이다.

4P를 제대로 다루려면 목소리를 연마하고 개선하는 과정이 필요하다. 다시 한 번 스마트폰의 도움을 받자. 첫째, 당신이 말하는 소리를 녹음하라. 녹음 속 목소리의 성량과 강약을 확인해 보라. 마치 고함치듯 소리지르며 말하고 있는가? 목소리가 너무 작지는

않은가? 사람들이 제대로 들을 수 있게 말하는 것이 정말 중요하지만, 듣기에 편안하고 쉽게 말하는 것도 그에 못지않게 중요하다. 다즐슨은 전달하고자 하는 바가 기쁨과 유머냐 아니면 슬픔과 두려움이냐에 따라 성량을 적절히 조절할 수 있어야 한다고 말한다. 또한 연설이 어느 대목을 지나가고 있느냐에 따라, 즉 개인적인 일화를 이야기하는 부분인지 아니면 힘차게 주장을 전개하는 부분인지에 따라 목소리 크기도 키우거나 낮춰야 한다.

비슷한 맥락에서 말을 하는 장소의 물리적 특성에 따라 목소리의 강약도 달라져야 한다. 동굴처럼 소리가 울려퍼지는 강당에 있는가 아니면 비좁은 회의실에 있는가? 환경의 특성을 반영하려면 목소리의 강약을 달리해야 하는데, 가능하다면 유사한 환경을 미리 조성하여 연습하면 좋다. 예를 들어 청중이 참석하는 상황이라면 청중이 앉게 될 좌석 근처에 스마트폰을 두고 목소리를 녹음한다. 대형 회의실에서 발표할 예정이라면 스마트폰을 얼굴 가까이 대기보다 회의실 맞은편 끝에 두고 녹음하면 된다.

다음으로 실제로 당신이 어떻게 말하는지 들어봐야 한다. 위대한 시인이자 작가인 마야 안젤루의 말처럼 "말은 종이에 적힌 글자 그 이상을 의미한다. 말에 더 깊은 의미를 불어넣는 것이 바로 사람의 목소리다." 모든 연설 전문가들도 이 말에 전적으로 동의한다. 쉬운 말로 하자면 이런 뜻이다. 기계적이고 단조로운 톤으로 말하면 청중은 꾸벅꾸벅 졸 것이다. 사람들 앞에서 연설을 하는 사람이 흐리멍덩하고 따분한 톤으로 말하는 것만큼 참고 들어주기 힘든 일도 없다.

이제 음조와 휴지가 등장할 시점이다. 당신이 강조하는 단어는 무엇이며, 어떤 방법을 사용해서 강조하는가? 어떤 톤을 사용하며, 또 문장마다 톤을 달리하는가? 극적인 효과나 코믹한 효과를 주기 위해 적절한 지점에서 말을 잠깐 멈추었다 이어가는가? 전략적으로 휴지를 사용하면 당신은 잠시 한숨 돌릴 시간을 확보할 수 있을 뿐더러 옛 속담에서 이르듯이 청중도 당신이 방금 말한 내용을 '소화'할 여유를 가질 수 있다.

하지만 "발성 휴지vocalized pauses"는 조심해야 한다. '음, 어, 글쎄요, 아시다시피' 같은 말로 문장 사이를 메꾸는 의미 없는 간투사間投詞 말이다. 이런 단어를 습관적으로 남발하면 청중은 거부감을 느낀다. 연설할 때 간투사를 쓰지 않으려면 먼저 자신이 발성 휴지에 의존하고 있다는 사실을 깨닫는 것이 급선무이다! 자신이 말하는 것을 녹음해야 한다고 지금껏 말한 걸 잊지 않았겠지?

발음을 또렷하고 정확하게 하는지, 웅얼거리지는 않는지 항상 신경 쓰라. 발음은 수많은 연설가들에게도 큰 골칫거리이다. 한때 나도 라이브 방송에서 우물거리며 말하곤 했는데, 프로그램 PD가 이 사실을 지적하기 전까지는 내가 그러고 있는지 전혀 몰랐다! 내가 진행하는 토론이나 TV 프로그램을 본 사람은 이미 알고 있을지도 모르지만, 나는 정말 빠르게 말하는 사람이기 때문에 이 문제를 해결하기 위해 아직도 악전고투 중이다.

속도에 대해 더 얘기하자면, 말이 너무 빠르다는 게 나의 아킬

레스건이다. 다즐슨은 청중을 흥분시키고 열광시키기 위해 속도를 올려야 할 때가 있고, 청중이 당신의 주장을 따라오면서 이해할 수 있도록 속도를 낮춰야 할 때도 있다고 조언한다. 모든 훌륭한 웅변가는 이 두 가지를 효과적으로 번갈아 사용하는 법을 알고 있다. 속도를 바꿔가며 말하면 듣는 사람들은 당신 주장의 핵심을 더 잘 받아들일 뿐만 아니라 듣는다는 행위 자체를 더 흥미롭게 느끼고 더욱 몰입할 수 있다.

만약 당신이 나처럼 말이 빠른 사람이라면 속도를 높이기보다는 의식적으로 천천히 말하도록 연습해야 한다. 경험이 부족한 사람의 경우 연설을 하는 도중 점점 말이 빨라지기 마련인데, 이를 스스로 알아차리기가 쉽지 않다. 당연히 아드레날린이 치솟는 상황에서 어떻게든 자신의 주장을 관철시켜야 한다는 열정에 사로잡혀 있을 테니 말이다. 이런 사람의 말은 마치 속사포처럼 쏘아대는 팟캐스트 방송처럼 들릴 때가 있다.

자기 말을 녹음하는 방법을 사용하면, 내가 하는 말이 다른 사람들에게 어떻게 들릴지 알 수 있다. 이 점이 가장 중요하다. 〈스타워즈〉 속편 시리즈에서 카일로 렌을 연기한 할리우드 스타 아담 드라이버처럼 되면 안 된다. 2019년, 드라이버는 한 라디오 방송에 출연해 인터뷰를 했다. 그런데 인터뷰 도중, 영화 속에 삽입된 본인의 노래가 흘러나오자 견디지 못하고 화를 내며 자리를 박차고 나갔다. 아마도 녹음된 자기 목소리를 다시 듣는 게 참을 수 없을 정도로 불편했었던 모양이다. 경고하건데 당신은 드라이버의 뒤를 이어 '포스'의 어두운 면으로 들어가서는 안 된다!

4P를 제대로 다루려면 연습을 많이 해야 한다. 특히 사람들 앞에서 말하는 일이 익숙하지 않은 사람일수록 더 많이 연습해야 한다. 두 아이의 아빠인 나는 아이들에게 동화책을 읽어주면서 등장인물들이 나누는 대화를 연기하기도 한다. 그런데 이게 4P, 특히 음조를 자연스럽게 개선하는 데 정말 커다란 도움이 된다. 커뮤니케이션 코치 다즐슨도 같은 말을 한 적이 있다. "어린이 책을 소리 내어 읽는 건 자기 목소리의 음역대가 얼마나 넓은지, 그리고 얼마나 다양한 목소리를 낼 수 있는지 알아볼 수 있는 멋진 기회이다. 게다가 연기를 해볼 수 있는 기회도 얻을 수 있다!" 자녀가 있건 없건, 마음에 드는 책을 한 권 꺼내 들고 그 안에 나오는 대사를 소리 내어 말해보라. 목소리 톤에 변화를 줘보고 캐릭터마다 서로 다른 감정을 담아 표현해 연기를 해보자. 자신의 목소리가 얼마나 많은 것을 표현할 수 있는지 알게 되는, 정말 눈이 번쩍 떠지는 경험이 될 것이다.

3. 시간 배분을 연습하라

경쟁적 토론이든, 기조연설이든, 발표든, 아니면 생방송 TV 중계든, 당신 앞에는 언제나 큐시트, 시계, 시간표가 놓여있다. 당신은 주어진 시간을 엄격히 따라야 한다. 예정된 스케줄대로 맞춰가야 하기도 하지만 진행자를 번거롭게 하거나 청중의 인내심을 시험하고 싶지 않을 테니 말이다. 자, 이제 전달력 향상을 위해 실질적으로 할 수 있는 마지막 연습 방법을 알려주겠다. 자신이 말하는 시간을 재라. 심지어 자다 깨서도 시간에 맞춰 연설할 수 있게 될 때까지 반복하고 또 반복해라.

이렇게 연습하면 스케줄을 잘 지킬 수 있다는 것 말고도 좋은 점이 있다. 사전에 시간을 배분하는 작업을 하면, 연설이나 발표를 제시간에 정확히 끝낼 수 있다. 무엇보다 사람들 앞에서 발표할 때 발표자에게는 사형 선고나 다름없는 '횡설수설'할 확률도 현저히 줄어든다. 장담하건대 2분이면 끝낼 수 있는 이야기를 20분이나 듣고 싶을 사람은 한 명도 없다. 발표의 핵심 부분마다 말하는 데 얼마나 시간이 걸릴지 미리 점검해 둔다면, 이러한 함정에 빠지는 일을 피할 수 있다.

시간 배분을 확실히 해두면 중요한 상황이 발생할 때 보다 유연하게 적응할 수 있다. 공식적인 토론이나 직장에서 업무 관련 회의를 하는 도중에 새로운 주장을 제시하거나 반박에 나서야 할 때가 생길 수 있다. 그렇다고 발언 시간이 추가로 주어지는 건 아니므로 제한 시간 내에 할 말을 마쳐야 한다. 당신이 이미 어떤 내용을 어떤 식으로 말해야 할지 온전히 숙지하고 있다면, 발표의 내용과 구조를 속속들이 꿰뚫고 있다면, 연설의 전체적인 모양새를 망가뜨리지 않고도 한두 부분 정도는 변화를 줄 수 있을 것이다.

팁을 주자면 시간 배분을 통해 최고의 효과를 얻으려면 주어진 제한 시간보다 조금 빨리 말을 끝낼 수 있도록 준비하라고 권하고 싶다. 발언 시간이 10분이라면 8분이나 9분 정도에 끝낼 수 있도록 준비하라. 이렇게 하면 연설 당일에 핵심 내용이나 주장을 추가해야 할 상황이 발생해도 운신의 폭을 넓힐 수 있다. 물론 그런 상황이 발생하지 않아도 문제될 건 없다. 말을 질질 끌지 않고 간결하게 끝내는 당신의 능력에 모두가 박수를 보낼 테니까.

내가 경험을 통해 터득한 연설이나 발표를 할 때 시간을 엄수하도록 도와주는 3가지 방법을 살펴보자.

암기: 대담한 방법 전체 연설의 원고를 작성한 뒤 말하면서 시간을 측정하고 그 다음 연설 전체를 암기하라. 집중해서 모든 내용을 암기하라! 지난 2005년, 데이비드 캐머런은 블랙풀에서 열린 연례 토론에서 메모를 전혀 보지 않고 오로지 기억에만 의존해 연설을 하면서 당원들의 주목을 끌어 유명해졌다. 이후 치러진 보수당 당대표 경선에서는 인지도 낮은 정치인에서 유력한 선두 주자로 거듭났다. 그리고 5년 후, 그는 마침내 영국 총리가 되었다. 시간적 여유가 된다면 그리고 청중이 집중하면서 감탄을 연발하게 만들고 싶다면, 연설을 모조리 외우는 것이 가장 확실한 방법이다. 물론 이때도 시간 제한은 지켜야 한다.

안전한 선택: 컨닝 페이퍼 연설을 통째로 외우는 것이 얻는 이익에 비해 위험이 너무 크다고 생각할 수도 있다. 젊은 시절의 처칠도 그랬다가 고생하지 않았느냐고 반문할 수도 있다. 그렇다면 노년의 처칠이 그랬듯 연설문 전체를 출력해서 손만 뻗으면 닿을 곳에 두라고 조언하고 싶다. 만일의 경우를 대비해서 말이

다. 전체 원고를 작성하고, 연설 시간을 측정한 다음에, 무대에 올라 앞에 놓인 단상이나 연설대에 원고를 놓아두고 말하면 된다. 하지만 청중이 보는 앞에서 머리를 단상에 처박고 원고를 그저 읽어 내려가기만 해서는 안 된다. 처칠은 아주 많은 시간을 들여 연습했기 때문에 원고의 문장 하나하나, 구절 하나하나를 완전히 자기 것으로 만들었고 따라서 원고를 가끔 흘끗 내려다보는 것만으로도 충분했다. 나는 이 방법을 권하고 싶다. 내가 개인적으로 즐겨 사용하는 방법이기도 하다.

큐 시트: 유연한 방법 연설 전체를 담은 원고를 만드는 대신, 메모 형태로 원고를 만들어 연설을 할 수도 있다. 중요한 사안들을 적은 큐 카드를 활용하라. 큐 카드에는 전체 문장이나 전체 구절을 적는 대신 핵심 단어나 핵심 구절 정도만 포함시켜도 된다. 실제로 많은 사람이 사용하고 있는 이 방법의 장점은 연설 내용을 잊어버릴까 봐 걱정하지 않아도 된다는 점 그리고 원고에 적힌 글자를 토씨 하나 안 틀리고 읽을 필요가 없다는 점이다. 이 기법을 활용하면 원고 전체를 보고 읽을 때와는 다르게 시간을 칼같이 배분할 수 없게 될 수도 있다. 대신 유연함을 얻을 수 있다. 연설하다 시간이 다 되어갈 때도 가장 중요한 주장만큼은 확실히 전할 수 있다.

여러 방법을 시도해 보고 당신에게 가장 효과적인 방법을 고르면 된다. 하지만 무슨 방법이 됐든 성공의 핵심은 리허설이다. 연습할 때 청중이 되어줄 친구나 동료를 찾아라. 설령 비판이라 할지라도 기꺼이 피드백을 수용하라. 그런 다음 자연스러움을 잃지 않고 말하면서도 적절한 시간에 말을 마칠 수 있을 때까지 수정하고 또 수정하라. 물 흐르듯이 얘기가 흘러갈 수 있도록. 여기다 즉흥성까지 발휘할 수 있는 여유를 집어넣는다면 금상첨화이다. 친구들 앞에서 연습한다는 것은 대화하는 듯한 어투와 톤으로 말하겠다는 뜻이다. 하지만 **준비하되 준비한 티를 내지 않도록** 하는 것이 당신의 목표라는 사실을 잊지 말아라.

TED 토크 전문가인 카민 갤로는 리허설과 피드백의 중요성을 강조하면서, 2013년 '질문의 기술'이라는 제목으로 TED 토크를 진행했던 음악가 아만다 파머의 사례를 소개한다.

파머는 사람들 앞에서 소리 내어 초안을 읽곤 했습니다. 사람들이 지루해 하는 기색을 보이면, 집에 가서 다시 고쳐 썼죠. 들려줄 사람만 있으면 그 사람을 앞에 두고 연습했습니다. 바텐더가 되었건 비행기에서 옆자리에 앉은 승객이 되었건 가리지 않고 이야기를 들려주었습니다. 포트럭 저녁 파티에 친구들을 초대해서 자신의 말하는 모습을 보게 하고 피드백을 하도록 했습니다. 학생들 앞에서도 발표를 했고요. 결국 파머는 TED 방송에 두 번이나 출연해서 연설을 하게 되었죠.

음, 파머의 성과를 표현하기에는 '결국'이라는 말로는 부족하다. 그 모든 준비를 거쳐 탄생한 '질문의 기술'은 순조롭게 유명해져 지금까지 1,200만 조회 수 이상을 기록하고 있으니까.

……

나는 이런 질문을 자주 받는다. '얼마나 많이 연습해야 하나요?' 짧고 단순한 발표나 연설이라면 준비나 연습 시간도 그리 많이 필요하지 않을 거라고 생각하는 사람들이 있다. 하지만 실상은 정반대이다. 마크 트웨인을 비롯해 우드로 윌슨이나 윈스턴 처칠 같은 인물들 덕택에 옳다고 인정받는 말이 있다. "내게 두 시간짜리 발표를 원한다면, 당일 내로 준비할 수 있다. 그러나 단 5분짜리 연설을 원한다면, 준비에 2주는 걸린다."

하나의 주제에 말하고 싶은 내용을 모두 녹여 넣고 압축시켜서 짧으면서도 효과적인 발표문을 만들려면 상당한 시간과 기술과 노력이 필요하다. 나는 커리어 초기 미국 케이블 뉴스에서 논객으로 활동을 시작했을 때, CNN이나 MSNBC 방송국에 불과 3~4분 정도 출연하기 위해 길게는 두 시간까지 준비하곤 했다. TV 생방송이었기 때문에 사전 준비를 확실히 하고 싶었다.

한번은 CNN으로부터 트럼프 대통령과 반유대주의를 주제로 하는 토론회에 초대받은 적이 있다. 내 발언 시간이 그리 길지 않으리라는 것을 알고 있었지만, 이 주제에 관해서는 하고 싶은 말이 많았다. 그래서 사전에 방대한 양의 자료를 조사했고 트럼프의 반유대주의적 성향이 드러난 사례를 술술 말할 수 있을 정도로 연습했다. TV 생방송에서는 시간에 제약이 있다는 걸 잘 알고 있었기 때문에, 발언이 1분을 넘어가지 않도록 주의하면서 어떻게 말할지 시간을 배분했다.

내 차례가 되자 진행자인 제이크 태퍼가 발언 기회를 주었고, 나는 속사포처럼 말을 쏟아냈다.

> 지금까지 세 번이나, 트럼프 대통령은 미국 내 유대인들을 미국과 이스라엘에게 이중으로 충성을 바치는 비밀스러운 이스라엘인이라고 언급한 바 있습니다. 대통령직에 있으면서 이런 말을 한 것이 이번으로 세 번째입니다. 발언을 철회할 생각도 없어 보입니다. 저는 우리가, 친유대인은 당연히 친이스라엘인 또는 친이스라엘인은 당연히 친유대인이라는, 혹은 친이스라엘을 외치는 사람은 절대 반유대주의자가 아니라는 이런 아주 위험한 견해를 바로잡을 필요가 있다고 봅니다. 반유대주의를 외치는 사람들 중에도 이스라엘과 벤자민 네타냐후Benjamin Netanyahu 총리를 지지하는 사람이 많습니다. 즉, 아무런 상관관계가 없다는 뜻이죠.
>
> 이스라엘에 대한 트럼프 대통령의 견해가 어떻든 간에, 그는 언제나 반유대주의자였습니다. 여기에는 이론의 여지가 없습니다. 이건 분명한 사실입니다. 이바나 여사가 남편인 트럼프는 침대 옆에 히틀러의 연설이 담긴 책을 놔둔다고 말했던 1980년대 당시에도 반유대주의자였습니다. 트럼프 소유의 카지노 매니저가 트럼프는 야물커(유대인이 쓰는 모자-옮긴이)를 쓴 땅딸막한 사람

은 돈 계산할 때만 필요하다고 말했던 1990년대에도 반유대주의자였습니다. 트위터에서 영화감독 겸 배우 존 스튜어트의 원래 성姓이 유대인의 성이라고 모욕하던 2013년에도 트럼프는 반유대주의자였습니다. 그리고 물론 2015년에 그가 유대인 공화당 후원자들에게 "당신들은 내게 투표하지 않을 것이다, 왜냐하면 내게 당신들 돈 따위는 필요하지 않으니까"라고 말했을 때도 마찬가지였습니다.

그러면 대통령이 된 지금은요. 샬로츠빌의 네오나치들을 가리켜 "꽤 괜찮은 사람들"이라고 말하는 사람이 바로 트럼프입니다. 이런 사례가 끝도 없습니다. 트럼프 대통령이 반유대주의자라는 사실을 증명하기 위해 대체 얼마나 많은 증거가 더 필요한 것일까요. 게다가 이 문제를 거론하는 공화당 의원이 단 한 명도 없다는 게 오히려 놀랍습니다.

60초. 아주 정확하게. 그것도 생방송에서. 얼마 지나지 않아 이 영상은 화제가 되었다. 당시 한 온라인 매체는 헤드라인을 이렇게 뽑았다. "1분 만에 속성으로 보는 트럼프의 반유대주의 요약."

에이브러햄 링컨이 이런 말을 했다고 한다. "나에게 나무를 베는 데 6시간을 준다면 처음 4시간은 도끼를 가는 데 사용할 것이다." 나 역시 정직하기로 유명한 링컨 대통령의 말에 전적으로 동의한다.

연습이 완벽을 만든다. 연습이 성공을 가져다준다. 모든 가용한 시간을 도끼를 가는 데 투자하라. 최대한 날카로워질 때까지. 전달력을 키워라. 즉 어떻게 보이고, 어떻게 들리고, 어떻게 시간을 배분할 것인지 연습하라. 연습은 아무리 해도 지나치지 않다. 샘 리스의 책《장전된 총구에서 발사된 말들: 아리스토텔레스에서 오바마에 이르는 수사학Words Like Loaded Pistols: Rhetoric from Aristotle to Obama》에 나오는 링컨의 이야기를 보자. 1863년 11월 그 유명한 게티즈버그 연설을 하기 며칠 전, 링컨은 "연설할 장소인 게티즈버그 국립묘지가 어떻게 배치되어 있는지 익숙해지게끔, 국립묘지의 조경을 담당했던 사람에게 평면도를 가져오라고 했다." 이 미국의 제16대 대통령은 어느 것 하나도 우연에 맡기고 싶어 하지 않았다.

링컨은 아마도 또 다른 전설적인 정치인이자 미국 건국의 아버지인 벤자민 프랭클린의 지혜를 받아들였을 것이다. 프랭클린은 이런 말을 남겼다고 전해진다.

"준비에 실패하는 것은 실패를 준비하는 것이다."

실패를 준비하지 말라. 오직 승리를 위해 준비하라.

추측도 나쁘지 않다.

하지만 확실하게 알아내는 것이 더 좋다.

_마크 트웨인Mark Twain, 소설가

15장

숙제를 빼먹지 말라

'도큐먼트document'라는 것이 있었다. 2000년대 초 ITV 방송국에서 일하던 시절, 나와 내 동료들은 조너선 딤블비를 위해 매주 자료를 준비해야 했는데 우리는 그것을 도큐먼트라 불렀다.

내가 딤블비의 프로그램에 조사원으로 합류했을 때는 대학을 졸업한 지 1년이 지났을 때였다. 옥스퍼드대를 3년 동안 다니면서 학부 커리큘럼에 따라 칸트나 로크와 같은 학자들에 대한 에세이를 쓰기도 하고 옥스퍼드유니언 토론 클럽에서 연설을 하기도 했지만, 그 어떤 것도 도큐먼트를 위한 자료 조사와는 노동 강도면에서 비교조차 되지 않았다.

방송인 집안에서 태어난 조너선 딤블비는 유수의 상도 여러 번 받은 저널리스트인데 1994년부터 2006년까지 영국 텔레비전 방송에서 자신의 이름을 내건 정치 프로그램을 진행했다. 그는 매주 일요일 점심 시간대에 런던 사우스뱅크 스튜디오에 모인 청중 앞에서 유명 정치인들을 초대해 한 시간 동안 마치 심문하듯 깊이 파고드는 인터뷰를 라이브로 진행했다. 이 당시 딤블비는 어마어마한 위용을 자랑했는데, 마치 메스를 들이대듯 날카로운 질문을 던져 정치인들을 긴장시키던 인터뷰 진행자 중 한 명이었다.

딤블비의 인터뷰 준비를 돕는 게 내 일이었다. 매주 일요일마다 이뤄지는 중요한 인터뷰를 준비하는 동안, PD 한 사람과 두 명의 조사원으로 구성된 우리 팀은 출연이 확정된 초대 손님의 배경과 관련 기록을 여러 날에 걸쳐 샅샅이 조사했다. 출연할 정치인이 내세우는 정책 및 전에 했던 말들, 경력 상의 두드러진 부분과 그다지 사람들의 이목을 끌지 못했던 행적들까지 조사 범위에 포함됐다. 우리는 한 시간 동안 진행될 전체 인터뷰의 얼개를 사전에 계획하고 딤블비가 제시할 논거를 구성하기 위해, 매주 새로이 조사한 내용을 전부 모아 도큐먼트 안에 취합했다. 우리는 사실과 수치, 각주, 차트, 그래프, 표 등 모든 자료를 모았다. 딤블비를 위해 예비 질문을 미리 작성했고, 초대 손님이 어떻게 대답할지 예상 답변을 추렸으며, 심지어는 그에 따른 후속 질문까지 마련했다. 우리는 모든 가능성에 대비했다. 만약 인터뷰에 응한 장관이 A라고 말한다면 딤블비는 B라는 질문을 연달아 묻는 식이다. 그 뒤 장관이 X라고 답한다면 딤블비는 Y를 물을 준비를 마쳤었다.

모든 것이 도큐먼트 안에 있었다. 도큐먼트는 단순히 핵심적인 내용 몇 개를 요약해 종이 몇 장으로 정리한 서류가 아니었다. 우리는 매주 광범위한 영역을 공들여 조사해 얻은 정보를 상세히 기술한 소책자를 만들어냈다. 한번은 인터뷰가 끝난 후 딤블비가 학교와 대학에서 교재로 활용할 수 있게 도큐먼트를 출판해 보면 어떻겠냐고 제안한 적도 있었다.

딤블비는 최근 인터뷰에서 내게 이렇게 말했다. "도큐먼트는 중요합니다. 그저 단순한 사실을 나열하는 것에 그치지 않고 보다 명확한 내용을 제공할뿐더러 어디에 초점을 맞춰야 할지도 알려주니까요." 딤블비는 도큐먼트를 참조해 인터뷰 준비가 최종 단계에 이르면 본인이 직접 나서서 더 조사해야 할 부분이 어딘지 파악했고, 일단 촬영에 들어가고 난 뒤에는 도큐먼트를 지침 삼아 인터뷰를 의도대로 이끌어나갈 수 있었다. 딤블비는 이렇게 설명한다. "조사팀이 하는 이런 **숙제**가 우리 인터뷰의 핵심입니다. 나름 똑똑한 초대 손님이라면 도큐먼트가 조금만 엉성해도 우리를 우습게 여기고 되는 대로 대답하겠죠."

지난 20여 년을 돌이켜 봤을 때, 띄엄띄엄이긴 했지만 ITV에서 조너선 딤블비의 인터뷰를 준비하기 위해 4년 동안 일했던 시간 덕분에 나는 언론인, 그중에서도 특히 현재 내가 하고 있는 프로그램의 단독 진행자가 될 수 있었다고 가슴에 손을 얹고 말할 수 있다. ITV를 떠난 이후 나는 BBC, 스카이뉴스, 알자지라잉글리시, 현재 몸담고 있는 NBC뉴스에 이르기까지 세계적인 거대 미디어

회사들에서 일하는 영예를 누릴 수 있었다. 하지만 그중에서도 공개적인 발표나 토론, 인터뷰를 어떻게 준비해야 하는지 그 방법을 깨우치는 데 있어, 딤블비의 인터뷰를 위해 했던 도큐먼트 작업만큼 내게 큰 영향을 끼친 것은 없다. 그때의 경험으로 나는 무엇을 배웠을까? 바로 논쟁에서 이기고 싶다면 철저한 조사와 숙제를 하는 것이 그 무엇보다 중요하다는 교훈이다.

……

내가 어렸을 때 숙제하는 걸 끔찍이도 싫어했다면 놀랄지 모르겠다. 여느 아이들처럼 나도 TV, 자전거, 컴퓨터 게임 등 하고 싶은 게 많았다. 진절머리 나는 숙제만 빼고 말이다.

하지만 성인이 되고선 나는 숙제를 끝마쳐야 한다는 강박관념에 사로잡혀 살게 되었다. 나는 언제나 준비되어 있기를 바란다. 언제나 영수증을 챙겨두길 원한다. 그 누구보다 논쟁이 되는 이슈에 대해 많이 알고 싶다. 그러려면 반드시 숙제를 해야 한다.

거북하게 들릴 수도 있지만 당신이 얼마나 영리하고 열정적이며 말을 잘 하는지는 승리의 충분조건이 아니다. 충분한 시간과 노력을 들이지 않으면 결코 논쟁에서 이길 수 없다.

나는 전 백악관 국가안보좌관 존 볼턴과 유명 가수 존 레전드를 비롯해 지금은 물러난 CIA 수장부터 〈부통령이 필요해Veep〉라는 드라마의 전직 수석 시나리오 작가에 이르기까지 수많은 사람을 인터뷰했다. 성인뿐 아니라 어린이도 인터뷰했으며, 할리우드의 슈퍼스타뿐만 아니라 일반 시민도 인터뷰했다. 그리고 초대 손님이 됐든 세간의 화제로 떠오른 이슈가 됐든 아니면 내가 취재하려고 하는 특정 주제가 됐든 간에, 핵심을 제대로 파악하기 위한 숙제를 하지 않고서는 단 한 번도 인터뷰를 한 적이 없다.

숙제를 하지 않는다는 것은 인터뷰 초대 손님, 토론에 참여한 상대방을 전혀 존중하지 않는 태도라고까지 말할 수 있다. 이는 지적인 게으름이자 오만함의 발로이다.

문제는 우리가 어리석게도 토론을 순전히 기술의 영역이라고 생각한다는 점이다. 오늘날 우리는 세상 모든 사람들이 세상 모든 일에 대해 각자 의견을 가지고 있는, 순전히 개인적인 의견이 만연한 '핫 테이크hot takes'의 시대에 살고 있다. 그리고 토론에서 중요한 점은 결국 각자의 의견 아니냐고 생각하고 있다. 잘못된 생각이다. 철학자 패트릭 스톡스는 다음과 같이 말했다. "당신은 의견을 말할 자격이 없다. 당신이 동의할 수 있는 어떤 주장을 말할 자격만 있을 뿐이다."

자, 만약 당신이 의학이나 법률 혹은 회계 같은 분야에 대해 잘 알고 싶다고 하자. 일단 필요한 자료를 찾아 읽고 살펴봐야 한다. 전문적인 연구를 바탕으로 하는 의견이 필요한 경우에는 일반 사람이 아닌 박사 학위를 딴 사람의 견해를 들어야 할 것이다. 논쟁적인 주제를 다룬 토론에서 이기고 싶은 경우에도 마찬가지이다. 당신이 내세우는 의견과 논거가 확고한 지적 기반 위에 놓여있지 않다면 들을 필요 없는 쓸모없는 주장이 될 뿐이다.

그렇다면 어떻게 해야 올바른 방식으로 논거를 구성할 수 있을까? 어떤 사실이나 숫자를 근거로 제시해야 할까? 왜 다른 사람이 아닌 당신의 의견이 인정받아야 할까? 당신은 진정한 의견을 말할 수 있는 자격을 갖추기 위해 필요한 일을 기꺼이 할 수 있나?

2012년에 나는 효과적인 거버넌스를 위한 우크라이나 비영리 재단FEG이 조직한 민주주의 정착 프로그램의 일환으로, 키이우에서 열리는 토론에 초대받았다. FEG는 토론 포럼인 인텔리전스스퀘어드와 협력하여 우크라이나의 수도에서 자유로운 발언과 토론을 도모하기 위해 다양한 정치적, 경제적 이슈를 다루는 토론회를 개최했다. 당시는 마이단광장Maidan Square 시위가 일어나고 러시아가 크림반도를 합병하기 2년 전이었으며, 블라디미르 푸틴 대통령이 우크라이나를 무자비하게 침공하기 10년 전이었다. 하지만 2012년에도 우크라이나의 경제는 엉망이었다.

토론의 주제는 '정부 지출의 증가로 우크라이나에 닥친 두 번째 위기를 막을 수 있을 것인가'였다. 나는 이 토론회에 찬성 측 패널로 참가해 달라는 요청을 받았는데, 반대 측 패널은 2007년부터 2009년까지 우크라이나의 재무장관을 역임했던 빅토르 핀제닉Viktor Pynzenyk이었다.

이 점은 분명히 해두고 싶다. 나는 사실상 아는 게 거의 없다시피 한 우크라이나의 경제를 주제로, 실제로 나라의 경제를 이끌었던 사람과 토론해 달라는 요청을 받은 것이다.

미친 짓이다. 그렇지 않은가?

그럼에도 나는 그 요청에 응했다. 제대로 된 의견다운 의견을 말하기 위해 필요한 일을 기꺼이 하려는 마음이 있었기 때문이다. 물론 내가 훌륭한 토론이라면 사족을 못 쓰는 탓도 있다!

나는 여러 주에 걸쳐 토론회를 준비하면서 케인스주의식 적자 지출과 우크라이나 경제 상황에 대한 자료를 조사했다. 영어로 쓰인 모든 관련 뉴스와 학술 연구 결과를 구할 수 있는 데까지 구해 열심히 탐독했다. 그러고 나서 핀제닉에 맞서 내 의견을 피력하기 위해 2,400킬로미터를 비행해 키이우로 갔다. 결론부터 말하자면 나는 토론에서 패했다. 토론회에 참석한 우크라이나 청중이 이제 막 자기네 나라에 도착한 인도계 영국인 편을 드느니 차라리 국가 경제 파탄의 주범이라는 원망을 듣는 전 재무장관의 손을 들어줬다는 결과가 놀라운 건지 당연한 건지는 모르겠지만. 어쨌든 토론 자체는 정말로 즐거운 경험이었고, 내가 숙제를 제대로 하지 않았다면 초대에 응할 엄두도 내지 못했을 일이었다. 키이우에서 토론회가 열리던 밤, 나는 개회사에서 솔직히 인정했다. "저는 우크라이나 경제의 전문가가 아닙니다. 전문가인 척할 생각도 없거니와 전문가라고 주장하고 싶은 마음은 추호도 없습니다. 솔직히 말하자면 저는 여러분의 고향인 이곳 우크라이나에 온 지 겨우 18시간밖에 되지 않았습니다."

토론에서 처참하게 패배하는 지름길이자 가장 멍청한 방법은 아무 준비 없이 토론에 나가는 것이다. 개인적으로 왜 사전에 숙제를 하지도 않은 사람이 구태여 논쟁에 참여하려 하는지 도대체 이해할 수 없다. 세상에 이보다 어리석은 일이 있을까?

어떤 토론이나 인터뷰, 발표가 되었건, 무대에 오르기 전 반드시 해야 하는 3가지 핵심 숙제가 있다. 바로 브레인스토밍, 조사, 역할 연기이다. 이제 차례대로 하나씩 살펴보자.

‖ 브레인스토밍 ‖

초조한 마음으로 커서만 깜박이는 텅 빈 모니터를 응시하며 새로운 에세이나 발표문의 도입부를 장식할 적절한 문장을 필사적으로 떠올리던 경험… 다들 해봤을 것이다. 하고 싶은 말, 해야 할 말은 너무 많은데 어디서부터 시작해야 할지 모를 때가 있다.

1950년대에 광고회사 임원이었던 알렉스 오스본은 이처럼 정신적으로 꽉 막힌 상태에서 벗어날 수 있는 탈출구로 "브레인스토밍Brainstorming"이라는 선구적인 기법을 도입했다. 브레인스토밍은 보통 여러 사람이 모여서 하는 것이 일반적이지만 혼자서도 할 수 있다. 혼자서도 얼마든지 브레인스토밍을 할 수 있다는 사실을 확인하고 나면 깜짝 놀랄 것이다.

브레인스토밍은 평소에는 의식하지 못했던 마음속을 보게 만들어 창의적이고 성찰적인 단계로 넘어가도록 하는 과정이다. 또한 브레인스토밍은 이미 알고 있으나 뒤죽박죽인 상태로 흩어져 있는 아이디어와 사실들 그리고 아직 파악하지 못한 사안에 대하여 품고 있는 의문점들을 자유롭게 적어 내려 가는 과정이기 때문에 토론을 준비하는 첫 단계로서 더할 나위 없이 좋다. 관건은 마음속에

갇혀있던 생각들, 잠재의식 속에 깊이 잠들어 있을 아이디어를 끄집어내서 보고, 여전히 명쾌하지 않은 부분이 어디인지 분명히 파악하는 것이다. 일단 이렇게 해놓으면 처음에 마구잡이로 쏟아낸 생각들을 탄탄한 구조를 갖춘 논증으로 탈바꿈시키기 위해 어느 부분을 '집중적으로 조사'해야 할지 알 수 있게 된다.

혼자서 하는 브레인스토밍의 효과를 최대한 끌어내기 위해 지켜야 하는 가장 중요한 3가지 사항을 살펴보자.

1. 질보다 양이다

노벨 화학상 수상자인 라이너스 폴링은 "좋은 아이디어를 얻기 위한 가장 좋은 방법은 일단 많은 아이디어를 떠올린 다음 나쁜 아이디어는 버리는 것"이라고 말했다.

브레인스토밍에서는 질보다 양이 훨씬 중요하다. 질보다 양이라니? 맞다. 제대로 읽었다. 아이디어의 질은 나중에 걱정하고 우선은 많은 아이디어를 꺼내놓는 게 중요하다고 전문가들은 조언한다. 이는 오스본이 브레인스토밍 개념을 제시했던 시절부터 유효했던 원칙이자 폴링 같은 노벨상 수상자도 추천하는 방식이다.

브레인스토밍을 시작할 때 그 아이디어가 좋건 나쁘건, 훌륭하건 평범하건, 가능한 많이 종이 위에 쏟아내라. 질보다 양에 우선순위를 두면 더 많은 선택지, 기회, 가능성이 당신 앞에 펼쳐진다. 종이 위에 쏟아낸 아이디어들을 살펴보면서 어떤 것을 채택해서 발전시키고, 어떤 것을 폐기할지 결정하면 된다. 흔히 말하듯, 브레인스토밍할 때는 어떤 아이디어도 정신 나간 생각으로 치부해서는 안 된다. 아무리 터무니없는 아이디어라도 기발한 아이디어의 도화선이 될 수 있으니 말이다. 끝까지 가서 보니 별 볼 일 없는 아이디어라면? 잘 걸렀네. 그냥 버리면 된다.

나는 브레인스토밍 기법을 질문 작성 과정에서 종종 활용한다. 초대 손님을 모시고 진행하는 인터뷰 자리에서 나올 수 있는 모든 질문, 즉 뜬금없는 질문에서부터 불편한 질문까지, 무례한 질문에서부터 무관해 보이는 질문에 이르기까지 모두 망라하여 목록을 만든다. 그러고 난 뒤 인터뷰할 때 물어볼 필요가 있는 질문으로 범위를 좁혀나간다. 말하자면 문제의 소지가 없을 만한 질문들로 추려나간다.

브레인스토밍은 틀에 박힌 사고에서 탈피하는 연습으로, 시야가 좁아져 처음부터 한 가지 접근법에만 매달리는 것을 미연에 방지할 수 있다. 기업가 톰 모나한은 자기 노트와 거기에 적힌 아이디어 목록을 가리키며 이렇게 말했다. "종이를 가지고 하는 브레인스토밍은 석유 시추와 비슷하다는 생각을 가끔 합니다. 아이디어를 적어 내려간 목록은 유정이고, 가끔은 거기서 석유가 터지죠."

2. 과거에서 힌트를 찾아라

"이제껏 우리가 보고 들어온 놀라우리만치 창의적인 발명이나 아이디어는 모두 이전부터 존재하던 작은 아이디어들로 나뉠 수 있다." 작가인 스콧 버쿤은 자신의 책 《이노베이션 신화의 진실과 오해The Myths of Innovation》에서 이렇게 말했다.

'유레카' 또는 '아하'하고 아이디어가 떠오르는 순간, '머릿속에 전구가 켜지는 순간'에만 기대지 말라. 아이작 뉴턴에게 일어났던 일이 당신에게도 일어나길 바라면서 사과가 머리 위로 떨어지기만을 기다려서는 안 된다고 기술 전문작가인 데이비드 켈리와 톰 켈리는 말한다.

가장 좋은 아이디어는 큰 걸음으로 성큼 내딛을 때가 아니라 종종걸음치며 나아갈 때 생겨난다. 이건 내가 아니라 과학자들이 하는 말이다. 경제 전문 매체 〈패스트컴퍼니Fast Company〉의 제시카 헐링거의 보도에 따르면, 피츠버그대의 심리학자 크리스천 슌과 그의 연구팀은 어린이용 소형 프린터 신제품의 개발을 의뢰받은 전문 엔지니어 팀이 몇 시간에 걸쳐 진행한 브레인스토밍 회의의 녹취록을 분석했다. 슌의 연구팀은 2014년 〈인지과학Cognitive Science〉에 발표한 이 연구에서 새로운 아이디어에 반드시 거대한 인지적 도약이 필요한 것은 아니라고 결론 내린다. 그보다는 "점진적인 일련의 정신적 발전"이 새로운 아이디어를 낳는다는 것이다. 예컨대 우리는 과거에 효과가 있었던 해결책이 현재에도 그럴지 비교할 수 있다. 비슷한 아이디어가 과거에 어떻게 사용되었는지 찾아볼 수도 있다. 인접한 분야 사이에서 유사점을 찾아낼 수도 있다.

헐링거가 보도한 사례를 보면 엔지니어 중 한 명이 예전 비디오테이프에서 사용되던 덮개를 언급하자 다른 엔지니어가 차고 문을 여닫는 기계식 구조를 떠올렸고, 이러한 연쇄적인 아이디어에서 실마리를 얻은 또 다른 엔지니어가 새로운 프린터 설계 과정에 롤러 도어를 활용하자는 아이디어를 생각해 냈다.

"당신 머릿속에는 이미 예전에 본 적 있는 해결법이 가득하겠죠. 그것들을 죽 생각해 보다가 유추를 통해 유사성을 포착하는 겁니다. 그러다 보면 '음, 어쩌면 예전의 그 방법이 여기서도 통할 수 있겠는데'라는 말이 나오게 되는 거죠." 순이 〈패스트컴퍼니〉와의 인터뷰에서 한 말이다.

이런 식으로 접근하면 제한을 두지 않고 브레인스토밍할 수 있다. 차근차근 생각을 전개시켜라. 당신이 생각하고 있는 주제와 어쩌면 유사한 측면이 있을지도 모르는 다른 주제도 고려해 보라. 두려워하지 말고 과거의 경험에 빗대어 유추하거나 다른 영역의 사례를 활용하라.

3. 잠재력을 최대한 끌어내라

운동선수가 경기를 치르는 도중 잠재력을 최대한으로 발휘하기 위해 완전히 몰입한 상태인 "존Zone"이라는 개념을 맨 먼저 언급했다고 알려진 사람은 바로 전설적인 테니스 선수 아서 애쉬이다.

브레인스토밍을 할 때 존 안에 있으면 최고의 결과를 얻을 수 있다. 하루하루 반복되는 지루한 일상 중 잠시 휴식을 취할 때, 의식이 쉬도록 하면서 무의식이 그 역할을 대신하도록 하라.

일에는 신경 꺼라. 이메일 확인도 그만둬라. 마음이 흘러가는 대로 내버려두어라. "위대한 천재들은 일을 줄였을 때 오히려 더 큰 성취를 이루기도 한다"고 레오나르도 다빈치가 말하지 않았나.

천재 중의 천재인 다빈치가 하는 말이니 귀담아들어라! 뇌에 대한 신경 촬영법 연구를 수행하고 있는 심리학자 존 쿠니오스와 마크 비먼의 말도 들어보자. 이들은 "통찰력이 번뜩이는 순간", 즉 우리가 "아하" 하며 감탄하는 순간이나 "유레카"라고 외치는 순간은 우리 마음이 휴식을 취하고 있거나 이완하고 있는 상태에서 탄생한다고 결론 내렸다. 쿠니오스의 표현을 빌리자면, "잠시 자기를 둘러싼 주변 환경에서 눈을 돌릴 때", 그때가 바로 마법이 일어나는 순간이다. 즉 우리가 존으로 들어가는 순간이다.

존으로 들어가는 구체적인 방법은 무엇일까? 사람마다 상황이 다르므로 자신에게 가장 적합한 환경을 찾아야 한다. 아마도 여러 장소를 방문하고 서로 다른 과정을 실험해 보아야 할 것이다. 눈을 감아라. 산책하러 나가라. 샤워를 해라. 무엇이 마음을 자유롭게 흘러가게 하는지 보라.

그나저나 나는 샤워에 진심인 사람이다. 샤워하다 보면 최고의 아이디어와 논증이 불현듯 떠오를 때가 자주 있다. 물론 그러면 허겁지겁 욕실에서 나와 몸이 채 마르기도 전에 샤워 중 떠올랐던 생각들을 아무 데나 정신없이 갈겨 쓴다. 그렇지 않으면 다 잊어버릴 테니까! 그리고 이 책을 쓰기 위한 조사를 하면서 나만 그런 것은 아니라는 사실을 알게 됐다. 저명한 인지 심리학자 스콧 배리 카우프만은 2015년 조사에서, 조사 대상자 중 75%가 "샤워 중 새로운 아이디어"를 떠올린다는 사실을 발견했으며, 심지어 14%는 새로운 통찰력을 얻는다는 "단 한 가지 목적"을 위해 샤워한다고 답했다. 온라인 토론회에 발제자로 참석한 카우프만은, 이 연구가 "창의적인 사고를 위한 이완의 중요성"을 일깨워줬다고 설명했다.

‖ 조사, 조사, 또 조사 ‖

내가 거물급 초대 손님과의 인터뷰를 위해 어떻게 준비하는지 아는가? 그들의 기존에 했던 인터뷰와 연설을 미리 보고, 그들의 책을 읽고 연구하며, 경력을 조사한다. 또한 그들이 전문가로 활동하고 있는 분야에서 무슨 말을 했는지 찾아본다. 그리고 다른 사람들이 이들에 대해 뭐라고 평가하는지, 좋은 말을 하는지 나쁜 말을 하는지도 조사한다. 그 뒤에는 하나의 일관된 흐름을 찾을 때까지 여기저기서 긁어모은 각기 다른 정보의 조각들을 하나로 꿰맞춘다.

내게 있어 이 모든 것은 새롭고 아직 드러나지 않은 시각을 찾는 과정이다. 노벨상을 수상한 헝가리의 생화학자 알베르트 센트죄르지는 "연구란 다른 모든 사람들이 이미 본 것을 보면서 거기에서 아무도 생각지 못했던 것을 생각해 내는 것"이라고 했다.

아무리 도달하기 어렵다 하더라도, 이것이 내가 목표로 삼는 지점이다. 조사하는 것은 까다롭고, 시간도 많이 잡아먹으며, 솔직히 말해 지루하기까지 하다. 그럼에도 논쟁에서 이기려면 반드시 필요한 작업이다. 조사 없이 주장이 완성될 수는 없다. 아리스토텔레스를 기억하는가? 그는 주장의 논리적이고 이성적인 측면인 로고스가 설득의 핵심이라는 유명한 말을 남긴 바 있다. 그리고 주장의 바탕이 되는 조사가 있어야, 그리고 주장을 뒷받침할 교차 검증된 사실과 수치가 있어야, 비로소 로고스도 존재할 수 있다. 조사가 그토록 중요한 이유는 바로 이 때문이다. 조너선 딤블비가 내게 말했는데 조사는 어떤 토론에서건 승리의 '근본'이다.

2015년 12월, 나는 폴 브레머를 설득해 알자지라잉글리시 방송에서 심층 인터뷰 약속을 얻어냈다. 브레머는 이라크 침공과 점령에 뒤이어 수립된 미국 주도의 이라크 연합국 과도행정처Coalition Provisional Authority의 수반을 역임했으며, 2003년과 2004년에는 이라크의 실질적인 '총독' 역할을 했다. 그는 또한 하버드대와 예일대를 졸업한 후에는 민간 부문뿐만 아니라 로널드 레이건 행정부와 조지 부시 행정부에 몸담은 적도 있다. 똑똑하고 요령 있는 사람인 브레머를 상대로, 나는 그가 다른 자리에서 이라크 시절에 대해 풀어놓는 미리 준비된 이야기에서 그치지 않고 더 깊이 파고들어 진짜 이야기를 듣고 싶었다.

내가 브레머와 한바탕 격전을 치르기 전에 무엇을 준비했겠는가? 조사, 조사, 조사였다! 나를 포함한 우리 팀은 2006년 출간된 브레머 본인의 회고록 《나의 이라크 시절My Year in Iraq》 뿐만 아니라 공영방송국 PBS, 랜드연구소, 휴먼라이츠워치, 이라크재건사업특별감찰관Special Inspector General for Iraq Reconstruction 같은 기관에서 제작한 다큐멘터리, 보고서, 연구 자료 그리고 브레머가 이라크에서 활동하던 시기에 이라크에서 근무했던 다른 전직 외교관과 리포터들의 회고록까지 샅샅이 조사했다. 브레머와의 인터뷰를 대비해 인용문과 통계, 각주를 빼곡히 적어놓은 질문 목록과 후속 조치가 기재된 서류는 장장 10페이지나 되었다. 브레머는 우리가 이렇게나 자세한 자료를 준비할 줄은 상상도 못했을 것이다. 이런 식으로 질문해대며 이의를 제기하는 인터뷰는 한 번도 없었을 테니까! 90분 동안 치열하게 진행되던 공방이 막을 내릴 즈음, 브레머는 물 한 모금을 마시더니 내 무릎 위에 놓인 종이 뭉치를 내려다보았다. 그리고 한 마디했다. "정말 엄청나게 조사했군요."

숙제를 해라. 잘 해내라. 그러면 상대방조차도 당신에게서 깊은 인상을 받을 것이다. 그리고 어떤 종류가 됐건 토론이나 발표를 위한 준비 과정에서 조사를 할 때 3가지 사항을 명심하라.

1. 첫 페이지에서 검색을 멈추지 말라

내가 사우디아라비아의 상황을 주제로 마몬 팬디와 인텔리전스스퀘어드 포럼에서 나누었던 대화를 기억하는가? 나는 그가 30년 전에 '직접' 썼던 기사를 찾아내 본인이 '직접' 했던 말을 인용해서 부비트랩을 설치했었고, 함정에 빠진 팬디는 당황하여 말까지 더듬었다.

나는 토론에 앞서 수 시간에 걸쳐 팬디에 관한 기사를 검색했다. 팬디는 글을 엄청나게 많이 쓰는 사람이었다. 실제로 책 4권을 썼고 영어 매체와 아랍어 매체에 수백 편의 기사를 썼다.

내 기억이 정확하다면, 나는 구글 검색 결과의 열 번째 페이지나 열한 번째 페이지까지 가서야 그에게 덫을 놓기 위해 사용했던 〈크리스천사이언스모니터〉의 1992년 기사를 찾아냈다. **적당히** 검색하다 멈추는 사람이 너무 많다. 구글 검색 결과의 한두 페이지만 살펴보다가 관심을 끌만한 결과가 눈에 들어오지 않으면 검색을 그만두고 조사를 끝낸다. 그 이상으로 나아가는 방법을 습득해야 한다. 조사하고자 하는 주제에 대해 의욕적으로 파고들어야 할 뿐 아니라, 구글 자체의 사용법, 검색법도 배워야 한다.

보다 쉽게 조사하기 위해 꿰고 있어야 할 검색 요령이나 기법은 수도 없이 많다. 〈인사이더〉가 추천하는 몇 가지 사례를 살펴보자. 예를 들어 2007년부터 2012년까지의 자료를 찾는다고 할 때, 원하는 결과를 얻기 위해 그 기간에 해당하는 맞춤형 날짜를 입력해서 첫 페이지에 나오는 시시한 것들은 그냥 걸러라. 구글 검색창에 큰따옴표 안에 집어넣은 인용문을 입력해서 검색한 뒤, 토론에서 활용할 가치가 있다고 여겨지는 인용문들의 출처를 찾아내라. 특정한 용어, 단어, 문장을 결과에서 제외하기 위해 마이너스 기호를 사용해서 질문 범위를 좁혀라.

오늘날과 같은 검색 엔진의 시대에 필요한 인용문, 통계, 출처를 찾을 수 없었다는 말은 더 이상 변명거리가 될 수 없다. 샘 리스는 자신의 저서 《장전된 총구에서 발사된 말들》에서 이렇게 썼다. "증거와 증언의 활용, 상식에 호소, 증거의 제시 등 아리스토텔레스가 논쟁에 대해 이야기할 때 언급했던 모든 것이 온라인 시대가 도래하며 찾고 활용하기가 훨씬 수월해졌다. 알렉산드리아 대도서관에 필적할 만큼 방대한 디지털 자료를 손가락 끝으로 터치하는 것만으로 접근할 수 있고, 자료를 인용뿐만 아니라 링크까지 할 수 있다. 진지한 논쟁을 준비하기 위해 활용할 수 있는 자료는 그 어느 때보다도 많다."

2. 위키피디아에서 시작은 하되 끝내지는 말라

지나가는 고등학생이나 대학생 아무나 붙잡고 물어봐라. 위키피디아를 정보의 출처로 인용한 학생을 교사나 교수가 고운 눈으로 보지는 않을 거라고 답할 것이다. 익명의 편집자들과 필진이 온라인을 통해 집단지성으로 정보를 긁어 모아 놓은 위키피디아 자료만을 주장의 근거가 되는 정보나 증거의 출처로 인용했다고 공공연하게 말하는 것은 정신 나간 소리나 다름없다는 말이다.

하지만 여기에는 교사나 교수들이 오해하고 있는 부분이 있다. 올바른 방식으로 사용하기만 한다면 위키피디아는 조사 도구로서 매우 유용하게 쓰일 수 있다. 《바보가 되지 말라: 대학생을 위한 학습, 연구, 성공 지침서Don't Be Stupid: A Guide to Learning, Studying, and Succeeding at College》의 저자 더스틴 왁스는 이렇게 말한다. "위키피디아로 시작하되, 위키피디아로 끝내지 말라."

주제에 대한 큰 그림을 이해하기 위한 조사의 출발점으로 위키피디아를 활용하는 건 괜찮다. 그러나 큰 그림을 그린 후에는 좀 더 신뢰할 수 있는 출처로 연결된 링크를 따라가야 한다. 위키피디아의 관리자 중 한 사람은 위키피디아를 그 주제에 대해 더 깊이 파고드는, 보다 심도 있는 사실 파악과 조사로 들어가기 위한 "관문"으로 활용하라고 조언한다.

2010년에 만들어진 나에 대한 위키피디아 페이지를 예로 들어 살펴보자. 당사자인 내가 직접 말하건데 그 페이지를 본다 한들 내가 살아온 삶이나 내 경력에 대해 정확하고 종합적인 사실을 알 수는 없을 것이다. 그렇지만 내가 지금 이 책을 쓰고 있는 지금 현재를 기준으로 페이지의 하단에는 풍부한 트윗, 인터뷰, 뉴스 기사, 기고문, 비디오 클립으로 연결되는 72개의 하이퍼링크가 있다. 이런 자료는 신뢰할 만한 수준에서 정당하게 언급하고 인용할 수 있다. 혹시 나와 논쟁을 벌이고 싶다면 말이다.

간단히 말하자면 위키피디아에 게재된 내용을 전적으로 믿으면 안 된다. 하지만 그렇다고 거기 나온 인용문을 조사 과정에 시동을 거는 출발점으로, 그리고 신뢰할 만한 주요 출처를 탐색하는 시발점으로 사용하는 것까지 두려워하지는 말아라.

3. 출처를 확인하라

"그 주장에 대한 출처는 무엇입니까?" 논쟁이나 토론에서 늘 상 따라오는 질문이다. 당신은 상대방이 이런 질문을 던지리라고 예상해야 한다. 그렇다면 당신은 뭐라고 대답하겠는가? 그런데 대답의 근거가 될 출처가 있기는 한가?

주장의 정당성을 입증하기 위해 어디서 전해 들은 이야기나 개인적인 체험을 근거로 내세우는 사람들이 요즘 너무나도 많아졌다.

SNS의 시대에는 출처가 불분명한 이야기나 이미지들이 왓츠앱WhatsApp같은 메시지 앱을 통해 날아드는데 만약 당신 주장이 정당하다는 것을 보여주고 싶거나 논쟁에서 이기고 싶다면, 특히 그것도 청중이 모인 앞에서라면, 제발 얼렁뚱땅 일을 해치우지 말라. 내세우려는 주장의 '원본' 출처를 찾고 그 출처의 내용을 파악하라. 하나도 빠짐없이 속속들이 알아야 한다.

원본 출처를 찾아내서 주장이나 발표에 인용하는 버릇을 들이라는 게 구체적으로 무슨 뜻일까? 그저 책 리뷰를 훑어보지만 말고, 책을 사서 한 페이지 한 페이지 읽어라. 트위터에서 짧은 인터뷰 클립만 보지 말고, 유튜브나 아니면 C-SPAN 방송이나 BBC 팔리아먼트 채널에서 인터뷰 전체를 시청하라. 학술 연구를 입맛에 맞게 인용한 뉴스 기사를 무턱대고 신뢰하지 말고, 실제 연구 자료를 직접 찾아 읽어라. 아니면 하다못해 초록 정도라도 읽어라.

SNS에서 화제가 되는 영상이나 뉴스의 헤드라인을 보는 것에 그치지 않고 더욱 심층적인 정보를 얻는다면, 정말로 유리한 위치에 설 수 있다. 2019년에 보수적인 성향의 기업가 에릭 프린스와 내가 인터뷰에서 나누었던 대화를 살펴보자. 그때 나는 프린스의 회사 프런티어서비스그룹FSG이 중국에서 했던 일을 거론하며 그를 압박했다.

나 왜 FSG는 다른 곳도 아닌 중국 신장성에 보안 요원을 위한 훈련센터를 열었습니까? 그곳은 무엇보다도 현재 최대 100만 명에 달하는 위구르족 무슬림이 강제수용소에 억류되어 있는 곳으로 알려져 있는데요.

에릭 프린스 그 사안에 대해 잘못 보도된 내용들이 너무나도 많습니다. 이사회에서 안건으로 논의한 적이 있기는 하지만, 우리 회사는 그곳에 어떠한 훈련 시설도 개소하지 않았습니다. 잘못된 보도였죠. 일종의 내부 보고서가 있기는 한데, 훈련 시설이 아니라 건설 서비스에 대한 것이었습니다. FSG는 중국 내에서 경찰이나 공안 부대를 위한 훈련 시설을 운영하지 않습니다.

나 그렇다면 작년에 했던 말은 뭡니까? 왜 당신네 회사가 "훈련 시설을 설립 중"이라고 말했나요?

에릭 프린스 그건, 그건 말이죠. 건축 서비스 제공을 위한 양해각서에 서명한 것입니다.

나 FSG에서 언론 보도 자료를 발표했죠. 3월 2일에요. 당신 이름으로 발표된 자료입니다.

에릭 프린스 건설에 관한 것이었습니다. 제 이름은 거기 없어요. 그건 건설 서비스에 관한 것입니다.

나 아니요, 보도 자료에 당신 이름이 적혀 있습니다. 당신 이름이 여러 번 나옵니다. 거기에 뭐라고 쓰여 있냐면, 보도 자료를 이 자리에서 인용해 보겠습니다. "중국 신장성에 훈련 시설을 설립하고 보안용 장비와 차량을 구입."

에릭 프린스 어, 다시 한 번 말씀드리지만 그건 건설에 관한 것이었습니다….

나 훈련 시설이라고 적혀 있는데요.

에릭 프린스 만약, 혹시 말입니다, 만다린어에서 영어로 번역된 실제 자료를 본다면, 거기에 건설용이라고 되어 있을 겁니다. 아셨죠? 그것만….

나 실례지만 우리가 그 자료를 번역한 게 아닙니다. 원본이 영어로 된 보도 자료였습니다. 대단히 죄송하지만요.

내가 이 대화에서 어떻게 프린스를 궁지로 몰아넣었는가? 그리고 어떻게 청중으로 하여금 폭소를 터뜨리게 했는가? 원본 출처에 근거해서 그리고 보도 자료 원본을 인용해서 그렇게 했다. 뉴스 기사를 인용한 게 아니다.

사실 인터뷰가 있던 당일까지도 우리는 원본 자료를 확보할 수가 없었다. 고작 신장성에서 FSG가 했던 일을 보도한 뉴스 기사들만 가지고 있을 뿐이었는데, 마지막 순간에 반전이 일어났다. 인터뷰를 불과 몇 시간 남겨놓지 않은 시점에서 프로듀서가 진실이 담긴 중요한 문서를 찾아냈고, 나는 어떻게 찾아냈는지 나중에 프로듀서에게 물어보았다. "일단 회사 홈페이지를 뒤지는 것으로 시작했어요. 아무것도 찾지 못하겠다 싶었을 때 '신장성'과 'pdf'라는 키워드와 함께 회사 이름을 검색했죠. 그러니까 첫 번째 페이지인가 두 번째 페이지에 찾는 내용이 나오던데요."

구글 검색을 통해 필요한 정보를 얻으려면 가끔은 머리를 더 쓸 필요가 있다.

‖ 역할 연기의 필요성 ‖

숙제는 브레인스토밍과 조사에서 끝나지 않는다. 물론 이 두 단계가 준비 과정의 대부분을 차지하긴 한다. 하지만 실제로 하는 사람은 많지 않겠지만 매우 중요한 세 번째 단계가 있다.

1. 파트너를 찾아라

도큐먼트 기억나는가? 음, 일단 도큐먼트 쓰는 걸 다 마치면 우리는 거기 나온 내용에 맞춰 연기를 해야 했다. 정말이다. 매주 일요일 중요한 인터뷰가 방송되기 전에 딤블비는 목요일과 금요일에 사무실에 들러 우리와 함께 도큐먼트의 모든 페이지를 샅샅이 훑어봤다. 그런데 거기에 더해 우리 중 한 사람이 일요일 인터뷰 초대 손님의 역할을 하도록 정해져 있다는 것이 반전이라면 나름 반전이었다. 우리 중 한 명은 노동당 정권의 장관도 됐다가, 반대로 야당인 보수당의 관료도 되었으며, 퇴역 장군이나 정보국장이 되기도 했다. 초대 손님이 누구든 그 역할을 연기해야 했다.

딤블비가 우리에게 도큐먼트에서 골라낸 질문을 던지면, 우리는 일요일 인터뷰 초대 손님이 그 질문에 대한 대답으로 할 만한 답변을 작성해서 딤블비에게 다시 전달하곤 했다. 고등학생일 때 연극부원이었던 나는 이런 일이 무척 재밌었다. 인터뷰 방송에 모습을 드러내는 일이 없었던 토니 블레어 총리가 드물게도 출연 약속을 했을 때, 내가 블레어 총리 역할을 맡아 연기했던 경험은 내 마음속에 즐거웠던 기억 중 하나로 남아있다. 수년 뒤 알자지라잉글리시 방송에서 인터뷰 프로그램을 진행하게 되었을 때, 나는 조너선 딤블비의 기법을 차용했다. 나를 포함한 우리 팀은 중요한 인터뷰가 잡혔을 때는 언제나 사전에 역할극을 했다.

예를 들어 2018년 여름 전 외무부 차관 대니 아이얼론은 당시 내가 진행하던 프로그램인 '헤드 투 헤드'에 출연하기로 했다. 인터뷰 날짜가 다가오자, 우리 PD 중 한 사람이 대니 아이얼론 역할을 맡았는데, 기가 막힐 정도로 그럴싸하게 역할을 완수했다. 아이얼론이 했던 모든 인터뷰 영상을 보고 기사를 읽고 유튜브 영상까지 다 챙겨본 PD는 편집 회의 내내 명실상부 아이얼론 그 자체였다. 내가 질문을 던지면 마치 아이얼론이 빙의라도 한듯 대답했다.

숙제도 하고 영수증도 손에 넣었지만 우리는 거기서 한 걸음 더 나아갔다. 역할 연기라는 형식을 빌려 어떻게 하면 인터뷰 대상자를 상대로 손에 쥔 영수증을 효과적으로 활용할 수 있을지 연습한 것이다. 그렇게까지 해야 하나 생각할 수도 있다. 하지만 그 덕분에 인터뷰 당일, 나는 말솜씨가 번지르르한 아이얼론을 기가 막히게 상대할 수 있었다. 이란이 핵 사찰에 관한 유엔안전보장이사회 결의안을 위반했다고 아이얼론이 주장하고 나섰을 때, 나는 이 주장에 대해 어떻게 대응하고 그 다음 대화를 어디로 끌고 가야 할지 알고 있었다. 비밀리에 진행되는 이스라엘의 핵무기 비축 문제에 대해서 설전이 오가는 동안, 아이얼론은 이 문제에 대해 전혀 알지 못하는 척했다. 나는 그에게 만약 이란 관리가 아이얼론처럼 모르쇠로 일관하는 태도를 보인다면 어떻게 나올 것인지 물어보았다.

나 이란에서 온 초대 손님이 내 인터뷰에 출연했다고 생각해 보죠. 내가 그에게 이란의 핵무기 문제에 관해 물었는데 그가 "아니요, 나는 거기에 대해 할 얘기가 없습니다"라고 대답합니다. 당신 같으면 그걸로 만족하실 건가요? 아마도 몹시 화가 나겠죠.

대니 아이얼론 물론 그렇겠죠. 왜냐하면 거기에는, 그러니까, 이란에 대한 유엔안보리 결의안이 16개나 되고….

나 이스라엘도 마찬가지 아닌가요, 핵 프로그램 관련해서요?

대니 아이얼론 핵 문제에 대해서요? 그렇지 않습니다..

나 아니요, 맞습니다. UN 결의안 487호. 제가 읽어드리죠. 1981년 유엔안보리는 "이스라엘에게 자국의 핵 시설을 국제원자력기구IAEA 안전 조치 아래 두라고 긴급히 요청한다." 왜 그렇게 하지 않았죠?

이 대화는 곧장 화제가 되었고, 영상은 틱톡에서만 조회 수가 1,000만 회를 넘어섰다. 하지만 조사팀, 특히 역할 연기를 하며 거의 모든 대화 형태를 사전에 준비하도록 도와준 PD가 없었더라면 해내지 못했을 것이다. 인터뷰가 끝난 뒤에도 몇 주고 몇 달이고 우리는 계속해서 농담 삼아 그 PD를 대니라고 불렀다. 그래요, 솔직히 사실 나만 그렇게 불렀습니다….

자, 어쩌면 당신에게는 토론이나 논쟁을 준비하도록 도와줄 프로듀서 팁이 없을지도 모른다. 하지만 친구에게는 언제라도 전화할 수 있다. 중요한 연설이나 회의가 있기 전에 당신과 함께 역할 연기를 해 줄 친구나 직장 동료, 가족에게 연락하라. 굳이 훈련된 배우가 아니라도 당신이 긴장하지 않은 상태로 하고 싶은 말을 할 수 있게끔 도와주는 파트너가 될 수 있다. 이것이 연설에 앞서 해야 할 숙제의 일부다.

2. 최악의 경우를 대비하라

당신에게 대니 아이얼론을 완벽하게 연기해 줄 파트너가 없다 하더라도, 상대방이 당신을 궁지로 몰아넣는 상황에 대비하기 위한 숙제는 혼자서도 할 수 있다. 그리고 최악의 경우에 대응할 방법도 준비해 둬야 한다.

사람은 누구나 논쟁을 준비하는 동안 '확증 편향'에 빠질 위험이 있다. 인지 심리학자 피터 웨이슨이 1960년에 고안한 용어인 확증 편향이란 자신이 이미 옳다고 믿고 있는 신념이나 판단을 '확인'시켜주는 정보만을 계속해서 찾아보려는 인간의 성향을 가리킨다. 확증 편향에 빠진 사람은 자신과 대척점에 선 견해를 지지하는 증거들은 깡그리 무시해 버린다. 그렇게 자신의 마음에 드는 논거만 찾다가는 토론에서 상대방이 어떻게 반격에 나설지 전혀 예상하지 못한 채로 결국 상상도 못했던 패배를 맛볼 것이다.

내가 봤을 때 다양한 관점이나 의견을 충분히 검토하지 않은 채 논쟁에 뛰어드는 사람은 패배를 향한 지름길을 전속력으로 달려가는 사람이나 마찬가지이다. 확증 편향은 어떻게 피할까?

유일한 해결책은 개인적으로 마음에 드는 관점만 보지 말고 논쟁의 양면을 두루 살피는 것이다. 조사 단계에서부터 자신의 의견을 강화시키지만 말고 상대방의 주장도 요모조모 따져봐야 한다. 관점의 차이라는 문제를 인식하란 뜻이다. 철학자 존 스튜어트 밀이 《자유론On Liberty》에서 지적했는데, 논쟁의 반대쪽 측면, 다시 말해 상대방이 자신의 주장을 어떻게 "타당하면서도 설득력 있는" 형태로 구성했는지 알지 못한다면, 논쟁에서 당신이 어떤 위치에 놓여 있는지 또한 알 수 없다. 그러니 당신은 상대방의 주장과 논리를 상대방보다 더 잘 알고 있는 수준에 이르는 것을 목표로 삼아야 한다. 그래야 상대방이 당신 주장에 존재하는 결함을 찾아내기 전에 당신이 먼저 결함을 찾아낼 수 있다. 이는 곧 당신 자신의 숙제는 물론이고, 상대방의 주장에 대해서도 숙제를 해야 한다는 의미이다.

하지만 진정으로 논쟁의 다른 측면을 우리가 알 수 있을까? 이게 말처럼 쉬운 일은 아닌데? 왜냐하면 우리는 논쟁의 모든 측면에 걸쳐 확증 편향과 싸우고 있기 때문이다. 그러니 자만심에 빠지거나, 게으름을 피우거나, 편협한 태도를 가져서는 안 된다.

이 숙제를 제대로 해내려면 "스틸매닝Steelmanning"이 필요하다. 스틸매닝은 상대방 주장 중에서 가장 합리적이고 강력한 부분을 받아들이면서 연습하는 방법이다. 상대방 주장을 약점이 많은 주장이라고 단순화시켜 일축하면서 상대방을 깎아내리는, 악명 높은 "허수아비strawman 논법"과는 정확히 반대되는 전략이다. 토론이 시작되기 전에 상대방의 주장을 스틸매닝할 수 있다면, 그러니까 상대방의 가장 강력하고 합리적인 논거를 미리 충분히 이해한 상태에서 토론에 들어간다면, 상대방이 어떤 식으로 공격해 오든 간에 충분히 대처할 수 있을 것이다.

그렇다면 스틸매닝 프로세스는 어떻게 작동시키는가? 아래 제시된 질문을 참조하면 도움이 될 것이다.

- 상대방 주장의 가장 훌륭한 논거는 무엇인가?
- 그 논거를 뒷받침하는 가장 훌륭한 근거는 무엇인가?
- 그 논거를 가장 강력히 옹호하는 사람은 누구인가?
- 당신 주장에 대한 가장 신랄한 비판은 무엇인가?

위에 소개한 질문을 활용하면 혼자서도 역할 연기까지 연습할 수 있다. 이러한 질문을 스스로에게 던짐으로써, 당신은 상대방과 입장을 바꿔 생각해 볼 수 있고 당신 주장의 허점도 찾을 수 있다. 이 질문에 대한 답을 서둘러 찾으려 하지 말고 찬찬히 시간을 들여 진지하게 고찰해 봐야 한다. 그리고 두 번으로 나누어 질문을 해보는 것도 좋은 방법이다. 처음은 조사 과정을 시작할 때, 그리고 조사 과정이 끝나갈 때 한 번 더. 처음 하는 질문은 조사의 방향성을 제시하는 데, 두 번째 질문은 조사를 마무리하는 데 도움을 줄 수 있다. 그리고 아직 해야 할 일이 더 남아있는지 가늠하기 위해 이 질문들을 조사 과정 내내 시간 날 때마다 참조하면서 항상 머릿속에 넣어두어야 한다.

스틸매닝을 활용하면 당신과 상대방 양측이 내세울 수 있는 모든 주장과 그에 대한 반론을 포괄적으로 바라볼 수 있다. 제대로만 한다면, 참석한 청중의 시선을 사로잡으면서 초장부터 상대방을 압도할 수 있다.

……

BBC는 매년 올해의 스포츠 선수 목록을 발표하는데, 2011년 11월에 발표한 명단에는 여성 선수가 단 한 명도 포함되지 않았다. 이 목록은 엄청난 논쟁을 촉발시켰고, 모든 영국 매체들은 앞다투어 이 문제를 보도했다. 〈인디펜던트Independent〉는 "여성이 BBC 올해의 스포츠 선수에서 무시당했다"는 머리기사를 실었으며, 〈가디언〉은 "단 한 명의 여성도 찾아볼 수 없는 BBC 올해의 스포츠 선수 목록이 각계각층의 반발을 불러일으키고 있다"고 헤드라인을 뽑았다. 심지어 BBC 뉴스 홈페이지마저도 "여성 스포츠 선수들이 BBC 올해의 선수 목록을 맹렬히 비난하고 있다"고 보도했다.

발표가 있고 난 다음 주에 나는 조너선 딤블비의 형인 데이비드 딤블비가 진행하는 BBC의 '질문시간'에 출연해 달라는 요청을 받았다. '질문시간'의 출연자들은 아무것도 모르는 상태에서 무대에 서게 된다. 어떤 질문이 던져질지, 청중석에서 대답을 요청하는 주제가 무엇이 될지 아무것도 알 수 없다. 수백만 명의 시청자가 집에서 TV를 통해 보고 있는 가운데, 객석의 청중이 당신에게 묻는 그 어떤 주제라도 답변할 준비가 되어 있어야 한다.

'질문시간'에서 출연 요청이 올 때마다, 그 방송이 있는 주에는 출연 준비를 위해 몇 시간을 따로 확보해 둔다. BBC 올해의 스포츠 선수 목록이 현장에서 거론될지 확실히 알 수는 없었다. 신문에서 가장 중요한 기사는 아니었지만, 많은 관심을 끌고 있는 주제라는 사실은 분명했다. 그래서 만일의 경우에 대비해, 온라인이 됐건 인쇄물이 됐건, 그 주제와 관련해서 손에 넣을 수 있는 기사란 기사는 다 읽었다. 또 구글을 검색했고, 위키피디아를 조사했으며, 모든 출처가 제대로 된 것인지 분명히 확인했다.

그날 밤 유로존 위기, 2012 런던 올림픽 유치, 영국 경제 상황 등 예상되었던 질문이 모두 나오고 프로그램이 거의 끝나갈 때쯤, 청중석의 한 여성이 이렇게 물었다.

> BBC 올해의 스포츠 선수 목록에서 여성 스포츠 선수들이 달성한 업적이 경시되는 현상은 미디어의 성차별적 관행을 반영하는 겁니까?

올 것이 왔다. 올해의 스포츠 선수 논란에 대한 뜻밖의 질문. 이 질문에 답할 준비가 되어 있지 않은 듯 보이는 다른 패널들은 그저 평등과 대표성이 중요하다는 식으로 모호하고 두리뭉실한 이야기만 늘어놓았지만, 나는 이렇게 답했다.

> 성별 격차라는 측면에서 봤을 때, 스포츠는 남성 중심적인 세계

> 입니다. 정치가 그렇고, 미디어가 그렇고, 비즈니스가 그렇듯이 말이죠. 제가 BBC 올해의 스포츠 선수 목록에 대해 흥미롭다고 느낀 점은… 27개 출판 미디어에서 최종 명단을 골랐다는 사실입니다. 이 27개 출판물의 편집장은 모두 남성이었습니다. 그리고 재미있게도, 그들 중 두 사람은 매우 유명한 스포츠 잡지인 〈넛츠앤드주Nuts and Zoo〉 소속이죠. 바로 이런 것들이 대표성이란 게 그리 중요하지 않다고 말하는 사람들이 무슨 일을 하고 있는가 보여주는 실례입니다. 〈맨체스터이브닝뉴스Manchester Evening News〉의 스포츠 섹션 편집자는, 단 한 표가 모자라서 최종 명단에 포함되지 못한 세계 수영 챔피언 레베카 에들링턴을 선택하는 대신, 이미 은퇴한 축구선수 파트리크 비에라에게 표를 던졌습니다.

봤는가. 다른 네 패널. 즉 선출직 정치인 두 사람, CEO 한 사람, 판사 한 사람, 이들과 달리, 나는 하나 마나 한 소리는 피하고 청중이 던진 질문에 직접적으로 상세하게 대답했다. 그것도 사실과 수치까지 동원해서 말이다. 이 장면을 보고 어리둥절해진 진행자가 중간에 끼어들었다.

"정말 모르는 게 없군요. 어떻게 모든 것을 다 알고 있죠?"

어떻게 아냐고? 나는 그저 숙제를 했을 뿐이다.

WIN EVERY ARGUMENT

4부

승리의 피날레

말은 연애와 같다. 아무리 바보라도 시작할 수는 있지만 끝낼 때에는 상당한 기술이 필요하다.

_맨크로포트 경Lord Mancroft, 정치인

16장

끝내주는 말로 마무리하라

1940년 5월 28일.

런던의 날씨는 따듯했고, 정부 청사에서는 인류 역사의 방향을 바꿀 만한 결정과 관련해서 윈스턴 처칠이 뜨거운 논쟁을 벌이고 있었다. 유럽에서는 전쟁이 8개월째 격화되고 있었고 미래는 암울해 보였다. 프랑스에서는 덩게르크 철수가 시작되었고 프랑스는 곧 나치의 손에 넘어가기 직전이었다. 그리고 나치의 다음 목표는 영국인 듯했다.

전쟁으로 인한 아수라장 속에서, 며칠 전 이탈리아의 무솔리니가 평화 중재에 나섰다. 이제 영국의 결단만이 남았다. 대영제국은 중재 제안을 받아들여야 할 것인가?

토론은 3일 동안 이어졌고, 브렛 맥케이와 케이트 맥케이의 글에 따르면 전시 내각을 앞에 두고 처칠과 외무장관 핼리팩스 경이 토론을 주도하며 서로의 주장을 펼쳤다. 현실적인 핼리팩스는 영국이 이탈리아의 중재를 받아들여 나치 독일과 평화 협상에 나서야 한다는 쪽이었다.

불과 몇 주 전에 총리에 오른 처칠은 "순순히 항복한 나라들은 무너졌다"며 제안 수용에 단호히 반대했다. 그는 아홉 번에 걸친 회의에서 전시 내각 관료들을 설득하려고 노력했다. 처칠은 로고스를 내세워 주장을 관철시키려 했지만 관료들은 처칠과 핼리픽스 사이에서 여전히 의견이 갈리고 있었다. 이제 최후의 시도, 감정에 호소할 때가 되었다.

처칠은 전시 내각이 결정을 내리기 전 마지막 연설을 할 준비를 마치고 앞에 섰다. 보리스 존슨이 저술한 처칠의 평전에 따르면, 처칠은 "그런대로 차분하게" 연설을 시작했다.

> 저는 그 사람(히틀러)과의 협상 시작을 고려하는 것이 제 의무인지 지난 며칠 동안 신중하게 생각해 보았습니다. 하지만 우리가 싸움의 끝을 보지 않고 지금 중재를 받아들임으로써 나은 조건을 얻어낼 수 있을 거라고 생각한다면 그건 안이한 생각입니다. 독일은 우리에게 함대를, 우리 해군의 무장해제를 요구할 것이고, 그 외에 더 많은 것을 요구할 것입니다.

그러고 나서 처질은 전시 내각의 결정이 영국의 생존을 위협하는 결과를 초래할 수 있다는 점을 강조하며 목소리를 높였다.

> 우리는 노예 국가가 될 것이고, 영국 정부는 히틀러의 꼭두각시 정부가 될 것입니다…. 그러면 이 모든 것의 마지막에 우리는 어디에 있을까요? 한편 우리에게는 엄청난 예비 자원과 장점이 있습니다.

처칠의 마음속에는 오로지 하나의 선택이 있을 뿐이었다. 처칠이 결정에 도달하며 대단원에 도달할 때의 모습을 보리스 존슨은 "거의 셰익스피어 같았다"고 표현했다.

> 그리고 제가 한 순간이라도 협상이나 항복을 생각한다면, 여러분 모두가 들고일어나 저를 자리에서 끌어내릴 것이라 확신합니다. 이 섬나라의 오랜 역사가 마침내 종말을 맞이하게 된다면, 그건 우리 모두가 피를 흘리며 땅에 쓰러져 죽을 때뿐입니다.

일순간에 각료들에게서 환호가 쏟아졌다. 곧 자리에서 일어나 처칠 주위로 몰려든 각료들은 처칠의 등을 두드리며 전적인 지원 의사를 보냈다. 핼리팩스의 패배였다. 처칠 총리의 멋진 마무리가 논쟁의 종지부를 찍은 것이다. 맥케이 부부는 "지원을 이끌어내는 설득에 성공했다"고 했으며, 역사가 존 루카치는 자신의 역작

《1940년 5월 런던의 5일Five Days in London, May 1940》에서 "그는 영국과 유럽 그리고 서구 문명을 구했다"고 말했다.

……

좋은 연설에는 당연히 멋진 마무리가 있어야 한다. 먼저 자료를 조사하고 논거를 체계화한다. 거기에 논리 한 방울, 감정 한 방울, 유머 한 방울 그리고 멋진 유도 움직임 몇 방울을 더한다. 그 다음 완벽해질 때까지 연습한다. 이걸로는 부족하다. 흥분을 불러일으키는 마무리가 반드시 필요하다. 당신이 기울인 모든 노력을 청중이 기억하고 에너지가 충만한 상태로 자리를 뜨도록 만들어야 한다.

수사학자들은 연설이나 논쟁의 마지막 부분을 매우 중요하게 생각해 결론 부분을 특별히 '페로레이션peroration'이라 표현한다. 메리엄-웹스터에 따르면 이 단어는 "애원하다" 또는 "간청하다"라는 의미를 지닌 라틴어 '오라레orare'에서 왔다. 결론은 모든 주장의 대단원이며, 청중을 향한 마지막 간청인 것이다.

리처드 닉슨 대통령의 연설문 작성자 윌리엄 새파이어는 "잘 준비해서 잘 전달했을지라도 결론이 없는 연설은 흐지부지 싱겁게 끝나고 청중에게는 미흡함을 남긴다"고 강조했다. 다시 말해 "모든 공식적 연설에는 결론이 필요하다"는 것이다.

프랭클린 루즈벨트 대통령의 연설문 작성자 새뮤얼 로젠만은 이렇게 말한다. "사리가 명백하고 뜻이 분명한 결론은 주장을 관철시키거나 자신감을 불어넣거나 사기를 북돋을 수 있다."

실제로 역사적으로 위대한 연설로 평가받는 연설 중에는 강력하고 긍정적인 흥분을 불러일으키는 마무리가 빠짐없이 들어있다. 오늘날까지 사람들이 인용하는 **마지막 문장** 덕분에 우리의 뇌리에 남는 연설들이다. 넬슨 만델라가 리보니아 재판에서 했던 진술의 마지막 부분을 생각해 보라.

"이상을 실현하기 위해 필요하다면 나는 죽을 준비가 되어 있습니다."

에이브러햄 링컨이 행한 게티즈버그 연설에서 마음을 뒤흔드는 결론 부분은 어떤가.

"여기 모인 우리는 이들의 죽음을 헛되지 않게 하겠다고 굳이 다짐합니다. 이 나라는 신의 보호 아래 자유의 새로운 탄생을 맞이할 것이며 인민의, 인민에 의한, 인민을 위한 정치가 지상에서 사라지지 않도록 헌신해야 합니다."

아니면 윌리엄 윌리스가 스털링 다리 전투에서 병사들을 앞에 두고 외친 소리는 어떤가.

"우리의 적들에게 우리의 목숨을 빼앗을 수는 있지만 우리의 자유는 절대 앗아갈 수 없다고 전하시오." 미안하지만 윌리엄 윌리스의 말은 정확히는 영화 〈브레이브하트Braveheart〉에 나왔던 대사를 인용했다. 하지만 어쨌든 전투를 앞두고 용기를 북돋우는 끝내주는 외침 아닌가!

마무리는 너무너무 중요하지만 제대로 하기가 쉽지 않다. 그렇다면 제대로 마무리하려면 최후 변론에 어떤 요소가 들어가야 할까? 수십 년, 아니 수백 년 동안 멋진 결론의 조건에 대해 많은 의견이 나왔다.

한편 아리스토텔레스는 이상적인 마무리가 4가지로 구성된다고 보았다.

1. 듣는 사람이 나에게 호감을 갖되 상대방에게는 반감을 가지도록 청중을 끌어들일 것
2. 나에게 유리한 사실을 부풀리고 불리한 사실을 축소하면서 논쟁의 결과를 확실히 이끌어낼 것
3. 듣는 사람이 감정의 영향을 받도록 마지막 변론을 파토스에 호소할 것
4. 듣는 사람이 기억을 환기시키도록 본론에서 제시한 논점들의 핵심을 간략하게 요약할 것

연설 작가와 수사학자는 결론, 즉 마지막 호소 부분에 **파토스**가 적격이라는 데 의견을 같이한다. 결국에는 청중에게 동기를 부여해야 한다. 마무리는 청중에게 열의를 불어넣고 기립 박수를 이끌어낼 정도로 인상적이어야 한다. 무엇보다 아리스토텔레스가 네 번째 조건으로 언급했듯이 당신 말의 핵심을 청중이 기억하도록 만들어야 한다.

내가 애용하는 결론 작성 방식은 다음의 두 가지 사이에 균형을 맞추는 것이다. 청중이 기쁨과 홍분을 느끼며 자리를 뜰 수 있

도록 첫째, 주요 논점이 기억에 남도록 다시 한 번 말한다. 둘째, 청중의 감정과 관심을 사로잡는다. 머리와 가슴 둘 다 붙잡아야 한다는 말인데 마무리가 좋으면 둘 다 잡을 수 있다.

그런데 어떻게 해야 두 마리 토끼를 다 잡을 수 있을까? 이제부터 하나씩 살펴볼 텐데 먼저 하고자 하는 말의 핵심을 강력하고 확실하게 전달하는 방법부터 알아보자.

‖ 메시지를 각인시키는 강타 ‖

메시지를 명확하게 전달하고 이해시키는 것이 얼마나 중요한지 간단명료하게 보여주는 옛말이 있다.

- 앞으로 무슨 이야기를 할 것인지 사람들에게 말하라.
- 사람들에게 말하라.
- 그러고 나서 방금 말했던 것을 사람들에게 말하라.

이해가 되는가? 스피치 코치 앤드루 들루건의 설명은 이렇다.

앞으로 무슨 이야기를 할 것인지 사람들에게 말하라. 이게 **서론**이다.

사람들에게 말하라. 이건 당신 발언의 가운데 부분, **본론**이다.

그러고 나서 방금 말했던 것을 사람들에게 말하라. 이것이 **결론**이다.

반복하고 거듭 말하고 되풀이하는 부분이 결론인 것이다. 같은 말을 또 해도 아무 문제가 없다. 그게 아니라고 딴소리하는 사람들의 말은 들을 필요 없다. 반복은 의심을 품고 있는 청중의 마음을 파고드는 훌륭한 도구가 된다. TV 프로그램 제작자이자 의사소통의 대가로 신노동당을 내세워 토니 블레어 총리의 세 차례 연속 승리를 이끌었던 피터 맨덜슨이 종종 하는 말이 있다. "당신이 똑같은 메시지를 거듭해서 말하다가 스스로도 듣기에 질린다는 느낌이 들 때쯤 되면, 그제야 청중은 당신의 메시지를 알아듣기 시작한다." 실제로 마케팅, 커뮤니케이션, 심리학 등 전공에 관계없이 학계 연구에서도 동일한 결과가 나타난다. 메시지는 반복하면 할수록 더 효과적이다.

내가 또 '거듭' 말해줘야 하나? 그보다는 처칠의 말을 들어보자. "중요한 할 말이 있으면 모호하게 또는 돌려가며 말하지 말라. 강타를 날려라. 요점을 한 번 내리쳐라. 그리고 돌아와서 다시 한 번 요점을 내리쳐라. 그리고 나서 세 번째로 요점을 내리쳐라. 강력한 한 방으로."

이 '세 번째'가 당신의 결론이자 마무리이다. 마무리에서 핵심적인 사항은 당신이 내세우는 주장의 요점을 요약하는 일이다. 그리고 그걸 완성할 수 있는 가장 효과적인 방법이 반복의 힘을 이용하는 것이다. 믿을 만한 방법을 소개하자면, 마지막 부분에서 첫 부분을 언급한다는 계획을 마음에 새기고 전체적인 연설의 틀을 만들면 된다. 이를 맨 위와 아래를 뜻하는 "토핑 앤드 테일링topping and tailing", 또는 동일한 테마나 동일한 아이디어 그리고 종종 동일한 방식의 표현으로 시작하고 끝내기라고도 한다. 동일한 말이라도 두 번째 들으면 청자에게는 새로운 이해로 다가온다.

왜 유독 결론 부분에서 반복이 그리 중요하냐고? 왜냐하면 여기가 쪽박이냐 대박이냐를 결정짓는 부분이기 때문이다. 청중이 새로운 사실을 배우고 영감을 받아 납득이 된 상태로 떠나게 될지 아닐지를 분명하게 확정 짓는 부분이기 때문이다. 당신의 연설에서 사람들이 가장 기억을 많이 하게 될 부분이 결론 부분이다. 스피치 코치 돔 바너드와 인간의 기억 관련 전문가 로버트 크라우더 예일대 교수가 공동 집필한 연구에는 이런 내용이 나온다. "사람들에게 여러 이름을 죽 제시한 다음 그 이름들을 기억해 보라고 했을 때, 사람들은 처음과 마지막에 나온 이름들을 가장 잘 기억했다. 중간에 나오는 이름들은 혼동하기도 했다."

발언을 어떻게 마무리할지에 대해 별 생각도 노력도 기울이지 않는 사람이 많다는 사실이 여전히 놀라울 따름이다. 수년 동안 지켜본 결과, 자신의 요점을 대충 서두르며 흐리멍덩하게 전달하는 토론 상대나 동료 패널 또는 TV 인터뷰에 응했던 사람들이 너무나도 많았다. 그런 다음 "감사합니다." 그러고는… 아무것도 없다. 아니면 "제가 드리고 싶은 말은 이게 다입니다." 그러고 나서는… 끝.

아니, 절대로, 그러면 안 된다. 결론 부분에서는 더듬거리거나 우물대거나 주저해서는 안 된다.

반복이라는 토대에 간단한 구조를 세우면 세상이 달라진다.

2019년 런던에서 인텔리전스스퀘어드가 서구 사회는 사우디아라비아와 외교 단절을 해야 하는가라는 주제를 두고 토론을 개최한 적이 있다. 나는 그날 찬성 측 패널로 참여해 많은 청중 앞에서 토론을 승리로 이끌었는데, 그때 사용했던 방법을 소개하겠다.

나는 몇 가지 반복되는 테마를 중심으로 마지막 60초 발언을 구성했다. 먼저 인권과 국가안보의 두 관점에서 사우디아라비아와의 정치적, 경제적 관계 단절이 옳은 일이며 서구 사회에 미치는 "영향은 미미할" 것이라는 점을 지적하며 내 주장의 근거를 반복했다. 그 다음은 아리스토텔레스의 방식을 사용해 관계를 단절해야 한다는 의견에 반대하는 측의 주장을 공격했다. "반대파의 공포를 조장하는 소리는 듣지 마십시오." 그러고 나서 첫 부분에서 언급했던, 자말 카슈끄지를 비롯해 사우디아라비아 정부의 탄압에 희생당한 사람들의 이름을 다시 끄집어내며 마무리했다.

> 자말을 위한 정의 실현에 투표하십시오. 우리와 같은 실제 사람들입니다. 자말 카슈끄지, 5개월 전 이스탄불 사우디아라비아영사관에 들어갔다가 사우디 암살팀에게 포위당하고 얼굴에 플라스틱 봉투를 뒤집어써야 했습니다. 그는 계속해서 이렇게 말했습니다. "내 입은 막지 마라. 난 천식이 있어. 하지 마. 날 목 졸라 죽일 셈이군." 자말을 위해 투표하십시오. 오늘밤 여러분이 들었던 그 이름들을 위해 투표하십시오. 오늘의 주제에 찬성표를 던지십시오.

내 주장을 전체적으로 살펴보면 알겠지만 특별히 복잡한 부분은 없다. 내가 가장 중요하게 생각하는 부분이 사람들의 기억에 남아서 울리도록 '톱 앤드 테일' 방식을 적용했고, 반복의 힘을 활용했다. '3의 규칙'과 함께!

물론 내가 반복과 깔끔한 요약만 사용한 게 아니라는 점도 눈치챘을 것이다. 그건 싸움 준비의 반에 불과하다. 나머지 반은 자말이 공포의 순간에 느꼈을 감정, 위급함, 분노, 절박함을 청중에게 이해시키는 것이다. 나머지 반은 '파토스'인 것이다.

……

당신은 토론이나 연설이 끝났을 때 무엇을 손에 넣고 싶은가? 전문가들은 논쟁에 앞서 스스로 몇 가지 질문을 해보라고 한다. 나는 어떤 유형의 연설을 할 것인가? 청중에게 바라는 것이 무엇인가? 청중에게 동기를 부여하고 영감을 주고자 하는가? 아니면 설득하고 납득시키려 하는가? 어쩌면 양쪽 다 조금씩?

이런 질문들에 답할 수 있으면 어떤 식으로 말을 마무리할지 결정하는 데 도움이 될 것이다. 하지만 변하지 않는 것도 있다. 김이 식은 상태가 아니라 열정이 최고조에 달한 상태로 끝내야 한다. 가벼운 신음이 아니라 커다란 함성으로 마무리해야 한다.

그리고 당신의 결론 부분에 열정과 파토스가 있을 때에만 클라이맥스와 함성이 가능하다. 자신의 주장을 확실하게 강조하고 납득시켜 청중을 자리에서 일어나게 만들어야 한다.

드라마 〈웨스트 윙The West Wing〉에서 백악관 공보수석 겸 대통령 연설문 작성자 샘 시본이 했던 말을 절대 잊어서는 안 된다.

좋은 연설과 위대한 연설의 차이는 마지막에 청중이 자리에서 일어나서 박수칠 때 느껴지는 기운을 보면 알죠. 예의상 그러는 건가? 할 수 없이 그러는 건가? 상사가 일어나니까 따라 일어서는 건가? 아니요, 우리가 원하는 건 청중이 자유의지에 따라 그렇게 행동하는 겁니다.

솔직히 까놓고 말하지만 기립 박수만한 극찬은 없다. 당신이, 그래, 다른 사람이 아닌 당신이 한 말 때문에 청중이 자리에서 일어나 우레와 같은 박수를 계속 쳐주는데 이보다 더한 칭찬이 어디 있단 말인가. 엔도르핀이 폭발한다! 기립 박수 같은 게 뭐 그리 중요하냐고 겸손 아닌 겸손을 떠는 사람들의 말은 믿지 말라. 이만큼 사람들에게 희열을 주고 사람들의 인정을 받을 만한 일은 살면서 경험하기 힘들다. 기립 박수는 승리의 상징인 것이다.

그렇다면 어떻게 사람들에게 자유의지에 따른 에너지를 느끼게 만들 수 있을까? 어떻게 해야 파토스로 결론 부분을 가득 채워 청중을 자리에서 일어서게 할까? 내가 대단원을 마무리하기 위해 즐겨 사용하는 기법 3가지를 소개하겠다.

1. 인용문으로 끝내기

인용문 사용에 대해서는 안 좋은 소리가 많다. 우리는 연설을 시작하면서 사전에 나온 정의부터 중얼중얼 읊어대는 사람들에 익숙하다. 영감을 주는 인용문들을 너무 많이 들어서 이제는 진부하고 따분하게 들린다. 인용문의 과도한 사용을 조심해야 한다는 당신의 생각이 옳다.

하지만 애초에 인용문을 그렇게 많이 사용하는 데는 이유가 있다. 위대한 지도자나 저명인사 또는 전문가들의 지혜가 담긴 말은 오래 기억에 남는다. 영감을 준다. 감동적이다. 결론 부분에 딱 들어맞는 인용문을 사용하는 데 주저할 이유가 없다.

2018년, 나는 토론토에서 소규모 캐나다 무슬림 공동체를 위한 행사에 기조연설자로 참석한 적이 있다. 그 행사의 목적은 난민 돕기 프로젝트에 사용할 기금 조성이었다.

나는 난민과 망명 신청자들을 포용하고 함께하는 것이 중요하며, 이들을 "다른 사람" 또는 위협으로 간주하고 이방인 취급해야 한다는 주장에 반대해야 한다는 내용을 위주로 연설을 했다. 그리고 무슬림 사회에서 모범적인 지도자로 유명한 알리 이븐 알리 탈리브Ali ibn Abu Talib의 말을 인용하기로 마음먹었다. 그리 널리 알려진 말은 아니지만 내 연설의 전체적인 주제와 어울릴 뿐만 아니라 당일 행사의 목적을 다시 한 번 강조할 수 있는 적절한 문구라고 생각했기 때문이다.

> 사람은 두 부류로 나뉩니다. 하나는 신앙으로 맺어진 여러분의 형제이고, 다른 하나는 인류애로 맺어진 여러분과 동등한 인간

입니다.

당시 분위기와 행사의 목적에 완벽하게 어울리는 말이었다. 게다가 사람들이 신뢰하는 유명한 지도자가 한 말이었다. 더욱 중요한 사실은, 혹시 모를까 싶어 내가 직접 준비했던 문구보다 더 나았다는 점이다. 그래서 나는 지혜가 담긴 그 인용문으로 말을 마쳤고, 행사 주최자는 그날 7만 5,000달러라는 예상치 못했던 기금을 조성할 수 있었다.

마무리 부분에 사용하는 인용문은 연설의 방향과 주제에 따라 영감을 주는 것일 수도 있고 재미있는 것일 수도 있으며, 심지어 엄숙한 것일 수도 있다.

어떤 경우든 발언을 마무리하는 부분에서 인용문을 사용한다는 말은, 클라이맥스에 도달하면서 속도의 변화를 준다는 뜻이다. 인용문은 당신이 주장을 마무리하는 과정에서 연설 끝부분의 속도를 줄여준다.

또한 스피치 전문가 앤드루 들루건에 따르면, 인용문은 당신이 연설 내내 말해왔던 내용을 더욱 확실하게 해줄 "다른 사람의 목소리", 신선한 목소리를 청중이 접할 수 있도록 해준다. 이를 통해 당신의 말에는 권위 내지는 힘이 더해지고 연설은 기억에 남는 문구로 끝나게 된다.

2. 이야기로 끝내기

청중의 감정에 호소하는 가장 강력한 방법이 무엇일까? 스토리, 즉 이야기를 들려주는 것이다.

이야기는 우리를 사람들과 연결시켜 주고, 듣는 이의 감정 이입을 이끌어내며, 다른 사람들로 하여금 우리를 따라오도록 만드는 가장 효과적인 설득 수단이다. 연설을 인상적인 이야기나 개인적인 에피소드로 마무리하는 것은 당신이 마지막 말을 마치는 순간까지 청중이 관심과 흥미를 가지고 당신에게 열중하게 만드는 영리한 방법이다.

또한 당신은 이야기를 통해 회의실이나 강당, 방송국 스튜디오에 있는 청중을 다시 현실 세계로 이동시킬 수도 있다. 청중은 당신이 들려주는 이야기를 개인적인 차원에서 들어줄 뿐만 아니라 그 내용의 본질적인 중요성을 받아들이게 된다는 말이다.

내가 여태껏 본 사례들 중에 이 기법을 가장 효과적으로 사용한 사례를 소개하겠다. 2008년 11월 저녁, 버락 오바마는 자신의 고향 시카고에서 20만 명이 넘는 군중 앞으로 대통령 수락 연설을 하기 위해 등장한다. 작가 샘 리스가 소개하기도 했던 오바마의 연설을 보자.

> 이번 선거에서는 역사상 처음 일어난 일도 많았고 앞으로 대대로 전해질 이야기도 많았습니다. 하지만 오늘 밤 제 마음에 간직한 이야기는 애틀랜타에서 한 표를 행사한 한 여성의 이야기입

니다. 그녀는 오늘 줄을 서서 투표를 하고 자신의 권리를 행사한 많은 사람들과 다를 바 없지만, 단 하나 다른 점이 있습니다. 앤 닉슨 쿠퍼 씨는 106세입니다.

그녀는 노예제도가 막 사라졌을 때 태어났습니다. 그녀가 태어난 시기에는 도로에 차도, 하늘에 비행기도 없었습니다. 그녀 같은 사람은 두 가지 이유 때문에 투표를 할 수가 없었습니다. 그녀가 여성이었기 때문에 그리고 백인이 아니었기 때문입니다.

그리고 오늘 밤, 저는 그녀가 한 세기 동안 겪었던 모든 일들을 생각해 봅니다. 심적 고통과 희망. 고군분투와 진보. 우리에게 '아니야, 너는 할 수 없어'라고 말하던 사람들 그리고 '그래, 너는 할 수 있어'라는 미국의 신조를 말해주며 힘을 실어준 사람들.

여성의 목소리가 묵살되고 희망이 무시되던 시기에, 그녀는 여성들이 일어나 큰 목소리로 외치고 투표용지를 향해 손을 뻗는 모습을 생전에 보게 되었습니다. 그렇습니다. 우리는 할 수 있습니다.

가뭄으로 황폐화된 땅과 전국을 뒤덮은 경제 공황 속에서 절망할 때, 그녀는 뉴딜 정책New Deal과 새로운 일자리 그리고 새로운 공동체 의식으로 공포를 극복하는 미국을 보았습니다. 그렇습니다. 우리는 할 수 있습니다.

진주만에 폭탄이 떨어지고 독재가 세계를 위협할 때, 그녀는 한 세대가 위대한 성과를 거두고 민주주의를 구하는 것을 보았습니다. 그래요, 우리는 할 수 있습니다.

그녀는 몽고메리의 버스 사건 때에도, 버밍햄의 소방 호스 사건 때에도, 셀마의 다리 탄압 때에도 그리고 애틀랜타 출신의 목사가 사람들에게 "우리는 승리하리라"를 말할 때도 있었습니다. 네, 우리는 할 수 있습니다.

인류는 달에 발을 내디뎠고, 베를린의 장벽은 무너졌으며, 세상은 인간의 과학과 상상력으로 연결되었습니다.

그리고 올해, 이번 선거에서, 그녀는 스크린에 손가락을 갖다 대며 투표권을 행사했습니다. 미국에서 106년을 살면서, 가장 좋았던 시기와 가장 암울했던 시기를 거치면서, 미국은 변할 수 있다는 사실을 깨달았기 때문입니다.

그래요, 우리는 할 수 있습니다.

미국인들이여, 우리는 많은 것들을 이루었습니다. 아주 많은 것들을 보았습니다. 하지만 앞으로 할 일이 많습니다. 스스로에게 물어봅시다. 우리 자녀들이 살아서 다음 세기를 맞이한다면, 우리 딸들이 앤 닉슨 쿠퍼 씨의 나이가 되도록 사는 행운을 누린다면, 그때 그들은 어떤 변화를 보게 될까요? 우리는 어떠한 발전을 이루어 놓았을까요?

이번이 그 질문에 답할 기회입니다, 바로 지금이 우리의 순간입니다.

버락 오바마가 웅변의 대가인 이유는 그가 훌륭한 이야기꾼이기 때문이다. 그는 대중에게 영감과 깨우침을 주면서 수락 연설을 끝냈다. 개인적으로도 가장 위대한 승리를 거둔 그날 밤, 그는 존 파브로가 작성한 연설문을 통해 세상에 분명하게 알리고 싶었다. 미국의 변화는 때때로 "느리게 오지만, 변화는 언제나 가능하다"는 사실을. 그리고 앤 닉슨 쿠퍼의 인생 이야기로 연설을 마무리하면서 그렇게 할 수 있었다.

3. 행동을 촉구하며 끝내기

청중이 당신의 주장을 완벽하게 이해하고 머릿속에 저장했다고 하자. 그 후에 당신이 청중에게 원하는 구체적인 무언가가 있는가? 청중이 당신의 말을 듣고 이해하고 동의했다면 그 다음은 나가서 그에 관한 행동을 취하기를 원하는가?

그렇다면 당신의 주장을 마무리하거나 발언을 끝낼 때 어떤 행동을 해야 하는지 알려라. 구체적으로. 간단하게. 한 가지로. 기억에 남게. 행동을 촉구하는 구절을 영감을 주는 인용문이나 일화와 결합시켜 만들 수도 있다. 이는 내가 즐겨 사용하는 방법인데, 2017년 호주에서 강연 여행 중 시드니에서 증가하는 반무슬림 극단주의라는 제목으로 기조연설을 할 때도 이런 식으로 연설을 마무리했다.

> 저는 늘, 제1차 세계대전 당시 영국에서 사용했던 모병 포스터를 떠올립니다. 포스터에는 두 명의 어린아이가 아버지 무릎에 앉아서 아버지에게 이렇게 묻습니다. "아버지, 아버지는 제1차

세계대전 때 뭘 하셨어요?"

앞으로 수십 년 뒤에 여러분의 자녀, 손자 손녀가 여러분께 물을지도 모릅니다. 어머니, 아버지, 21세기 초에 광란의 극단주의가 판치고 할랄 음식에 관한 논쟁이 한창일 때, 온갖 극단주의자들이 우리를 분열시키고 파괴하려 할 때, 우리의 권리와 자유를 훼손하려 할 때, 미국, 영국, 프랑스, 독일에서 이런 일이 벌어질 때 뭘 하셨냐고. 이런 모든 일이 벌어질 때 여러분은 뭘 했냐고 후손들이 묻지 않을까요?

여러분은 강 건너 불 보듯 페이스북에서 불평하고 남 탓을 하거나, 트위터에서 끙끙거리며 앓는 소리를 냈습니까 아니면 좀 더 조직적으로 반대에 나섰습니까? 여러분은 자발적으로 참여했습니까? 여러분은 언제든 행동에 나설 준비를 했습니까? 여러분은 서로 손잡고 도와주며 함께하셨습니까? 여러분은 자신이 한 말을 직접 행동으로 실천하셨습니까? 여러분은 미래에 투자하고, 두려움을 넘어서는 희망에, 증오를 넘어서는 사랑에 투자하셨나요?

여러분은 여러분의 아이들에게 어떤 이야기를 들려주시겠습니까? 왜냐하면 신사 숙녀 여러분, 형제자매 여러분, 지금은 포기할 때가 아니고, 지금은 쓰러져서 패배를 인정할 때가 아니기 때문입니다. 아니, 지금은 일어서야 할 때고 자신의 의견을 밝혀야 할 때입니다. 지금은 목소리를 높여야 할 때입니다. 지금은 여러분이 세상에서 보기를 바라는 변화가 일어나야 할 때입니다. 지금은 괴롭힘과 편견에 맞서 일어나야 할 때인 것입니다.

여러분, 지금이 아니면 언제? 우리가 아니면 누가 맞선단 말입니까?

물론 마지막 부분의 몇 문장에서는 행동을 촉구하면서 유명인의 인용문을 사용했다는 점을 밝힌다. 간디 그리고 유대교의 현자 힐렐이 했던 말을 약간씩 첨가했다. 그럼에도 그 부분이 내 주장에 활력을 불어넣어 주었다. 덕분에 호주의 청중에게서 기립박수가 한동안 이어졌다.

청중을 일어서게 만들기 위해 여러 기법들을 섞거나 버무려 써도 아무 문제가 없다. 잘 보면 알겠지만 나는 연설을 마무리하면서 인용문과 수사 의문문뿐만 아니라 아나포라anaphora라는 수사학적 기법을 사용했다. 아나포라는 임팩트를 주거나 강조하기 위해서 각 문장의 앞에 동일한 단어나 구를 반복하고 반복하는 것을 말한다. 이 방법은 연설이나 프레젠테이션의 마지막에 특히 유용하게 사용할 수 있다. 반복이 지닌 힘과 파토스를 엮어서 사용할 수 있기 때문이다.

어떤 연설이나 논쟁에서든 기억에 남는 마무리를 만들어내고자 한다면 이 3가지 주요 전략을 구사해라. 하나, 당신 주장의 핵심을 반영하는 강력한 인용문을 활용하라. 둘, 당신의 주장이 왜 중요한지를 청중에게 상기시키는, 청중과 관계를 구축할 수 있는 일화를 공유하라. 셋, 사람들에게 무언가를 하도록 자극을 주는 진심

어린 요구를 전달하라. 당신의 연설에 적합한 한 가지 방법을 선택하든지 아니면 당신만의 고유한 마무리를 위해 두세 가지를 혼합해서 사용하면 된다.

위의 세 전략은 모두 로고스보다 파토스에 초점을 두고 있다. 세 전략 모두 청중과의 교감, 마지막 한 번, 감정적 차원을 중심으로 하고 있으며 청중으로 하여금 떠나면서 무언가 더 바라고, 하고자 하는 마음을 간직하도록 만든다. 미국 정치인이자 모르몬교 지도부였던 칼 부에너는 이렇게 말했다. "당신이 한 말을 사람들이 잊을 수도 있습니다. 하지만 당신이 전해준 느낌은 절대 잊지 않을 겁니다."

……

마무리는 기억에 남아야 하고 아주 뚜렷해야 하며 진심이 담겨 있어야 한다. 하지만 좋은 결론을 만들려면, 따라야 하는 기본적인 패턴 그리고 피해야 할 함정이 있다는 점 또한 기억해야 한다.

일류 스피치 전문가가 말하는 유의사항과 이에 곁들여 내가 경험을 통해 터득한 해야 할 것과 하지 말아야 할 것에 대해 알려주겠다.

- 글을 작성하면서 당신이 어떻게 말하고 싶은지를 생각해 보라. 동기부여 전문가 브라이언 트레이시는 가장 중요한 마무리 발언에서 적절한 곳에 '감탄 부호'를 더하라고 한다. 마지막 부분에 전달하는 문장들에는, 설득의 효과를 높이기 위

해 박진감과 호소력이 담겨야 한다.

- 앞부분에서 언급하지 않았던 주장이나 요점을 끝에 와서 새롭게 얘기하지 말라. 집중에 방해가 되고 혼란만 일으킬 수 있다. 마지막은 요약과 정리를 위한 부분이다. 복잡하게 만들어서는 안 된다.
- 청중에게 연설이 막바지에 다다르고 있다는, 끝이 다가오고 있다는 신호를 보내라. 그전까지 귀를 기울이지 않던 사람이나 지루해 하던 사람 또는 전화기를 꺼내들던 사람들이 다시 집중할 수 있도록 만든다. 자신만의 속도와 목소리로, 예를 들어 톤을 낮춘다거나 잠시 멈춘다거나 또는 목소리를 점점 높여가면서 신호를 보낼 수 있다. 언어를 사용해서 신호를 보낼 수도 있다. 예를 들면 "마지막으로…" 또는 "이 말을 하면서 말을 마치도록…" 같은 말도 좋고 아니면 자신만의 표현법이 있다면 그걸 사용해도 된다.
- 예기치 않게 갑자기 끝내지 말라. 더도 덜도 말고 정확히 한 시간만 설교하는 필라델피아의 제임스 윌슨 목사처럼 해서는 안 된다. 시계 바늘이 60분을 지나는 순간, 윌슨 목사는 하던 설교를 설명이 끝났든 말든 딱 멈추며 말한다. "형제들이여, 시간이 다 됐습니다. 기도합시다." 이러면 안 된다! 마지막 문장은 면밀히 계획한대로, 적어도 최종 결론은 완성시키고 끝내야 한다.
- 마지막 부분에서 '기억에 남을 수 있는' 그리고 간결하면서 함

축적인 자신만의 문구를 생각해 내도록 하라. 스피치 코치 돔 버나드가 상기시켜 주듯이, 애플의 스티브 잡스는 2005년 스탠퍼드대 졸업식에 참석해 그 유명한 연설을 마무리하면서 단 4개의 단어를 사용했다. "늘 갈망하고, 늘 우직하게Stay hungry. Stay foolish."

- 너무 오래 끌지 말라. 예기치 않은 끝맺음도 안 좋지만 늘어지는 마무리는 더 안 좋다. 끝낼 시간을 정해놓은 다음 급하게 서두르지 않고도 마무리할 수 있도록 미리 계획하라. 혹시 정해놓은 시간을 넘기게 되더라도 사과하는 발언으로("시간이 너무 많이 걸린 점 사과드립니다") 연설을 끝내서는 안 된다. 제발 그런 식으로 끝내지 말라! 이는 전혀 불필요하고 시간만 더 잡아먹는 발언이며, 오히려 그 시간을 의미 있고 자신감 넘치는 결론으로 대체하는 것이 낫다.

……

재밌는 스토리와 마찬가지로 뛰어난 주장에는 시작과 중간과 끝이 있다. 연설과 토론의 대가였던 처칠은 이를 "논거의 축적accumulation of the argument"이라고 했다. 그것은 하나의 경험이다, 청중과 연사 모두를 위한 경험. 당신은 계획대로 시작한다. 청중은 순수한 의구심으로 시작한다. 하지만 당신이 첫 포문을 연다. 가장 핵심 포인트로 시작해서 연달아 많고 많은 증거가 쌓인다. 이 모든 것이 "하나의 불가피한 결론"을 향해 청중을 움직인다. 위대한 주장에는 어떤 마법 같은 일이 발생한다. 이를 자신만의 독특한 방식으로 온전히 담아낸 사람은 처칠이 유일했지만.

연설의 클라이맥스는 소리와 선명한 그림의 물결이 연속적으로 이어지며 도달하게 된다. 청중은 상상 속에서 바뀌는 장면들을 그려보며 즐거워한다. 언어의 리듬이 청중의 귀를 간질인다. 열정이 고조된다. 일련의 사실들이 모두 공통된 한 방향을 가리킨다. 아직 끝나지는 않았지만 끝이 시야에 들어온다. 군중들은 결론을 예상하고, 연사의 마지막 말이 끝나기도 전에 우레 같은 함성과 박수가 쏟아낸다.

머릿속에 선명한 그림이 그려진다, 그렇지 않은가?

지금 무대 위 군중 앞에 당신이 서 있고, 사람들은 당신의 말 한 마디 한 마디에 귀를 기울인다. 당신은 준비한 글을 볼 필요도 없고 몸에는 털끝만큼의 긴장도 느껴지지 않는다. 당신이 인용문과 일화 그리고 행동을 촉구하는 발언으로 마지막을 향해 달려가는 순간 모든 눈동자가 당신을 향한다. 당신이 마지막 단어를 끝내자 잠시 숨소리조차 들릴지 않을 정도로 정적이 흐르더니 우레 같은 함성과 박수가 쏟아진다. 그 소리만으로도 당신은 성공적으로 대단원의 막을 내렸다는 사실을 알 수 있다. 이제 앞으로 나가 설득력 있는 주장을 펼쳐라. 당신은 필요한 모든 조건을 갖추었다.

승리를 위해!

감사의 글

간단히 말해서 대서양을 두고 마주한 두 대륙의 많은 위인들이 내게 토론과 수사학의 기술을 가르쳐주지 않았다면, 그러한 기술을 사용할 수 있는 기회를 주지 않았다면, 그리고 뭐랄까, 평생 논쟁에 집착하며 살아온 나를 받아들여주지 않았다면, 내 모든 경력은 물론 이 책도 존재하지 않았을 것이다. 특별한 순서를 두지 않고 모두에게 감사의 말씀을 드린다.

미국의 출판업자이자 편집자, 헨리홀트의 팀 듀건은 어떤 대형 출판사보다 먼저 내게 신뢰를 보냈다. 2021년 초에는 갑자기 내게 함께 책을 내자는 제안이 담긴 이메일을 보냈다. 내가 출간 제안서를 작성하기도 전에! 영국의 또 다른 출판업자이자 편집자, 판맥밀런의 매튜 콜은 영국과 영연방의 판권을 위해 다른 출판사 여덟 곳보다 높은 가격을 제시할 정도로 나를 믿어줬다.

미국의 에이전시 UTAUnited Talent Agency 사람들. 나의 저작권 대리인이자 에너지가 넘치는 필라 퀸은 내가 이 책의 아이디어, 구성, 제목을 생각해 내기까지 도움을 주었을 뿐만 아니라 며칠 내에 계약까지 성사시켰다! 그 이후에는 내 사기를 북돋우기 위해 글쓰기 과정 내내 힘을 주는 글, 재미있는 농담이 담긴 이메일을 보내주었고 내가 모든 것을 제 시간에 끝낼 수 있도록 해주었다. 훌륭한 방송 분야 에이전트, 역동적인 듀오 마크 패스킨과 리아 아폰테는 자문가이자 응원단이자 친구로서 유용한 도움을 주었고 2019년에 이 책의 탄생을 위해 씨앗을 심어주었다. UTA의 메레디스 밀러는 이 책을 세계적으로 알리는 데 도움을 주었다.

20대에 나를 TV 자료연구원 그리고 프로듀서로 고용했던, 그리고 언제, 어디서, 어떤 주제에 관해서든 토론하고 논쟁할 수 있도록 허락해 주었던 영국의 여러 상사들. 데이비드 맵스톤, 데이브 세이어, ITV의 롭 벌리, 스카이뉴스의 존 라일리와 크리스 버켓, 채널 4의 도로시 번과 케빈 섯클리프. 또한 영국 〈허프포스트〉의 아리아나 허핑턴, 칼라 부자시, 스티븐 헐. 인터셉트 퍼스트 룩 미디어의 벳시 리드, 글렌 그린왈드, 마이클 블룸. 출판업계에 아무 경험도 없던 스물아홉 살의 TV 프로듀서에게서 가능성을 보고 2009년에 권위 있는 칼럼에 글을 게재할 기회를 제공해준 〈뉴스테이츠먼〉의 편집자 제이슨 코울리. 제이슨 코울리와 점심식사 자리를 마련해 주었고 나보다 먼저 내 가능성을 알아봐 준 내 친한 친구이자 옛 동료 제임스 매킨타이어. 매킨타이어와 나는 2011년에 영국 정치에 관한 책을 공동 집필하기도 했는데, 이를 제안했을 뿐만 아니라 언제나 내게 지지를 보내주는 출판업자이자 라디오 진행자인 이안 데일.

나만의 인터뷰 스타일을 만들어낼 수 있었던 곳, 알자지라잉글리시의 사람들. 매니징 디렉터 자일 트렌들. 토크쇼 책임자이자 나의 좋은 친구 살라 카디르. 나라까지 옮겨 다니며 오랜 시간을 함께한 나의 프로듀서, 보호자, 조언자, 동맹자로 자신감 넘치는 후안 파블로 레이몬드. 그리고 물론, 내가 언제나 인터뷰 준비에 만전을 기할 수 있도록 해준 업프론트 직원들과 '헤드 투 헤드' 편집팀원들. 특히 비탈리 클리츠코를 비롯해 짜증을 부리는 게스트들을 스튜디오 밖으로 모시고 나가 진정시켜야 했던 AJE 섭외 담당 라이언 콜스에게 큰 고마움을 전한다.

2020년 여름, 팬데믹 때문에 집에 갇혀 있던 내게 갑자기 전화를 걸어 NBC의 스트리밍 채널 피콕의 저녁 프로그램과 케이블 채널 MSNBC의 주간 프로그램 진행을 제안한 전 MSNBC 사장 필 그리핀. 그리고 필의 뒤를 이어받아, MSNBC의 주간 프로그램을 계속 진행하게 해주겠다는 약속을 지키고 그 이후로 나만의 독특한 스타일의 전투적인 TV 인터뷰와 거침없는 발언을 지지하고 격려해준 라시다 존스. 이 프로젝트 내내 중요한 동맹이 되어준 MSNBC의 인재 책임자 제시카 커달리. 그리고 빼놓을 수 없는 피콕과 MSNBC의 총괄 프로듀서 로라 코나웨이, 벤 메이어, 패트릭 맥메너민, 카일 그리핀은 물론이고 열심히 일하는 모든 프로듀서와

섭외 담당자들. 이들은 매일 나를 멋진 사람으로 보이게 해주려고는 노력했다. 이들이 없었다면 이제는 유명해진 인터뷰, 힘들게 진행했던 인터뷰 중 많은 부분도 없었을 것이다. 특히 책에 언급된 피콕 인터뷰 대상자들을 확보해준 수자타 토마스와 카산드라 스키즈에게 감사드린다.

나만의 프로그램을 맡기 훨씬 이전에 내가 모셨고, 배웠고, 친구처럼 지낼 수 있었던 전설적인 영국의 텔레비전 인터뷰 진행자들이자, 말 그대로 진정한 멘토가 되어준 조너선 딤블비를 비롯해 존 스노우, 제레미 바인, 케이 벌리, 그리고 이몬 홈즈 등.

내가 이 책을 출판하기 훨씬 전부터 이 책에 대한 아이디어를 개발하는 데 도움을 준 제작자 키란 알비. 나의 정리되지 않은 생각을 명쾌한 문장으로 바꿔 이 책의 완성판이 나오도록 도와준 프리랜서 편집자 존 콕스. 예리한 눈의 소유자 팩트 체커 글렌 스피어. 조이 더소 전 옥스퍼드유니언 회장. 그가 나를 설득하지 않았다면 옥스퍼드유니언의 이슬람 논쟁도 없었을 테니까. 인텔리전스 스퀘어드의 멋진 사람들, 특히 내가 무대에 올라 수천 명의 사람들 앞에서 토론할 수 있도록 거듭 초대해준 한나 케이와 파라 자삿. 이 책이든 어떤 책이든, 책을 쓰라고 6년 동안 쉬지 않고 나를 몰아붙인 작가 요한 하리!

이 책에 요약된 많은 주장과 개념을 개발하거나 수집, 분석한 많은 저자, 작가, 온라인 스피치 전문가들, 특히 작가 카민 갤로, 샘 리스, 제이 하인리히.

장인, 장모, 여동생과 매제와 더불어 오랜 기간 나를 끊임없이 지지해준 가장 가까운 사촌인 사이프와 그의 아내 레쉬마. 미국, 영국, 캐나다, 인도를 비롯한 여러 나라에서 나의 사기를 북돋우는 많은 친구들과 친척들. 누구 말하는지 다 아시죠! 항상 나를 지지하고 믿어주는 절친 사미르. 자라면서 내 논쟁의 상대가 되어주고 항상 나를 지지해준 여동생. 직업적으로나 개인적으로 내가 인생에서 성취한 모든 것에 지적이고 도덕적인 안정감을 제공해 주신 아버지와 어머니.

우리 아이들, 아름답고 표현력이 뛰어난 두 딸, 어떻게든 아빠에게 말로 항복을 받아낼 때까지 토론하고 열변을 토해내는 나의 꼬마 키케로들! 하지만 누구보다도, 토론과 논쟁을 향한 내 사랑을 지금까지 거의 20년 동안 참고 지내야 했던 불쌍한 내 아내. 텔레비전을 끄거나 연설 도중에 강당을 나가도 나를 막을 수는 없다는 걸 아는 사람. 우연인지 필연인지, 아내 또한 훌륭한 변호사로서 생계를 위해 강력한 공격력으로 논쟁에서 승리를 거두는 사람이다. 또한 이 책의 아이디어와 제목을 생각해 내는데 도움을 주었다는 말도 해야겠다!

아내와 아이들로부터 날마다 받는 사랑과 지지와 애정은 궁극적으로 내가 하는 일에 대한 자신감과 에너지와 능력의 원동력이다.

거기에는 논쟁의 여지가 없다.

2022년 5월, 메흐디 하산

영수증: 주석

들어가는 글

8 죽음이라는 형벌: Thucydides, The History of the Peloponnesian War, trans. Richard Crawley (London: Global Grey, 2021), 96. Retrieved on May 2, 2022, https://www.globa lgreyebooks.com/history-of-the-peloponnesian-war-ebook.html.

8 아테네의 온건적 정치 세력: Donald Kagan, The Outbreak of the Peloponnesian War (Ithaca, NY: Cornell University Press, 1969), 155.

10 논쟁에서 공정하게 물리치는 방식: Thucydides, The History of the Peloponnesian War, 96.

10 그리고 결국 그 일을 해냈다: Alex Clark, "Why Debating Still Matters," Guardian, August 6, 2016, https://www.theguardian.com/education/2016/aug/06/why-debating-still-matters.

11 방울뱀과 지진을 피하듯이 논쟁을 피하라: Dale Carnegie, How to Win Friends & Influence People (New York: Pocket Books, 1998), 110.

12 인간에게 주어진 모든 재능 중 웅변만큼 소중한 재능은 없다: Winston Churchill, "The Scaffolding of Rhetoric"(unpublished essay, 1897). Retrieved on May 2, 2022, https://winstonchurchill.org/images/pdfs/for_educators/THE_SCAFFOLDING_OF_RHETORIC.pdf.

14 어느 편의 택할 근거가 없다: John Stuart Mill, On Liberty (London: Walter Scott, 1901), 67, https://www.gutenberg.org/files/34901/34901-h/34901-h.htm.

1장 청중을 비추는 거울이 되어라

26 아부 카타다: Interview with Jonathan Dimbleby, Any Questions?, BBC Radio 4, February 11, 2012, https://www.bbc.co.uk/programmes/b01bmq3c.

29 판사와 배심원 역할: Jeff Davenport, "Q&A: Top Delivery Struggles Speakers Face & How to Combat Them Expertly," Duarte, accessed September 20, 2022, https://www.duarte.com/presentation-skills-resources/qa-top-delivery-struggles-speakers-face-how-to-combat-them-expertly/.

31 한 가지 방식: Ian Altman, "3 Keys to Deliver an Amazing Presentation Suited to the Room," Inc., August 30, 2018, https://www.inc.com/ian-altman/whether-speaking-in-a-convention-center-or-a-conference-room-you-can-deliver-an-amazing-speech-every-time.html.

35 금붕어가 지속적으로 집중할 수 있는 시간: Kevin McSpadden, "You Now Have a Shorter Attention Span Than a Goldfish," Time, May 14, 2015, https://time.com/3858309/attention-spans-goldfish/.

36 커뮤니케이션 전문가들: "How to Start a Speech with Power and Confidence," Ginger blog, December 13, 2019, https://www.gingerleadershipcomms.com/article/how-to-start-a-speech-with-power-and-confidence.

37 흥미로운 문장으로 시작하라: Dale Carnegie, How to Develop Self-Confidence and Influence People by Public Speaking (New York: Pocket Books, 1991), 135.

37 18분 동안 4명: Jamie Oliver, "Teach Every Child about Food," filmed 2010, TED video, 21:32, https://www.ted.com/talks/jamieoliverteacheverychildaboutfood.

37 도발적인 질문: "How to Start a Speech with Power and Confidence," Ginger blog.

37 지식 격차: Akash Karia, How to Deliver a Great TED Talk: Presentation Secrets of the World's Best Speakers (self-pub., CreateSpace, 2012), 38.

38 무엇을 알고 있었기에 백악관에서 시위를 벌이다 체포를 당했을까요: James Hansen, "Why I Must Speak Out about Climate Change," filmed 2012, TED video, 17:35, https://www.ted.com/talks/jameshansenwhyimustspeakoutabout_climatechange.

39 좌석 번호가 맨 앞줄 1D였으니까요: Ric Elias, "Three Things I Learned While My Plane Crashed," filmed 2011, TED video, 4:46, https://www.ted.com/talks/ric_elias3thingsilearnedwhilemyplanecrashed.

41 이름을 큰 소리로 불러주는 것: Fia Fasbinder, "Why This Is the Most Widespread Bad Advice in Public Speaking (and You're Probably Following It)," Inc., February 26, 2019, https://www.inc.com/fia-fasbinder/why-most-public-speakers-are-wrong-about-this-one-thing-and-youre-probably-offering-it-as-advice.html.

41 보여지기: Craig Valentine, "Here is the Secret to Keep Your Audience from

Checking Out," Craig Valentine MBA, February 11, 2016, accessed August 10, 2022, https://craigvalentine.com/one-necessary-secret-to-keep-your-audience-from-checking-out/.

44 유대감: Bas Van Den Beld, "8 Successful Ways to Connect with Your Audience," Speak with Persuasion, accessed September 8, 2022, https://www.speakwithpersuasion.com/ways-connect-audience/.

44 조회 수 1,000만 회: Oxford Union, "Mehdi Hasan | Islam Isa Peaceful Religion | Oxford Union," YouTube video, 13:48, July 3, 2013, https://www.youtube.com/watch?v=Jy9tNyp03M0.

46 트럼프 대통령 덕분에 부시가 나아보이죠: Interview with Seth Meyers, Late Night with Seth Meyers, NBC, December 5, 2018.

47 제이 하인리히: Jay Heinrichs, Thank You for Arguing: What Aristotle, Lincoln, and Homer Simpson Can Teach Us about the Art of Persuasion (New York: Broadway Books, 2020), 109.

2장 '팩트폭력'보다 '감성팔이'가 먼저다

49 가장 논란의 여지가 많은 질문: Roger Simon, "Questions That Kill Candidates' Careers," Politico, April 20, 2007, https://www.politico.com/story/2007/04/questions-that-kill-candidates-careers-003617.

49 새벽 2시: Simon, "Questions That Kill Candidates' Careers."

50 90분: "October 13, 1988, Debate Transcript," Commissionon Presidential Debates, accessed May 2, 2022, https://www.debates.org/voter-education/debate-transcripts/october-13-1988-debate-transcript/.

51 아뇨, 그렇지 않습니다: "October 13, 1988, Debate Transcript."

53 인간적인 모습을 드러내고자 하는 마음: Richard Cohen, "A Man in Hiding," Washington Post, October 16, 1988, https://www.washingtonpost.com/archive/opinions/1988/10/16/a-man-in-hiding/cdc67d76-95f1-454d-86c7-0724c5e52118/.

53 빼소니: Simon, "Questions That Kill Candidates' Careers."

53 그의 감정: Tom Shales, "CNN's Blunt Edge," Washington Post, October 25, 1988, https://www.washingtonpost.com/archive/lifestyle/1988/10/25/cnns-blunt-edge/7f2c6b1e-488f-4959-9ddc-1d18c48a7656/.

53 선거에서 졌다는 걸 직감했다: Simon, "Questions That Kill Candidates' Careers."

54 문제가 될 답변은 아니었다: Michael Dukakis, interview with Jim Lehrer, Debating Our Destiny, PBS, September 9, 2008, https://www.pbs.org/newshour/spc/debatingourdestiny/docrecap.html.

55 설득의 3가지 기술: Aristotle, Rhetoric, trans. W. Rhys Roberts, bk. 1, chap. 1, sec. 2 (Internet Classics Archive), accessed May 2, 2022, http://classics.mit.edu//Aristotle/rhetoric.html.

56 파토스에서 나온 말: Gini Beqiri, "Ethos, Pathos, Logos: 3 Pillars of Public Speaking and Persuasion," VirtualSpeech, April 11, 2018, https://virtualspeech.com/blog/ethos-pathos-logos-public-speaking-persuasion.

56 버지니아주의 그 부부: Jesse O'Neill, "'I Wish I'd Got the Shot': Dad Who Died of COVID along with Wife, Leaving 4 Kids," New York Post, October 17, 2021, https://nypost.com/2021/10/17/i-wish-that-id-got-the-shot-dad-of-4-who-died-of-covid/.

59 생각이 아니라 느끼는 과정: Douglas Van Praet, "The Myth of Marketing," Fast Company, March 21, 2013, https://www.fastcompany.com/1682625/the-myth-of-marketing-how-research-reaches-for-the-heart-but-only-connects-with-the-head.

59 생각하면서 느끼는 기계: Susan Andrews, "Who We Are and Why," USC News, November 12, 2010, https://news.usc.edu/28719/Who-We-Are-and-Why/.

59 엘리엇: Antonio Damasio, Descartes' Error: Emotion, Reason and the Human Brain (New York: Penguin, 2005), 34.

59 현실 세계에 존재하는 스폭 중령: Christian Jarrett, "The Neuroscience of Decision Making Explained in 30 Seconds," Wired, March 10, 2014, https://www.wired.com/2014/03/neuroscience-decision-making-explained-30-seconds/.

60 머리로는 알지만 마음으로는 느끼지 못하는 곤란한 상태: Damasio, Descartes' Error, 45.

60 불가분 관계: Damasio, Descartes' Error, xvii.

61 뇌결합: Uri Hasson, "This Is Your Brain on Communication," filmed 2016, TED video, 14:42, https://www.ted.com/talks/uri_hassonthisisyourbrainoncommunication.

61 말을 할 때나 들을 때: Carmine Gallo, Talk Like TED: The 9 Public-Speaking Secrets of the World's Top Minds (New York: St. Martin's Press, 2014), 49-50.

62 영어로 말을 하면: Joshua Gowin, "Why Sharing Stories Brings People Together," Psychology Today, June 6, 2011, https://www.psychologytoday.com/us/blog/you-illuminated/201106/why-sharing-stories-rings-people-together.

62 가십거리: Cody C. Delistraty, "The Psychological Comforts of Storytelling," The Atlantic, November 2, 2014.

62 2007년 발표한 연구 결과: Deborah A. Small, George Loewenstein, and Paul Slovic, "Sympathy and Callousness: The Impact of Deliberative Thought on Donations to Identifiable and Statistical Victims," Organizational Behavior and Human Decision Processes 102, no. 2 (2007): 143-53.

63 한 소년에 대한 스토리: Deborah Small, personal interview, April 12, 2022.

63 우리 하산: Elena Renken, "How Stories Connect and Persuade Us: Unleashing the Brain Power Of Narrative," NPR, April 11, 2020, https://www.npr.org/sections/health-shots/2020/04/11/815573198/how-stories-connect-and-persuade-us-unleashing-the-brain-power-of-narrative.

64 신사숙녀 여러분, 안녕하십니까: Intelligence Squared, "Debate: The West Should Cut Ties with Saudi Arabia," YouTube video, 1:28:16, March 12, 2019, https://www.youtube.com/watch?v=qi0T0owgW3M.

67 물고기: Jonathan Gottschall, The Storytelling Animal: How Stories Make Us Human (New York: Houghton Mifflin Harcourt, 2012), xiv.

67 22배: Women's Leadership Lab Stanford University, "Harnessing the Power of Stories," YouTube video, 8:36, November 18, 2019, https: //www.youtube.com/watch?v=oB7FfKPMZvw.

69 다문화주의의 성공 사례: Interview with David Dimbleby, Question Time, BBC1, October 2, 2011.

69 존중을 이끌어내는 개인적 경험: Emily Kubin et al.,"Personal Experiences Bridge Moral and Political Divides Better Than Facts," Proceedings of the National Academy of Sciences 118, no. 6 (2021): 1.

70 감정과 개성을 표현: Aristotle, Rhetoric, bk. 3, chap. 7, sec. 3.

72 저는 사형 제도를 지지하고, 상대방 후보는 지지하지 않습니다: "October 13, 1988, Debate Transcript."

73 대중이 열망하는 것: Winston Churchill, "The Scaffolding of Rhetoric" (unpublished essay, 1897). Retrieved on May 2, 2022, https://winstonchurchill.org/images/pdfs/foreducators/THE SCAFFOLDINGOF RHETORIC.

pdf.

75 정말 그렇게 생각하십니까: Oxford Union, "Mehdi Hasan | Islam Is a Peaceful Religion | Oxford Union," YouTube video, 13:48, July 3, 2013, https://www.youtube.com/watch?v=Jy9tNyp03M0.

76 감정적 두뇌: Drew Westen, The Political Brain: The Role of Emotion in Deciding the Fate of the Nation (New York: PublicAffairs, 2007), xv.

76 아이디어라는 시장: Westen, The Political Brain, 36.

77 정확한 사실: George Marshall, Don't Even Think about It: Why Our Brains Are Wired to Ignore Climate Change (New York: Bloomsbury USA, 2015), 107.

3장 상대에게 영수증을 제시하라

80 영수증을 보고 싶네요: Seija Rankin, "The Oral History of Memes: Where Did 'Show Me the Receipts' Come From?," E! Online, August 24, 2016, https://www.eonline.com/news/789906/the-oral-history-of-memes-where-did-show-me-the-receipts-come-from.

80 대안적 사실: Kellyanne Conway, interview with Chuck Todd, Meet the Press, NBC, January 22, 2017.

80 진실은 진실이 아니다: Rudy Giuliani, interview with Chuck Todd, Meet the Press, NBC, August 19, 2018.

80 사실과 분석의 역할: Jennifer Kavanagh and Michael D. Rich, Truth Decay: An Initial Exploration of the Diminishing Role of Facts and Analysis in American Public Life (Santa Monica, CA: RAND Corporation, 2018), https://www.rand.org/pubs/researchreports/RR2314.html.

81 올해의 단어: Katy Steinmetz, "Oxford's Word of the Year for 2016 Is 'Post-Truth,'" Time, November 15, 2016, https://time.com/4572592/oxford-word-of-the-year-2016-post-truth/.

81 순식간: Michiko Kakutani, "The Death of Truth: How We Gave Up on Facts and Ended Up with Trump," Guardian, July 14, 2018, https://www.theguardian.com/books/2018/jul/14/the-death-of-truth-how-we-ave-up-on-facts-and-ended-up-with-trump.

81 폴리티컬비해비어: Thomas Wood and Ethan Porter, "The Elusive Backfire Effect: Mass Attitudes' Steadfast Factual Adherence," Political Behavior (2017): 1-68.

82 무엇이 사실이고 무엇이 사실이 아닌지: Amy Mitchell et al., "Distinguishing between Factual and Opinion Statements in the News," Pew Research Center, June 18, 2018, accessed May 2, 2022, https://www.pewresearch.org/journalism/2018/06/18/distinguishing-between-factual-and-opinion-statements-in-he-news/.

82 사실은 흔들리지 않는다: "Adams' Argument for the Defense: 3-4 December 1770," National Archives, accessed May 2, 2022, https://founders.archives.gov/documents/Adams/05-03-02-0001-0004-0016.

83 잠재적인 손해: Antonio Damasio, Descartes' Error: Emotion, Reason and the Human Brain (New York: Penguin, 2005), 246.

83 당신은 다시 나가야만 한다: Paul Jones, "Arm Wrestling—Aristotle Had a Better Way," Magneto Blog, accessed May 2, 2022, https: //magneto.net.au/blog/get-your-way-aristotle/.

88 15분이면 된다던 인터뷰: MSNBC on Peacock, "Mehdi Hasan Interviews John Bolton | The Mehdi Hasan Show | Choice on Peacock," YouTube video, 16:42, October 14, 2020, https://www.youtube.com/watch?v=G78OFZ2MDkM.

89 누구와 맞서 경선을 치르고 있는지: NBC News, "Elizabeth Warren Attacks 'Arrogant Billionaire' Michael Bloomberg over Treatment of Women | NBC News," YouTube video, 1:25, February 19, 2020, https://www.youtube.com/watch?v=QD4csGWPo6o.

90 사망: 2020년 2월 19일: February 19th, 2020": Maayan Jaffe-Hoffman, "Who 'Murdered' Mike Bloomberg?," Jerusalem Post, February 20, 2020, https://www.jpost.com/american-politics/on-wikipedia-warren-killed-bloomberg-618250.

90 상승세를 회복할 수 없을 것: Ankita Rao, "How Elizabeth Warren Destroyed Mike Bloomberg's Campaign in 60 Seconds," Guardian, March 4, 2020, https://www.theguardian.com/us-news/2020/mar/04/mike-bloomberg-out-60-econd-attack-elizabeth-warren-destroyed-campaign.

91 철저하게 준비하고 연습한 대답(워런 보좌관): Former aide to Elizabeth Warren, personal interview, April 12, 2022.

92 당신도 인정한 바 있습니다: Al Jazeera English, "Should the US Get Out of Latin America? | Head to Head," YouTube video, 47:30, December 5, 2014, https://www.youtube.com/watch?v=42PymQ1Cpek.

94 시리아에서는 정부를 선출해도 괜찮고 사우디아라비아에서는 안 되는지: Al Jazeera English, "UpFront—What Is Saudi Arabia's Endgame in Yemen and Syria?," YouTube video, 17:48, March 26, 2016, https://www.youtube.com/watch?v=8z8ME2O5XdY.

96 인권 개념과 양립할 수 없는 문화권: Al Jazeera English, "Slavoj Zizek on a 'Clash of Civilisations' | UpFront," YouTube video, 10:35, December 3, 2016, https://www.youtube.com/watch?v=qkdPZ-UmrSw.

98 CBP가 발표한 숫자입니다: MSNBC, "Mehdi Hasan Clashes with GOP Rep. Crenshaw on Immigration | MSNBC," YouTube video, 16:36, March 22, 2021, https://www.youtube.com/watch?v=WlUohLyG-wI.

99 밝혀진 거짓말: Jon Allsop, "At the Border, Access Is No Substitute for Humanity," Columbia Journalism Review, March 24, 2021, https://www.cjr.org/themediatoday/mediabordercrisisimmigration.php.

99 더랩: Lindsey Ellefson, "GOP Rep Crenshaw Schooled by MSNBC's Mehdi Hasan on Immigration Numbers (Video)," The Wrap, March 22, 2021, accessed May 2, 2022, https://www.thewrap.com/dan-renshaw-immigration-mehdi-hasan/.

100 그 모임: Al Jazeera English, "Blackwater's Erik Prince: Iraq, Privatising Wars, and Trump | Head to Head," YouTube video, 49:08, March 8, 2019, https://www.youtube.com/watch?v=KOB4V-ukpBI.

101 국제적 빈곤: Al Jazeera English, "War, Poverty and Inequality: Is There Any Good News? | UpFront," YouTube video, 14:54, March 17, 2018, https://www.youtube.com/watch?v=BkM2wiOwerc.

105 언제나 영수증을 가지고 다니죠: Mehdi Hasan, "How to Resist: Live with Ilhan Omar and Michael Moore," Deconstructed, podcast audio, October 24, 2019, https://theintercept.com/2019/10/24/how-to-resist-live-with-ilhan-omar-and-ichael-moore/.

4장 축구공만 차지 말고 선수도 걷어차라

108 유치 찬란 말싸움 대장: Dorie Clark, "Donald Trump Is Your Schoolyard Debate Champion," The Hill, January 31, 2017, https://thehill.com/blogs/pundits-blog/the-administration/317142-donald-trump-is-yourschool yard-debate-champion/.

108 정상에 오르는 길: Aaron Rupar, "How Donald Trump Insulted His Way to

the Top of the GOP," ThinkProgress, May 4, 2016, accessed May 2, 2022, https://archive.thinkprogress.org/how-donald-trump-insulted-is-way-to-the-top-of-the-gop-b5ab95b676ec/.

108 독설: Sam Leith, Words Like Loaded Pistols: Rhetoric fromAristotle to Obama (New York: Basic Books, 2016), 112.

57 "hairy cheeks and discolored teeth": Valentina Arena, "Roman Oratorical Invective," in A Companion to Roman Rhetoric, ed. William Dominik and Jon Hall (Chichester: Blackwell, 2010), 152.

109 털복숭이 뺨과 누런 치아: Henriette van der Blom, "Character Attack and Invective Speech in the Roman Republic: Cicero as Target," in Character Assassination throughout the Ages, ed. Eric Shiraev and Martijn Icks (New York: Palgrave Macmillan, 2014), 37.

109 선수가 아니라 공을 쫓으라: Allen Versfeld, "Play the Man, Not the Ball: In Defense of the Ad Hominem Attack," Now Look Here blog, July 2, 2017, https://www.nowlookhere.net/2017/07/play-the-man-not-the-ball-in-defense-of-the-ad-hominem-attack/.

110 아돌프 히틀러: Michael Austin, "In Defense of Ad Hominem: Why We Really Shouldn't Listen to Dick Cheney on Iraq," Independent Voter News, June 20, 2014, accessed May 2, 2022, https://ivn.us/2014/06/20/defense-ad-hominem-really-shouldnt-listen-dick-cheney-iraq.

110 만약 대인 논증이 비논리적이고 불합리한 것이라면: Tom Whyman, "Only an Idiot Would Dismiss Ad Hominem Arguments," Outline, March 10, 2020, accessed May 2, 2022, https://theoutline.com/post/8785/defense-of-ad-hominem.

111 가장 강력한 설득 수단: Aristotle, Rhetoric, trans. W. Rhys Roberts, bk. 1, chap. 2, sec. 2 (Internet Classics Archive), accessed May 2, 2022, http://classics.mit.edu//Aristotle/rhetoric.html.

112 필요하면서도 적절한 대응: Austin, "In Defense of Ad Hominem."

114 사실을 제공하는 사람의 평판을 고려: Bruce Thompson, "Ad Hominem—Abusive," Bruce Thompson's Fallacy Page, accessed May 2, 2022, https://www2.palomar.edu/users/bthompson/Abusive.html#:~:text=Consider%20the%20inductive%20inference%3A%20people,be%20worth%20listening%20to%20now.

116 지니고 있을지도 모르는 편견: David Hitchcock, "Why There Is No

Argumentum Ad Hominem Fallacy," Rozenberg Quarterly, 2006, accessed May 2, 2022, https://rozenbergquarterly.com/issa-proceedings-2006-why-there-is-no-argumentum-ad-hominem-fallacy/.

116 이해관계 충돌 가능성: Ralph M. Barnes et al., "The Effect of Ad Hominem Attacks on the Evaluation of Claims Promoted by Scientists," PLOS One 13, no. 1 (2018): 1-15.

117 공화당 유명 인사들: Arwa Mahdawi, "A Republican Theme on Abortions: 'It's OK for Me, Evil for Thee,'" Guardian, August 25, 2018, https://www.theguardian.com/world/2018/aug/25/a-republican-theme-on-abortions-its-k-for-me-evil-for-thee.

118 당신의 기준 자체가 문제일 수 있다: Whyman, "Only an Idiot Would Dismiss Ad Hominem Arguments."

118 설명을 요구: Hitchcock, "Why There Is No Argumentum Ad Hominem Fallacy."

118 수사학적 현상: Alan Brinton, "A Rhetorical View of the Ad Hominem," Australasian Journal of Philosophy 63, no. 1 (1985): 50-63.

119 오류가 아니다: Hitchcock, "Why There Is No Argumentum Ad Hominem Fallacy."

121 반유대주의적 발언의 역사: Allen Versfeld, "Play the Man, Not the Ball: In Defense of the Ad Hominem Attack."

122 인종차별주의자들이 그를 인종차별주의자로 믿고 있다: CBS Miami, "Gubernatorial Debate: Candidates Asked about Topic of Racism," YouTube video, 2:53, October 24, 2018, https://www.youtube.com/watch?v=u87Fo4lPwyk.

123 자격 증명 오류: "Ad Hominem: When People Use Personal Attacks in Arguments," Effectiviology, accessed September 10, 2022, https://effectiviology.com/ad-hominem-fallacy/.

124 주장을 즉각 반박하는 것은 오류가 아니다: Austin, "In Defense of Ad Hominem."

125 홍미롭군요: Oxford Union, "Mehdi Hasan | Islam Is a Peaceful Religion | Oxford Union," YouTube video, 13:48, July 3, 2013, https://www.youtube.com/watch?v=Jy9tNyp03M0.

12 박사님을 향한 비난들 중 하나: MSNBC, "Mehdi Hasan Questions Doctor on Covid Predictions | The Mehdi Hasan Show," YouTube video, 10:33,

February 4, 2022, https://www.youtube.com/watch?v=VaSTb5kNT4s.

129 영국을 증오한 남자: Geoffrey Levy, "The Man Who Hated Britain," Daily Mail, September 27, 2013, https://www.dailymail.co.uk/news/article-2435751/Red-Eds-pledge-bring-socialism-homage-Marxist-father-alph-Miliband-says-GEOFFREY-LEVY.html.

129 반유대적 편견: Jonathan Freedland, "Antisemitism Doesn't Always Come Doing a Hitler Salute," Guardian, October 4, 2013, https://www.theguardian.com/commentisfree/2013/oct/04/antisemitism-does-not-always-come-hitler-salute.

130 쿠엔틴 씨, 제 말이 다 끝나면 그때 말씀하시죠: Question Time, "BBC Question Time 3 October 2013 (3/10/13) Birmingham FULL EPISODE," YouTube video, 58:45, October 3, 2013, https://www.youtube.com/watch?v=ZBwglrJyYc0.

132 편지의 발췌본: "What a Difference Three Years Makes: How Political Journalist Who Attacked the Daily Mail on Question Time Once Asked If He Could Write for the Paper," Daily Mail, October 4, 2013, https://www.dailymail.co.uk/news/article-2444637/Mehdi-Hasan-journalist-attacked-Daily-Mail-Question-Time-asked-write-paper.html.₩

5장 말만 하지 말고 들어라

137 보수적인 리치먼드: Jackie Mansky, "The History of the Town Hall Debate," Smithsonian Magazine, October 6, 2016, https://www.smithsonian mag.com/history/history-town-hall-debate-180960705/.

140 갈팡질팡했다: Santosh Kumar Singh, "'It's the Economy, Stupid' and Marissa Hall's Query That Fell George H. Bush," LinkedIn, August 13, 2020, https://www.linkedin.com/pulse/its-economy-stupid-marissa-halls-query-fell-george-h-bush-santosh.

140 당신에게 어떤 영향을 끼쳤는지 말씀해주시죠: "October 15, 1992, Second Half Debate Transcript," Commission on Presidential Debates, accessed May 2, 2022, https://www.debates.org/voter-education/debate-transcripts/october-15-1992-second-half-debate-transcript/.

141 CNN과 USA투데이가 실시한 여론조사: "All Politics, CNN Time, The Debates '96: 1992 Presidential Debates," CNN, accessed May 2, 2022, https://edition.cnn.com/ALLPOLITICS/1996/debates/history/1992/index.shtml.

142 80회: Julia Naftulin, "Here's How Many Times We Touch Our Phones Every Day," Insider, July 13, 2016, https://www.businessinsider.com/dscout-research-people-touch-cell-phones-2617-times-a-day-2016-7.

143 무의식: Michael W. Gamble and Teri Kwal Gamble, Interpersonal Communication: Building Connections Together (United States: SAGE Pub- lications, 2013), 93.

149 마리아 코니코바: Maria Konnikova, "Lessons from Sherlock Holmes: Cultivate What You Know to Optimize How You Decide," Scientific American, August 26, 2011, https://blogs.scientificamerican.com/guest-blog/lessons-from-sherlock-holmes-cultivate-what-you-know-to-optimize-how-you-decide/.

150 약을 챙겨 먹듯이: Drake Baer, "Why Productive People Take Better Notes," Fast Company, July 23, 2013, https://www.fastcompany.com/3014646/why-productive-people-take-better-notes.

150 펜과 종이: Kathleen Elkins, "A Habit Bill Gates and Rich- ard Branson Swear by Is One Most People Overlook," CNBC, November 15, 2016, accessed May 2, 2022, https://www.cnbc.com/2016/11/15/a-habit-bill-gates-and-richard-branson-swear-by-is-one-most-people-overlook.html.

151 펜은 키보드보다 강하다: Pam A. Mueller and Daniel M. Oppenheimer, "The Pen Is Mightier Than the Keyboard: Advantages of Longhand over Laptop Note Taking," Psychological Science 25, no. 6 (2014): 1159-68.

152 사실에 근거해서 말하자면: Oxford Union, "Mehdi Hasan | Islam Is a Peaceful Religion | Oxford Union," YouTube video, 13:48, July 3, 2013, https://www.youtube.com/watch?v=Jy9tNyp03M0.

153 온전히 집중: Ximena Vengoechea, "Why Empathetic Listening Is Crucial for Your Career—and How to Do It Well," The Muse, accessed May 2, 2022, https://www.themuse.com/advice/what-is-empathetic-listening-definition-examples.

153 마음으로 듣는 것: Stephen R. Covey, The 7 Habits of Highly Effective People (New York: Simon & Schuster, 2013), 252.

154 그놈의 토론회가 끝났을 때: George H. W. Bush, interview with Jim Lehrer, Debating Our Destiny, PBS, April 10, 1999, https://www.pbs.org/newshour/spc/debatingourdestiny/interviews/bush.html.

154 딴 세상 사람: Alex Markels, "George H. W. Bush Checks His Watch During

Debate with Bill Clinton and Ross Perot," U.S. News and World Report, January 17, 2008, https://www.usnews.com/news/articles/2008/01/17/a-damaging-impatience.

155 말하지 않고 행동으로 보여주기: Face the Nation, "Dickerson's Debate History: George Bush Caught in the Cutaway in 1992," YouTube video, 3:17, October 19, 2016, accessed May 2, 2022, https://www.youtube.com/watch?v=T293aYx3uw0.

155 상대에게 온전히 집중: Melody Wilding, "7 Habits of Highly Empathetic People," Inc., January 7, 2019, https://www.inc.com/melody-wilding/7-habits-of-highly-empathetic-people.html.

157 둥글게 모인: Richard Stengel, "Mandela: His 8 Lessons of Leadership," Time, July 9, 2008, http://content.time.com/time/subscriber/article/0,33009,1821659-2,00.html.

157 합의점을 찾기 위해 노력: Richard Stengel, personal interview, November 23, 2021.

158 중얼거리는 걸 멈추고: Ximena Vengoechea, "Why Empathetic Listening Is Crucial for Your Career."

159 의사의 관심과 배려를 환자가 얼마나 느끼느냐: Enid Montague et al., "Nonverbal Interpersonal Interactions in Clinical Encounters and Patient Perceptions of Empathy," Journal of Participatory Medicine 5 (2013): 1-17.

159 시선을 회피한 연사: Helene Kreysa, Luise Kessler, and Stefan R. Schweinberger, "Direct Speaker Gaze Promotes Trust in Truth-Ambiguous Statements," PLOS One 11, no. 9 (2016).

159 예 또는 아니오: Vengoechea, "Why Empathetic Listening Is Crucial for Your Career—and How to Do It Well."

6장 유머로 청중을 내 편으로 만들라

165 표현의 자유라는 문제: smtm: Entertainment, "Ques- tion Time in Lincoln—15/01/2014," YouTube video, 59:01, January 22, 2015, https://www.youtube.com/watch?v=5BP8_UyQWc4.

167 세계 공통어: Gareth Davies, "Laughter Is a Universal Language," Daily Telegraph, January 26, 2010, https://www.telegraph.co.uk/news/7071629/Laughter-is-a-universal-language.html.

167 인간이 공유하려는 감정: Disa A. Sauter et al., "Cross-Cultural Recognition of

Basic Emotions through Nonverbal Emotional Vocalizations," Proceedings of the National Academy of Sciences 107, no. 6 (2010): 2408-12.

167 웃음의 효과: John Zimmer, "Using Humour in a Presentation—It's No Laughing Matter," Presentation-Guru, January 2, 2018, https://www.presentation-guru.com/using-humour-in-a-presentation-its-no-laughing-matter/.

95 "more memorable after the fact": Matt Abrahams, "Make 'Em Laugh: How to Use Humor as a Secret Weapon in Your Communication," Think Fast, Talk Smart, podcast audio, June 22, 2020, https://art19.com/shows/think-fast-talk-smart?q=laugh.

168 노스캐롤라이나대 채플힐: Laura E. Kurtz and Sara B. Algoe, "When Sharing a Laugh Means Sharing More: Testing the Role of Shared Laughter on Short-Term Interpersonal Consequences," Journal of Nonverbal Behavior 41 (2017): 45-65.

168 함께 웃는 행동: Jill Suttie, "How Laughter Brings Us Together," Greater Good Magazine, July 17, 2017, accessed May 2, 2022, https://greatergood.berkeley.edu/article/item/how_laughter_brings_us_together.

168 훈제 구이: CNN, "CNN: SOTU Address, President Obama Cracks Smoked Salmon Joke," YouTube video, 44 seconds, January 25, 2011, https://www.youtube.com/watch?v=BFcWz9eyovA.

169 공영방송 NPR: "The State of the Union, in Your Words," NPR, January 25, 2011, https://www.npr.org/2011/01/28/133211131/the-state-of-the-union-in-your-words.

169 진지함으로 제압: Steve Sherwood, "Intersections of Wit and Rhetoric: Humor as a Rhetorical Enterprise," PROTEUS: A Journal of Ideas, Humor and Culture 29, no. 1 (2013), 45-52.

170 조롱도 전형적인 무기: Mary Beard, Confronting the Classics: Traditions, Adventures, and Innovations (New York: W. W. Norton, 2013), 57.

170 하찮거나 열등한: Jack Martinez, "Humor Is the Best Weapon in Presidential Debates," Newsweek, October 13, 2015, https://www.newsweek.com/best-presidential-debate-funny-lines-humor-382831.

172 메미우스: Marcus Tullius Cicero, How to Tell a Joke: An Ancient Guide to the Art of Humor, trans. Michael Fontaine (Princeton, NJ: Prince- ton

University Press, 2021), 99.

170 승리는 항상 키케로: Linda B. Glaser, "Translation Updates Cicero's Treatise on Jokes as 'Weapons,'" Cornell Chronicle, March 16, 2021 accessed May 2, 2022, https://as.cornell.edu/news/translation-updates-ciceros-treatise-jokes-weapons.

171 상대방을 나와 함께 웃도록 만들면: Zimmer, "Using Humour in a Presentation."

171 에스더 스닙페: Esther Snippe, "5 Tips on Using Humor to Engage Your-Audience," SpeakerHub, April 11, 2017, https://speakerhub.com/skillcamp/5-tips-using-humor-engage-your-audience.

171 하나로 묶는다: Zimmer, "Using Humour in a Presentation."

171 TJ 워커: TJ Walker, Howcast, "How to Use Humor in a Speech," YouTube video, 1:56, July 20, 2013, https://www.youtube.com/watch?v=WvT9WjSlk8E.

172 긴장감을 완화: Matt Abrahams, "Make 'Em Laugh: How to Use Humor as a Secret Weapon in Your Communication."

174 가난한 사람들만 말라리아에 걸릴 이유는 없으니까요: Bill Gates, "Mosquitos, Malaria and Education," filmed 2009, TED video, 20:04, https://www.ted.com/talks/bill_gates_mosquitos_malaria_and_education/transcript?language=en.

175 영국국민당이 발표자의 관점에 지지 의견을 보낼 수도: Oxford Union, "Mehdi Hasan | Islam Is a Peaceful Religion | Oxford Union," YouTube video, 13:48, July 3, 2013, https://www.youtube.com/watch?v=Jy9tNyp03M0.

175 영국독립당에 합류: David Lawrence, "Who Is Anne Marie Waters?," Hope Not Hate, April 30, 2021, accessed May 2, 2022, https://hopenothate.org.uk/2021/04/30/who-is-anne-marie-waters/.

176 그만한 값어치: Intelligence Squared, "Debate: Anti-Zionism Is Anti-Semitism," YouTube video, 1:20:07, July 26, 2019, https://www.youtube.com /watch?v=K1VTt_THL4A&ab_channel=IntelligenceSquared.

177 한끝 차이: Glaser, "Cicero's Treatise."

178 흐리딥 바롯: Hrideep Barot, "A Guide to Using Humor in Your Speech," Frantically Speaking, accessed September 9, 2022, https://franticallyspeaking.com/a-guide-to-using-humor-in-your-speech/.

179 역사상 최고령 대통령: "October 21, 1984, Debate Transcript," Commission

on Presidential Debates, accessed May 2, 2022, https://www.debates.org/voter-education/debate-transcripts/october-21-1984-debate-transcript/.

179 청중을 휘어잡았고: Andreas Serafim, "No Laughing Matter: Rhetorical Humour in Ancient and Contemporary Public Speaking" (paper, Classical Association Annual Conference 2015, University of Bristol, April 12, 2015), https://www.academia.edu/10616074/No_Laughing_Matter_Rhetorical_Humour_in_Ancient_and_Contemporary_Public_Speaking.

179 현장에서: Walker, "How to Use Humor in a Speech."

181 당신을 두려워해야 하는 거군요: Al Jazeera English, "Top US General Defends Donald Trump—UpFront," YouTube video, 10:39, May 19, 2016, accessed May 2, 2022, https://www.youtube.com/watch?v=JZ88WRfR66w.

183 장애인 올림픽: Steve Padilla, "Opinion: Obama Apologizes to Tim Shriver for Special Olympics Remark," Los Angeles Times blog, March 20, 2009, accessed May 2, 2022, https://latimesblogs.latimes.com/washington/2009/03/as-our-friend-m.html.

183 유머를 사용하지 말라: Zimmer, "Using Humour in a Presentation."

184 단조롭게: Barot, "A Guide to Using Humor in Your Speech."

185 깨우침을 잊을 수 없다: Sam Horn, Got Your Attention? How to Create Intrigue and Connect with Anyone (Oakland, CA: Berrett-Koehler, 2015), 72.

7장 3의 법칙을 지켜라

189 미래: Chris Heivly, "How The 'Rule of Three' Can Simplify Your Daily Life," Inc., March 23, 2017, https://www.inc.com/chris-heivly/how-the-rule-of-three-can-simplify-your-daily-life.html.

190 바로 아이폰입니다: Rob Price and Mary Meisenzahl, "The First iPhone Was Announced 13 Years Ago Today—Here's How Steve Jobs Introduced It," Insider, January 9, 2020, accessed May 2, 2022, https://www.businessinsider.com/watch-steve-jobs-first-iphone-10-years-ago-legendary-keynote-macworld-sale-2017-6.

190 3의 마법을 간파: Carmine Gallo, "Apple Is Obsessed With the Magical Number 3. It Will Transform Your Presentations, Too," Inc., September 19, 2018, https://www.inc.com/carmine-gallo/apple-is-obsessed-with-

magical-number-3-it-will-transform-your-presentations-too.html.

191 그냥 3가지 이야기: Stanford, "Steve Jobs' 2005 Stanford Commencement Address," YouTube video, 15:04, March 7, 2008, accessed May 2, 2022, https://www.youtube.com/watch?v=UF8uR6Z6KLc.

191 데이브 리네한: Dave Linehan, "Rule of Three in Speech Writing," Dave Linehan blog, accessed August 2, 2022, https://davelinehan.com/rule-of-three-speechwriting/.

191 머리핀: Barry Strauss, The Death of Caesar: The Story of History's Most Famous Assassination (New York: Simon & Schuster, 2015), 214.

192 클라이맥스: Cicero, Verrines II.1, trans. and ed. T. N. Mitchell (Oxford: Oxbow Books, 1986), 161.

192 미국 대통령들: John Zimmer, "Rhetorical Devices: Tricolon," Manner of Speaking (blog), March 16, 2015, accessed May 2, 2022, https://mannerofspeaking.org/2015/03/16/rhetorical-devices-tricolon/.

195 포브스에 기고한 글: Nick Morgan, "Martin Luther King's Rhetorical Genius," Forbes, February 12, 2015, https://www.forbes.com/sites/nickmorgan/2015/02/12/martin-luther-kings-rhetorical-genius.

196 청크: "Theory Name: Information Processing Theory," SUNY Cortland website, accessed September 9, 2022, https://web.cortland.edu/frieda/id/IDtheories/24.html.

196 마법의 숫자 7: George A. Miller, "The Magical Number Seven Plus or Minus Two: Some Limits on Our Capacity for Processing Information," Psychological Review 63, no. 2 (1956): 81-97, https://doi.org/10.1037/h0043158.

196 단기 기억: Kendra Cherry, "What Is Short-Term Memory?," Verywell Mind, February 17, 2022, https://www.verywellmind.com/what-is-short-term-memory-2795348.

197 그 이상은 세지 못한다: Nelson Cowan, personal interview, August 27, 2021.

197 수학적 시뮬레이션: Nelson Cowan, "The Magical Mystery Four: How Is Working Memory Capacity Limited, and Why?," Current Directions in Psychological Science 19, no. 1 (2010): 51-57.

197 패턴: "How to Use the Rule of Three in Writing," Masterclass, August 20, 2021, accessed August 10, 2022, https://www.masterclass.com/articles/how-to-use-the-rule-of-three-in-writing.

198 우리 시대 대가들의 목소리: Max Atkinson, Our Masters' Voices: The Language and Body Language of Politics (London: Routledge, 1984), 47.

199 영원히 계속될 것: "'Segregation Forever': A Fiery Pledge Forgiven, But Not Forgotten," NPR, January 10, 2013, accessed May 2, 2022, https://www.npr.org/2013/01/14/169080969/segregation-forever-a-fiery-pledge-forgiven-but-not-forgotten.

200 가장 뜻 깊은 일 3가지: Peter Bull, "Claps and Clap- trap: The Analysis of Speaker-Audience Interaction in Political Speeches," Journal of Social and Political Psychology 4, no. 1 (2016): 473-92.

201 시작, 중간, 끝: Nelson Cowan, personal interview.

201 모든 이야기: Aristotle, Poetics, trans. S. H. Butcher, sec. 1, pt. 7 (Internet Classics Archive), accessed May 2, 2022, http://classics.mit.edu/Aristotle/poetics.1.1.html.

201 완결성, 총체성, 포괄성: Roy Peter Clark, Writing Tools: 50 Essential Strategies for Every Writer (New York: Little, Brown, 2006), 102.

202 세 부분으로 나누라고 조언: Gini Beqiri, "How to Use the 'Rule of Three' to Create Engaging Speeches," VirtualSpeech, May 17, 2021, https://virtualspeech.com/blog/rule-of-three-speech.

203 앤드루 들루건: Andrew Dlugan, "Why Successful Speech Outlines Follow the Rule of Three," Six Minutes, June 3, 2009, accessed May 2, 2022, http://sixminutes.dlugan.com/speech-outline-rule-of-three/.

8장 수사학적 유도로 상대를 무너뜨려라

205 끌려다니면서: "Kanō Jigorō," Wikipedia, last modified September 8, 2022, https://en.wikipedia.org/wiki/Kanō_Jigorō.

205 작은 유도 도장: Brian N. Watson, The Father of Judo: A Biography of Jigoro Kano (New York: Kodansha America, 2000), 21-26, 39.

207 쿠즈시: "Kuzushi," Wikipedia, last modified June 17, 2021, https://en.wikipedia.org/wiki/Kuzushi.

207 유도에 담긴 철학: THNKR, "The Art of Debate: Never Lose an Argument Again," YouTube video, 5:09, October 18, 2012, https://www.youtube.com/watch?v=LesGw274Kjo&t=185s.

208 최고의 효율, 최소의 노력: Rosemary Feitelberg, "UFC Champion Ronda Rousey Breaks Out," Women's Wear Daily, October 30, 2014, accessed

May 2, 2022, https://wwd.com/eye/people/rousey-breaks-out-of-the-octagon-8014665/?navSection=issues.

208 한두 개를 받아들이면서: Jay Heinrichs, Thank You for Arguing: What Aristotle, Lincoln, and Homer Simpson Can Teach Us about the Art of Persuasion (New York: Broadway Books, 2020), 20-21.

208 문제를 제기하고 싶습니다: THNKR, "The Art of Debate."

209 솔직하고 신중한: Sam Leith, Words Like Loaded Pistols: Rhetoric from Aristotle to Obama (New York: Basic Books, 2016), 68.

209 더 강력하게 주장하기 위해: Collins English Dictionary, s.v. "synchoresis," accessed May 2, 2022, https://www.collinsdictionary.com/us/dictionary/english/synchoresis.

210 단호함과 확고함: "Synchoresis," Ifioque, accessed August 10, 2022, https://ifioque.com/figures-of-speech/trope/synchoresis.

212 터무니없는: Intelligence Squared, "Debate: Anti-Zionism Is Anti-Semitism," YouTube video, 1:20:07, July 26, 2019, https://www.youtube.com/watch?v=K1VTt_THL4A&ab_channel=IntelligenceSquared.

213 예측: "Procatalepsis," accessed September 8, 2022, https://ifioque.com/figures-of-speech/trope/procatalepsis.

213 연사는 수세에 처하고: George A. Kennedy, New Testament Interpretation through Rhetorical Criticism (Chapel Hill: University of North Carolina Press, 1984), 43.

214 정신을 빼앗기지 말아야: Intelligence Squared, "Debate: The West Should Cut Ties with Saudi Arabia," YouTube video, 1:28:16, March 12, 2019, https://www.youtube.com/watch?v=qi0T0owgW3M.

215 필터: David Hoffeld, "This Is the Scientific Way to Win Any Argument (And Not Make Enemies)," Fast Company, January 19, 2018, https://www.fastcompany.com/40517659/this-is-the-scientific-way-to-win-any-argument-and-not-make-enemies.

221 달려있다: Jay Heinrichs, Thank You for Arguing, 119-22.

216 재규정: Jay Heinrichs, Thank You for Arguing, 125; Hoffeld, "This Is The Scientific Way To Win Any Argument (And Not Make Enemies)."

217 찬성표를 던져야 하는 논제: Intelligence Squared, "Debate: The West Should Cut Ties with Saudi Arabia."

218 종교 시설: Al Jazeera English, "What Is the Human Cost to China's

Economic Miracle? | Head to Head," YouTube video, 49:12, March 15, 2019, https://www.youtube.com/watch?v=yZs4PqKlph0.

219 버니 샌더스: "Trump on Coronavirus: 'We Closed It Down, We Stopped It'; Mulvaney Out as Trump's Acting Chief of Staff; Former Senator Al Franken to 2020 Democrats: Focus on Trump. Aired 9-10p ET," CNN, March 6, 2020, accessed May 2, 2022, http://edition.cnn.com/TRANSCRIPTS/2003/06/CPT.01.html.

221 강력한 상대에게 저항: Kanō Jigorō, Mind over Muscle: Writings from the Founder of Judo, trans. Nancy H. Ross (Kodansha Inter- national, 2005), 39-40.

9장 '징어'로 하이라이트를 만들라

223 인디애나주 상원의원: Jack Nelson and Richard E. Meyer, "Bush Selects Quayle as His Running Mate: Calls Indiana Senator, 41, Future Leader," Los Angeles Times, August 17, 1988, https://www.latimes.com/archives/la-xpm-1988-08-17-mn-446-story.html.

223 지명도가 낮은: R. W. Apple Jr., "Bush Chooses Senator Quayle of Indiana, a 41-Year-Old Conservative, for No. 2 Spot," New York Times, August 17, 1988, https://archive.nytimes.com/www.nytimes.com/library/politics/camp/880817convention-gop-ra.html.

224 14년 동안: "Senator, You're No Jack Kennedy," Wikipedia, last modified September 21, 2022, https://en.wikipedia.org/wiki/Senator,_you're_no_Jack_Kennedy.

224 조명에 잘 대응하지 못했다: Noah Bierman, "'Senator, You're No Jack Kennedy' Almost Didn't Happen. How It Became the Biggest VP Debate Moment in History," Los Angeles Times, October 4, 2016, https://www.latimes.com/politics/la-na-pol-debate-quayle-bentsen-20161004-snap-story.html.

225 당신은 잭 케네디가 아닙니다: "October 5, 1988, Debate Transcript," Commission on Presidential Debates, accessed May 2, 2022, https://www.debates.org/voter-education/debate-transcripts/october-5-1988-debate-transcripts/.

225 한 방에 부숴진 치아들: Mary McGrory, "Bentsen Bags a Quayle," Washington Post, October 9, 1988, https://www.washingtonpost.com/archive/

opinions/1988/10/09/bentsen-bags-a-quayle/d6292884-d3a9-42cf-8b0c-719fe5568666/.

226 토론 역사상 가장 대단한 순간: Bierman, "'Senator, You're No Jack Kennedy.'"

226 위키피디아: Wikipedia, "Senator, You're No Jack Kennedy."

226 재치 있는 응답: Dan Quayle, interview with Jim Lehrer, Debating Our Destiny, PBS, December 2, 1999, https://www.pbs.org/newshour/spc/debatingourdestiny/interviews/quayle.html.

227 신랄한 재담: Chuck McCutcheon, "Speaking Politics Term of the Week: Zinger," Christian Science Monitor, September 16, 2016, https://www.csmonitor.com/USA/Politics/Politics-Voices/2016/0926/Speaking-Politics-term-of-the-week-zinger.

227 모욕적인 말, 재치 있는 말, 낙인찍는 말: Pauline Bickford-Duane, The Little Book of Zingers: History's Finest One-Liners, Comebacks, Jests, and Mic-Droppers (Kennebunkport, ME: Whalen Book Works, 2020), 4.

227 레토르투스: Mardy Grothe, Viva la Repartee: Clever Comebacks & Witty Retorts from History's Great Wits & Wordsmiths (New York: HarperCollins, 2005), 2.

228 경쟁자보다 우위를 차지: Chris Lamb, "Introduction," in The Art of the Political Putdown: The Greatest Comebacks, Ripostes, and Retorts in History, ed. Chris Lamb and Will Moredock (San Francisco: Chronicle Books, 2020), 10.

228 재담이나 기지: George W. Bush, interview with Jim Lehrer, "'Debating Our Destiny' Takes Unique Look at Debates," PBS, September 8, 2008, https://www.pbs.org/newshour/show/debating-our-destiny-takes-unique-look-at-debates.

228 인류만큼이나 오래되었다: Bickford-Duane, Little Book of Zingers, 4.

229 강연을 방해: Leah Goldrick, "Was This Philosopher History's Most Successful Troll?," Brain Fodder, accessed September 10, 2022, https://brainfodder.org/diogenese-of-sinope/.

229 일화: Bickford-Duane, Little Book of Zingers, 11; Robert E. Buxbaum, "Diogenes the Cynic," REB Research Blog, accessed May 2, 2022, http://www.rebresearch.com/blog/diogenes-the-cynic/.137; Joshua J. Mark, "The Life of Diogenes of Sinope in Diogenes Laertius," World History Encyclopedia, August 6, 2014, https://www.worldhistory.org/article/740/

the-life-of-diogenes-of-sinope-in-diogenes-laertiu/.

230 당황스럽고 놀라워: Bickford-Duane, Little Book of Zingers, 4.

230 웃음을 터뜨리는 타이밍: Lamb, Art of the Political Putdown, 10.

231 케네디와 비교: Bierman, "'Senator, You're No Jack Ken- nedy.'"

232 며칠 전에 준비: Lamb, Art of the Political Putdown, 10.

232 벌에 비유: "Seneca on Gathering Ideas and Combinatorial Creativity," Farnam Street blog, accessed September 8, 2022, https://fs.blog/seneca-on-combinatorial-creativity/.

233 신의 이름으로, 가시오: Martyn Bennett, "'In the Name of God, Go': The History of a Speech That Has Brought Down Parliament and a Prime Minister," The Conversation, January 20, 2022, accessed May 2, 2022, https:// theconversation.com/in-the-name-of-god-go-the-history-of-a-speech-that-has-brought-down-parliament-and-a-prime-minister-175368; "Norway Debate," Wikipedia, last modified August 2, 2022, https://en.wikipedia.org/wiki/Norway_Debate.

236 간단명료: Kendall Payne and Hannah Madden, "How to Create One Liners," wikiHow, February 8, 2022, accessed August 10, 2022, https://www.wikihow.com/Create-One-Liners.

237 아군으로 와야 하는지 아니면 적군으로 와야 하는지: Bickford-Duane, Little Book of Zingers, 12.

239 제 이름은 아흐메드가 아니라 메흐디입니다: smtm: Entertainment, "Question Time in Lincoln—15/01/2014," YouTube video, 59:01, January 22, 2015, https://www.youtube.com/watch?v=5BP8_UyQWc4.

240 25초짜리 글귀: CBSN, "Chris Christie Takes Down Marco Rubio," YouTube video, 3:15, February 7, 2016, accessed May 11, 2022, https://www.youtube.com/watch?v=CkdpzRDxTXU.

242 미리 준비한 발언: Katie Glueck, "How to Prepare a Debate Zinger That Doesn't Sound Prepared," New York Times, October 15, 2019, https://www.nytimes.com/2019/10/15/us/politics/democratic-debate-highlights.html.

243 공화당의 퀘일은 민주당의 벤슨에게 패했다: Bierman, "'Senator, You're No Jack Kennedy' Almost Didn't Happen."

10장 예상할 수 없는 부비트랩을 설치하라

246 부비트랩: Merriam-Webster, s.v. "booby trap," accessed May 11, 2022, https://www.merriam-webster.com/dictionary/booby%20trap.

246 바보 같은, 어리석은, 순진하기 짝이 없는: "Booby trap," Wikipedia, last modified June 26, 2022, https://en.wikipedia.org/wiki/Booby_trap#Etymology.

249 계속 말씀하시는데: Al Jazeera English, "Who Is to Blame for the Rise of ISIL? | Head to Head," YouTube Video, 47:31, August 13, 2015, https://www.youtube.com/watch?v=-EghwCDNyiY.

251 한 가지 아주 중요한 내용을 짚어드리겠습니다: Intelligence Squared, "Debate: The West Should Cut Ties with Saudi Arabia," YouTube video, 1:28:16, March 12, 2019, https://www.youtube.com/watch?v=qi0T0owgW3M.

254 계속해서 언급하는데요: Al Jazeera English, "Immigration: How Much Is Too Much? | Head to Head," YouTube video, 47:28, August 7, 2015, https://www.youtube.com/watch?v=dA1-JtBACeg.

258 질문 하나 드리겠습니다: Ayush Tiwari, "Christopher Hitchens to Charlton Heston: 'Keep Your Hairpiece On' (1991)," YouTube video, 3:06, May 7, 2015, https://www.youtube.com/watch?v=nZUMGid0IvI&t=26s.

261 그건 잘못된 질문입니다: Al Jazeera English, "Is Democracy Wrong for China? | Head to Head," YouTube video, 47:30, December 19, 2014, https://www.youtube.com/watch?v=F821Fe2_wBk.

11장 거짓말 폭탄 기쉬 갤럽에 대응하라

266 대통령님, 2분 드리겠습니다: Fox Business, "First Trump-Biden Presidential Debate Moderated by Fox News' Chris Wallace | FULL," YouTube video, 1:36:53, September 29, 2020, https://www.youtube.com/watch?v=2TTtlFpM5Ss.

270 헛소리를 쏟아내는: Urban Dictionary, s.v. "Gish Gallop," accessed May 11, 2022, https://www.urbandictionary.com/define.php?term=Gish%20Gallop.

270 기쉬 갤럽 헤비급 세계 챔피언: William Rivers Pitt, "Trump and the Gish Gallop: A Million Lies and One Truth," Truthout, January 30, 2017, accessed May 11, 2022, https://truthout.org/articles/trump-and-the-gish-gallop-a-million-lies-and-one-truth/.

271 헛소리 덩어리: Sean Illing, "'Flood the Zone with Shit'": How Misinformation Overwhelmed Our Democracy," Vox.com, February 6, 2020, https://www.vox.com/policy-and-politics/2020/1/16/20991816/impeachment-trial-trump-bannon-misinformation.

271 거짓 주장: Carl Alviani, "There's a Name for Trump's Technique to Overwhelm the Public with a Stream of Tiny Lies," Quartz, February 8, 2017, https://qz.com/905252/donald-trumps-lies-are-all-part-of-a-debate-tactic-called-the-gish-gallop/.

271 장황설 논증: "Gish Gallop," RationalWiki, last modified July 1, 2022, https://rationalwiki.org/wiki/Gish_Gallop.

271 권위에 대한 환상: "Gish Gallop," RationalWiki.

272 부적절한 정보로 가득: Melissa Ludwig, "Texas Judge Tosses Creationists' Plan for Science Degrees," San Antonio Express-News, August 19, 2011, accessed May 11, 2022, https://www.chron.com/news/houston-texas/article/Texas-judge-tosses-creationists-plan-for-science-1601606.php.

273 청중은 그를 좋아했다: "Remembering Dr. Duane T. Gish, Creation's 'Bulldog,'" Institute for Creation Research, March 6, 2013, accessed May 11, 2022, https://www.icr.org/article/remembering-dr-duane-t-gish-creations/.

273 남다른 카리스마: Richard Trott, "Debating the ICR's Duane Gish," Talk.origins, July 7, 1994, accessed May 11, 2022, http://www.talkorigins.org/faqs/debating/gish.html.

273 기쉬는 상대방이 먼저 말을 하도록 한다: John Grant, Debunk It! Fake News Edition: How to Stay Sane in a World of Misinformation (Minneapolis: Zest Books, 2019), 55.

274 300회가 넘는 토론: "Remembering Dr. Duane T. Gish, Creation's 'Bulldog.'"

274 단락마다 헛소리를 내뱉으며 질주: Eugenie Scott, "Debates and the Globetrotters," Talk.origins, July 7, 1994, accessed May 11, 2022, http://www.talkorigins.org/faqs/debating/globetrotters.html.

275 기쉬의 주장을 바로잡았지만: Joyce Arthur, "Creationism: Bad Science or Immoral Pseudoscience?," Skeptic, 1996, accessed May 11, 2022, https://www.fullmoon.nu/sources.bak/CHAPTER%2010/PART%202/gish%20exposed.html.

275 스프리딩: Daniel Kruger, "How to Win a High-School Debate: Talk Like a

Cattle Auctioneer," Wall Street Journal, February 7, 2018, https://www.wsj.com/articles/ifyoucanunderstandthisyoumightbeahighschooldebater-1518021742.

276 엄청난 양의 잘못된 정보: "'A Fire Hose of Lying': Dale Fact-Checks Trump Town Hall," Don Lemon Tonight, CNN, September 16, 2020, https://www.cnn.com/videos/politics/2020/09/16/daniel-dale-fact-check-trump-abc-town-hall-ctn-sot-bts-vpx.cnn.

277 이슬라메 대한 두려움: Oxford Union, "Anne-Marie Waters | Islam Is Not a Peaceful Religion | Oxford Union," YouTube video, 8:17, July 3, 2013, https://www.youtube.com/watch?v=VQjZHFnmADQ.

280 상대의 다른 주장들도 잘못되었음: "Gish Gallop: When People Try to Win Debates by Using Overwhelming Nonsense," Effectiviology, accessed May 11, 2022, https://effectiviology.com/gish-gallop/.

280 정신적 혼란: Brian Stelter, "This Infamous Steve Bannon Quote Is Key to Understanding America's Crazy Politics," CNN, November 16, 2021, https://www.cnn.com/2021/11/16/media/steve-bannon-reliable-sources/index.html.

281 밀어붙여라: JK Ames's answer to "How do you respond to a Gish Gallop? Can one defend, attack or escape?," Quora, June 6, 2022, https://www.quora.com/How-do-you-respond-to-a-Gish-Gallop-Can-one-defend-attack-or-escape.

282 제가 보는 부분: "Interview: Jonathan Swan of Axios Interviews Donald Trump—August 3, 2020," Factba.se, accessed May 11, 2022, https://factba.se/transcript/donald-trump-interview-axios-jonathan-swan-hbo-august-3-2020

285 인터뷰가 가장 힘든 이유: Jonathan Swan, personal interview, February 17, 2022.

286 과감하게 지적: "Gish Gallop," Effectiviology.

287 진실의 물총: Christopher Paul and Miriam Matthews, "The Russian 'Firehose of Falsehood' Propaganda Model," RAND Perspectives, 2016, accessed May 11, 2022, https://www.rand.org/pubs/perspectives/PE198.html.

289 3만 573회: Glenn Kessler, Salvador Rizzo, and Meg Kelly, "Trump's False or Misleading Claims Total 30,573 over 4 Years," Washington Post,

January 24, 2021, accessed May 11, 2022, https://www.washingtonpost.com/politics/2021/01/24/trumps-false-or-misleading-claims-total-30573-over-four-years/.

289 선거 캠페인 기간에: Mehdi Hasan, Twitter post, November 14, 2018, 8:58 AM, https://twitter.com/mehdirhasan/status/1062706401804455937.

12장 자신감이 전부다

295 배신감: 2yyiam, "Mehdi Hasan—Question Time Part 1 of 6," YouTube video, 9:59, May 18, 2010, https://www.youtube.com/watch?v=htCdyajC-Os&t=127s.

297 구독 신청: Jon Allsop, "The Debater: Mehdi Hasan's Challenging Transatlantic Rise," Columbia Journalism Review, 2021, accessed May 11, 2022, https://www.cjr.org/special_report/mehdi_hasan_america.php.

297 카민 갤로: Carmine Gallo, Talk Like TED: The 9 Public Speaking Secrets of the World's Top Minds (New York: St. Martin's Press, 2014), 91.

298 마음속에 내재하는 신념: "Confidence," Psychology Today, accessed May 11, 2022, https://www.psychologytoday.com/us/basics/confidence.

298 자신감의 라틴 어원: "Confidence," last modified July 8, 2022, https://en.wikipedia.org/wiki/Confidence.

298 자신감이 자신감을 낳고: Richard Branson, "Confidence Breeds Confidence and Negativity Breeds Negativity," Facebook post, January 28, 2015, https://m.facebook.com/RichardBranson/photos/a.10150152138395872/10152576593725872/?type=3&p=30.

298 능력만큼이나: Katty Kay and Claire Shipman, "The Confidence Gap," Atlantic, May 2014, https://www.theatlantic.com/magazine/archive/2014/05/the-confidence-gap/359815/.

299 실패쯤은 눈감아 줄 수 있다: Peter Aldhous, "Humans Prefer Cockiness to Expertise," New Scientist, June 3, 2009, https://www.newscientist.com/article/mg20227115-500-humans-prefer-cockiness-to-expertise/?ignored=irrelevant.

300 조용한 장소를 찾아라: "Use Creative Visualization to Succeed During a Speech," Presentation Training Institute, July 24, 2018, accessed August 10, 2022, https://www.presentationtraininginstitute.com/use-creative-visualization-to-succeed-during-a-speech/.

302 자신의 마음을 속일 수 있다: "How Visualizing Something into Existence Works," Gravity Learning, accessed September 9, 2022, https://gravitylearning.com/how-visualizing-something-into-existence-works/; "18 Tips for Being Confident from Within," Tony Robbins, accessed September 9, 2022, https://www.tonyrobbins.com/building-confidence/how-to-be-confident/.

302 같은 부분이 활성화: Srinivasan Pillay, "The Science of Visualization: Maximizing Your Brain's Potential during the Recession," HuffPost, April 3, 2009, accessed May 11, 2022, https://www.huffpost.com/entry/the-science-of-visualizat_b_171340.

302 수술을 훨씬 더 잘 해냈다: Sheryl Ubelacker, "Surgeons Study Benefits of Visualizing Procedures," Globe and Mail, January 28, 2015, https://www.theglobeandmail.com/life/health-and-fitness/health/surgeons-study-benefits-of-visualizing-procedures/article22681531/.

302 최면 상태에서 시각화 훈련: Donald R. Liggett and Sadao Hamada, "Enhancing the Visualization of Gymnasts," American Journal of Clinical Hypnosis 35, no. 3 (1993): 190-97.

303 실제 레이스를 시작해서 끝내기까지: Michael Phelps with Brian Cazeneuve, Beneath the Surface: My Story (Champaign, IL: Sports Publishing, 2016), 3.

303 링 위에서 어떤 일이 일어나게 될지 정확하게 알고 있습니다: Mastery Blueprint, "Scientific Benefits of Visualization for Athletes," YouTube video, 5:49, February 4, 2019, https://www.youtube.com/watch?v=VHISQ6xIGZE.

304 힘과 용기와 자신감을 얻는다: Eleanor Roosevelt, You Learn by Living (Louisville, KY: Westminster John Knox Press, 1983), 29.

305 위험을 감수: John Baldoni, "Want to Build Your Confidence? Take a Risk!," Forbes, April 27, 2018, https://www.forbes.com/sites/johnbaldoni/2018/04/27/want-to-build-your-confidence-take-a-risk.

305 자신감은 경험과 함께 온다: Megan Bruneau, "'Confidence Starts Within' and 3 Other Myths That Are Making You More Insecure," Forbes, October 23, 2016, https://www.forbes.com/sites/meganbruneau/2016/10/23/confidence-comes-from-within-and-3-other-myths-that-are-making-you-more-insecure/?sh=547c120923db.

305 말할 기회가 생기면 잡으라: Simon Trevarthen, "Speak Like a Master: 7 Ways to Be an Extraordinary Speaker," Vunela, April 11, 2017, https://magazine.

vunela.com/all-great-leaders-are-inspiring-speakers-5f3168dec2c2.

305 극한 수준의 스트레스: Sian Beilock, Choke: What the Secrets of the Brain Reveal about Getting It Right When You Have To (New York: Free Press, 2011), 34.

306 편안하고 익숙한 상황: John Baldoni, "Want To Build Your Confidence? Take A Risk!"

308 일종의 선순환: Erin Delmore, "6 Ways to Help Our Daughters Live 'The Confidence Code,'" MSNBC, February 23, 2021, https://www.msnbc.com/know-your-value/6-ways-help-our-daughters-live-confidence-code-n1258685.

308 더 많이 시도: Barbara Markway, "Why Self-Confidence Is More Important Than You Think," Psychology Today, September 20, 2018, https://www.psychologytoday.com/us/blog/shyness-is-nice/201809/why-self-confidence-is-more-important-you-think.

308 주옥 같은 표현인데요: BBC Radio 1, "Zane Lowe Meets Kanye West 2015—Contains Strong Language," YouTube video, 43:15, February 26, 2015, https://www.youtube.com/watch?v=4Rn0hDB6Z8k.

309 당신을 응원하고 있다: Lybi Ma, "Fighting Stage Fright," Psychology Today, December 6, 2005, https://www.psychologytoday.com/us/articles/200512/fighting-stage-fright.

310 머릿속에서: Stephanie Catahan, "13 Ways to Actually Build Confidence in Yourself, from Experts," Mindbodygreen, November 3, 2021, accessed May 11, 2022, https://www.mindbodygreen.com/articles/how-to-build-confidence/.

311 할 수 있는 척 속이지 말라: Amy Cuddy, "Your Body Language May Shape Who You Are," filmed 2012, TED video, 20:46, https://www.ted.com/talks/amy_cuddy_your_body_language_may_shape_who_you_are.

312 눈물 낭비: E! News, "Rihanna's Tips for Confidence #shorts," YouTube video, 17 seconds, August 27, 2021, https://www.youtube.com/watch?v=d3kp3eMcBco.

312 이미 지니고 있는 사람처럼: Norman Vincent Peale, Enthusiasm Makes the Difference (New York: Fireside, 2003), 13.

313 더 자신감 있는 사람이 된다: Peter Mabbutt and Mike Bryant, Hypnotherapy For Dummies (Germany: Wiley, 2011).

314 7-38-55 법칙: "How to Use the 7-38-55 Rule to Negotiate Effectively," Masterclass, November 8, 2020, accessed September 20, 2022, https://www.masterclass.com/articles/how-to-use-the-7-38-55-rule-to-negotiate-effectively.

314 연구 결과를 인용: Carmine Gallo, "How to Look and Sound Confident During a Presentation," Harvard Business Review, October 23, 2019, https://hbr.org/2019/10/how-to-look-and-sound-confident-during-a-presentation.

314 해야 할 행동과 하지 말아야 할 행동들: Katherine Noel, "8 Body Language Tricks to Instantly Appear More Confident," Insider, March 31, 2016, accessed August 10, 2022, https://www.businessinsider.com/body-language-tricks-appear-more-confident-2016-3.

314 카민 갤로: Carmine Gallo, Talk Like TED: The 9 Public- Speaking Secrets of the World's Top Minds (New York: St. Martin's Press, 2014).

315 비언어적 행동: Cuddy, "Your Body Language May Shape Who You Are."

315 후속 연구를 통해서 입증된 건 아니지만: Kim Elsesser, "Power Posing Is Back: Amy Cuddy Successfully Refutes Criticism," Forbes, April 3, 2018, https://www.forbes.com/sites/kimelsesser/2018/04/03/power-posing-is-back-amy-cuddy-successfully-refutes-criticism/?sh=6b1621bd3b8e.

317 인간의 목소리: Julian Treasure, "How to Speak So That People Want to Listen," filmed 2013, TED video, 9:45, https://www.ted.com/talks/julian_treasure_how_to_speak_so_that_people_want_to_listen.

318 분명하게 들을 수 있을 정도: Justin Aquino, "How to Project Your Voice: 8 Strategies to Get Louder," Cool Communicator, accessed May 11, 2022, https://coolcommunicator.com/how-to-project-your-voice/.

318 많은 연구 결과: Gallo, "How to Look and Sound Confident During a Presentation."

318 정보를 얻기 위해 가장 먼저 눈을 스캔: Sarah Jessen and Tobias Grossmann, "Uncon- scious Discrimination of Social Cues from Eye Whites in Infants," Proceedings of the National Academy of Sciences 111, no. 45 (2014): 16208-13.

319 지배력을 입증: Ruth Umoh, "How Making Eye Contact Can Help You Appear More Confident at Work," CNBC, August 17, 2017, https://www.cnbc.com/2017/08/17/how-making-eye-contact-can-help-you-appear-

more-confident-at-work.html.

319 대화 시간의 60~70%: Sue Shellenbarger, "Just Look Me in the Eye Already," Wall Street Journal, May 28, 2013, https://www.wsj.com/articles/SB10001424127887324809804578511290822228174.

319 관심과 자신감이 적절한 조합: Jodi Schulz, "Eye Contact: Don't Make These Mistakes," Michigan State University Extension, December 31, 2012, accessed May 11, 2022, https://www.canr.msu.edu/news/eye_contact_dont_make_these_mistakes.

320 개인적으로 나는 말을 시작할 때 늘 긴장한다: Sam Leith, Words Like Loaded Pistols: Rhetoric from Aristotle to Obama (New York: Basic Books, 2016), 109-10.

321 운동을 통해 근육을 키워 나가듯: Anna Leach, "Not Feeling Confident? Here Are Six Ways to Fake It," Guardian, May 18, 2016, https://www.theguardian.com/education/2016/may/18/not-feeling-confident-here-are-six-ways-to-fake-it.

200 "You have to earn it": Mindy Kaling, Why Not Me? (New York: Three Rivers Press, 2016), 220.

13장 미끼를 물지 말고 하던 일에 집중하라

323 유럽에 있는 무슬림들: Douglas Murray, "What Are We to Do About Islam? A Speech to the Pim Fortuyn Memorial Conference on Europe and Islam," transcript of speech delivered in the Hague in February 2006, accessed July 1, 2022, https://web.archive.org/web/20080201133647/http://www.socialaffairsunit.org.uk/blog/archives/000809.php.

323 무슬림: Douglas Murray, "Never Mind Singing John Lennon Songs… If We Want Peace Then We Need One Thing—Less Islam," The Sun, June 4, 2017, https://www.thesun.co.uk/news/3722649/never-mind-singing-john-lennon-songs-if-we-want-peace-then-we-need-one-thing-less-islam/.

323 런던은 이제 외국: Douglas Murray, "Census That Revealed a Troubling Future," Standpoint, March 2013, accessed July 1, 2022, https://web.archive.org/web/20190703105135/https://standpointmag.co.uk/issues/march-2013/features-march-13-census-that-revealed-a-troubling-future-douglas-murray-immigration-multiculturalism-race-ethnicity/.

324 유튜브 영상: The Orwell Foundation, "Oxford University Part 2—What

Can't You Speak about in the 21st Century?," YouTube video, 9:21, February 25, 2010, https://www.youtube.com/watch?v=vD-jB8f4SNQ.

325 사실과 데이터: The Orwell Foundation, "Oxford University Part 3—What Can't You Speak about in the 21st Century?," YouTube video, 7:30, February 25, 2010, https://www.youtube.com/watch?v=33KM-dUS0IU.

327 핏자국: Kamal Ahmed, "War of the Words," Observer, June 29, 2003, https://www.theguardian.com/media/2003/jun/29/iraqandthemedia.politicsandiraq.

328 호흡이 진정된 상태: Anna V. Shapiro, Parents and Children: Relationships Born from Love; Inspired by the Wisdom of Yoga (Lulu Publishing Services, 2017), 157.

328 청반: Kevin Yackle et al., "Breathing Control Center Neurons That Promote Arousal in Mice," Science 355, no. 6332 (2017): 1411-15.

328 마크 크랜스노: Alice Park, "This Is the Fastest Way to Calm Down," Time, March 30, 2017, https://time.com/4718723/deep-breathing-meditation-calm-anxiety/.

329 신체: Jonathan S. Abramowitz, The Stress Less Workbook (New York: The Guilford Press, 2012), 177.

330 삶의 완충 장치: Peggy Noonan, What I Saw at the Revolution: A Political Life in the Reagan Era (New York: Random House, 2010), 179.

330 엔도르핀: Katey Davidson, "Why Do We Need Endorphins?," Healthline.com, November 30, 2021, accessed August 10, 2022, https://www.healthline.com/health/endorphins.

331 유머가 없는 내용의 테이프: Nancy A. Yovetich, Alexander A. Dale, and Mary A. Hudak, "Benefits of Humor in Reduction of Threat-Induced Anxiety," Psychological Reports 66, no. 1 (1990): 51-58.

332 저명한 심리학자: Rod A. Martin and Thomas E. Ford, The Psychology of Humor: An Integrative Approach (San Diego: Academic Press, 2018), 299.

332 직면한 무서운 상황: Andie Kramer, "Using Humor to Manage Stress and Stay Positive," Forbes, May 15, 2020, https://www.forbes.com/sites/andiekramer/2020/05/15/using-humor-to-manage-stress-and-stay-positive/.

332 좀 웃으시지 그래요: Merrill D. Peterson, Lincoln in Amer- ican Memory

(New York: Oxford University Press, 1995), 97.

333 이마의 흉터: J. K. Rowling, Harry Potter and the Order of the Phoenix (New York: Scholastic Press, 2003), 178.

334 비교적 적은 노력으로 자제력을 발휘: Jason S. Moser et al., "Third-Person Self-Talk Facilitates Emotion Regulation without Engaging Cognitive Control: Converging Evidence from ERP and fMRI," Scientific Reports 7 (2017): 4519.

335 내면에서 일어나는 일: Linda Esposito, "22 Calming Quotes for People with Anxiety," Psychology Today, September 17, 2014, https://www.psychologytoday.com/us/blog/anxiety-zen/201409/22-calming-quotes-people-anxiety.

336 그는 부인했지만: Al Jazeera English, "UpFront—Klitschko on Ukraine, Russia and a New Cold War Threat," YouTube video, 11:37, February 27, 2016, https://www.youtube.com/watch?v=ezW2D9ZE-ug.

338 토스트: humor101channel, "Mustard Spreading the Birdcage," YouTube video, 1:59, June 9, 2011, https://www.youtube.com/watch?v=p85FTLv5_-M.

14장 연습이 완벽을 만든다

340 반복, 반복, 반복: Carmine Gallo, "The Best TED Speakers Practice This 1 Habit Before Taking the Stage," Inc., March 7, 2017, https://www.inc.com/carmine-gallo/the-best-ted-speakers-practice-this-1-habit-before-taking-the-stage.html.

341 제2차 세계대전: "Demosthenes," Wikipedia, last modified June 28, 2022, https://en.wikipedia.org/wiki/Demosthenes.

342 비범함이 넘쳐흐르는 거대한 분수: Simon Maier and Jeremy Kourdi, The 100: Insights and Lessons from 100 of the Greatest Speakers and Speeches Ever Delivered, rev. ed. (London: Marshall Cavendish, 2011), 88.

342 완벽한 웅변가: Carl P. E. Springer, Cicero in Heaven: The Roman Rhetor and Luther's Reformation (Leiden: Brill, 2018), 62.

343 단숨에: Plutarch, Parallel Lives, trans. Bernadotte Perrin, LacusCurtius.

343 무기를 집어 들고: Steven John, "The Top 10 Famous Speeches That Stand the Test of Time," The Manual, January 8, 2022, accessed, 30 August 2022, https://www.themanual.com/culture/famous-speeches-from-

history/.

345 90%: Aisha Langford, "Ready, Set, Speak," Inside Higher Ed, July 10, 2015, https://www.insidehighered.com/advice/2015/07/10/how-improve-your-public-speaking-skills-essay.

346 처칠은 웅변술과는 거리가 먼 사람: Boris Johnson, The Churchill Factor: How One Man Made History (New York: Riverhead Books, 2014), 87.

347 야유: Brett McKay and Kate McKay, "The Winston Churchill Guide to Public Speaking," Art of Manliness blog, last modified October 29, 2021, https://www.artofmanliness.com/character/behavior/guide-to-public-speaking/.

347 손으로 얼굴을 감쌌다: Johnson, Churchill Factor, 84; McKay and McKay, "The Winston Churchill Guide to Public Speaking."

347 뛰어난 웅변술만큼이나 탁월한: "The Nobel Prize in Literature 1953," The Nobel Prize, accessed May 11, 2022, https://www.nobelprize.org/prizes/literature/1953/summary/.

347 어미 곰이 새끼 곰을 핥듯이: Johnson, Churchill Factor, 85.

347 연단에 오르기 전: Brett McKay and Kate McKay, "The Winston Churchill Guide to Public Speaking."

348 글로 쓰인 웅변: Johnson, Churchill Factor, 89.

348 청중은 그 사실을 전혀 알아차리지 못했다: William Manchester, The Last Lion: Winston Spencer Churchill, vol. 2: Alone, 1932-1940 (New York: Bantam Books, 2013), 104; McKay and McKay, "Winston Churchill Guide to Public Speaking."

348 발음하기 힘든 문장들: Thomas Montalbo, "Seven Lessons in Speech-making from One of the Greatest Orators of All Time," Finest Hour 69, June 17, 2016, accessed May 11, 2022, https://winstonchurchill.org/publications/finest-hour/finest-hour-069/churchill-a-study-in-oratory/.

348 장애가 아니다: William Manchester, The Last Lion: Winston Spencer Churchill, vol. 1: Visions of Glory, 1874-1932 (New York: Bantam Books, 2013), 267.

349 자네에게 말한 게 아닐세: Manchester, Visions of Glory, 32.

349 널리 알리기 위해: Cynthia Haven, "Stanford Archive Shows Origins of Martin Luther King's 1963 'I Have a Dream' Speech," Stanford Report, August 25, 2011, accessed May 11, 2022, https://news.stanford.edu/

news/2011/august/i-have-a-dream-082511.html.

350 잘 알려져 있습니다: Scott Eblin, "Six Leadership Communication Lessons from Martin Luther King, Jr.," Government Executive, January 16, 2012, accessed May 11, 2022, https://www.govexec.com/management/2012/01/six-leadership-communication-lessons-from-martin-luther-king-jr/40840/.

350 쓰고 고치기를 반복: Gary Younge, "Martin Luther King: The Story Behind His 'I Have a Dream' Speech," Guardian, August 9, 2013, https://www.theguardian.com/world/2013/aug/09/martin-luther-king-dream-speech-history.

351 페라리: Carmine Gallo, Talk Like TED: The 9 Public-Speaking Secrets of the World's Top Minds (New York: St. Martin's Press, 2014), 76.

352 어울리는가: Marie Tjernlund, "Are Your Non-Verbals Helping or Hurting Your Presentation?," NobleEdge blog, July 12, 2022, https://www.nobleedgeconsulting.com/post/are-your-non-verbals-helping-or-hurting-your-presentation.

352 소리를 끄고: Jen Glantz, "5 Activities You Can Do at Home to Help You Become a Stronger Public Speaker," Insider, March 18, 2020, https://www.businessinsider.com/5-activities-at-home-to-become-a-stronger-public-speaker-2020-3.

352 쓸데없는 동작이나 제스처: Gallo, Talk Like TED, 102.

354 손을 모으라: Sam Leith, Words Like Loaded Pistols: Rhetoric from Aristotle to Obama (New York: Basic Books, 2016), 184.

354 내 목소리 톤: Likipedia, "Seinfeld—Tone of Voice," YouTube video, 5:29, July 26, 2017, accessed May 11, 2022, https://www.youtube.com/watch?v=T6yFDm9xT2E.

355 크거나 조용하게: Helen von Dadelszen, "Add Colour to Your Voice to Engage Your Audience," LinkedIn, January 24, 2022, https://www.linkedin.com/pulse/add-colour-your-voice-engage-audience-helen-von-dadelszen.

356 말은 종이에 적힌 글자 그 이상을 의미: Maya Angelou, Twitter post, April 29, 2019, 10:44 PM, https://twitter.com/drmayaangelou/status/1123055575632420865.

359 포스의 어두운 면: Maxwell Tani, "Adam Driver Walks Out of NPR 'Fresh Air' Interview over 'Marriage Story' Clip," Daily Beast, December 17,

2019, accessed May 11, 2022, https://www.thedailybeast.com/adam-driver-walks-out-of-npr-fresh-air-interview-over-marriage-story-clip.

359 연기를 해볼 수 있는 기회: Helen von Dadelszen, "The Hidden Bene- fits of the Bedtime Story," Present Potential Academy blog, April 29, 2011, accessed May 11, 2022, https://presentpotential.ch/2018/10/25/the-hidden-benefits-of-the-bedtime-story/.

361 운신의 폭: "7 Deadly Fears of Public Speaking," The Big Fish blog, December 9, 2013, https://bigfishpresentations.com/2013/12/09/7-deadly-fears-of-public-speaking/.

363 리허설과 피드백: Carmine Gallo, Talk Like TED: The 9 Public-Speaking Secrets of the World's Top Minds (New York: St. Martin's Press, 2014), 78.

363 두 번이나 출연: Carmine Gallo, "The Best TED Speakers Practice This 1 Habit Before Taking the Stage."

365 세 번이나: Mehdi Hasan, Twitter post, August 22, 2019, 10:30 AM, https://twitter.com/mehdirhasan/status/1164545476747780096.

366 트럼프의 반유대주의 요약: Katherine Krueger, "A Perfect Distillation of Trump's Anti-Semitism in Just One Minute," Splinter, August 22, 2019, accessed May 11, 2022, https://splinternews.com/a-perfect-distillation-of-trumps-anti-semitism-in-just-1837479676.

367 연설할 장소: Sam Leith, Words Like Loaded Pistols: Rhetoric from Aristotle to Obama (New York: Basic Books, 2016), 143.

15장 숙제를 빼먹지 말라

371 명확한 내용을 제공할뿐더러 어디에 초점을 맞춰야 할지도 알려주니까요: Jonathan Dimbleby, personal interview, March 28, 2022.

373 동의할 수 있는 어떤 주장을 말할 자격: Patrick Stokes, "No, You're Not Entitled to Your Opinion," The Conversation, October 4, 2012, https://theconversation.com/no-youre-not-entitled-to-your-opinion-9978.

374 기꺼이 할 수 있나: "The Work Required to Have an Opinion," Farnam Street blog, accessed September 20, 2022, https://fs.blog/the-work-required-to-have-an-opinion/.

375 여러분의 고향: Foundation for Effective Governance, "Mehdi Hasan: Ukraine Shoud Attack Unemployment," YouTube video, 2:52, accessed May 11, 2022, https://www.youtube.com/watch?v=73-xOpqzD9c.

376 알렉스 오스본: "Brainstorming: New Ways to Find New Ideas," Time, February 18, 1957, accessed May 11, 2022, https://content.time.com/time/subscriber/printout/0,8816,809155,00.html.

377 좋은 아이디어를 얻기 위한 가장 좋은 방법: "Clarifying Three Widespread Quotes," The Pauling Blog, October 28, 2008, accessed May 11, 2022, https://paulingblog.wordpress.com/2008/10/28/clarifying-three-widespread-quotes/.

378 거기서 석유가 터지죠: Jean Gruss, "Burger Hustle," Business Observer, November 12, 2012, https://www.businessobserverfl.com/article/burger-hustle.

378 놀라우리만치 창의적인 발명이나 아이디어: Scott Berkun, The Myths of Innovation(Sebastopol, CA: O'Reilly Media, 2010), 168.

379 머리 위로 떨어지기만을: David Kelley and Tom Kelley, Creative Confidence: Unleashing the Creative Potential Within Us All (New York: Crown Business, 2013), 22.

379 정신적 발전: University of Pittsburgh, "Psychology Researchers Explore How Engineers Create: It's Not So Much 'Eureka' Moments As It's the Sweat of One's Brow," ScienceDaily, June 17, 2014, accessed August 2, 2022, https://www.sciencedaily.com/releases/2014/06/1406171 44814.htm.

380 당신 머릿속: Jessica Hullinger, "The Science of Brainstorming," Fast Company, June 30, 2014, https://www.fastcompany.com/3032418/the-science-of-brainstorming.

380 전설적인 테니스 선수 아서 애쉬: "In the Zone," Quote Investigator, September 16, 2016, accessed May 11, 2022, https://quoteinvestigator.com/2016/09/16/zone/.

381 마법이 일어나는 순간: Lauren Ingeno, "In Fact, Mark Zuckerberg, 'Eureka Moments' Do Exist," Drexel News Blog, June 5, 2017, accessed May 11, 2022, https://drexel.edu/coas/news-events/news/2017/June/In-Fact-Mark-Zuckerberg-Eureka-Moments-Do-Exist/.

381 2015년 조사: "Hansgrohe Study: The Brightest Ideas Begin in the Shower," Plumbing & Mechanical, January 26, 2015, accessed May 11, 2022, https://www.pmmag.com/articles/96968-hansgrohe-study-the-brightest-ideas-begin-in-the-shower.

382 창의적인 사고를 위한 이완의 중요성: Jacquelyn Smith, "72% of People Get Their Best Ideas in the Shower—Here's Why," Business Insider, January 14, 2016, https://www.businessinsider.com/why-people-get-their-best-ideas-in-the-shower-2016-1.

383 2015년 12월: Al Jazeera English, "Did the US Occupation Create ISIL? | Head to Head," YouTube video, 47:39, December 4, 2015, accessed May 16, 2022, https://www.youtube.com/watch?v=L7xfS3LXSOk.

385 크리스천사이언스모니터: Mamoun Fandy, "Egypt, Mubarak Bow to Saudi-Style Islam," Christian Science Monitor, August 20, 1992, https://www.csmonitor.com/1992/0820/20191.html.

385 문장에서 제외: Lisa Eadicicco, "5 Google Tricks for Getting the Best Search Results," Insider, November 19, 2019, https://www.businessinsider.com/google-tricks-for-best-search-results-2019-11.

385 알렉산드리아 대도서관에 필적: Sam Leith, Words Like Loaded Pistols: Rhetoric from Aristotle to Obama (New York: Basic Books, 2016), xix.

386 위키피디아에서 시작은 하되 끝내지는 말라: Dustin Wax, "Advice for Students: 10 Steps Toward Better Research," Lifehack, accessed May 16, 2022, https://www.lifehack.org/articles/communication/advice-for-students-10-steps-toward-better-research.html.

387 관문: Ikhwan Hastanto, "We Asked a Wikipedia Contributor Why Everyone Thinks They're Unreliable," Vice, September 3, 2019 https://www.vice.com/en/article/8xwgev/we-asked-a-wikipedia-contributor-why-everyone-thinks-theyre-unreliable.

388 왜 FSG는 다른 곳도 아닌 중국 신장성에: Al Jazeera English, "Blackwater's Erik Prince: Iraq, Privatising Wars, and Trump | Head to Head," YouTube video, 49:08, March 8, 2019, https://www.youtube.com/watch?v=KOB4V-ukpBI.

393 이란에서 온 초대 손님: Al Jazeera English, "Gaza Killings: Who Is to Blame? | Head to Head," YouTube video, 49:27, July 20, 2018, https://www.youtube.com/watch?v=pfw2AVqcne0.

395 스틸매닝: Chris Meyer, "Steelmanning: How to Discover the Truth by Helping Your Opponent," The Mind Collection, accessed September 20, 2022, https://themindcollection.com/steelmanning-how-to-discover-the-truth-by-helping-your-opponent/.

399 단 한 표가 모자라서 최종 명단에 포함되지 못한: 2yyiam, "Mehdi Hasan on Question Time 08.12.11," YouTube video, 59:12, December 12, 2011, accessed May 16, 2022, https://www.youtube.com/watch?v=N3Mka0EOVGw.

16장 승리의 피날레

404 브렛 맥케이와 케이트 맥케이: Brett McKay and Kate McKay, "The Winston Churchill Guide to Public Speaking," Art of Manliness blog, last modified October 29, 2021, https://www.artofmanliness.com/character/behavior/guide-to-public-speaking/.

405 피를 흘리며 땅에 쓰러져 죽을 때뿐: Boris Johnson, The Churchill Factor: How One Man Made History (New York: Riverhead Books, 2014), 18-19.

406 서구 문명: John Lukacs, Five Days in London, May 1940 (New Haven, CT: Yale University Press, 2001), 2.

406 메리엄-웹스터: Merriam-Webster, s.v. "peroration," accessed September 10, 2022, https://www.merriam-webster.com/dictionary/peroration.

406 미흡함을 남긴다: William Safire, Safire's Political Dictionary (New York: Oxford University Press, 2008), 538.

406 분명한 결론: Safire, Safire's Political Dictionary, 538.

408 4가지로 구성: Richard Nordquist, "Peroration: The Closing Argument," ThoughtCo., May 24, 2019, accessed May 16, 2022, https://www.thoughtco.com/peroration-argument-1691612.

409 앤드루 들루건: Andrew Dlugan, "Why Successful Speech Outlines Follow the Rule of Three," Six Minutes, June 3, 2009, accessed May 2, 2022, http://sixminutes.dlugan.com/speech-outline-rule-of-three/.

410 세 차례 연속 승리: Robert Taylor, "Does Endless Message Repetition Really Work?," Andy Black Associates Blog, May 10, 2017, accessed May 16, 2022, https://www.andyblackassociates.co.uk/does-endless-message-repetition-really-work/.

410 강력한 한 방: Rose King, "A Tremendous Whack: Hitting the Key Message of Your Next Talk," Rose King blog, October 16, 2019, accessed May 17, 2022, https://www.rosespeechwriter.com/blog/spotlighteffect/2019/10/16/a-tremendous-whack-hitting-the-key-message-of-your-next-talk.

411 돔 바너드: Dom Barnard, "Different Ways to End a Presentation or

Speech," VirtualSpeech, November 6, 2017, https://virtualspeech.com/blog/different-ways-to-end-presentation-speech.

411 로버트 크라우더: Henry L. Roediger III and Robert G. Crowder, "A Serial Position Effect in Recall of United States Presidents," Bulletin of the Psychonomic Society 8, no. 4 (1976): 275-78.

412 찬성표를 던지십시오: Intelligence Squared, "Debate: The West Should Cut Ties with Saudi Arabia," YouTube video, 1:28:16, March 12, 2019, https://www.youtube.com/watch?v=qi0T0owgW3M.

413 전문가들: Brian Tracy, "9 Tips to End a Speech with a Bang," Brian Tracy blog, accessed August 27, 2022, https://www.briantracy.com/blog/public-speaking/how-to-end-a-speech-the-right-way/; Susan Dugdale, "3 Ways to Close a Speech Effectively," write-out-loud, September 5, 2022, https://www.write-out-loud.com/how-to-end-a-speech.html.

414 청중이 자유의지: The West Wing, Season 2, Episode 12, "The Drop In," April 4, 2014, accessed May 17, 2022, http://westwingtranscripts.com/search.php?flag=getTranscript&id=34&keyword=final%20draft.

416 다른 사람의 목소리: Andrew Dlugan, "How to Use Quotes in Your Speech," Six Minutes, September 23, 2012, http://sixminutes.dlugan.com/speech-quotes/.

417 선거에서는 역사상 처음 일어난 일: Sam Leith, Words Like Loaded Pistols: Rhetoric from Aristotle to Obama (New York: Basic Books, 2016), 243-44.

420 변화는 언제나 가능하다: Freek Janssen, "Five Rules of Storytelling from Obama's Speechwriter," Team Lewis, March 19, 2014, accessed May 17, 2022, https://www.teamlewis.com/uk/magazine/five-rules-of-storytelling-from-obamas-speechwriter/.

423 미국 정치인: "They May Forget What You Said, But They Will Never Forget How You Made Them Feel," Quote Investigator, April 6, 2014, accessed May 17, 2022, https://quoteinvestigator.com/2014/04/06/they-feel/.

423 감탄 부호: Brian Tracy, "9 Tips to End a Speech with a Bang." 264 ending is for summarizing: "Conclusion," Lumens Learning, March 5, 2014, accessed August 29, 2022, https://lumen.instructure.com/courses/218897/pages/linkedtext54136?module_item_id=5006958.

424 다시 집중: "Conclude Your Speech with the Seven Samurai," SpeechCamp

blog, May 9, 2016, https://www.speechcamp.ie/blog/conclude-your-speech-with-the-seven-samurai.

424 기도합시다: George Pierce Baker, The Principles of Argumentation (United States: Ginn, 1895), 336-37.

425 늘 갈망하고, 늘 우직하게: Barnard, "Different Ways to End a Presentation or Speech."

425 연설을 끝내서는 안 된다: Dugdale, "3 Ways to Close a Speech Effectively."

425 하나의 불가피한 결론: Brett McKay and Kate McKay, "The Winston Churchill Guide to Public Speaking."

426 우레 같은 함성과 박수: Winston Churchill, "The Scaffolding of Rhetoric" (unpublished essay, 1897). Retrieved on May 2, 2022, https://winstonchurchill.org/images/pdfs/for_educators/THE_SCAFFOLDING_OF_RHETORIC.pdf."

옮긴이 **김인수**

미국 웨스턴일리노이대학교 경영대학원과 제주대학교 통번역대학원을 졸업했다. LG 트윈스에서 외국인 선수 관리와 해외 업무를 담당했고, 2002년 월드컵 당시 제주월드컵경기장 언론 담당관으로 일했다. 현재 바른번역 회원으로 활동하고 있으며, 옮긴 책으로는 《당근과 채찍》, 《승자의 본질》, 《콘텐츠의 미래》, 《디커플링》, 《더 시스템》 등이 있다.

모든 논쟁에서 승리하는 법

초판 1쇄 발행일 2024년 3월 13일
초판 2쇄 발행일 2024년 5월 10일

지은이 메흐디 하산
옮긴이 김인수

발행인 조윤성

편집 신수엽 **디자인** 김효정 **마케팅** 김진규
발행처 ㈜시공사 **주소** 서울시 성동구 상원1길 22, 7-8층(우편번호 04779)
대표전화 02-3486-6877 **팩스(주문)** 02-585-1755
홈페이지 www.sigongsa.com / www.sigongjunior.com

ISBN 979-11-7125-331-9 03320

*시공사는 시공간을 넘는 무한한 콘텐츠 세상을 만듭니다.
*시공사는 더 나은 내일을 함께 만들 여러분의 소중한 의견을 기다립니다.
*잘못 만들어진 책은 구입하신 곳에서 바꾸어 드립니다.